Egerton Castle

L'ESCRIME
ET
LES ESCRIMEURS

Traduit de l'anglais

par

ALBERT PIERLANTS

1888

L'ESCRIME

ET

LES ESCRIMEURS

DEPUIS LE MOYEN AGE JUSQU'AU XVIIIe SIÈCLE

Il a été tiré de cet ouvrage cinquante exemplaires sur papier de Hollande numérotés à la presse (1 à 50)

L'ESCRIME

ET

LES ESCRIMEURS

DEPUIS LE MOYEN AGE JUSQU'AU XVIII° SIÈCLE

ESQUISSE

DU DÉVELOPPEMENT ET DE LA BIBLIOGRAPHIE DE L'ART DE L'ESCRIME
PENDANT CETTE PÉRIODE

*Illustré de Reproductions de vieilles Estampes
et de Photogravures*

PAR

EGERTON CASTLE

MAITRE ÈS-ARTS, MEMBRE DU LONDON FENCING CLUB

TRADUIT DE L'ANGLAIS PAR ALBERT FIERLANTS

PRÉSIDENT DU CERCLE D'ESCRIME DE BRUXELLES

PARIS

PAUL OLLENDORFF, ÉDITEUR

28 *bis*, RUE DE RICHELIEU, 28 *bis*

1888

Tous droits réservés.

Mon cher Egerton Castle,

Il y a deux ans environ, je lus, dans le Magazine of Art, *de Londres, un aperçu de votre livre* : Schools and Masters of Fence.

Tout ce qui concerne l'escrime m'intéressant beaucoup, je me procurai un exemplaire de votre ouvrage, et je le trouvai si intéressant et si instructif que je résolus de le traduire.

La traduction achevée, je vous demandai, sans vous connaître, l'autorisation de la publier, et c'est ainsi que j'eus le plaisir d'entrer en relation avec vous. Depuis, nos rapports devinrent plus fréquents, nous fîmes ensemble plus d'un assaut au fleuret, et les coups de bouton que vous m'avez octroyés maintes fois m'ont prouvé que votre science pratique des armes n'est pas inférieure à votre talent d'écrivain et de chercheur. Maintenant que voilà ma traduction éditée, laissez-moi vous la dédier, après avoir sollicité pour elle toute votre indulgence.

En traduisant votre bel ouvrage, je n'ai eu qu'un désir : le porter à la connaissance de tous ceux qui, chez nous, s'occupent de la noble science des armes, sachant d'expérience que les amateurs d'escrime sont avides de tout ce qui concerne leur exercice préféré, — cet exercice qui, comme vous le dites si bien, offre tant d'avantages à ceux qui le pratiquent.

Chacun sait, en effet, qu'au point de vue de l'hygiène, il n'en est point de plus salutaire. Son influence morale n'est pas moins sensible ; la plus grande courtoisie et souvent la plus grande amitié règnent entre tous ceux qui se rencontrent dans les salles d'armes.

Enfin, mon cher ami, si je ne puis dire, avec vous, que sur le continent le duel tend à disparaître, au moins suis-je persuadé que, plus l'escrime sera sérieusement pratiquée, moins nous verrons de duels se décider pour les causes les plus futiles. Celui qui possède une connaissance sérieuse de l'escrime a, par cela même, conscience de sa force et n'est point tenté d'en abuser. Il défendra son honneur vraiment attaqué, mais il évitera de risquer pour une futilité la vie de son semblable.

Puisse ma traduction ne pas vous sembler trop indigne de l'original et intéresser quelque peu le lecteur : je me trouverai amplement récompensé.

Bien à vous,

Bruxelles, 1887.

PRÉFACE

Un ouvrage de la nature de celui-ci devait, nécessairement, comporter un grand nombre de compilations; néanmoins, en considérant combien peu l'on a écrit sur ce sujet, et combien il est difficile de se procurer les premiers ouvrages traitant de l'escrime, — ouvrages qui sont d'ailleurs d'une lecture pénible et remplis d'explications obscures, — j'ose espérer que cette esquisse, si superficielle qu'elle soit, offrira quelque intérêt, tant aux collectionneurs d'armes anciennes qu'aux amateurs d'escrime.

Il y a quelque temps, mon ami le capitaine Hutton, des dragons de la garde, — un homme d'épée bien connu, qui semble vouloir délaisser le fleuret et le sabre pour les pinceaux et la palette, — laissa entre mes mains une magnifique collection de livres traitant de l'épée et de son usage, depuis le commencement du xvi° siècle jusqu'à nos jours.

Le *Times* venait de publier à cette époque (novembre 1879) une étude intéressante, mais malheureusement fort incomplète, sur les premiers maîtres d'escrime, par feu M. Latham, dont les admirateurs de bonnes lames n'ont pas oublié le nom. J'avais lu cette étude et l'idée m'était venue de la compléter, en quelque sorte, par une série d'articles destinés aux journaux spéciaux. Je puisai donc diverses notes dans la collection mise à ma disposition. Plus tard, cependant, mes plans embrassèrent une plus vaste étendue. Dans une conférence sur les « formes et l'histoire de l'épée », remarquable par sa forme élégante, son jugement précis et sa parfaite exactitude, donnée l'année dernière à l'Institut royal, M. Fréderick Pollock avait fait observer qu'une conférence ne suffisait pas pour raconter l'histoire du développement de l'art de l'escrime, qu'il eût fallu un livre et que ce livre *était encore à faire.*

Je pensais alors, tout en me renfermant dans des limites modestes, posséder les matériaux nécessaires pour écrire cet ouvrage. Mais l'annonce de la prochaine publication du *Livre de l'épée*[1], du capitaine Burton, me fit complètement abandonner mon idée pendant un certain temps.

Je n'ignorais pas que le capitaine Burton n'entreprend jamais un sujet sans l'épuiser, et je fus persuadé que son traité renfermerait tout ce qui pouvait être dit de l'épée. Cependant, lorsque parut la première partie de cet important ouvrage, je fus frappé par un passage de la préface, dans lequel l'auteur annonce son intention de négliger les questions de « quarte » et de « tierce », ajoutant qu'il traitera plutôt l'histoire de l'arme proprement dite, que celle des nombreuses théories concernant son emploi. Je compris alors qu'il y avait place encore au soleil pour un modeste livre, de nature à intéresser les escrimeurs et les amateurs d'armes. Et je commençai immédiatement à classer mes notes dans une forme plus suivie, sous laquelle je les présente aujourd'hui au public.

L'origine de l'escrime française moderne remonte à l'ancien art

---

[1]. *The Book of the Sword.* Richard Burton, Chalto et Windus, 1885.

italien, — cela est hors de doute, — et l'école italienne actuelle dérive, tout naturellement, de la même source. Pour le jeu de la pointe les nations de l'Europe ont, presque toutes, adopté l'une ou l'autre de ces écoles. La première a, certes, plus de partisans que la seconde, bien que l'on puisse considérer comme une question à débattre, l'épée et non le fleuret en main, lequel des deux jeux est le plus pratique sur le terrain.

L'escrime du sabre, de l'espadon et de la rapière, — jeux combinés de taille et de pointe, — dérive, dans les premiers principes, du jeu de la pointe seule. Un examen historique de ce dernier jeu m'a donc paru presque suffisant pour atteindre le but de cette esquisse.

L'Espagne produisit une école qui n'eut beaucoup d'adeptes que dans la Péninsule, et qui est même presque oubliée aujourd'hui. D'autre part, l'Allemagne et l'Angleterre adoptèrent d'abord l'école italienne et ensuite l'école française. Le plan que j'ai donc suivi, pour l'analyse des auteurs célèbres et l'explication de leurs premiers principes, a été d'attacher une importance spéciale aux anciens maîtres italiens, puis aux maîtres français plus modernes. En même temps, j'ai saisi l'occasion de relever de nombreux faits, concernant l'histoire des écoles les plus connues, ainsi que les habitudes et les mœurs des amateurs de la « noble science de la défense », au temps jadis.

Mes investigations s'arrêtent aux dernières années du xviiie siècle, alors que la plupart des vieilles traditions de l'art d'escrimer furent abandonnées pour toujours.

La Révolution française, en effet, qui avait dissous la séculaire Compagnie des maîtres en fait d'armes de la Ville de Paris, supprima le port de l'épée qui faisait partie intégrante de la mise d'un homme de qualité, et l'art de tirer les armes cessa, par conséquent, d'être indispensable à tout gentilhomme.

Vers la même époque, les Universités allemandes, qui étaient les grands centres d'escrime de ce pays, abandonnèrent la mortelle épée triangulaire pour le *Schlaeger* actuel, arme de rencontre comparativement inoffensive.

Il est vrai d'ajouter que beaucoup de perfectionnements théoriques ont été apportés, dans ce siècle, à l'art de l'escrimeur; mais les points de détail minutieux n'offrent qu'un intérêt relatif au point de vue de l'histoire générale de l'escrime, et ils ont, d'ailleurs, été discutés bien souvent, depuis quelque temps.

D'autre part, la littérature traitant de l'histoire primitive de l'escrime et de ses écoles, ne paraît pas très étendue.

J'ai choisi presque toutes mes autorités parmi les vieux auteurs. Les seuls documents modernes que j'aie été à même de consulter, outre quelques articles incomplets parus dans des Encyclopédies et qui se ressemblent tous plus ou moins, sont : les trente-huit pages que la *Théorie de l'escrime*[1], de Passelier, consacre à une analyse très superficielle de seize auteurs antérieurs à 1800, et quarante pages sur le même sujet, dans l'introduction du *Traité de l'escrime*[2] de Marchionni, dont une grande partie est une simple traduction des remarques de Passelier. La *Bibliographie de l'escrime*[3] de M. Vigeant, qui n'a pas la prétention de traiter d'une manière systématique l'histoire des écoles d'escrime, mais abonde en informations précieuses, m'a fourni des documents fort intéressants, de même que le *System der Fechtkunst*[4] de Joseph Ott, qui contient quantité de

1. Paris, 1845, 8°.
2. Florence, 1847, 8°.
3. Paris, 1882, 8°.
4. Olmutz, 1853, 8°.

renseignements extrêmement curieux concernant l'escrime en Allemagne.

J'ai puisé, enfin, quelques notes dans l'ouvrage de Strutt : *Sports et Passe-temps,* qui traite des joutes et des tournois et de la Corporation des maîtres d'armes, en Angleterre, au xvie et au xviie siècle.

Je dois à l'urbanité et à la courtoisie de M. le baron de Cosson et de M. Wareing Faulder, deux autorités bien connues parmi nos connaisseurs d'armes et d'armures anciennes, l'avantage inespéré d'avoir pu reproduire par la photographie, pour cette publication, un choix d'épées tirées de leurs magnifiques collections, et que j'ai disposées par ordre chronologique à la fin de l'ouvrage.

TABLE DES MATIÈRES

	Pages
Dédicace.	
Préface	i
Bibliographie	xvii

INTRODUCTION

L'École moderne napolitaine et l'ancien jeu de la Rapière. — But de l'ouvrage. — L'Escrime dans les gravures, les tableaux, dans les romans historiques, sur la scène. — Périodes dans l'histoire de l'Art : « l'Épée », la « Rapière » et le « Carrelet ». — L'Escrime du *fleuret* moderne. — Des principes généraux de l'art de l'Escrime.   1

CHAPITRE PREMIER

L'art du combat individuel au moyen âge. — Tournois et Écoles d'escrime. — Danses d'épées. — Hommes d'épée et Gladiateurs. — L'épée et le bouclier et les « Ferrailleurs ». — Tendances pernicieuses des écoles d'Escrime au moyen âge. — La corporation privilégiée des « Maîtres d'Escrime » sous les Tudor. — L'introduction de la Rapière en Angleterre. — Préjugé national contre la mode nouvelle. — Anecdotes de « trois professeurs d'armes italiens », de G. Silver. — Anciennes écoles d'Escrime teutoniques. — Les « Marxbrüder », les « Federfechter » et les « Luxbrüder ». — Anciennes écoles d'Escrime espagnoles. — Anciennes écoles d'armes italiennes.   15

CHAPITRE II

Antonio Manciolino et Achille Marozzo. — Classification des coups. — Gardes de fantaisie de l'ancienne école italienne. — Progression de Marozzo. — Exercices dans les salles d'armes. — Serment exigé des nouveaux élèves. — Le système de Camillo Agrippa. — Gardes numériques et usage libre de la pointe. — Giacomo Grassi. — Jeu typique de l'ancienne Rapière (système d'estoc et de taille).   37

CHAPITRE III

Les écoles d'Escrime en France et les professeurs étrangers, au commencement du xvɪᵉ siècle. — « La Noble Science des joueurs d'épée. » — Henri de Sainct-Didier. — Manie du duel sous les Valois. — Angelo Viggiani. — Première définition du développement 62

CHAPITRE IV

Geronimo Sanchez Carranza. — Le père de la science des armes, en Espagne. — Don Luis Pacheco de Narvaez. — La progression de Narvaez. — Le « Schwerdt » et le « Düsack ». — Joachim Meyer. — Jacob Sutor. — Quelques anciens termes d'escrime allemands. 78

CHAPITRE V

L'escrime de Vincentio Saviolo. — L'Épée employée seule. — Épée et Poignard. — Les « Paradoxes de la Défense », de Georges Silver. 92

CHAPITRE VI

Salvator Fabris. — « Guardia » et « contrapostura ». — Règles pour l'engagement et le dégagement 110

CHAPITRE VII

Les Cavalcabos de Bologne. — Nicoletto Giganti. — La « Botta lunga ». — Ridolfo Capo Ferro. 121

CHAPITRE VIII

Premières années de « l'Académie d'Armes » à Paris. — Les maîtres d'escrime italiens et espagnols en France. — Girard Thibaust, d'Anvers. — L'Académie de l'Espée. — Le Cercle mystérieux. 138

CHAPITRE IX

Francesco Alfieri. — Alessandro Senese. — Morsicato Pallavicini. — L'École française au xvɪɪᵉ siècle. — Le Perche du Coudray. — Charles Besnard. — Le Fleuret français. — Philibert de La Tousche. — Jean-Baptiste Le Perche 148

CHAPITRE X

Liancour. — Les Académies d'armes, en France. — La Confrérie de Saint-Michel, à Gand. — Labat. — Girard. 162

CHAPITRE XI

L'Escrime à la pointe seule et la salle d'armes française. — Guillaume Danet. — La nomenclature numérique. — La théorie de Danet. — La Boëssière. — Dissolution de la Compagnie des « Maîtres en fait d'armes »................. 179

CHAPITRE XII

L'art de l'Escrime en Espagne, en Italie et en Allemagne, pendant le xviie siècle. — L'École napolitaine moderne. — Le « Schlaeger » et les duels d'étudiants, en Allemagne................................. 194

CHAPITRE XIII

L'Art de l'Escrime en Angleterre, pendant le xviie siècle. — Gladiateurs et « stage-fighters ». — Le « Maître d'armes écossais ». — Le « Vade Mecum » de l'homme d'épée. — La Société des hommes d'épée, en Écosse. — Justification de l'art véritable de la défense. — Les combats des gladiateurs sur le théâtre. — Les maîtres d'armes renommés. — La pratique de l'Estramaçon (Back Sword). — Le Bâton. 212

CHAPITRE XIV

Angelo à Paris et à Londres. — L'« École des armes ». — Les Salles d'armes d'Angelo. — André Lonnergan. — Olivier. — J.-M. Arthur. — Roworth. — Pratique du Sabre et de l'Espadon. — Écoles modernes d'Escrime en Angleterre..... 240

CHAPITRE XV

Épées anciennes comparées aux épées modernes. — Les quatre périodes de l'histoire moderne de l'Épée, en Europe. — L'Épée au moyen âge. — La « Rapière ». — Nomenclature d'une poignée complète : Gardes et contre-gardes, quillons, anneaux, pas d'âne et knuckle-bow. — Formes diverses des lames : le « Ricasso ». — Poignées de rapière typiques : poignées à anneaux et à coupe. — La Flamberge. — La Rapière de transition. — La « Colichemarde ». — La Courte Épée. — Diverses formes de poignées de sabre. — « Schiavone », « Claymores » et « sabres de cavaliers », « Dagues », « Miséricorde », « Main-gauche » et « Stiletto », Fleurets, Épées émoussées et fleurets. — Bâtons................. 253

LISTE DES ILLUSTRATIONS

RAPIÈRES ÉMOUSSÉES OU FLEURETS DU COMMENCEMENT DU XVIIe SIÈCLE

	Pages.
Fig. 1. — La garde italienne, de Rosaroll et Grisetti.	1
Fig. 2. — Sbasso et passata sotto, de Rosaroll et Grisetti.	2
Fig. 3 — Chevaliers combattant sous le « jugement de Dieu », d'après une miniature de la Bibliothèque royale de Bruxelles. — xve siècle.	16
Fig. 4. — L'épée à deux mains et le fléau dans les anciennes écoles allemandes.	17
Fig. 5. — Danse de l'épée. — D'après un manuscrit de la Bibliothèque Cottonienne. — ixe siècle.	18
Fig. 6. — Épée et bouclier. — xiiie siècle.	18
Fig. 7. — Jeu de l'épée et du bouclier. — xiiie siècle.	19
Fig. 8. — Plebii adolescentis in Anglia habitus. D'après Caspar Rutz, 1557, montrant l'épée et le broquel ou bouclier à main	20
Fig. 9. — La « longue épée », épée à deux mains anglaise.	21
Fig. 10. — La courte épée et le bouclier du temps d'Élisabeth. — Grassi.	23
Fig. 11. — Épée et bouclier à main, xive siècle. — D'après un manuscrit de la Bibliothèque royale de Munich.	32
Fig. 12. — D'après Mayer, 1570. — Un Maxbruder instruisant un élève.	35
Fig. 13. — « Coda lunga et Stretta » et « Cinghiara porta di ferro ». — Marozzo.	44
Fig. 14. — « Coda lunga e alta » et « Porta di ferro stretta overo larga ». — Marozzo.	46
Fig. 15. — Guardia di testa. — Guardia di intrare. — Marozzo.	47
Fig. 16. — Coda lunga et larga. Becca possa. — Marozzo.	49
Fig. 17. — Guardia di faccia. Becca cesa. — Marozzo.	50
Fig. 18. — Prima Guardia. — Agrippa.	54
Fig. 19. — Prima Guardia, prise en passant. — Agrippa.	54
Fig. 20. — Quarta Guardia. — Agrippa.	55
Fig. 21. — Seconda Guardia, prise dans une passe. — Agrippa.	55

	Pages.
Fig. 22. — Épée et bouclier. — Agrippa	56
Fig. 23. — Les deux épées ou épées jumelles. — Grassi	59
Fig. 24. — Estocade	62
Fig. 25. — Braquemars et Anelace	63
Fig. 26. — Braquemars	63
Fig. 27. — Sainct-Didier. — Tenue et garde du premier coup pour exécuter et faire le quatriangle pour le Lieutenant et le Prévost.	67
Fig. 28. — Sainct-Didier. — Ce que doit faire ledit Prévost pour se défendre dudit quatriangle, etc.	68
Fig. 29. — Première opposite et suite du quatriangle. — Sainct-Didier.	68
Fig. 30. — Sainct-Didier. — Le parachèvement dudit quatriangle, etc.	69
Fig. 31. — Sainct-Didier. — Premier coup tiré sur le maindroit ou estoc d'hault, etc.	69
Fig. 32. — Sainct-Didier. — A prinse faut faire contre-prinse, etc..	70
Fig. 33. — Sainct-Didier. — Fin de la contre-prinse exécutée par le Lieutenant contre le Prévôt.	70
Fig. 34. — Prima guardia difensiva imperfetta. — Viggiani	71
Fig. 35. — Seconda guardia alta offensiva perfetta. — Viggiani.	71
Fig. 36. — Terza guardia, alta, offensiva, imperfetta. — Viggiani	72
Fig. 37. — Quarta guardia larga diffensiva, imperfetta. — Viggiani	72
Fig. 38. — Quinta guardia stretta, difensiva, perfetta. — Viggiani.	73
Fig. 39. — Sesta guardia larga, offensiva imperfetta. — Viggiani.	73
Fig. 40. — Settima guardia stretta offensiva, perfetta. — Viggiani	74
Fig. 41. — Arbre généalogique des coups et parades	75
Fig. 42. — Rapière et dague espagnoles	78
Fig. 43. — « Gagner l'avantage en traversant. » Adapté d'après Girard Thibaust.	80
Fig. 44. — Jeu de la Rapière dans les Écoles allemandes, vers 1570. — Meyer	86
Fig. 45. — Une Garde allemande avec la Rapière. — J. Sutor.	87
Fig. 46. — L'école d'armes de Meyer.	87
Fig. 47. — Une Garde allemande avec épée et poignard.	88
Fig. 48. — Le Schwerdt. — J. Sutor	88
Fig. 49. — Exercice au plastron avec le Dusack. — J. Sutor.	89
Fig. 50. — Le Dûsack. — Un coup de temps.	89
Fig. 51. — Dûsacks allemands.	89
Fig. 52. — La Rapière. — J. Sutor.	90
Fig. 53. — Épée de Lansquenet ou Landsknecht trouvée sur la rive gauche de la Tamise, près de Westminster.	90
Fig. 53*bis*. — Rapière et dague à l'italienne, Époque d'Élisabeth.	92
Fig. 54. — La Garde de Saviolo avec la Rapière seule.	95
Fig. 55. — La seconde Garde de Saviolo avec la Rapière et le Poignard	102
Fig. 56. — Ferita di seconda, contra una quarta. — Fabris.	113
Fig. 57. — Ferita di quarta, contra una terza. — Fabris.	113
Fig. 58. — Ferita di quarta contra una seconda. — Fabris.	115
Fig. 59. — Ferita di seconda contra una quarta. — Fabris	117
Fig. 60. — Estocade de quarte, parée avec la dague, riposte en quarte. — Fabris.	118
Fig. 61. — Rapière et dague italiennes.	121
Fig. 62. — Capo Ferro, 1610. — Prima Guardia; Quarta Guardia	125
Fig. 63. — Capo Ferro, 1610. — Seconda Guardia; Sesta Guardia.	125
Fig. 64. — Capo Ferro, 1610. — Terza Guardia; Quinta Guardia	126
Fig. 65. — Capo Ferro, 1610. — La « botta lunga ».	131

LISTE DES ILLUSTRATIONS.

Pages.

Fig. 66. — Capo Ferro, 1610. — Coups de temps par un coup à fond (botta lunga) pris sur le dégagement de l'adversaire. 131
Fig. 67. — Alfieri, 1610. — Coup de temps, en passant. 132
Fig. 68. — Capo Ferro. — Coup de temps en quarte. 132
Fig. 69. — Capo Ferro. — Une botte en passant et en se servant de la main gauche pour saisir la main de l'adversaire. 133
Fig. 70. — Botte prise sur le dégagement de l'adversaire, en se dérobant sous la pointe de son épée. 133
Fig. 71. — Capo Ferro, 1610. — Figura che ferisce di quarta nella gola 134
Fig. 72. — Capo Ferro. — Figura che ferisce di quarta per di sotto il pugnale nel petto 134
Fig. 73. — Capo Ferro. — Figura che ferisce di seconda sopra il pugnale nel petto 135
Fig. 74. — Capo Ferro. — Simple dégagement sous la dague, poussée par le développement. 135
Fig. 75. — Capo Ferro. — Coup de dague donné en passant 135
Fig. 76. — Capo Ferro. — Épée et manteau. 136
Fig. 77. — Capo Ferro. — Épée et bouclier. 136
Girard Thibaust, d'Anvers. — En-tête. 138
Fig. 78. — Le Cercle mystérieux, de Thibaust. 142
Fig. 79. — Le désavantage qu'il y a à ne pas « passer » correctement sur le cercle mystérieux. — Thibaust. 144
Fig. 80. — Cercles n°s 1 et 2. — Thibaust. 145
Fig. 81. — L'épée seule contre l'épée et la dague. — Thibaust. 146
Fig. 82. — Botte à propos, portée au moment où l'adversaire lève la main pour porter le coup à la tête. — Alfieri, 1640 148
Fig. 83. — Coup de temps pris sur une estafilade au genou. — Alfieri. 149
Fig. 84. — Épée et manteau. Abattre l'épée de l'adversaire en jetant le manteau sur sa lame. — Alfieri, 1640. 150
Fig. 85. — Botte à propos en passant sous la lame de l'adversaire. — Alfieri, 1640 151
Fig. 86. — Un coup d'arrêt en parant avec la dague. — Alfieri, 1640. 152
Fig. 87. — Parade en dedans, passe et dégagement sous le poignard de l'adversaire. — Alfieri. 154
Fig. 88. — L'estocade de pied ferme en prime et tierce, d'après La Tousche. . . . 160
Fig. 88bis. — Rapière française ou verdun. 162
Fig. 89. — Escrimeur tirant l'épée et tombant en garde; deux élévations de la main; une « passe ». — Liancour. 163
Fig. 90. — Parade du fort au dedans des armes. — Le coup qu'il faut à cette parade. 163
Fig. 91. — Parade du fort au dehors des armes. — Le coup à ceux qui parent en estendant leur espée. 165
Fig. 92. — Parade de la pointe au dedans des armes. — Le coup qu'il faut à cette parade 165
Fig. 93. — Parade de la pointe au dehors des armes. — Le coup qu'il faut à cette parade. 166
Fig. 94. — Botte et parade en quarte, avec opposition de la main gauche. — Labat. 169
Fig. 95. — Botte et parade en tierce. — Labat. 170
Fig. 96. — Botte en tierce parée, en cédant le faible. — Labat. 170

	Pages.
Fig. 97. — Botte en tierce, en cédant le faible. — Labat	171
Fig. 98. — Botte et parade en seconde. — Labat	171
Fig. 99. — Botte en quarte sous le poignet (quinte). — Labat	172
Fig. 100. — Botte en quarte basse parée par le cercle. — Labat	172
Fig. 101. — Flanconade. — Labat	173
Fig. 102. — Flanconade. — Parée par la main gauche. — Labat	173
Fig. 103. — Une passe en quarte, parée en quarte. — Labat	174
Fig. 104. — Un « à-propos » pris sur une passe en dérobant le corps. — Labat	174
Fig. 105. — Coups de temps pris sur une passe en seconde, au moyen d'une volte. — Labat	175
Fig. 106. — Désarmement en avançant le pied gauche et s'esquivant de côté, sur une passe en tierce. — Labat	175
Fig. 107. — Désarmement par un croisé. — Labat	176
Fig. 108. — Désarmemement en passant le pied gauche et saisissant la lame. — Labat	176
Fig. 109. — Tombant en garde et premier mouvement du salut. — Danet	179
Fig. 110. — Le salut. — Second et troisième mouvements. — Danet	180
Fig. 111. — Parade de quarte haute sur la quarte haute dans les armes. — Danet	181
Fig. 112. — Parade de quarte dessus les armes sur la quarte dessus les armes. — Danet	182
Fig. 113. — Prime parée prime. — Danet	183
Fig. 114. — Parade de tierce haute sur la tierce. — Danet	184
Fig. 115. — Parade de tierce basse sur la tierce. — Danet	185
Fig. 116. — Seconde ancienne parée seconde. — Danet	186
Fig. 117. — Quarte basse parée demi-cercle. — Danet	187
Fig. 118. — Quarte coupée parée octave. — Danet	188
Fig. 119. — Quarte basse parée quarte basse. — Danet	189
Fig. 120. — Flanconade avec opposition de la main gauche. — Danet	190
Fig. 121. — Quinte parée quinte. — Danet	191
Fig. 122. — Parade de pointe volante. — Danet	192
Armoiries accordées à l'Académie d'Armes de Paris, par Louis XIV (cul-de-lampe)	193
Fig. 123. — La Garde espagnole selon Danet	197
Fig. 124. — La Garde italienne opposée à la garde française. — Danet	200
Fig. 125. — La Garde allemande opposée à la garde française. — Danet	208
Fig. 126. — Décoration des membres de la « Société des hommes d'épée » en Écosse.	226
Carte professionnelle de Fig.	234
Fig. 127. — La garde dans l'ancien jeu du Single-stick	236
Fig. 128. — Coup dirigé à la tête	236
Fig. 129. — Coup porté au côté gauche, sa parade	237
Fig. 130. — Riposte à la joue gauche au-dessus du coude	237
Fig. 131. — Coup final à la tête	238
Fig. 132. — La garde en dehors. — Roworth	243
Fig. 133. — La garde en dedans. — Roworth	244
Fig. 134. — La garde pendante. — Roworth	246
Fig. 135. — La garde dite de l'Espadon. — Roworth	247
Fig. 136. — La garde à la « Saint-Georges ». — Roworth	247
Fig. 137. — Rapière allemande	253
Fig. 138. — Épée allemande avec ganse pour le doigt, commencement du xvie siècle.	263

	Pages.
Fig. 139. — Estramaçon montrant une lame à un tranchant. xvie siècle.	276
Fig. 140. — La « Miséricorde ».	277
Fig. 141. — Poignard espagnol à coquille (main gauche). — Fin du xvie siècle, d'après « Armes et armures » de Lacombe.	278

GRAVURES

FRONTISPICE. — Un « Spadassin », milieu du xviie siècle, d'après M. Louis Leloir.

PHOTOGRAPHIES AU CHARBON.

I. — Épées, commencement du xvie siècle. — Épées allemandes, xvie siècle. — Rapière	228
II. — Rapières. — Espadons à coquilles fermées.	232
III. — Rapières à coquilles ouvertes. — Rapières et épées. — Flamberges.	236
IV. — Poignards. — Sabres, xviie siècle. — Rapières de transition.	240
V. — Rapières de transition. — Carrelets. — Épées espagnoles.	244
VI. — Tableau synoptique de l'épée	246

BIBLIOGRAPHIE

XVIe, XVIIe ET XVIIIe SIÈCLES

Les livres traitant de l'art de l'escrime sont, en somme, assez nombreux; on en connaît plus de 650 qui ont été publiés depuis 1474 jusqu'en 1884. Et cependant, les vieux traités sont rares. Cela tient probablement à cette circonstance qu'ils ne pouvaient ambitionner qu'une circulation fort restreinte, — d'où des tirages peu considérables; — et puis, on ne les soignait guère, car ils n'ont offert qu'un intérêt médiocre aux tireurs pratiques et n'ont pas tenté les bibliophiles. J'en excepte ceux qui contenaient des gravures, des estampes de valeur.

Une belle collection d'ouvrages traitant de l'escrime est, par conséquent, une chose extraordinaire, l'amour des vieux livres et le goût des armes formant une combinaison qui ne se rencontre que très rarement.

Je présume que c'est pour la même raison qu'on a si peu écrit sur la bibliographie de l'escrime.

Il y a plusieurs années une liste très volumineuse de livres sur le jeu de l'épée fut compilée par M. W. F. Foster. Dressée d'après quelques numéros anciens de la publication *Notes and Queries*, elle n'a pas été aussi utile qu'elle eût pu l'être.

Plusieurs des ouvrages mentionnés plus loin ont été découverts dans le catalogue en question, mais il est difficile d'admettre l'authenticité de certains d'entre eux dont les dates tout au moins sont douteuses.

En 1882, M. Vigeant, l'éminent professeur d'armes parisien, publia un petit volume, attrayant au possible, qui fut accueilli avec joie par la communauté des escrimeurs : j'ai nommé la *Bibliographie de l'escrime ancienne et moderne*.

Henri Vigeant n'est pas seulement un maître accompli dans son art, il connaît le livre et sait apprécier l'estampe. C'est un bibliophile doublé d'un écrivain d'esprit, et il a publié plusieurs ouvrages aussi remarquables par leur style excellent que par leur caractère véritablement artistique.

La *Bibliographie de l'escrime* — le premier ouvrage dans son genre — obtint donc un grand et légitime succès. Pourtant, malgré la réelle valeur que lui donnait l'autorité de son auteur, cette bibliographie était fort incomplète.

Les pages qui vont suivre mentionnent soixante-quatre ouvrages omis par M. Vigeant. Elles contiennent aussi de nombreuses rectifications à apporter à la *Bibliographie de l'escrime*.

Le *British Museum* possède cinquante-cinq des deux cent quarante ouvrages dont il est fait mention dans ce livre. Il s'en trouve une vingtaine parmi les collections des bibliothèques Bodleienne d'Oxford et de South-Kensington. J'ai pris soin d'ajouter ce détail au titre des ouvrages cités.

Ces titres constituent parfois de véritables préfaces, tant ils exposent minutieusement la nature du volume.

Chaque fois qu'il m'a été possible de le faire, ces titres détaillés ont été reproduits *in extenso*, ainsi que la dédicace de l'ouvrage, le nombre et la nature des gravures, le nom de l'imprimeur, de l'éditeur, etc.; car ces renseignements sont d'un grand intérêt, bien qu'on ne puisse pas toujours se procurer le livre cité.

J'ai adopté l'ordre chronologique au lieu de l'ordre alphabétique, plus communément employé, pour faciliter les recherches du lecteur.

Parmi les ouvrages allemands on trouvera tous ceux qui sortirent des imprimeries allemandes, plus quelques-uns en français et en latin. Quelques livres français, imprimés en Angleterre pour l'usage des amateurs d'escrime anglais, ont été rangés parmi les ouvrages anglais. Les livres portugais et espagnols ont été réunis dans une même classification.

ESPAGNE

—— JAYME (Jaume ou Jacobus) PONS (ou PONA) de Majorca. — Perpinan, 1474.

—— PEDRO DE LA TORRE (ou PETRUS DE TURRI. — Même date.
Don Luis Pacheco de Narvaez, Morsicato Pallavicini, et Antonio Marcelli (voir 1600, Espagne; et 1670, 1686, Italie) font mention dans des notes bibliographiques de ces deux auteurs, comme ayant écrit, en espagnol, sur l'art de l'Escrime. Leurs ouvrages cependant, n'ont jamais été découverts.

—— FRANCISCO ROMAN. *Tratado de Esgrima*. Avec planches. — In-folio. Séville, 1532.
Ce titre n'est sans doute pas le véritable. Il est donné, d'autorité, dans la *Almirante's Bibliografia Militar*.

—— JERONIMO DE CARRANZA. *De la filosofia de las armas, de su destreza y de la agresion y defension Christiana*. Luciferi Fano (vulgo San Lucar). — In-4°, 1569. (Voir 1582.)

—— *Los cinco libros sobre la ley de la lujuria, de palabra o de obra, en que se incluyen las, verdaderas resoluciones de la honra, y los medios con que se satisfacen las afrentas, escritos por el Comendador* JERONIMO SANCHEZ DE CARRANZA, *natural de esta ciudad de Sevilla, Caballero del habito de Cristo*. — MS. Pag. 300, in-4°.

—— Libro de JERONIMO DE CARRANZA, *que trata de la filosofia de las armas y de su destreza, y de la agresion y defension Christiana*, San Lucar de Barrameda. — In-4°. Lisbon, 1582.
A la fin : *Acabose este libro de speculation de la destreza ano 1569; imprimiose en la ciudad de San Lucar de Barrameda en casa del mismo autor, por mandato del Exemo Senor D. Alonso Perez de Gusman, el Bueno, Duque de Medina Sidonia, etc.*
Portrait de l'auteur. (Voir aussi 1600.)

—— *La Bibliotheca Hispana nova*. Nicolas Antonio. Madrid, 1783, mentionne l'existence des ouvrages suivants :
Scripsit F. FRANCISCUS GARCIA, *Mercenariorum Sodalis*... etc. : *Verdadera intelligencia de la destreza de las armas del Comendador Geronymo Sanchez Carranza de Barreda* (Barameda?)
Extat MS. inter libros qui... nunc sunt excelentissimæ comitissæ.

—— *Scripsit* Gundisalvus de Silva, *qui se vocat Centurionem (seu Capitaneum, vulgo) : Compendio de la verdadera destreza de las armas. Il Villaumbrosana bibliotheca* — MS. In-4°.

—— *Anonymus, in bibliotheca Villaumbrosana extans, scripsit : De la destreza de las armas.* — MS. In-4°.

—— *Anonymus alius scripsit : Libro del Exercicio de las armas. In bibliotheca Escurialensi regia.* — MS.

—— L'ouvrage de Jeronimo de Carranca (voir 1569) fut réimprimé à Madrid. — In-4°. 1600.

—— *Libro de las grandezas de la Espada, en que se declaran muchos secretos del que compuso el Comendador Geronimo de Carranza. En el cual cada uno se podra liçionar y deprender a solas, sin tener necessitad de maestro que lo ensene.*
  Dirigido a Don Felipe III, Rey de la Espanas y de la mayor parte del Mundo, N. S.
  Compuesto por D. Luys Pacheco de Narvaez, natural de la Ciudad de Baeça, etc. — In-4°. Madrid, 1599-1600.
  Por los herederos de J. Iniquez de Lequerica. Este libro tiene in-8° pliegos, vendese en la Calle de Santiago.
  Portrait de Don Luis, deux figures et 155 diagrammes, gravure sur bois dans le texte.
  Approuvé et privilégié par le roi. Musée Britannique.

—— *Cien conclusiones, o formas de saber, de la verdadera destreza, fundada en ciencia, y diez y ocho contradicciones a las de la comun, por* D. Luis Pacheco de Narvaez.
  Apud Lodovicum Sanchez. — In-folio, Matriti, 1608.

—— *Compendio de la filosofia y destreza de las armas de Geronimo de Carrança, por* Don Luis Pacheco de Narvaez. — In-4°. Madrid, 1612.
  A. Don F. de Rojas y Sandoval, segundo duque de Cea. En Madrid por L. Sanchez.
  Gravures sur bois dans le texte.

—— Don Atanasio de Ayala. *El bisono instruido en la disciplina militar.* — In-8°. Madrid, 1616.
  Ceci est un manuel pour l'instruction des recrues, dans l'usage des armes.

—— G. S. de Carranza. *Discurso de armas y letras, sobre las palabras del proemio de la instituta del Emperador Justiniano, etc., etc.* — MS. Pag. 28, in-4°. Sevilla, 1616.

—— Don Luis de Pacheco de Narvaez. *Carta al Duque de Cea, diciendo su parecer acerca del libro de Geronimo de Carrança. De Madrid en quatro de Mayo.* — In-8°. Madrid, 1618.

—— *Apologia de la destreza de las armas. Defensa del libro de Carranza sobre ello.* Por D. Juan Fernando Pizarro. — In-8°. Trujillo, 1623.

—— *Modo facil y nuevo para examinarse los Maestros en la destreza de las armas y entender sus cien conclusiones, o formas de saber.*
  Dirigido al Senor Wolfango Guillermo, Conde Palatino del Rhin, etc., etc.
  Por Don Luis Pacheco de Narvaez, Maestro del Rey, Nuestro Senor, en la

filosofia y destreza de las armas, y mayor en los Reynos de Espana. — In-8°. Madrid, 1625.
   Imprimé chez Luis Sanchez. Approuvé. Musée Britannique.

—— *Engano y desengano de los errores que se han querido introducir en la destreza de las armas,* por DON LUIS PACHECO DE NARVAEZ. — In-4°. Madrid, 1635.

—— *Engano y desengano de los errores en la destreza de las armas,* por DON PEDRO MEXIA DE TOBAR. — In-4°. Madrid, 1636.

—— *Advertencias para la ensenanza de la destreza de las armas, asi a pie como a cavallo,* por DON LUIS PACHECO DE NARVAEZ. — In-4°. Madrid, 1639.

—— DIAZ DE VIEDMA. *Epitome de la ensenanza de la filosofia y destreza matematica de las armas.* — In-8°. Cadiz, 1639.

—— *Compendio en defensa de la doctrina y destreza de Carranza,* por LUIS MENDEZ DE CARMONA. — In-8°. Sevilla, 1640.

—— CRISTOBAL DE CALA. *Desengano de la Espada y Norte de diestros.*—In-8°. Cadiz, 1642.
   Bibliothèque Nationale.

—— Une seconde édition du livre de DON LUIS PACHECO DE NARVAEZ. *Modo facil para examinarse... etc.* (voir 1625) fut imprimée *por los herederos de Pedro Lanaja, impressores del Reino de Aragon y de la Universidad* à Zaragoça. — In-8°. 1658.
   Un appendice se trouve souvent joint à ce livre :
   Adicion a la filosofia de las armas. Las diez y ocho contradiciones de la comun destreza, por el mismo autor. Ano M.DC.LX. Musée Britannique.

—— *Defensa de la doctrina y destreza de las armas,* por DON MIGUEL PEREZ DE MENDOZA. — In-4°. Madrid, 1665.

—— *Resumen de la verdadera destreza en el manejo de la Espada,* por D. GOMEZ ARRIAS DE PORRES. — In-4°. Salamanca, 1667.
   Por Melchor Estevez.
   Bibliothèques Nationale et de Fernandez San Roman.

—— *Nueva ciencia y filosofia de la destreza de las armas, su teorica y practica.*
   A la Magestad de Felipe quarto, Rey, y Senor Nuestro, de las Espanas y de la mayor parte de MUNDO.
   Por DON LUIS PACHECO DE NARVAEZ, *su maestro, y mayor en todos sus Reynos y Senorios.* — In-8°. Madrid, 1672.
   A costa de Manuel de Sossa, assensista de su Magestad, por Melchor Sanchez. Approuvé et autorisé.

—— DON MIGUEL PEREZ DE MENDOZA Y QUIXADA. *Principios de los cinco sujetos principales de que se compone la filosofia y matematica de las Armas, practica y especulativa.* — In-8°. Pamplona, 1672.
   Bibliothèques de Ingenieros, del Sonado, de Fernandez San Roman.

—— *Compendio de los fundamentos de la verdadera destreza y filosofia de las armas.*
   Dedicado a la Catolica, Sacra y Real Magestad del Rey, Nuestro Senor, Don Carlos Segundo, Monarca de Espana y de las Indias.

Por don Francisco Antonio Ettenhard, *Cavallero del Orden de Calatrava.*— In-4°. Madrid, 1675.
Con Privilegio. *En Madrid por Antonio de Zafra.*
Seize gravures sur cuivre.
A cet ouvrage est généralement ajouté un ouvrage plus petit, intitulé comme suit :
Siguese el papel de Juan Caro, en que impugna la obra con Quince Oiepciones, y la respuesta de el Autor a ellas.
Avec une gravure sur cuivre. Musée Britannique.

—— *Cornucopia numerosa.*
Alfabeto breve de principios de la verdadera destreza y filosofia de las armas, colegidos de las obras de Luis Pacheco de Narvaez, por D. Gaspar Agostin de Lara. — In-4°. Madrid, 1675.
Bibliothèques Nationale, de Fernandez San Roman, de Mariategui.

—— *Resumen de la verdadera destreza de las armas, en treinta y ocho asserciones resumidas y advertidas con demonstraciones practicas, deducidas de las dos obras principales que tiene escritas su autor.*
Por Don Miguel Perez de Mendoza y Quixada, *quien aliciona y ensena la Destreza a su Alteza el Serenissimo Senor D. Baltasar Carlos (que Dios tiene), de la camara de Serenissimo Senor, Don Juan de Austria, y su Maestro de la Destreza, Natural de la ciudad de Logrono.* — In-4°. Madrid, 1675.
Bibliothèques de Ingenieros, del Senado, de Fernandez San Roman.

—— Thomas Luis. *Tratado das lições da Espada preta, e destreza com que haô de usar os jugadores della.* — 29 pag. in-8° y 1 *lamina.* In-folio. Lisboa, 1685.

—— *Resumen de la verdadera destreza para saber los caminos verdaderos de la batalla, por* D. J. Antonio Arrieta, Aranda y Morzntin. — In-8°. Pamplona, 1688.

Lorenz de Rada. *Respuesta filosofica y matematica en la cual se satisfece a los argumentos y proposiciones, que a los profesores de la verdadera destreza y filosofia de las Armas se han propuesto por un papel expedido sin nombre d'autor.* — In-4°. Madrid, 1695.
Por Diego Martinez, Abad.
Bibliothèques Nationale et de Fernandez San Roman.

—— D. Diego Rejon de Sylva. *Definiciones de la Ciencia de las armas.* — In-8°. Orihuela, 1697.

—— *Diestro Italiano y Espanol. Explican sus doctrinas con evidencias mathematicas conforme a los preceptos de la verdadera destreza y filosofia de las armas.*
Dedicado a la Catholica, Sacra y Real Magestad del Rey Nuestro Senor, monarca de Espana de y las Indias, por Don Francisco Antonio de Ettenhard y Abarca, *Cavallero del Orden de Calatrava, Capitan teniente de la Real Guardia Alemana de su Magestad.* — In-4°. Madrid, 1697.
En la imprenta de Manuel Ruiz de Murga. 4 gravures sur cuivre.
Bibliothèques de Ingenieros, del Senado, de Fernandez San Roman. Musée Britannique.

—— *Las tretas de la vulgar y comun esgrima de Espada sola, y con armas dobles, que*

aprobo don Luis Pacheco de Narvaez, y las opisiciones que disposo en verdadera de ella, por D. MANUEL CRUZADO Y PERALTA. — In-4°. Zaragoza, 1702.
Bibliothèques de Fernandez San Roman et de Mariategui.

—— LORENZ DE RADA. *Nobleza de la Espada, cuyo resplendor se expresa en tres libros, segun Ciencia, Arte y Experiencia.* — In-folio. Madrid, 1705.
Imprimé à la Presse Royale.
Bibliothèques Nationale et de Fernandez San Roman.

—— *Experiencia del instrumento armigero espada, Por el Maestro de Camon* D. FRANCISCO LORENZ DE RADA. — In-folio. Madrid, 1705.
En Madrid, por Diego Martinez, abad, impresor de libros; vide en la calle de la Gorguera.
Seize gravures sur cuivre.

—— *Ilustracion de la destreza indiana, epistola oficiosa que escribió* SANTOS DE LA PAZ, *al Maestro de campo Don F. Lorenz de Rada, etc., etc., sobre varios discursos publicados por el en la que intituló defensa de la verdadera destreza de las armas. Sacala a luz el Capitan Diego Rodriguez de Guzman, etc., etc.* — In-4°. Lima, 1712.

—— D. NICOLAS RODRIGO NOVELI *Crisol especulativo de la destreza de las armas.* — In-4°. Madrid, 1731.

—— MANUEL MARTINS FIRME. *Espada firme o firme tractado para o jogo de espada preta e branca.* — In-folio xxxxi. In-8°. Evora, 1744.
Bibliothèque de J. C. de Figaniere.

—— *Arte de esgrimir florete y sable, por los principios mas seguros, faciles y intelligibles. Por* D. JUAN NICOLAS PERINAT, *Maestro de Esgrima en la Real Academia de Cavalleros Guardias Marinas, primera obra tocante a este Arte.* — Oblong. In-4°. Cadix, 1758.
A la fin : *En la imprenta de la Real Academia de Cavalleros Guardias Marinas.* Trente-six gravures sur bois.

—— RODRIGUEZ DE CARVALHO. *Resumo breve do Jogo de Florete em dialogo para cualquier curioso se applicar ao serio estudio desta brilhante arte. Traduzido dos melhores Auctores Franceses.* — In-8°. Lisboa, 1804.

—— DON MANUEL LOSA. *Nueva ciencia de la destreza de las armas.*

ITALIEN

—— Morsicato Pallavicini et Antonio Marcelli (voir 1670 et 1686) mentionnent PIETRO MONCIO comme l'auteur d'un traité d'escrime imprimé en 1509. Ce livre ne semble pas exister.

—— *Di* ANTONIO MANCIOLINO, *Bolognese, opera nova dove sono tutti li documenti e van-*

taggi che si ponno havere nel mestier de l'Armi d'ogni sorte, novemente correcta et stampata.
Per N. d'Aristotile, detto Zoppino. — In-16, Vinegia, 1531.
Quelques gravures sur bois séparées du texte. Musée Britannique.

—— *Opera nova di* ACHILLE MAROZZO, *Bolognese, Maestro Generale de l'arte de l'Armi.* — In-4°. Mutinæ, 1536.
A la fin se trouve cette notice : *Mutinæ, in ædibus venerabilis D. Antonii Bergola Sacerdotis ac civis Mutin. XXIII Idus Maii.*
Quatre-vingt-deux gravures sur bois. Musée Britannique et South Kens.

—— Une seconde édition de l'ouvrage d'ACHILLE MAROZZO (voir 1536) parut à Venise. — In-4°, 1550.
Stampata per Giovane Padouana, Ad instantia de Marchior Sessa. Musée Britannique.

—— MARC ANTONIO PAGANO. *Disciplina dell' Arme.* — In-4°. Napoli, 1553.

—— *Trattato di Scientia d'Arme, con un dialogo di filosofia, di* CAMILLO AGRIPPA, *Milanese.* — In-4°. Roma, 1553.
In Roma per Antonio Blado, stampadore apostolico. Con privilegio de N. Signore Papa Giulio III, per anni dieci.
Portrait d'Agrippa et 55 gravures sur cuivre dans le texte. Dédié à Cosimo de Medici. Musée Britannique.

—— Une troisième édition de l'ouvrage d'ACHILLE MAROZZO (voir 1536), ne portant ni date ni nom d'imprimeur, semble avoir paru en 1568.
Cette supposition est basée sur la grande similitude des caractères typographiques avec ceux de l'édition suivante, bien que le texte soit légèrement différent, et que les gravures soient complètement autres.

—— *Arte dell'Armi de* ACHILLE MAROZZO, *Bolognese, ricorretto et ornato di nuove figure in rame.* — In-4°. Venetia, 1568.
Gravures sur cuivre dans le texte.
La quatrième édition, qui contient plus de matières que les précédentes, fut publiée par les soins du peintre Giulio Fontana, et imprimée par A. Pinargenti. Musée Britannique.

—— *Di M.* CAMILLO AGRIPPA. *Trattato di scienza d'arme, et un dialogo in detta materia.* — In-4°. Venetia, 1568.
Comme le livre précédent, cette édition d'Agrippa fut imprimée par A. Pinargenti, et dédiée à Don Giovanni Manriche par le peintre Giulio Fontana.
Portrait de l'auteur et 49 gravures sur cuivre dans le texte. Musée Britannique.

—— *Ragione di adoprar sicuramente l'Arme, si da offesa come da difesa; con un trattato dell'inganno, et con un modo di essercitarsi da se stesso, per acquistare forza, giudicio et prestezza.*
Di GIACOMO DI GRASSI, *da Modena.* — In-4°. Venetia, 1570.
Appresso Giorgio de' Cavalli.
Quelques copies portent l'indication : *Appresso Giordano Ziletti.*
Portrait de Grassi et gravures sur cuivre dans le texte. Musée Britannique et Bodl.

―― *Del Arte di scrimia libri tre di* M. Giovanni Dall.' Agocchie, *Bolognese. Ne quali brevemente si tratta dell'Arte dello Schermire, dell' ordinar battaglie. Opera necessaria a Capitani, Soldati et a qual ci voglia Gentil'huomo.* — In-4°. Venetia, 1572.
Appresso G. Tamborino. Con Privilegio.
Dédié au comte F. Pepoli. Musée Britannique.

―― *Lo Schermo d'*Angelo Viggiani, *dal Monotone da Bologna. Nel quale, per via di dialogo si discorre intorno all' eccelenza dell' Armi et delle lettere, et intorno all offesa et difesa. Et insegna uno Schermo di Spada sola sicuro e singolare con una tavola copiosissima.* — In-4°. Venetia, 1575.
Appresso Giorgio Angelieri.
Neuf gravures sur cuivre dans le texte. Bodl. et South Kens.

―― *Nuovo et breve modo di Schermire di* Alfonso Fallopia, *Lucchese, Alfiere nella Fortezza di Bergamo.* — In-4°. Bergamo, 1584.
Appresso Comin Ventura.

―― L'ouvrage de Viggiani (voir 1575) fut reproduit par les soins de Zacharia Cavalcabo.
Le nom de l'auteur est écrit Angelo Vizani selon la douce prononciation des Vénitiens avec lesquels il avait si longtemps pratiqué l'escrime. — In-4. Bologna, 1588.
Per Gio. Rossi—con licenza de Superiori. All'illustrissimo Signore, il Sig. Conte Pirro Malvezzi.
Le texte est légèrement différent de la première édition, et un portrait de Viggiani est ajouté aux gravures. Musée Britannique et Bodl.

―― MS. *Discorso di* Camillo Palladini, *Bolognese, sopra l'arte della Scherma; come l'arte della Scherma e necessaria a chi si diletta d'Arme.* — Obl. In-4°. 1590 (?
Quarante-deux dessins au crayon rouge imités des planches du traité d'Agrippa. Collection de M. Vigeant.

―― *Trattato in materia di Scherma di* Marco Docciolini, *Fiorentino. Nel quale si contiene il modo e regolo d'adoperar la spada, cosi sola come accompagnata.* — In-4° Firenze, 1601.
Nella stamperia di Michelangiolo Sermatelli.
Dédicace à Don Giovanni Medici.

―― *Essercitio Militare tale quale dispone l'huomo a vera cognitione del Scrimire di Spada et dell'ordinare l'Essercitio a battaglia, etc., etc.*
Di Giovanni Alberto Cassani, *di Frasinello di Monserrato.* — In-4°. Napoli, 1603.
Ceci est plutôt un manuel de l'art militaire qu'un traité d'escrime. Musée Britannique.

―― Une troisième édition de Camillo Agrippa (voir 1553) fut imprimée à Venise. — In-4°, 1604. Musée Britannique et Bodl.

―― *De lo Schermo, overo scienza d'arma, di* Salvator Fabris, *Capa del Ordine dei sette cuori.* — In-folio. Copenhague, 1606.
Imprimé par Henrico Waltkirch. Frontispice : Portraits du roi de Danemark, à qui l'ouvrage est dédié, et de l'auteur.
190 gravures sur cuivre dans le texte, par A. Halbeck. Musée Britannique.

d

—— *Teatro, nel qual sono rappresentate diverse maniere e mode di parare et di ferire di Spada sola, e di Spada e pugnale; dove ogni studioso potrá essercitarsi e farsi prattico nella proffessione dell'Armi.*
　　Di NICOLETTO GIGANTI, *Vinitiano*. — Oblong in-4º. Venetia, 1606.
　　Al Sereniss. D. Cosmo di Medici.
　　Appresso Gio. Antonio et G. de Franceschi.
　　Frontispice avec les armes des Médicis, portrait de l'auteur, et 42 gravures sur cuivre hors texte. Musée Britannique.

—— Une seconde édition parut à *Venise.* — Oblong in-4º, 1608.

—— *Gran simulacro dell'arte e dell'uso della Scherma di* RIDOLFO CAPO FERRO *da Cagli, Maestro dell'eccelsa natione alemanna, nell'inclita Città di Siena.* — Oblong in-4º. Siena, 1610.
　　Dedicato al Serenissimo Sig. Don Federigo Feltrio della Rovere, Principe dello stato d'Urbino.
　　In Siena, al sopportico de Pontani. Appresso Saluestro Marchetti e Camillo Turi. con licentia de' Superiori e con Privilegi.
　　Portraits du duc d'Urbino et de Capo Ferro, et 43 gravures sur cuivre gravées par Raphael Schiamirossi. South-Kens.

—— E. TORQUATO. *Precetti sulla Scherma.* — In-8º. Roma, 1610 (?)

—— *Opera intorno alla Practica e Theorica del ben adoperare tutte le sorti di arme ; overo, la Scienza dell'Arme, da* GIOVANNI ANTONIO LOVINO, *Milanese.* — MS. Sur vélin. in-4º.
　　Mentionné dans la *Bibliographie Instructive*, G. F. de Bure, Paris, 1764. Vol. Jurisprudence et Arts.

—— *Gioielo di sapienza, nel quale si contengono mirabili secreti e necessarii avertimenti per difendersi da gli huomini e da molti animali, etc.*
　　Nuevamente dato in luce da me ANTONIO QUINTINO ad instanza d'ogni spirito gentile. — In-12º. Genova. Milano, 1613.
　　Stampata in Genova et ristampata in Milano per Pandolfo Malatesta.
　　Portrait de l'auteur, et 15 gravures sur bois dans le texte.

—— Une cinquième édition de l'ouvrage d'ACHILLE MAROZZO (voir 1568) parut à Vérone. — In-4º, 1615.

—— *Arte di maneggiar la Spada a piedi, et a cavallo, descritta dall'Alfiero* GIO. BATTISTA GAIANI *e dedicata ai Serenessimi Principi Vittorio Amadeo e Francesco Tomaso di Savoia.*
　　Opera per le nuove osservationi giá desiderata. — In-4º. Loano, 1619.
　　Appresso Francesco Castillo. Con licenza de'Superiori.
　　Musée Britannique.

—— *Oplomachia di* BONAVENTURA PISTOFILO, *nella quale... etc., si tratta per via di Teoria et di Practica del maneggio e dell'uso delle armi.* — In-1º. Sienna, 1621.

—— *Della vera pratica e scienza d'armi... etc. Opera di* SALVATOR FABRIS. — In-folio. Padova, 1624.
　　Per Pietro Paolo Tozzi.

—— Gio Antonio Lovino : *Sull'arte di ben maneggiare la spada*.
   Dédié à Henri III.
   Ce livre est mentionné, comme ayant existé, dans la liste des livres sur le jeu de l'Epée, de M. F. W. Foster.

—— *Il torneo di* Bonaventura Pistofilo. *Nobile Ferrarese, Dottor di Legge e Cavaliere nel Teatro di Pallade dell ordine Militare et Accademico.* — In-4°. Bologna, 1627.
   In Bologna per il Ferrone. Con Licenza de Superiori.
   Frontispice et 114 gravures sur cuivre, dont quinze montrent le gracieux maniement de l'Epée. Pas de texte. South-Kens.

—— Une seconde édition de l'ouvrage de Nicoletto Giganti (voir 1606) fut publiée à Padoue. — Oblong in-4°, 1628.
   Imprimé par Paolo Frambotto. Dédié à *l'illustrissime Seigneur Lazaro Stubicka, da Kœnigsten.*

—— *Giuoco d'arme da* Torelli. — In-4°. Venetia? 1632.

—— *La Scherma di* F. Alfieri, *Maestro d'Arme dell' Illma Accademia Delia in Padova. Dove, con nuove Ragioni e con Figure, si mostra la perfezione di quest'Arte, e in che modo, secondo l'arme e il sito, possa il Cavaliere restar al suo nemico superiore.* — Oblong in-4°. Padova, 1640.
   Dedicata all' Illu^{mi} SS. della sopra detta Accademia. Per Seb. Sardi, con licenza.
   Portrait de l'auteur et 37 gravures sur cuivre d'après la manière de Callot. Alfieri écrivit aussi un traité sur l'épée à deux mains.
   (Voir 1653.)

—— *L'Esercizio della Spada, regolato con la perfetta idea della Scherma et insegnato dalla Maestramano di* Terenziano Ceresa. *Parmegiano, detto l'Eremita, Opera utile e necessaria a chiunque desidera uscire vittorioso dalli colpi della Spada nemica.* — In-4°. Ancona, 1641.
   Dedicata al Sig. Tomaso Palunci, nobile Anconitano. Ancona, per M. Salvioni. Con licenza de' superiori.

—— Une seconde édition de l'ouvrage de F. Alfieri fut publiée à Ancône (voir 1640). — In-4°. 1645.

—— *L'arte di ben maneggiare la Spada, di* Francesco Alfieri, *maestro d'arme dell'illustrissima academia Delia in Padova.* — Obl. in-4°. Padova, 1653.
   Plusieurs gravures sur cuivre. Musée Britannique.

—— *Lo Spadone di* F. Alfieri, *Maestro d'Arme dell' Illma Academia Delia in Padova. Dove si mostra per via di Figura il maneggio e l'uso di esse.* — In-4°. Padova, 1653.
   Per Sebastiano Sardi. Con licenza de Superiori.
   Dix-sept gravures sur cuivre, dont plusieurs sont répétées. Musée Britannique.
   (Voir aussi 1640.)

—— *Il vero maneggio della Spada, d'*Alessandro Senesio, *gentil'huomo bolognese.* — In-folio. Bologna, 1660.
   Dedicato al Sereniss. Principe Fernando Carlo, Arciduca d'Austria. Per l'Herede di Benacci.
   Quatorze gravures sur cuivre, hors texte.

―― *Quesiti del Cavaliere instrutto nell arte della Scherma Napoletana.* ― In-8°. Padova, 1664.

―― Francesco Antonio Mattei. *Della Scherma Napoletana.*
Novello de Bonis. ― In-4°. Foggia, 1669.

―― *La Scherma Illustrata, composta da* Giuseppe Morsicato Pallavicini, *Palermitano, Maestro di Scherma, per la di cui teorica, e prattica si puo arrivare con facilta alla difesa ed offesa necessaria, nell occasioni d'assalti nemici. Opera utilissima alle persone che si dilettano di questa professione, con le Figure della Scienza prattica, dichiarate coi loro discorsi.* ― In-folio. Palermo, 1670.

Per Domenico d'Anselmo. Imp. Cuzolinus G. et V. G. Imp. de la Torre R. P. Con privilegio per anni X.

Dédié *All' ill' Signore D. Francesco Statella et Caruso, Marchese di Spaccafurno, etc., etc.*

Frontispice contenant les armes du marquis de Spaccafurno, et 31 gravures sur cuivre. Musée Britannique.

―― *Trattato di Scherma Siciliana, ove si monstra di seconda intentione, con una linea retta : Difendersi di qual si voglia operatione di resolutione, che operata per ferire a qualunque, o di punta, o taglio, che accadesse in accidente di questionarsi. Aggiunto da* Giuseppe Villardita. *Con expressione di tutte le regole che nascono di seconda operatione.* ― In-12. Palermo, 1673.

In Palermo per Carlo Adamo, Imp. Cuz. G. Lu. Imp. R. Ioppulus P.

―― *La seconda parte della Scherma Illustrata, ove si dimostra il vero maneggio della Spada e Pugnale, et anco il modo como si adopera la Cappa, il Brochiero, e la Rotella di notte, le quali regole sono state intese da nessuno Autore. Composta da* Giuseppe Morsicato Pallavicini, *Maestro di Scherma Palermitano.* ― In-folio. Palermo, 1673.

Per Domenico d'Anselmo, etc.

(Voir 1670.)

Dédié : *All. Ill. Sign. e padrone colendissimo il Signor Don Girolamo del Carretto e Branciforte, etc., etc., de' duchi di Sassonia.*

Frontispice contenant les armes du comte de Racalmuto, et 36 gravures sur cuivre. Musée Britannique.

―― *La Scherma Napolitana di* Francesco Monica. ― In-4°. Parme, 1680.

―― Une seconde édition de l'ouvrage d'Alfieri's *Arte di ben mannegiare la Spada* (voir 1653) fut publiée par Sardi, à Padoue. ― Obl. in-4°, 1683.

―― *Regole della Scherma insegnate da Lelio e Titta Marcelli, scritte da* Francesco Antonio Marcelli, *figlio e nipote, e Maestro di Scherma in Roma. Opera non meno utile che necessaria a chiunque desidera far profitto in questa professione. Dedicata alla sacra Real Maesta di Christina Alessandra, Regina di Suetia.*

Parte Prima : Regole della Spada sola.
Parte Seconda : Regole della Scherma.

Nella quale si spiegano le Regole della Spada e del Pugnale, insegnate da Titta Marcelli; con le regole di maneggiar la Spada col Brocchiere, Targa, Rotella

Cappa, Lanterna; col modo di Giocar la Spada contro la Sciabola. — In-8°, en deux parties. Roma, 1686.

Frontispice contenant les portraits des Marcelli, qui, au nombre de sept, furent maîtres d'armes. Gravures sur cuivre dans le texte, d'après les dessins de l'auteur lui-même. Musée Brit. et Bodl.

—— *La Spada Maestra di me* Bondi di Mazo, *da Venetia. Libro dove si trattano i vantaggi della Nobilissima Professione della Scherma, si del caminare, girare e ritrarsi, come del ferire sicuramente e difendersi.* — Obl. in-4°. Venetia, 1696.

Dedicato agl'Illustrissimi e Eccelentissimi Signori Conti di Collalto e San Salvatore. In Venetia per Dominico Louisa à Rialto, a spese dell'Auttore. Con Licenza de' Superiori e privilegio.

Quatre-vingts gravures sur cuivre. Musée Brit.

—— Musée Britannique : Un traité d'escrime en italien. Date : vers la fin du xvii° siècle.

—— *Scienza prattica necessaria all'huomo, overo modo per superare la forza coll'uso regolato della Spada.*

Parte Prima, opera di C. Calarone, *detto l'Anghiel : Maestro di Scherma Messinese.* — In-4°. Roma, 1714.

Dedicata all'Eccellentissimo Signor Don Ignazio Migliaccio de' Principi di Baucina, Principi di Malvagna, Duca di Galizia, etc. Nella stamparia di Luca Antonio Chracas. Con licenza de' Superiori.

Portraits du duc di Galizia et de l'auteur, gravés sur cuivre, hors texte. Gravures sur bois dans le texte.

—— *Ragionamenti Accademici interno all'arte della Scherma di* di Marco, *professore di Scherma, Napoletano.* — In-8°. Napoli, 1758.

—— *Discorsi instruttivi ne quali si tratta in particolare intorno all'arte della Scherma, da* A. di Marco. — In-8°. Napoli, 1759.

—— *Riffessioni fisiche e geometriche circa la misura del tempo ed equilibrio di quello e della natural disposizione ed agilita dei competitori, in materia di scherma, et regolamenti essenziali per saggiamente munirsi da ogni inconsiderato periglio sul cimento della spada nuda; da* Alessandro di Marco, *Professore di Scherma Napolitano, maestro de' due nobili Collegy Capece e Macedonio, e d'altri cavalieri.* — In-12. Napoli, 1761.

Dedicato all ill. ed exc. Signore Francesco Capece Minutolo, Patrizio Napolitano. Con licenza de' Superiori.

(Voir aussi 1758-1759).

—— Picard Alessandro Bremond. *Trattato sulla Scherma : traduzione dalla francese nella lingua toscana.* — In-8°. Milano. Pirola. Date ?

Ce livre est mentionné, comme existant, dans la liste des livres sur le jeu de l'Epée, de M. F. W. Foster, mais sans date.

L'original français paraît être tout à fait inconnu.

—— Guido Antonio del Mangano. *Rifflessioni filosofiche sopra l'arte della scherma.* — In-8°. Pavia, 1781.

—— MICHELE MICHELI. *Trattato in lode della nobile e cavalleresca arte della Scherma. Directo ai Nobili e Cittadini Toscani.* — Petit in-8°. Firenze, 1798.
    Nella Stamperia granducale. Con approvazione.

—— *La Scienza della Scherma espota dai due amici* ROSAROLI. SCORZA, *Capit. dei Zappatori Ital. Agg. Sallo tato Magg. del Genio, e* GRISETTI PIETRO, *Capitano di Artiglieria Ital.* — In-4°. Milano, 1803.

        ...*Romane, memento*
        Haec tibi erunt artes...

Nella Stamperia del Giornale Italico.
Dix planches lithographiées.

ALLEMAND

—— HANS LEBKOMMER. *Der Altenn Fechter an fengliche Kunst.* — In-4°. Franckfurt am Meyn. 1529-36 (?).
    Gravures sur bois d'après des dessins d'Albert Durer, par Hans Brosamer, dans le texte.

—— *Fechtkunst, die Ritterlich, mennliche Kunst und Handarbeit Fechtens und Kempfens.* — In-4°. Franckfurt, 1558.

—— *Gründliche Beschreibung der Freyen, Ritterlichen und Adelichen Kunst der Fechtens in allerley gebreuchlichen Webren, mit vil schönen und nützlichen Figuren gezieret und furgestellet, durch* JOACHIM MEYER, *Freyfechter zu Strasburg.* — Oblong in-4°. Strasburg, 1570.
    A la fin : *Getruckt zu Strasburg bey Triebolt Berger com Weynmarkt zum Treubel.*
    Nombreuses gravures sur bois. Bodl.

—— A. GUNTERRODT. *De veris principiis artis dimicatoriæ.* — In-4°. Wittemberg, 1579.

—— *Sechs Fechtschulen (d. i. Schau-und Pries-fechten) der Marxbrüder und Federfechter, aus den Fahren 1573 bis 1614; Nurnberger Fechtschulreime v. J. 1579, una Röseners's Gedicht : Ebrentitel un Lobspruch der Fechtkunst, 1589. — Mit einer Abbildung aus Leckuchner's Handschrift uber das Messer (Tesak) — Fechten.* — In-8°, 1573-1614.
    Buchhandlung von Karl Groos.
    Publié à Heidelberg, 1870.

—— Une seconde édition de l'ouvrage de JOACHIM MEYER (voir 1570) parut à Augsbourg. — Oblong. In-4°, 1610.
    Getruckt zu Augspurg bey Michael Mauger, in verbegung Eliae Willers.
    Soixante-treize gravures sur bois. Musée Britannique.

—— *Ein new Kunstlich Fechtbuch im Rappier zum Fechten und Balgen, u. s. w. Durch* MICH. HUNDT. — In-4°, Leipsig, 1611.

—— *New Kunstliches Fechtbuch, das ist ausführliche Deschription der Freyen Adelichen und Ritterlichen Kunst dess Fechtens in den gebreuchlichsten Webren, als Schwerdt, Düsacken, Rappier, etc., etc.*
Durch den Wolerfahrnen und berühmten *Freyfechtern* Jacob Sutorium, *von Baden*. — In-4°. Franckfurt, 1612.
Gedruckt *zu Franckfurt am Mayn durch Johann Bringern. In Verlegung Wilhelm Hoffmans.*
Nonante-quatre gravures sur bois dans le texte. Musée Britannique.
Une reproduction de l'ouvrage fut publiée à Stuttgard, par J. Scheible, en 1849.

—— *Neues Kunstliches Fechtbuch des Weitberümten und viel erfahrnen Italienischen Fechtmeister* Hieronimo Cavalcabo, *von Bononien Stievorn, aus dem geschrieben welschem Exemplar durch monsieur de Villamont, Ritter des Ordens zu Jerusalem, etc., etc., in französiche Sprache transferirt. Nun aber allen Löblichen Fechtkunst Liebhabern zu gefallen aus gemelter französischer Sprach verdenselt durch Conrad von Einsidell.* — Oblong in-4°. Jena, 1612.
Six gravures sur cuivre, hors texte. Musée Britannique.

—— Garzonii *Allgemeiner Schauplatz.* — Franckfurt, 1619.

—— Koppen's *Cours v. d. Fechtkunst.* — Petit in-folio. Magdeburg, 1619.

—— *Der Kunstreichen und weitberümeten Fechtmästers* S. Fabris *Italianische Fechtkunst.* — In-folio. Leyden. 1619.
Imprimé par Isaac Elzevier, et dédié à Gustave-Adolphe.
Les gravures sur cuivre de la première édition sont remplacées par des gravures sur bois (192).

—— Koppen. *Newer Diskurs von der rittermässigen und weitberuhmten Kunst des Fechtens, u. s. w.* — Petit in-folio. Magdeburg, 1619.

—— *Grundtliche und eigentliche Beschreibung der freyen Adelichen und Ritterlichen Fecht Kunst im einfachen Rappir und Dolch, nach Italianischer Manir und Art, in zwey underschiedene Bücher ferfast, un mit 670 schoenen und nothwendigen Kupfferstuken gezieret und for Augen gestellt.*
Durch Hans Wilhelm Schoffer, *von Dietz, Fech-Meister in Marpurg.*
Getruckt *zu Marpurg bey Johan Saurn.* — Oblong in-4°. Marpurg, 1620.

—— Une autre édition du théâtre de Giganti (voir Italie, 1606, France, 1619) parut à Francfort. — Obl. in-4°, 1622.
Musée Britannique.

—— *Neu Kunstich Fechtbuch zum dritten mal auffgelegt und mit vielen schoenen Stucken verbessert. Als des Sig. Salvator Fabri de Padua und Sig. Rud. Capo di Ferro, wie auch anderer Italienischen und Französichen Fechter.*
Durch Sebastian Heussler, *Kriegsmann und Freyfechter von Nürnberg.*
Gedruckt *zu Nürnberg durch Simon Halbmayer.* — Oblong in-4°. Nürnberg, 1630.
In Verlegung Balthasar Gaymoren.
Soixante-deux gravures sur cuivre. (Voir aussi 1665.) Musée Britannique.

—— Salgen's *Kriegsübung u. s. w. den frischanfahenden Fechtern und Soldaten für erst nutzlich und nöthig zu wissen.* — 1637.

—— Musée Britannique. Trois traités en allemand sur l'Art de l'Escrime. — In-folio ff. 127.
Nonante-trois figures, dessinées à l'encre de Chine, copiées des planches de Fabris.
Date : milieu du xviie siècle.

—— Thibauld. *Ars digladiatoria.* — In-folio. Amsterdam, 1650.

—— Une troisième édition de l'ouvrage de Joachim Meyer (voir 1570) parut à Augsbourg. — Oblong in-4°, 1660.

—— *Von* Johann Georg. Paschen. *Kurze, jedoch deutliche Beschreibung handelnd vom Fechten auf den Stoss und Hieb.* — In-folio. Halle in Sachsen, 1661.
(Voir aussi 1664, 1667, 1673, 1683.)

—— *Deutliche und Gründliche Erklarung der Adelichen und Ritterlichen freyen Fechtkunst. Durch* J. D. L'Ange, *Fechtmeister.* — Oblong in-8°. Heidelberg, 1664.
Getruckt zu Heidelberg bey Adrian Meingarten.
Portrait de Daniel L'Ange, par Metzger, et 61 gravures sur cuivre.

—— Une seconde édition de l'ouvrage de Paschen (voir 1661) parut à Halle.
Musée Britannique. — In-folio, 1664.

—— Jo. Ge. Triegler's, *neues Künstliches Fechtbuch.* — In-4°. Leipsig, 1664.

—— *Künstliches Abprobjtes und Nützliches Fecht-Buch von Einfachen und doppelten Degen Fechten, damit ein ieder seinen Leib defendirn kan.*
Durch Sebastian Heussler. — Oblong in-4°. Nurnberg, 1665.
Bey Paulus Fursten, Kunsthandler.
124 gravures sur cuivre.
(Voir aussi 1630.)

—— J. G. Paschen. *Vollstandige Fecht-Ring-und voltigier Kunst.* — Petit in-folio. Leipsig, 1667.
In verlag Johann Simon Fickens und Johann Polycarp Seübolds.

—— *Grondige Beschryvinge van de Edele ende Ridderlijcke Scherm-ofte, Wapen Konste, etc.*
Vytgegeven ende aen den Dagh gebracht door Johannes-Georgius Bruchius, *Scherm ofte Vecht-Meester der wigt-vermaerde Academie.* — Oblong in-4°. Leyden, 1671.
Tot Leyden, bi Abraham Verhoef.
Portrait de l'auteur, par Van Somer, et 143 gravures sur cuivre.

—— Une autre édition de l'ouvrage de Paschen (voir 1661) parut à Leipzig. — Petit in-folio. 1673.

—— *Scienza e pratica d'arme di* Salvatore Fabris, *Capo dell'Ordine dei sette cuori.*
Das ist : Herrn Salvatore Fabris, Obristen des Ritter Ordens der Sieben Hertzen, Italianische Fechtkunst.

BIBLIOGRAPHIE.

Von Johann Joachim Hynitzchen, Exercitien Meister. — In-4°.Leipsig, 1677. *Gedruckt bey Michael Boge.*

Traduction allemande du texte italien. Ces planches sont les mêmes que dans l'édition originale, plus une planche représentant le monument érigé à la mémoire de Fabris, à Padoue, sa ville natale, et un portrait d'un certain Heinrich, qui semble avoir patronné la reproduction de l'ouvrage du grand maître.

—— *Der Kunstliche Fechter, oder* Theodori Verolini *Beschreibung des Fechtens im Rappier, Düsacken und Schwerdt.* — In-4°. Wurzburg, 1679.

—— *Der adelichen gemüthen wohlerfahrne Exercitien-meister, d. i. Vollstandige Fecht-Ring-und Voltigier Kunst, von* Joh. Georg. Paschen. *Bei Christian Weidermannen.* — Petit in-folio. Franckfurt und Leipsig, 1683. Ce livre parut aussi à Halle la même année.

—— Borath. *Palaestra Succana, ou l'Art de l'escrime.* — In-folio. Stockholm, 1693.

—— *Der geoffnete Fechtboden, auf welchem durch kurtz gefast Regeln gute Anleitung zum rechten Fundament der Fechtkunst, u. s. w. Mit dazu dienlichen Figuren. Ferfertiget, von* Sr. C. — In-12. Hamburg, 1706.

—— Une seconde édition de la reproduction, en italien et en allemand, de l'ouvrage de Salvator Fabris, fut publiée à Leipzig. — In-4°, 1713.

—— *Leib-beschirmende und Feinden Trotz-bietende Fecht-Kunst, oder leicht und getreue Anweisung auf Stoss und Hieb zierlich und sicher zu fechten. Nebst einem curieusen Unterricht von Voltigiren und Ringen. Von* Johann Andreas Schmidt, *des H. Rom. Reichs Freyen Stadt Nürnberg, bestellter Fecht-und-Exerciten Meister.* — Obl. in-8°. Nürnberg, 1713. *Nürnberg verlegt und zu finden bey Johann Christoph Weigel. Drukts Johann Michael Sporlius sel. Wittwe.*

Portrait de l'auteur dans sa salle d'escrime, 84 gravures sur cuivre, dans le texte et hors texte. Musée Britannique.

—— *Neu Alamodische Ritterliche Fecht-und-Schirm Kunst. Das ist Wahre und nach neueter Französicher Manier eingerichtete Unterweisung wie man sich in Fechten und Schirmen perfectioniren und verhalten solle. Denen respective Herren Liebhaberen zu besserer Erleuterung mit 60 hierzu deutlichen Figuren herausgegeben, von* Alexander Doyle, *aus Irrland geburtig.* (i) *Threr Churfurstl Gnaden zu Maintz verordneten Hof-Fechmeistern.* — Obl. in-4°. Nürnberg, 1715. *Nürnberg und Franckfurt zu finden, bey Paul Lochnern, Buchhandlern.*

Musée Britannique.

—— *Méthode très facile pour former la noblesse dans l'art de l'épée, faite pour l'utilité de tous les amateurs de ce bel art, par le sieur* Jean Jamin de Beaupré, *maître en fait d'armes de Son Altesse S. Electorale de Bavière, à la célèbre Université d'Ingolstadt.*

On trouvera en ce livre, rangés en ordre, tous les mouvements généralement bien expliqués qui sont nécessaires à bien apprendre et à enseigner à faire des armes, en allemand et en français, avec 25 planches qui représentent toutes les

e

principales actions, à la dernière perfection. Ce jeu est choisi de l'italien, de l'allemand, de l'espagnol et du français, et composé de manière, par sa grande pratique, qu'on peut l'appeller le Centre des Armes.
Dédié à Son Altesse Electorale de Bavière. — In-4°. Ingolstadt, 1721.
Gedruckt bey T. Gran.
Vingt-cinq gravures sur cuivre, hors texte.

—— Une seconde édition de l'ouvrage d'ALEXANDRE DOYLE (voir 1715) parut à Nurenberg. — Obl. in-4°, 1729.

—— *Anfangsgrunde der Fechtkunst nebst einer Vorrede von dem Nutzem der Fechtkunst und dem Fortzugen dieser Anweisung heraus gegeben von* ANTHON FRIEDRICH KAHN, *Fechtmeister auf der Georgius Augustus Universität zu Gœttingen.* — In-4°. Gœttingen, 1739.
Gedruckt bey Schultzen, Universitats-Buchdrucker.
Portrait de Kahn, et vingt-cinq gravures sur cuivre, hors texte, gravés par F. Fritsch, Musée Britannique.

—— SCHMIDT (JOHANN ANDREAS). *Fecht und Exercitien Meister. Grundlich lehrende Fecht-Schule.* — In-8°. Nurnberg, 1749.
(Voir 1729.) Bodl.

—— SCHMIDT's *Fecht-Kunst.* — In-8°. Nurnberg, 1750.

—— SCHMIDT (JOH. ANDRE). *Lehrende Fechtschule.* — In-8°. Nurnberg, 1760.
Mit Kpf.

—— Une seconde édition de l'ouvrage de A. F. KAHN (voir 1739) fut imprimée à Helmstadt.
Bey Christian Friedrich Weygrand. — In-4°, 1761.

—— *Haupt.* S. WEISCHNER. *Uebungen auf den fürstlichen Sächsischen Hoffechtboden zu Weimar, verb. und vern. Aufl.* — Weimar, 1764.

—— HOFFMAN. *Ritterliche Geschicklichkeit im Fechten durch ungezwungene Stellungen. Mit 30 Kpf.* — In-4°. Weimar. 1766.

—— .*Haupt.* S. C. F. WEISCHNER. *Ritterliche Geschicklichkeit im Fechten.* — In-4°. Weimar, 1766.
Trente gravures sur cuivre.

—— HEINRICH CHRISTOPH RANIS. *Köningl. Commissarii und Fechtmeisters Anweisung zur Fechtkunst. Mit Kupfern.* — Brit. Mus. In-8°. Berlin, 1771.
Bey August Mylius.
Quatre gravures sur cuivre, pliées.

—— TEMLICH's *Anfangsgründe der Fecht-Kunst.* — In-8°. Halle, 1776.

—— VESTER's *Anleitung zur adelichen Fecht-Kunst.* — In-8°. Breslau, 1777.

—— SCHMIDT (JOH. ANDR.). *Fecht-Kunst oder Anweisung in Stoss und Hieb. Wie auch zum Ringen und Voltigiren.* — In-12. Nurnberg, 1780.
Mit 82 figuren.

—— Schmidt. *Fecht-Kunst auf Stoss und Hieb.* — In-8º. Leipsig, 1780.

—— Haspelmacher's *Systematische Abhandlung von den schädlichen Folgen einer nicht auf sichere Regeln gegrundeten Fechtkunst, nebst einer Ahweisung wie man solche verweiden kann.*
Bei Joh. Heinrich Kuhnlin. — In-8º. Helmstadt, 1783.

—— Henrich Roux (the father). *Versuch über das Contrafechten auf der rechten und linken Hand nach Kreuzler'schen Grundsatzen.* — In-4º. Jena, 1786.
Bei Croker.

—— *Flüchtige Bemerkungen über die verschiedene Art zu fechten einiger Universitaten, von einem fleissigen Beobachter.* — Halle, 1791-92.

—— Schmidt's *Lehrschule der Fechtkunst* 1 Theil, oder Lehrbuch fur die Cavalerie zum vortheilhaften Gebrauche des Sabels. — In-4º. Berlin, 1797.

—— J. Ad. K. Boux. *Gründtliche und vollstandige Anweisung in der teutschen Fechtkunst auf Stoss und Hieb aus ihren innersten Geheimnissen wissenschaftlich erläutert, u. s. w. mit Kupfern.*
In Wolfg. Stahl's Buchdl. — In-4º. Jena, 1798.
Gravure sur cuivre, pliée, contenant plusieurs figures.

—— J. Roux. *Gaundriss der Fechtkunst als gymnastischer Uebung betrachtet.* —Jena, 1798.

—— *Theorisch praktische Anweisung über das Heibfechten*, von J. Roux. — Furth, 1803.

—— *L'Art de faire des armes réduit à ses vrais principes. Contenant tous les principes nécessaires à cet art qui y sont expliqués d'une manière claire et intelligible. Cet ouvrage est composé pour la jeune noblesse et pour les personnes qui se destinent au métier de la guerre, ainsi que pour tous ceux qui portent l'épée. On y a joint un traité de l'espadon, où l'on trouve les vrais principes de cet art, qui y sont expliqués d'une façon aisée, et qui est rempli de découvertes vraiment nouvelles.*
Dédié à S. A. R. Monseigneur l'Archiduc Charles, par M. J. de Saint-Martin, Maître d'Armes Impérial de l'Académie Thérésienne, et ancien officier de cavalerie. Enrichi de 72 figures pour l'intelligence de l'ouvrage. — In-4º. Vienne, 1804.
Cet ouvrage se trouve chez l'auteur à la Leimgruben, nº 155, au premier étage, à Vienne.
Portrait de Saint-Martin, et septante-deux gravures sur cuivre.

FRANÇAIS

—— *La Noble Science des joueurs d'espée.* — In-4º, Paris, 1533 (?).

—— Une seconde édition du ci-dessus parut à Anvers. — In-4º, 1535-38 (?).
Lettre noire. 14 blocs pages entières, 12 blocs demi-pages. Gravure sur bois.
Musée Brit.

—— *Traicté contenant les secrets du premier livre sur l'espée seule, mère de toutes armes, qui sont espée, dague, cappe, targue, bouclier, rondelle, l'espée deux mains et les deux espées, avec ses pourtraictures, ayant les armes au poing pour se deffendre et offencer à un mesme temps des coups qu'on peut tirer, tant en assaillant qu'en deffendant, fort utile et profitable pour adextrer la noblesse et supost de Mars; redigé par art, ordre et pratique.*

Composé par Henri de Sainct-Didier, *gentilhomme provençal.*

Dédié à la Maiesté du Roi tres chrestien Charles neufiesme. —In-4°. Paris, 1573.

A Paris, imprimé par Jean Mettayer et Matthurin Challenge, et se vend chez Jean Dalier, sur le pont Sainct-Michel, à l'enseigne de la Rose blanche.

Avec Privilège du Roy.

Portrait de l'auteur et de Charles IX et 64 gravures sur bois dans le texte. Musée Brit.

—— *Traicté ou instruction pour tirer des armes de l'excellent scrimeur* Hyeronime Cavalcabo, *Bolognois, avec un discours pour tirer de l'espée seule, fait par le deffunt* Patenostrier, *de Rome.*

Traduit d'italien en françois par le seigneur de Villamont, chevalier de l'ordre de Hierusalem et gentilhomme de la chambre du Roy. — In-12. Rouen, 1609.

Chez Claude le Villain, libraire et relieur du Roy, demourant à la rüe du Bec, à la Bonne Renommée.

Dédié au maréchal de Brissac.

—— A. Van Breen. — *Le Maniement d'armes de Nassau avecq Rondelles, Picques, Espée et Targes; representez par Figures.* —South Kens. In-fol. La Haye, 1618.

Portrait de l'auteur et 42 gravures sur cuivre en dehors du texte. Musée Brit

—— *Académie de l'espée . . . . à pied et à cheval, de* Girard Thibaust. —Paris, 1626(?).

—— *Académie de l'espée de* Girard Thibaust, *d'Anvers, où se demonstrent par reigles mathématiques, sur le fondement d'un cercle mystérieux, la théorie et pratique des vrais et iusqu'à présent incognus secrets du maniement des armes à pied et à cheval.* — In-folio. Leyde, 1628.

Frontispice, portrait de Girard Thibaust. 9 gravures contenant les blasons de neuf rois et princes qui favorisèrent cet ouvrage. 46 gravures sur cuivre dessinées et gravées par Crispin de Pas, Gelle, etc., etc.

Privilèges de Louis XIII, datés 1620 et des États généraux des Pays-Bas, datés 15 juin 1627.

Le nom des imprimeurs et leur adresse se trouvent seulement dans quelques rares exemplaires, portant à la dernière page cette notice annonçant la mort de l'auteur :

Le lecteur sera adverti que l'autheur, ayant eu le dessein de produire la science de l'escrime à cheval avec celle à pied, comme il en est fait mention au frontispice de ce livre, la mort l'ayant prévenu, ne l'a pu mettre en effect; mesme l'impression du present livre en a esté retardée iusqu'à present.

A Leyde, imprimé en la Typographie des Elzeviers, au mois d'Aoust l'an cIɔIɔcxxx.

—— *L'Exercice des armes ou le Maniement du fleuret, par* Jean-Baptiste Le Perche du Coudray. — In-folio. Paris, 1635. (?)

—— *Le Maistre d'arme libéral, traitant de la théorie de l'art et exercice de l'espée seule ou fleuret, et de tout ce qui peut s'y faire et pratiquer de plus subtil, avec les principales figures et postures en taille-douce, contenant en outre plusieurs moralitez sur ce sujet.*

Fait et composé par Charles Besnard, Breton originaire, habitant la ville de Rennes et y monstrant le susdit Exercice. — In-4°. Rennes, 1653.

Dédié à Nosseigneurs des Estats de la province et duché de Bretagne.

A Rennes, chez Julien Herbert, imprimeur et libraire, rüe Saint-Germain, à l'image Saint-Julien. Avec privilège du Roy.

4 gravures sur cuivre en dehors du texte.

—— Une seconde édition de *l'Académie de l'Espée* de Thibaust parut à Bruxelles. — In-folio, 1668.

—— *Les Vrays Principes de l'espée seule, dediéz au Roy*, par le Sieur de La Touche, Maistre en fait d'armes à Paris et des pages de la Reyne, et de ceux de la Chambre de Son Altesse Royale Monseigneur le duc d'Orléans. — In-4° oblong. Paris, 1670.

A Paris, de l'imprimerie de François Muguet, rüe de la Harpe.

Portrait de De La Tousche, 35 gravures sur cuivre en dehors du texte.

—— *L'Exercice des armes ou le maniement du fleuret. Pour ayder la mémoire de ceux qui sont amateurs de cet art,* par Le Perche. — In-4° oblong. Paris, 1676.

Se vand à Paris chés N. Bonnard, rüe Saint-Jacques, à l'Aigle.

35 gravures sur cuivre. Les bibliographes font quelquefois allusion à ce livre comme étant une 2e ou même une 3e édition.

—— *Le Maistre d'armes, ou l'exercice de l'espée seulle dans sa perfection. Dédié à Monseigneur le duc de Bourgogne* par le sieur de Liancour. — In-4° obl. Paris, 1686.

Les attitudes des figures de ce livre ont esté posées par le sieur de Liancour et gravées par A. Perrelle. A Paris, chez l'auteur, faux-bourg Saint-Germain, rüe des Boucheries.

Portrait de Liancour, par Langlois, d'après un tableau de Monet. 14 gravures hors texte. Musée Brit.

—— Labat. — *L'Art de l'épée.* — In-12. Toulouse, 1690.

Gravures sur cuivre.

—— Une seconde édition de l'ouvrage de Liancour parut à Amsterdam. In-4° oblong, 1692.

—— M. S. Sloane. N° 1198, folio 40. 23 lignes. Musée Brit. Date : fin du xviie siècle.

—— *L'Art en fait d'armes, ou de l'épée seule, avec les attitudes; dédié à monseigneur le Comte d'Armaignac, Grand Ecuyer de France,* etc., par le sieur Labat, Maître en fait d'armes, de la ville et Académie de Toulouse. — In-8°. Toulouse, 1696.

Chez J. Boude, imprimeur du Roy, des Estats de la Province de Languedoc, etc., etc. Se débitent chez l'auteur, prez les Jacobins.

12 gravures sur cuivre, par Simonin, hors texte.

—— *Questions sur l'art en fait d'armes, ou de l'épée, dédié à monseigneur le duc de Bourgogne,* par le Sieur Labat. Maître audit Art de la Ville et Académie de Toulouse. — In-4°. Toulouse, 1701.

Chez M. G. Robert, maître ès-arts, et imprimeur à la rüe Sainte-Ursule. Avec Permission. Se débitent chez l'Autheur.

—— *L'Art de tirer des armes, réduit en abrégé méthodique. Dédié à monseigneur le Maréchal duc de Villeroy, par* J. DE BRIE, *Maistre en fait d'armes.* — In-8°. Paris, 1721, *Chez C. L. Thiboust, imprimeur juré de l'Université de Paris, place de Cambrai. Avec approbation et privilège du Roy.*
Frontispice et un portrait médaillon du dauphin.

—— Une seconde édition de l'ouvrage de DE BRIE fut publiée à Paris, en 1731.

—— *Nouveau Traité de la Perfection sur le fait des armes, dédié au Roi, par le Sieur* P. J. F. GIRARD, *ancien officier de marine. Enseignant la manière de combattre, de l'épée pointe seule, toutes les gardes étrangères, l'espadon, les piques, hallebardes, etc., tels qu'ils se pratiquent aujourd'hui dans l'art militaire de France. Orné de figures en taille-douce.* In-4° oblong. Paris, 1736-7.
Frontispice et 116 gravures sur cuivre, hors texte, de Jaques de Favanne. Musée Brit.

—— *Le Maistre d'armes, ou l'abrégé de l'exercice de l'épée, par le sieur* MARTIN, *Maistre en fait d'armes de l'Académie de Strasbourg. Orné de figures en taille-douce.* — In-12. Strasbourg, 1737.
Chez l'auteur, au Poël des Marechaux.
16 gravures sur cuivre, hors texte. Approbation des maîtres professeurs de Paris.

—— *Nouvelles et utiles observations pour bien tirer des armes, par* FRANÇOIS BAS, *maître en fait d'armes, en la ville et université de Basle.* — In-8°, Bâle, 1749.

—— Une seconde édition de l'ouvrage de Le Perche fut publiée par un de ses descendants à Paris, avec 5 gravures en plus, en 1750.

—— Dans la seconde édition de Chavigny, qui parut à Amsterdam en 1572, il y a un chapitre consacré à l'escrime, tome VII, chapitre x, contenant 8 gravures sur cuivre, pliées. Musée Brit.

—— *Principes et quintessence des armes. Dédié à S. A. Jean-Theodore, duc des Deux-Bavières, cardinal de la sainte Eglise romaine, évêque et prince de Liège, etc., par* GERARD GORDINE, *capitaine et maître en fait d'armes.* — In-4°. Liège, 1754.
Chez S. Bourguignon, imprimeur de la noble Cité, rue Neuvice. Avec privilège de Sa Serenissime Eminence.
20 gravures sur cuivre, hors texte, par Jacoby.

—— *L'Escrime pratique ou principe de la science des armes, par* DANIEL O'SULLIVAN, *maître en fait d'armes des Académies du Roy.* — In-8°. Paris, 1765.
Chez Sébastien Jorry, imprimeur-libraire, rue et vis-à-vis la Comédie-Française, au Grand Monarque.

—— *L'Art des armes, ou la manière la plus certaine de se servir utilement de l'épée, soit pour attaquer, soit pour se défendre, simplifiée et démontrée dans toute son étendue et sa perfection, suivant les meilleurs principes de théorie et de pratique adoptés actuellement en France. Ouvrage nécessaire à la jeune noblesse, aux* militaires et à ceux qui se destinent au service du Roy, aux personnes même qui, par la distinction de leur état ou par leurs charges, sont obligées de porter l'épée ; et à ceux qui veulent faire profession des armes. Dédié à Son Altesse Monseigneur le Prince de Conty.

Par M. DANET, Ecuyer, Syndic Garde des Ordres de la Compagnie des Maîtres en fait d'armes des Académies du Roi en la Ville et Faubourgs de Paris. — In-8°. Paris, 1766.

Tome second, contenant la réfutation des critiques et la suite du même Traité. — In-8°. Paris, 1767.

Prix des deux volumes : 12 livres, reliés. Avec approbation et privilège du Roy.

Frontispice et 43 gravures sur cuivre hors texte, de Taraval, d'après des dessins de Vaxeillère. Musée Brit. et South Kens.

—— Observations sur le traité de l'Art des armes, pour servir de défense à la vérité des principes enseignés par les Maîtres d'Armes de Paris, par M. *** (LA BOESSIÈRE), Maître d'Armes des Académies du Roi, au nom de sa Compagnie. — In-8°. Paris, 1766.

—— Traité de l'Art des armes, par DE LA BOESSIÈRE. — In-8°. Paris, 1766 (?).

—— La Théorie pratique de l'escrime pour la pointe seule, avec des remarques pour l'assaut, par BATTIER. — In-12. Paris, 1770.

—— La Théorie pratique de l'Escrime, pour la pointe seule, avec des remarques instructives pour l'assaut et les moyens d'y parvenir par gradation. Dédié A. S. A. S. Monseigneur le Duc de Bourbon, par le sieur BATIER. — In-8°. Paris, 1772.

A Paris, de l'imprimerie de la veuve Simon et fils, imprimeurs-libraires de LL. AA. SS. le Prince de Condé et le duc de Bourbon, et de l'Archevêché, Rue des Mathurins. L'auteur demeure rue de la Coutellerie, maison de Madame Nivelle, vis-à-vis de M. Miret, marchand de vins du Roi, quartier de la Grève. Le prix est de 30 sols, broché, et se vend chez Charles de Poilly, libraire, quai de Gêvre, au Soleil d'or.

Une gravure, par Janinet.

—— L'Art de vaincre par l'épée, dédié à messieurs les Gardes-du-Corps du Roi, de la Compagnie de Noailles, par M. C. NAVARRE, Maître d'armes de la première Compagnie de la Maison du Roi. Prix : 24 sols. — In-18. Paris, 1775.

A Paris, chez les libraires du Palais-Royal et du quai de Gesvres ; à Versailles, chez les libraires de la galerie des Princes. Avec approbation de la Compagnie.

—— Maximes et instructions sur l'art de tirer des armes, par le Chevalier DE FRÉVILLE. — In-8°. Pétersbourg, 1775.

—— Nouveau Traité de l'art des armes, dans lequel on établit les principes certains de cet art, et où l'on enseigne les moyens les plus simples de les mettre en pratique. Ouvrage nécessaire aux personnes qui se destinent aux armes, et utile à celles qui veulent se rappeler les principes qu'on leur a enseignés ; avec des figures en taille-douce. Par M. NICOLAS DEMEUSE, Garde-du-Corps de S. A. S. le Prince-Evêque à Liège, et Maître en fait d'armes. — In-12. Liège, 1778.

Chez Desoer, imprimeur, sur le pont d'Isle, et chez l'auteur derrière le Palais.

—— Quatorze gravures sur cuivre, hors texte.

—— Une seconde édition de l'ouvrage de Nicolas Demeuse fut publiée par Desoer, à Liège, en 1786.

—— *L'Art des armes, où l'on donne l'application de la théorie à la pratique de cet Art, avec les principes méthodiques adoptés dans nos Écoles Royales d'Armes.*
Ouvrage aussi utile que nécessaire . . . . . etc. (1766).
Par M. Danet, Ecuyer, Syndic-Garde des Ordres de la Compagnie des Maîtres en fait d'Armes des Académies du Roi en la Ville et Fauxbourgs de Paris, aujourd'hui Directeur de l'École Royale d'Armes. — In-8°. Paris, 1787.
Avec approbation et privilège du Roi.

—— En l'an VII de la République, Bélin, rue Saint-Jacques, reproduisit l'ouvrage de Danet à Paris.

—— Une 3ᵉ édition des *Maximes* de de Fréville fut publiée à Leipzig.

—— Une 3ᵉ édition de l'ouvrage de Nicolas Demeuse sortit de l'imprimerie de Blocquel, à Lille et à Paris.
Les gravures, en même nombre, sont différentes de caractère. Au texte original est ajouté un *Dictionnaire de l'Art des armes*.

ANGLAIS

—— Giacomo Di Grassi, *his true Arte of Defence, plainlie teaching by infallable Demonstrations, apt Figures, and perfect Rules the manner and forme how a man, without other Teacher or master may safelie handle all sortes of Weapons as well offensive as defensive. With a treatise of Disceit or Falsinge: and with a waie or meane by private industrie to obtaine Strength, Judgment and Activitie.*
Écrit premièrement en italien, par le susdit auteur, et traduit en anglais par J. G.
Imprimé à Londres pour J. G. et se vendant dans Temple Barre, à l'enseigne « Hand and Starre ». Bodl. — In-4°, Londres, 1594.

—— Vicentio Saviolo. *His practise, in two bookes; the first intreating of the use of the Rapier and Dagger, the second of honour and honourable quarrels.* — In-4°, Londres, 1595.
Imprimé par John Wolfe.
Dédié au comte d'Essex.
6 gravures sur bois dans le texte. Musée Brit. et Bodl.

—— Georges Silver (Gentleman). *Paradoxe of Defence, wherein is proved the true ground of fight to be in the short ancient weapons, and that the Short Sword hath the advantage of the long sword or long rapier, and the weaknesse and imperfection of the rapier fight displayed. Together with an admonition to the noble, ancient, victorious, valiant and most brave nation of Englishmen, to beware of false teachers of defence and how they forsake their own natural fights; with a brief commendation of the noble science or exercising of arms.* — In-8°, Londres, 1599.

Musée Brit. et Bodl.

—— *Mars His Field or The Exercise of Armes, wherein in lively figures is shewn the Right use and perfect manner of Handling the Buckler, Sword and Pike. With the wordes of Command and Brefe instructions correspondent to every Posture.*

And are to be sold by Roger Daniell at the Angel in Lombard Street. — In-12, Londres, 1611.

16 gravures sur cuivre avec légendes explicatives. Pas de texte. Bodl.

—— *The School of the Noble and Worthy Science of Defence. Being the first of any Englishmans invention, which professed the sayd Science; So plainly described that any man may quickly come to thĕ true knowledge of their weapons with small paines and little practise.*

Then reade it advisedly, and use the benefit thereof when occasion shal serve, so shalt thou be a good Common-wealth man, live happy to thy selfe and comfortable to the friend.

Also many other good and profitable Precepts for the managing of Quarrels and ordering thy selfe in many other matters. Written by JOSEPH SWETNAM. — In-4°, Londres, 1617.

Imprimé par Nicolas Okes.

Dédié à Charles, prince de Galles.

Ce traité a une grande ressemblance avec celui de Saviolo. 7 gravures sur bois. Bodl.

—— *Pallas armata : the gentleman's armorie, wherein the right and genuine use of the rapier and the sword is displaied.* — In-12, Londres, 1639.

—— MS. British Museum, Additional, No. 5540. Folios 122-123.

The names of yo⁻ Pushes as they are to be learned gradually.

Date : milieu du xvii⁰ siècle.

—— *The shield single against the sword double, by* HENRY NICCOLI. — In- 4°, Londres, 1653 (?).

—— *Scots Fencing Master, or Compleat small-swordman, in which is fully Described the whole Guards, Parades and Lessons belonging to the Small-Sword, etc.*

By W. H. *Gent.*

Voir 1692.

Imprimé par John Reid.

12 gravures sur cuivre hors texte. — In-8°, Edimbourg, 1687.

—— *The Sword-Man's Vade-Mecum, or a preservative against the surpriʒe of a sudden attaque with Sharps. Being a Reduction of the most essential, necessary and practical part of Fencing; into a few special Rules. With their Reasons : which all Sword-Men should have in their Memories when they are to Engadge; but more especially if it be whit Sharps.*

f

With some other Remarques and Observations, not unfit to be known, by W. H., *Gentleman* (WILLIAM HOPE).
In-12, Edimbourg, 1691.
Imprimé par John Raid.

—— *The Compleat Fencing-Master : in which is fully Described the whole Guards, Parades and Lessons, belonging to the Small-Sword, as also the best Rules for Playing against either Artists or others, with Blunts or Sharps. Together with Directions how to behave in a single Combat on Horse-back : illustrated with figures Engraven on Copper-plates, representing the most necessary Postures. The Second Edition.*
By SIR W. HOPE, Kt.
Voir 1687. — In-8°, Londres, 1692.
Londres, imprimé pour Dorman Newman, aux Armes du Roi, dans le Poultrey.
12 gravures sur cuivre, hors. texte.
Ce livre est, avec un titre différent, une reproduction du « Maître d'armes Écossais ».
(Voir 1687.)

—— A second edition of the *Sword-man's Vade Mecum* (see 1691) by SIR WILLIAM HOPE, Kt., appeared in London. — In-8°, 1694.
Imprimé et vendu par J. Tailor, au « Navire » dans Saint-Paul's Church-Yard et S. Holford, à la « Couronne », dans Pall Mall.
Le titre de la seconde édition diffère seulement par un petit détail d'orthographe. Musée Brit.

—— *The English Fencing Master, or the Compleat Tutor of the Small-Sword. Wherein the truest Method, after a Mathematical Rule, is plainly laid down. Shewing also how necessary it is for all Gentlemen to learn this Noble Art. In a Dialogue between Master and Scholar. Adorn'd with several curious postures.* By HENRY BLACKWELL.
Voir aussi 1730. — In-4°. Londres, 1705.
Imprimé pour F. Sprint, à la « Cloche bleue », dans Little Britain et pour Montgommery au « Miroir » dans Cornhill, près de la Bourse Royale.
5 gravures sur bois dans le texte, 24 gravures sur cuivre pliées, hors texte.
Dédié à C. Tyron, Esq., de Bullick, Northants. — South Kens. et Mus. Brit.

—— *A New, Short and Easy Method of Fencing : or the Art of the Broad and Small Sword, Rectified and Compendiz'd, wherein the Practice of these two weapons is reduced to so few and general Rules, that any Person of indifferent Capacity and ordinary Agility of Body, may, in a very short time, attain to, not only a sufficient Knowledge of the Theory of this art, but also to a considerable Adroitness in Practice, either for the Defence of his life, upon a just Occasion, or preservation of his Reputation and Honour in any Accidental Scuffle, or Trifling Quarrel.*
By SIR WILLIAM HOPE OF BALCOMIE, Baronet, Late Deputy-Governour of the Castle of Edinburgh. — In-4°, Edimbourg, 1707.
Imprimé par Jacques Watson, dans Craig's Closs.
Une grande feuille pliée contenant 16 figures gravées sur cuivre.

—— *The English Master of Defence or the Gentleman's Al-a-mode Accomplishment. Containing the True Art of Single-Rapier or Small Sword, withal the curious Parres and many more than the vulgar Terms of Art plainly exprest; with the Names of every particular Pass and the true performance thereof; withal the exquisite Ways of Disarming and Enclosing, and all the Guards at Broad-Sword and Quarter-Staff, perfectly demonstrated; shewing how the Blows, Strokes, Chops, Thro's, Flirts, Slips and Darts are perform'd; with the true Method of Travesing. Also etc. etc.*

The like was never Publish't before by any Man in England but by ZACH. WYLDE.

Imprimé par John White pour l'auteur. — In-8°, York, 1711.

—— *Hope's New Method of Fencing, or the True and Solid Art of Fighting with the Back-Sword, Sheering-Sword, Small-Sword, and Sword and Pistol; freed from the Errors of the Schools.*

Wherein the Defence and Pursuit of these Weapons, both on Foot and a Horseback, and that against all kind of Edged or Pointed Weapons whatsoever, are not only compendiz'd and reduc'd to few and general Rules, that. . . etc. (See 1707.)

But also the nicest Theory of the whole Arts is so interspersed with these most easy and useful Rules, that it will at once instruct the greatest Ignorant, and gratify the most Critical and Curious Artist. So that it may be asserted that, by this new Method, the Art of defence with the Sword alone is, by Mathematical Demonstration, brought to the utmost perfection Humane Nature is capable of; and that this assertion is in no ways vain or Chimerical; the Author is ready to deffend the same, either by Argument or Practice, before any Two understanding Sword-men, against any Fencing Master who shall impugnit.

Second edition.

By SIR WILLIAM HOPE OF BALCOMIE, Baronet, etc. — In-4°, Edimbourg, 1714. *Imprimé par J. Watson...* etc. (Voir 1705). *Vendu chez Strahan « Golden Ball » vis-à-vis Royal Exchange, dans Cornhill.*

—— *A Vindication of the True Art of Self-Defence, with a proposal, to the Honourable Members of Parliament, for erecting a Court of Honour in Great Britain.*

Recommended to all Gentlemen, but particularly to the Soldiery. To which is added a Short but very Useful Memorial for Sword Men.

By SIR WILLIAM HOPE, Baronet, late Deputy-Governour of Edinburgh-Castle, — In-8°, Edimbourg, 1724.

Imprimé par W. Brown et Cie.

La même planche que celle que contient l'ouvrage publié par Hope, en 1707, et le frontispice représentant le symbole « *Gladiatorum Scoticorum* », etc. Musée Brit.

—— *Observations on the Gladiators' Stage-Fighting*, by SIR WILLIAM HOPE, Baronet, etc. — In-8°, Londres, 1725.

—— *The expert sword-Man's companion : or the True Art of self defence, with an account of the Author's life and his transactions during the wars with France. To which is annexed the art of gunnerie.* By DONALD MCBANE. — In-12. Glascow, 1728.

Imprimé par J. Duncan. Vendu chez lui, Salt Market.
Portrait de Banc, et 22 planches hors texte.

—— A second edition of SIR WILLIAM HOPE's *Vindication, etc.* (see 1724), was *printed and sold by W. Meadowes, at the Angel in Cornhill*, in London. — In-8°, 1729.
Mêmes planches et frontispice. — Dédié au *T. H. Robért Walpole.*

—— *The Art of Fencing, as practised by Monsieur* VALDIN. — In-8°, Londres, 1729.
Très humblement dédié à Sa Grâce le duc de Montaigu.
Imprimé pour Parquer dans Pall Mall. Musée Brit.

—— H. B. (HENRY BLACKWELL.) (see also 1705). *The Gentleman's Tutor for the Small Sword; or the Compleat English Fencing Master.*
Containing the truest and plainest rules for learning that noble Art: shewing how neccessary it is for all gentlemen to understand the same in 13 various lessons between Master and Scholar. Adorn'd with several curious postures. — Petit in-4°, Londres, 1730.
Vendu par Jackson à Saint-James, etc.
6 gravures sur bois. Bodl.

—— *The Art of Fincing, or the Use of the Small Sword. Translated from the French of the late celebrated Monsieur* L'ABBAT, *Master of that Art at the Academy of Toulouse, by Andrew Mahon, Professor of the Small Sword.* — In-12, Dublin, 1734.
Imprimé par J. Hœy, à l'enseigne de Mercure, dans Skinner Row.
12 gravures sur cuivre hors texte. Musée Brit.

—— Une seconde édition de cette traduction parut à Londres. — In-12, 1734.
Imprimé par Richard Wellington, au Dauphin couronné, en dehors de Temple Bar.

—— Traité d'escrime par le capitaine J. MILLER, sous forme d'album de 15 gravures sur cuivre avec une colonne de texte. — In-folio, 1738.

—— *A Treatise upon the useful Science of Defence, connecting the Small and Back-Sword, and shewing the Affinity between them. Likewise endeavouring to weed the Art of those superfluous, unmeaning Practices which over-run it, and choke the true Principles, by reducing it to a narrow Compass, and supporting it with Mathematical Proofs. Also an Examination into the Performances of the most Noted Masters of the Back-Sword, who have fought upon the Stage, pointing out their Faults, and allowing their Abilities. With some Observations upon Boxing, and the Characters of the most able Boxers, within the Author's Time.*
By Capt. JOHN GODFREY. — In-4°, Londres, 1747.
Imprimé pour l'auteur, par Gardner, vis-à-vis l'église Saint-Clément, dans le Strand.

—— An album of copperplates representing various attitudes in fencing. — In-4°. Date, vers 1750.

—— *L'École des Armes, avec l'explication générale des principales attitudes et positions concernant l'escrime.*

Dédiée à Leurs Altesses Royales les Princes Guillaume-Henry et Henry-Frédéric par M. Angelo.
A Londres, chez R. et J. Dodsley, Pall Mall. — In-folio, Londres, 1763.
47 gravures sur cuivre, hors texte.
Musée Brit. et South Kens.

—— Une seconde édition de l'ouvrage d'Angelo, contenant les mêmes planches, mais avec 2 colonnes de texte en anglais et en français, fut imprimée à Londres par S. Hooper. Bodl. — Oblong-folio, 1765.

—— Une 3º édition de cet ouvrage parut à Londres. — Oblong-folio, 1767.

—— *The Fencer's Guide, being a Series of every branch required to compose a Complete System of Defence, Whereby the Admirers of Fencing are gradually led from the First Rudiments of that Art, through the most complicated Subtilties yet formed by imagination, or applied to practice, until the Lesson, herein many ways varied, also lead them insensibly on to the due Methods of Loose Play, which are here laid down, with every Precaution necessary for that Practice.*
In four parts.
Part I and II contains such a general explanation of the Small Sword as admits of much greater Variety and Novelty than are to be found in any other work of this kind.
Part III shews, in the Use of the Broad Sword, such an universal Knowledge of that Weapon, as may be very applicable to the Use of any other that a Man can lawfully carry in his hand.
Part IV is a compound of the Three former, explaining and teaching the Cut and Thrust, or Spadroon Play, and that in a more subtile and accurate manner than ever appeared in Print.
And to these are added Particular Lessons for the Gentlemen of the Horse, Dragoons, and Light Horse, or Hussars, with some necessary Precautions and an Index, explaining every term of that Art throughout the book.
The Whole being carefully collected from long Experience and Speculation is calculated as a Vade-Mecum for Gentlemen of the Army, Navy, Universities, etc.
By A. Lonnergan, *Teacher of the Military Sciences.* — In-8º, Londres, 1771-72.
Imprimé pour l'auteur et vendu chez W. Griffin, *Catharine Street*.

—— *Fencing Familiarized, or a new treatise on the Art of Sword Play. Illustrated by Elegant Engravings, representing all the different Attitudes in which the Principles and Grace of the Art depend; painted from life and executed in a most elegant and masterly manner.*
By Mr. Olivier; *Educated at the Royal Academy of Paris, and Professor of Fencing, in St. Dunstan's Court, Fleet Street.* — In-8º, Londres, 1771-72.
Imprimé pour John Bell, dans le Strand près Exeter Change, etc., etc.
En regard du titre ci-dessus se trouve son exacte traduction en français.
Le texte est dans les deux langues.
Frontispice et 8 planches pliées, par Ovenden. South Kens.

―――― Une seconde édition de cet ouvrage, dédiée au comte de Harrington, fut publiée par J. Bell dans le Strand. — In-8°, Londres, 1780.

Même frontispice que dans la 1re édition, mais les planches sont différentes, dessinées par J. Roberts, et gravées par D. Jinkins, etc. etc.

―――― *The Army and Navy Gentleman's Companion; or a New and Complete Treatise on the Theory and Practice of Fencing, displaying the Intricacies of Small Sword Play, and reducing the Art to the most Easy and Familiar Principles by regular progressive Lessons.*

Illustrated by Mathematical Figures and Adorned with elegant Engravings after paintings from Life, executed in the most masterly Manner, representing every material Attitude of the Art.

By J. Mc ARTHUR, *of the Royal Navy*. — Grand in-4°, Londres, 1780-81.
Imprimé pour James Lavers, Strand, n° 10.

Frontispice gravé par J. Newton, d'après un dessin de Sowerby, et 8 planches dessinées par l'auteur et gravées par Newton.

―――― Another edition of Mc ARTHUR's work was printed *for J. Murray, N° 32, Fleet Street.* — In-4°, Londres, 1784.

Dédié à *John, duc d'Argyll.* — South Kens.

―――― *The Art of Fencing, or the use of the small Sword.*

Collected, revised and enlarged by JAMES UNDERWOOD, *of the Custom House.* — In-8°, Dublin, 1787.

Dédié à Sa Grâce Charles, duc de Rutland. Musée Brit.

―――― *The School of Fencing, with a general explanation of the principal attitudes and positions peculiar to the Art.*

By Mr. ANGELO. — In-4°, Londres, 1787.

Traduit par Rowlandson.

L'ouvrage d'Angelo fut traduit en français, et reproduit avec les planches, sous le titre « Escrime », par Diderot et d'Alembert, dans leur « Encyclopédie ». Musée Brit.

―――― *Anti-Pugilism, or the Science of Defense exemplified in short and easy lessons, for the practice of the Broad Sword and Single Stick.*

Illustrated with Copper Plates.

By a Highland Officer.

Whereby Gentlemen may become Proficients in the use of these Weapons, without the help of a Master, and be enabled to Chastise the Insolence and Temerity, so frequently met with, from those fashionable Gentlemen, the Johnsonians, Big Bennians, and Mendozians of the present Day; a Work perhaps, better calculated to extirpate this reigning and brutal Folly than a whole Volume of Sermons. — In-8°, Londres, 1790.

Imprimé pour J. Aitkin, n° 14, Castle Street.

4 gravures sur cuivre, dessinées par Cruikshank. Musée Brit.

―――― *Rules and Regulations for the Sword Exercice of Cavalry.* — In-8°, Londres, 1796.

29 planches repliées. Musée Brit. et South Kens.

―――― *The Art of Defence on Foot whith the Broad Sword and Sabre, uniting the Scotch and Austrian Methods, into one regular system.*

BIBLIOGRAPHIE. XLVII

    To which are added remarks on the Spadroon.
    By C. ROWORTH, *of the Royal Westminster Volunteers. The second edition.* — In-8°, Londres, 1798.
    Imprimé pour Egerton, à la Librairie militaire, près Whitehall. — Musée Brit.

—— *Hungarian and Highland Broad Sword.* Twenty-four plates, designed and etched by T. ROWLANDSON, *under the direction of Messrs.* H. ANGELO *and Son, Fencing Masters to the Light Horse Volunteers of London and Westminster, dedicated to Colonel Herries.* — In-folio, Londres, 1798-99.
    Imprimé par C. Roworth, Bell Yard, Fleet Street, pour Egerton, à la Librairie militaire, près Whitehall. — Musée Brit.

—— Une seconde édition de la traduction de Rowlandson de l'ouvrage d'ANGELO (1787) parut à Londres. — In-8°, 1799.

—— *Sword Exercise of Cavalry, with 6 engravings.* — In-8°, Londres, 1799.

—— *Cudgel-playing modernised and improved; or the Science of Defence exemplified in a few short and easy lessons for the practice of the Broad Sword or Single Stick on foot.*
    Illustrated with fourteen Positions. By Capt. SINCLAIR *of the 42^d Reg^t.* — In-8°, Londres, 1880.
    An attentive perusal of this work will qualify the Reader to handle a sword or stick with Grace, enable him to correct abuse, repel Attack, and secure himself from unprovoked insult.
    Imprimé et vendu par J. Bailey, 116, Chancery Lane.

—— *The Art of Defence on foot with the Broad Sword and Sabre.*
    Adapted also for the Spadroon, or cut and thrust sword.
    Improved and augmented with the ten lessons of Mr. JOHN TAYLOR, *late Broadsword Master to the Light Horse Volunteers of London and Westminster.*
    Illustrated with plates by R. K. Porter Esq. — In-8°, Londres, 1804.
    Ceci est une simple reproduction du livre de Roworth (1798). — South Kens.

—— *A treatise on the utility and advantages of fencing, griving the opinions of the most eminent Authors and Medical Practitioners on the important advantages derived from a knowledge of the Art as a means of self defence, and a promoter of health, illustrated by forty-seven engravings. To which is added a dissertation on the use of the broad sword (with six descriptive plates).*
    Memoirs of the late Mr. Angelo and a biographical sketch of Chevalier St. George, with his portrait.
    Published by Mr. ANGELO, *Bolton Row, and at his fencing academy, Old Bond Street.* — In-folio, Londres, 1817.
    Contenant les mêmes planches que l'« École des Armes », du père de l'auteur, un portrait de Saint-George gravé par W. Ward d'après un tableau de Brown, et 6 planches gravées et dessinées par Rowlandson, sous la direction d'Angelo lui-même, en 1798-99.

L'ESCRIME
ET
LES ESCRIMEURS

INTRODUCTION

Rapières émoussées ou fleurets du commencement du xviie siècle.

L'école napolitaine moderne a conservé beaucoup du caractère spécial de l'ancien jeu de la rapière au xviie siècle, et le premier soin de l'auteur, avant d'examiner les origines presque oubliées de l'escrime moderne, a été de se mettre absolument au courant de la théorie et des exercices de la méthode italienne, la seule qui n'ait pas été remplacée par l'école française, partout en vogue maintenant.

Néanmoins, ce livre n'est pas un traité d'escrime et son but n'est pas de déterminer, une fois de plus, la position du fleuret en prime et en quinte, ni de prouver la possibilité de riposter toujours par la pointe, après avoir paré un coup de taille. C'est simplement, en quelque sorte, le résumé précis d'une

Fig. 1. — La garde italienne de Rosaroll et Grisetti.

collection de vieux livres d'escrime, laissée entre les mains de l'auteur, résumé auquel sont jointes des notes, puisées à des sources certaines, sur la vie et les écrits des maîtres célèbres, ainsi que sur la constitution des plus importantes associations d'escrimeurs. L'auteur ne prétend pas analyser à fond le contenu de tous les livres qui traitent du jeu imparfait de nos pères, ni suivre, pas à pas, le développement de l'escrime, depuis le *pancratium* du xve siècle, basé principalement sur la lutte et sur le saut, jusqu'au courtois et académique assaut des temps modernes, dans lequel on apprécie plus, à très juste titre, l'élégance et la précision des mouvements que le nombre de coups portés ou reçus.

Un ouvrage de cette nature, auquel il faudrait consacrer une existence

Fig. 2. — Sbasso et passata sotto de Rosaroll et Grisetti.

entière, remplirait de nombreux et lourds in-folio et serait aussi inutile que les vieux *Fechtbücher*, que les *Tratados de la filosofia de las Armas* qui ont été si religieusement conservés pendant des siècles. L'ouvrage utile, dont le besoin doit s'être fait sentir souvent, c'est un récit historique du développement de l'art de manier l'arme blanche, depuis le jour où l'on trouva qu'il ne suffisait pas seulement de la force brutale pour sortir vainqueur d'un combat. Le sujet est plein d'intérêt, non seulement pour le tireur qui considère son passe-temps favori comme une vraie science, mais aussi pour l'artiste, l'auteur, et le collectionneur.

Presque tous ceux qui, dans des tableaux, des gravures ou des estampes soi-disant historiques, avaient à représenter l'ancien jeu de l'épée, et la plupart des romanciers modernes qui avaient à le décrire, ont commis d'incroyables erreurs. Ainsworth, Walter Scott, Alexandre Dumas, eux-mêmes, et bien d'autres encore que l'on peut bien rarement accuser d'avoir commis des anachronismes sur d'autres points, font le récit de duels au xvii° siècle, dont les détails sont évidemment empruntés à une école d'escrime moderne.

On peut affirmer que la théorie de l'escrime a atteint de nos jours la perfection absolue, à peu de chose près, alors que l'escrime pratique n'a presque plus de raison d'être.

Depuis qu'il existe une police, gardienne de la paix publique, le port de l'épée est devenu inutile; la mode absurde des duels frivoles tend à disparaître, et sur les champs de bataille — à moins que l'on ait des sauvages pour ennemis — la foudre a le pas sur le « froid acier ».

Il semble donc paradoxal que le maniement de l'épée soit mieux compris maintenant qu'aux jours où l'homme le plus paisible pouvait être obligé, à tout instant, de dégainer pour défendre sa vie. C'est probablement cette idée qui pousse la plupart des auteurs à introduire les perfectionnements de l'escrime moderne dans leurs descriptions de duels entre « raffinés » ou « cavaliers ».

La difficulté d'obtenir les ouvrages des vieux auteurs traitant du jeu de l'épée, la difficulté de les comprendre, au milieu de leurs digressions philosophiques, semblent avoir empêché jusqu'à présent les investigations originales.

Un examen approfondi des anciens traités démontre, cependant, qu'on se fiait plus à l'agilité et à l'inspiration qu'à des principes bien établis. Il montre aussi que la plupart des idées actuelles sur l'art des armes doivent être entièrement abandonnées, si l'on veut se représenter ce qu'était réellement un duel à la rapière au xvi° siècle et au commencement du xvii°; il dit enfin combien sont improbables, sinon ridicules, les descriptions pittoresques des romanciers historiques. Il est souvent important, pour un peintre, de connaître la méthode la plus habituelle de manier la rapière et le poignard, la colichemarde ou la courte épée, et si les vieux livres d'escrime, dont beaucoup peuvent être examinés au *British Museum* et dans les autres grandes bibliothèques, étaient plus souvent consultés, de déplorables erreurs disparaîtraient. Nous ne verrions pas des tableaux, signés par des artistes célèbres et représentant, par exemple, un cavalier essayant de fermer la main autour de la garde de sa rapière, au lieu de l'abriter sous la garde, en passant les doigts au-dessus des « quillons »; on ne nous montrerait pas des « mignons » se portant des coups, dans le style moderne le plus pur, et étreignant leur poignard comme on étreint un stylet : le pouce sur le pommeau. Cette façon de tenir l'arme l'aurait privée de presque toute valeur défensive ou offensive. Les acteurs aussi, qui sont généralement plus méticuleux à propos d'exactitude historique, traitent toute question de combat en s'en référant au premier maître d'armes venu; ainsi l'on voit, sur les scènes anglaises, Laërte et Hamlet exécuter avec le plus grand sang-froid le « salut » qui, outre qu'il est parfaitement impraticable avec des rapières, fut seulement mis à la mode il y a cinquante ans à peu près. Il y aurait moins d'anachronisme à déboucher une bouteille de champagne pour en remplir le hanap du roi, qu'à faire tirer Hamlet correctement, en renversant sa pointe, en saluant « quarte » et « tierce », faisant, en somme, l'escrime moderne du fleuret, en dépit de l'annonce faite par Osric, que la partie serait exécutée avec la rapière et le poignard[1].

Autre exemple :

Dans *Roméo et Juliette* :

« Il se précipite armé du fer aigu, contre la poitrine du hardi Mercutio qui, également furieux, lui oppose sa pointe mortelle et, avec un martial dédain, d'une main détourne la froide mort et de l'autre la renvoie à Tybalt. » (Acte III, scène 1.)

Il semblerait vraiment qu'un seul passage comme celui-ci — et il s'en trouve beaucoup de pareils dans les auteurs dramatiques du temps d'Élisabeth — devrait prouver qu'un combat à la rapière était chose bien différente d'une passe d'armes moderne, sans être certainement moins intéressante pour cela.

Le collectionneur, de son côté, trouvera, dans l'étude de l'histoire de l'escrime, l'explication des changements subis par les formes des gardes et des lames, depuis le vieux *Schwerdt* teutonique, à la poignée en croix, jusqu'au carrelet triangulaire, jusqu'au solide sabre plat.

Mais c'est au tireur, qui considère l'escrime au fleuret comme la clef de tout combat de main à main, que le développement de l'art offre naturellement le plus grand intérêt. Il lui montre combien de générations d'hommes pratiques il a fallu pour simplifier les principes de l'escrime et les adapter de la manière la plus parfaite aux ressources mécaniques de l'anatomie humaine;

---

[1]. Cette introduction de la rapière et du poignard à la cour danoise, pendant le moyen âge, est, sans doute, un aussi grand anachronisme que l'emploi de l'épée pendant la représentation; mais, si le rôle de l'acteur est de représenter les idées de l'auteur, il est étonnant qu'on n'ait pas donné plus de soin à cette mise en scène.

il lui apprend jusqu'à quel point beaucoup de ces principes, qui sont maintenant l'A B C de l'escrime, étaient encore entièrement inconnus aux plus beaux jours du jeu de l'épée.

L'épée n'est pas encore une chose du passé; cependant la connaissance approfondie de l'escrime doit être considérée aujourd'hui comme un passe-temps peu ordinaire, réunissant l'excitation mentale à l'exercice du corps; comme un jeu de talent, dépendant parfois du hasard, et auquel vient s'ajouter le plaisir, naturel à toute organisation saine, de la lutte et de la destruction. C'est un exercice exigeant la plus grande tension des nerfs et des muscles, tandis qu'il offre le raffinement qui s'attache à toute action rythmée.

Mais, aux temps passés, l'épée faisait presque partie de l'homme, et son habile emploi était, à l'occasion, plus important qu'une bonne cause. On a souvent écrit que l'histoire de l'épée serait une histoire de l'humanité, puisque l'humanité n'a jamais été qu'une suite de luttes violentes entre les nations. Il serait facile de démontrer, de la même façon, que le caractère de l'art des armes, à différentes époques, correspond presque toujours à celui des mœurs, en général.

Le combat rude et brutal du moyen âge représentait fidèlement le règne de la force, dans la vie sociale et politique. Le bras le plus solide et l'épée la mieux trempée avaient le dessus, de même que le baron le plus fort ou le roi le plus guerrier imposaient leur volonté suprême. C'était le temps des coups écrasants, portés avec la masse d'armes ou avec le glaive; le temps des folles mêlées, d'où sortait vainqueur celui qui frappait le plus fort et dont les épaules portaient l'armure la plus lourde. C'était le temps où la force était souveraine et méprisait le talent; le temps où les bardes célébraient les lames enchantées que rien ne pouvait rompre. Plus tard, après la Renaissance, la lourde armure fut abandonnée. On vivait déjà d'une existence plus active, et l'on commençait à aller à pied, là où, auparavant, on chevauchait pompeusement. On réduisit les dimensions colossales de l'épée; on en vint à se fier à l'agilité et à l'astuce, en l'absence d'armures complètes, pour compenser la protection plus faible du manteau et du bouclier. Au lieu de coups épouvantables, on imagina une multitude d'attaques malicieuses, et, en l'absence d'un jeu bien défini de défense, chacun admit autant de fantaisie dans son jeu d'épée que son énergie personnelle lui permettait d'en déployer.

L'idée absorbante tendait à découvrir des « bottes secrètes » et une « parade universelle », ce qui était pour le tireur de ce temps ce que la pierre philosophale était pour l'alchimiste et l'« Eldorado » pour le voyageur. Ce furent les jours de la rapière et de sa fidèle compagne : la dague. Cette époque correspond, pour le caractère, à celle d'Élisabeth, et, plus tard, à l'époque « cavalière », souvent nommée ainsi en France pour la distinguer de la précédente, qui était plutôt « chevaleresque ».

La rapière était aussi élégante et aussi maligne que son ancêtre était solide et brutal, sa pratique aussi fantasque que l'étaient la littérature, la conversation et les idées de l'époque sur le monde physique.

Plus tard, quand, dans la vie privée, les mœurs querelleuses disparurent graduellement, et que l'arme à feu devint en guerre d'un usage plus général, l'épée perdit beaucoup de son importance. En France, au temps du « Grand Monarque », et, en Angleterre, après la Restauration, elle fut essentiellement, pour les gentilshommes seulement, un objet de tenue, un détail de toilette, comme la perruque; l'art des armes, un talent de cour, prit à peu près le même rang que la danse. Un gentilhomme n'était plus nécessairement soldat, et son épée n'était plus qu'une épée de parade.

De cette époque date la distinction absolue entre l'épée de cour et l'épée militaire, qui dérivent toutes les deux de la rapière. Et c'est durant le progrès de cette évolution, que la plupart des principes d'escrime, applicables à l'une et à l'autre, furent découverts et essayés en pratique. Pendant tout le xviiie siècle, l'usage de l'épée fut soigneusement et presque exclusivement cultivé, et les perfectionnements furent, à leur tour, appliqués à d'autres armes. C'est alors que naquit notre école moderne, correcte, précise et élégante, et tout aussi pratique, quoique moins fleurie, que celle de la rapière.

L'escrime, au xviiie siècle, subit bien le caractère de l'époque. L'épée courte et légère, dirigée par le poignet, en dépensant une force comparativement petite, ne semble-t-elle pas l'arme qu'il faut pour vider, d'une manière courtoise, les querelles de gentilshommes à jabot et à perruque poudrée? Et d'ailleurs, elle est, cette courte épée, aussi mortelle que la rapière, si elle ne l'est davantage.

L'escrime à la courte épée, avec ses gardes simplifiées, ses attitudes correctes, ses mouvements réguliers, est bien de cette époque qui appréciait le style poli et précis des Addison, des Pope et des Hume; de même que le jeu sauvage et rusé de la rapière et du poignard rappelle à l'esprit les paroles ambiguës et hyperboliques des courtisans d'Élisabeth et de Jacques Ier.

L'habitude de porter l'épée dans la vie privée, habitude introduite en Europe depuis le commencement des guerres de religion, disparut bientôt après la Révolution française, et la conséquence de cette disparition fut une très rapide diminution du nombre des duels[1]. La mode disparut d'abord en Angleterre, où l'on peut affirmer qu'un duel à l'épée n'a pas eu lieu, entre Anglais, depuis le commencement du siècle. Sur le continent, la coutume se maintient encore, mais d'une manière très mitigée, et, même en France, sur cette terre qui fut autrefois la terre classique des duellistes, l'escrime est considérée plutôt au point de vue du passe-temps qu'elle procure — passe-temps vraiment national — qu'au point de vue du duel. Le fleuret, arme légère par excellence, n'est autre chose qu'un remplaçant de l'épée. On l'a trop oublié, et l'une des conséquences de cet oubli a été l'introduction, dans l'escrime moderne, d'attaques et de parades trop compliquées, qui ne sont vraiment pratiques qu'avec des fleurets légers comme des plumes et qui manqueraient leur but si on les essayait avec toute autre arme.

La variété et la complication qui peuvent être déployées par deux tireurs habiles, donnent lieu à la nécessité d'un code factice, basé sur le raisonnement théorique, sur le calcul des probabilités, et réglant la valeur des « touchés » en cas de « touchés » doubles.

Il est évident que bien des attaques faites avec le fleuret et qui réussissent parfaitement, ne pourraient jamais être tentées sérieusement au moyen de l'épée. Malheureusement, depuis que la science de l'épée est devenue, en réalité, la science du fleuret, les meilleurs tireurs se sont laissés aller à un jeu artificiel, dont on ne peut nier le perfectionnement quand le code mentionné plus haut, et relatif aux bottes, est strictement observé. L'exercice du fleuret c'est, en quelque sorte, le diagramme abstrait de l'escrime[2].

De nos jours, c'est un art dont on peut se passer et que la plu-

---

[1]. Un restant de la vieille manie « d'en venir à la pointe », à propos d'affaires futiles, a été cependant maintenu dans les Universités allemandes, quoique le danger de ces rencontres ait beaucoup diminué depuis la substitution, il y a une quarantaine d'années, du jeu actuel du *Schlaeger*, avec toutes ses restrictions, à l'ancienne escrime de l'épée.

[2]. Sans doute, les épées et les fleurets mouchetés ont été employés pendant des siècles, mais ils comptaient pour des épées, le jeu de l'épée étant le but, et l'on ne pratiquait, au moyen des armes émoussées, aucun jeu qui aurait pu s'appliquer aux armes affilées. De nos jours cependant, le jeu du fleuret est généralement le but de l'escrime.

part négligent tout à fait, au moins en Angleterre. Mais ceux qui, à une époque quelconque, ont prêté une attention sérieuse à l'étude de l'escrime, y reviennent toujours, instinctivement. L'escrime est un de ces exercices qui veulent être basés, dès le premier jour où l'on s'y adonne, sur des principes rigoureusement exacts. La vieillesse peut gagner le tireur, diminuer petit à petit la vigueur de ses membres et l'élasticité de son poignet, mais ce désavantage est amplement compensé par le surcroît de calme et de précision que font acquérir de longues années de pratique. D'un autre côté, si, se fiant à sa jeunesse et à son agilité, le novice ne commence pas par s'exercer à un jeu correct, qui admet, après tout, une variété presque infinie, il n'ira jamais au delà de quelques attaques et de quelques parades favorites, pouvant cependant, à la suite d'une pratique constante, être exécutées avec une vigueur et une rapidité extraordinaires.

Mais, à mesure que ses forces physiques l'abandonnent, au lieu de recueillir le profit de la pratique, il devient de moins en moins dangereux pour ses antagonistes et finit par abandonner un exercice qui aurait pu le réjouir jusqu'à la fin de ses jours.

Nous indiquons ces résultats décourageants d'une escrime sans méthode, pour expliquer comment il se fait que l'art resta si longtemps stationnaire. On verra que, pendant tout le xve siècle, chaque maître suivait un système particulier composé uniquement de ses « trucs » favoris. Ce ne fut que quand un nombre suffisant d'écoles eurent été formées et leurs principes démontrés dans nombre de traités, qu'une sorte de base de l'escrime fut universellement reconnue. Sur cette base, posée il y a deux siècles à peu près, par les Meyer, les Fabris, les Giganti et les Capo Ferro, la science des armes, maintenant si absolue, fut développée peu à peu.

Lorsqu'on considère que la théorie de l'escrime a depuis longtemps atteint son apogée, et que ses principes généraux s'appliquent à toute espèce de combats à l'aide de n'importe quelle arme perçante, contondante ou tranchante, en se servant d'une seule main, ou des deux, il est permis d'émettre cet avis qu'une citation générale de ces grands principes trouverait sa place dans cet ouvrage[1].

---

[1]. Comme je l'ai dit déjà, ce livre n'est pas un traité d'escrime. Afin, cependant, d'être à même de faire la critique de vieux livres qui manquent souvent de termes techniques clairs, explicites, et parlent d'un grand nombre d'armes maintenant hors d'usage, il sera bon d'adopter

Une esquisse historique du développement de l'art de l'escrime appliqué à toutes les armes blanches, ne peut, en quelque sorte, traiter que des principes généraux. Mais l'escrime au fleuret en sera toujours l'objectif, bien que cette escrime ne représente pas précisément la méthode à suivre lorsqu'on se bat avec une autre arme blanche.

Comme nous l'avons dit déjà, la complication même de son exercice rend l'escrime au fleuret capable d'expliquer tous les principes applicables, dans différentes proportions, à d'autres armes [1].

Le jeu est, en effet, beaucoup plus varié entre armes de la même espèce qu'entre armes dissemblables. Dans un combat au sabre, par exemple, les deux adversaires auront à leur disposition un nombre bien plus considérable de mouvements et de coups, que si l'un d'eux opposait une baïonnette au sabre de l'autre. Il en serait de même, si les combattants étaient armés tous les deux d'épées et si, changeant d'arme, l'un d'eux prenait un sabre pour continuer le combat. Donc, dans l'énumération des facteurs fondamentaux de l'art de l'escrime, il suffira de considérer les règles de l'escrime à l'épée comme renfermant toutes les autres [2].

Les « temps », les « distances » et les « proportions » des maîtres anglo-italiens du xvie siècle sont aujourd'hui, comme jadis, les premières notions à saisir. On les nomme maintenant « temps », « mesure » et « garde ». Le premier principe de l'escrime est de garder la « mesure » convenable, c'est-à-dire

---

des définitions de nature à être appliquées, dans un sens très large, à toute arme d'escrime, afin d'expliquer les expressions embrouillées et fantasques des anciens maîtres.

1. L'épée de duel ressemble beaucoup au fleuret quant à la perfection de l'escrime, quoique tout essai d'introduire le jeu compliqué du fleuret dans un duel serait probablement fort dangereux. L'espadon, qui était une épée de taille et de pointe, plus légère que le sabre actuel et plus lourde que l'épée de duel, admettait encore moins de variété. Le sabre et le coutelas, qui sont encore plus lourds et moins maniables, offrent un jeu comparativement simple. Quant aux mouvements permis par le sabre de cavalerie, la lance et la baïonnette, ils sont moins nombreux encore. Dans quelques escrimes spéciales, telles que celles de l'ancien *single stick*, de l'« estramaçon » et du *Schlaeger* de l'étudiant allemand, la question de distance ou de mesure n'est d'aucune importance.

Avec la *navaja* espagnole et le *machete* de l'Amérique du Sud, la plus grande partie de l'art dépend de l'à-propos.

2. Les lecteurs qui ignorent les termes ordinaires de l'escrime les trouveront facilement dans n'importe quel traité moderne de l'art. Le petit ouvrage de M. Chapman, sur l'*Escrime au fleuret*, est peut-être le meilleur de cette espèce écrit en langue anglaise. On peut en dire autant des traités de M. White et du capitaine Burton, sur le *Sabre*. Pour l'exercice de la baïonnette, il existe un excellent ouvrage, par le comte Hutton.

de se tenir hors de portée, étant sur la défensive, et réciproquement de ne jamais attaquer sans être assez près pour atteindre. Ce premier principe, qui ressemble vaguement à une vérité du marquis de La Palisse, est cependant négligé bien souvent par les tireurs inexpérimentés et impétueux.

La méthode qui consiste à gagner la mesure, à augmenter ou à diminuer la distance, dans le combat singulier, est, par conséquent, un point important à examiner dans les auteurs anciens. En effet, notre manière perfectionnée de tomber à fond et de se remettre en garde, de ne faire que des pas conservant la même position respective des pieds et du corps, une fois en garde, fut, bien que cela paraisse absolument singulier, un des derniers points que fixèrent les maîtres. Un principe, fort important aussi, est celui qui consiste à réduire les mouvements de l'arme et du corps au strict nécessaire, de manière à perdre le moins de temps possible, soit à l'attaque, soit à la parade. Il faut harmoniser soigneusement ses mouvements avec ceux de son adversaire, afin de pouvoir saisir immédiatement la moindre occasion de placer une botte, et, en somme, de réduire le nombre de bottes de hasard à un minimum. On verra que, contrairement aux méthodes qui visaient principalement le fait de serrer et d'augmenter la distance, la question du « temps » ou de « l'à-propos » fut une des premières à être clairement définie par les maîtres d'armes. L'expression « être en garde » a notablement changé de signification à différentes époques. De nos jours, on dit qu'un homme est en garde, lorsque, tenant son arme devant lui, il se trouve dans une position telle qu'il lui est possible d'attaquer et de parer en dépensant le moins d'énergie possible[1].

Autrefois, la garde était une question de moindre importance, pour cette simple raison que l'idée de la défense personnelle disparaissait devant la préoccupation dominante qui absorbait entièrement celle de porter un coup à l'adversaire[2].

Ce n'est qu'il y a deux siècles, à peu près, que les escrimeurs commencèrent à distinguer nettement les parades des attaques. Le mot « garde » ne s'appliquait donc qu'à l'action qui précède l'attaque, telle que la position anglaise de l' « assaut » dans l'exercice réglementaire du sabre, et les gardes

---

1. Et en mettant en pratique les leçons du maître. *(Note du Traducteur.)*
2. Ce système est encore suivi actuellement en Allemagne et en Autriche.
(Note du Traducteur.)

posées étaient, souvent, aussi nombreuses que les manières de porter les coups[1].

Ce livre, en étudiant la « garde », examinera tout d'abord les attaques usitées alors que l'on en était à l'enfance de l'art, pour arriver ensuite aux gardes, plus compliquées, du jeu de la rapière et de l'épée perfectionnée. Excentriques dans leurs positions, lorsqu'elles n'étaient qu'offensives, les gardes se rapprochèrent de nos attitudes actuelles à mesure que l'on apprit à apprécier la parade comme on appréciait l'attaque.

La définition de la « garde » soulève les questions de la « ligne », de « l'engagement » et de la « position de la main ». Ces trois facteurs déterminent la nature de la garde, comme ils déterminent celle de toute attaque et de toute parade. Ils seront, par conséquent, employés pour expliquer la signification d'expressions surannées. La main armée du tireur en garde est tenue au-devant du corps, à une distance à peu près égale de toutes les parties qui doivent être protégées et de toutes les parties du corps de l'adversaire qui peuvent être attaquées. Il est donc avantageux, au point de vue d'une définition précise et claire, de considérer ces parties comme étant soit au-dessus ou en dessous de la main, soit à sa droite ou à sa gauche. Une attaque arrivant au-dessus de la main vient en « ligne haute »; en dessous de la main, l'attaque est en « ligne basse ». Au dehors de la main, elle arrive en « ligne du dehors »; à l'intérieur en « ligne du dedans ». Par conséquent, les expressions « haut dedans » (ou dehors), « bas dehors » (ou dedans), appliquées à une attaque, expliquent suffisamment sa nature[2].

Chaque attaque a naturellement sa parade, et il suffit de quatre parades, formées de telle façon que l'arme, sur un point de sa longueur, croise les « lignes » d'attaque, pour assurer strictement les besoins de la défense[3].

Dans chacune des quatre lignes, l'attaque et la parade peuvent s'effectuer de deux manières, c'est-à-dire en « supination » (les ongles tournés en haut) ou en « pronation (les ongles tournés vers le sol). Les maîtres d'armes parlent aussi de la position moyenne, dans laquelle le petit doigt est tourné

---

1. Voyez, par exemple, les gardes de Viggiani depuis la 1re jusqu'à la 7e.
2. Un coup n'est jamais strictement vertical dans les lignes ascendantes ou descendantes, si l'on se place, bien entendu, au point de vue du trajet entier de l'arme.
3. Dans le maniement de toutes les armes pesantes : sabre, baïonnette, bâton à deux bouts, etc., il suffit de quatre parades, une pour chaque ligne.

vers le sol; mais cette position moyenne participe toujours, plus ou moins, de l'une ou de l'autre des deux positions mentionnées ci-dessus[1].

L'endroit atteint ou protégé est défini selon la ligne décrite plus haut, mais le mécanisme du mouvement diffère selon la position de la main. Par conséquent il y a huit manières naturelles d'attaquer et de parer, savoir : deux dans chaque ligne, soit, pour nous servir des expressions françaises modernes : en *quarte* et en *prime* dans la ligne haute interne, en *sixte* et en *tierce* dans la haute en dehors, en *septime* et en *quinte* dans la basse en dedans, en *seconde* et en *octave* dans la basse en dehors.

On appelle « bonne garde », celle qui permet l'attaque et la parade avec une égale facilité, et l'on peut ajouter qu'une garde est réellement bonne lorsqu'elle ferme complètement l'une des lignes d'attaque. A la rigueur, il pourrait y avoir autant de gardes que de parades, quoique, de nos jours, la quarte, la tierce et la sixte soient employées presque exclusivement[2].

Ces préliminaires permettront de donner une définition du mot « engagement », qui ne nécessite pas la condition de joindre les lames et qui pourra ainsi s'appliquer à l'espadon aussi bien qu'au fleuret, à l'ancienne escrime comme à l'escrime moderne, à l'école espagnole comme aux écoles française et allemande. On peut dire qu'un homme est engagé en une garde particulière, dans une ligne donnée, quand la position de son arme, opposée à celle de son adversaire, est capable d'annuler toutes les attaques dans cette ligne, à moins que l'adversaire n'ait recours à quelque moyen pour déplacer la garde et forcer une entrée.

Cela peut se faire par la force, soit par un battement, soit par un liement

---

[1]. On peut objecter que ces distinctions ne s'appliquent pas au sabre ni aux autres armes tranchantes, excepté dans le cas où les blessures sont faites avec le revers ou faux tranchant. Si cependant on considère que des blessures peuvent être faites obliquement, en montant ou en descendant, dans chaque ligne, tout comme on les fait horizontalement, la distinction entre les deux positions de la main devient visible dans certaines attaques, telles que le coup à la tête et le coup ascendant au bas-ventre, qui sont des exemples de « pronation » et de « supination ».
De plus, dans l'escrime italienne au sabre et dans le jeu allemand, on emploie fréquemment le faux tranchant. Il est vrai que, dans quelques-unes des lignes, les parades ne peuvent se faire dans l'une des deux positions, puisqu'il faut parer avec le tranchant; mais, en théorie, elles sont toutes possibles. Rowlandson, dans sa théorie de l'exercice du sabre, indique quelques mouvements de cette espèce.

[2]. Dans la pratique de l'école française, par exemple, on a l'habitude d'engager en quarte et en sixte; l'école italienne engage en quarte et en tierce; les tireurs d'espadon, en tierce et en seconde. La vieille mode de l'estramaçon engageait en haute prime; le jeu allemand du *Schlaeger*, en haute prime ou en haute septime.

d'épée, mais le plan le plus simple est de changer de ligne d'attaque en passant la pointe de l'arme au-dessous ou au-dessus du poignet de l'adversaire, selon que sa garde est en ligne haute ou en ligne basse, ou bien en passant au-dessus ou en dessous de sa pointe. En d'autres termes, on coupe « en dessus » ou « en dessous ».

En réfléchissant un peu, on doit reconnaître que ces deux modes d'action s'appliquent à toutes les armes. Un des points les plus importants de l'escrime, fort négligé cependant par certains tireurs, est l'« opposition » qui devrait toujours être observée en attaquant dans n'importe quelle ligne, afin de fermer cette ligne contre une prise de temps de l'adversaire. La plupart des coups doubles résultent d'une mauvaise « opposition ».

Les « feintes », ou menaces dans une ligne avec l'intention d'attaquer dans une autre ligne, donnent à l'agresseur quelque avantage quant au temps, pourvu qu'elles soient exécutées d'une manière assez accentuée pour obliger celui qui se défend à y prêter attention et à découvrir, par conséquent, la place choisie pour l'attaque. Mais, d'un autre côté, si l'attaque est parée, elle donne à celui qui l'a effectuée un désavantage momentané pour éviter la riposte.

On peut employer une autre action, comparable aux feintes quant au résultat définitif, mais non quant à l'intention : c'est celle qui consiste à tromper les parades simples, circulaires et composées. Il y a deux manières de parer. La première, qui est la parade simple, ferme la ligne dans laquelle l'attaque est faite et peut être appelée « opposition ». L'autre, la parade circulaire, ramène, de force, l'arme adverse dans la même ligne qu'elle ferme de nouveau[1].

En thèse générale, lorsqu'une parade est effectuée, c'est-à-dire au moment où le coup de l'adversaire est finalement écarté ou arrêté, le « fort » de l'arme doit être opposé au « faible » de celle de l'adversaire. Cette opposition, outre qu'elle diminue l'effort nécessaire pour contrarier un coup, en offrant un levier plus puissant, réduit les mouvements de l'arme et de la main aux plus petites proportions possibles.

Ces principes et ces mouvements forment la base de l'escrime. Il a fallu

---

[1]. Une troisième parade, la « parade en cédant », qui est employée pour neutraliser le liement, n'est qu'une variété de cette dernière, puisqu'elle ramène la lame de l'adversaire dans la même ligne comme dans la parade circulaire; seulement, le mouvement circulaire est exécuté avec le fort du fleuret, tandis que la pointe reste plus ou moins stationnaire.

trois cents ans d'expérience pratique pour réduire, en un système complet, cette théorie si simple et si claire. Dans le courant de cette esquisse, nous ne nous arrêterons, en examinant les ouvrages des auteurs anciens, qu'aux points principaux qui viennent d'être définis, savoir :

1° *La mesure et la distance.* — Les manières d'avancer, de reculer, de tomber à fond, de passer et de traverser ;

2° *Les temps.* — La rapidité relative des mouvements du corps, comparés à ceux de l'arme ;

3° *Les gardes.* — Le changement dans leur caractère primitivement offensif ;

4° *Les attaques.* — Les méthodes de porter les coups ou bottes, et la simplification des mouvements du corps dans leur exécution ;

5° *Les parades.* — Leur distinction finale des coups de temps ;

6° *Les feintes.* — Leur simplicité relative.

La séparation arbitraire en périodes, la première parcourant le xvie siècle jusqu'aux premières années du xviie, la deuxième se terminant avec le xviie siècle et la troisième entrant dans le nôtre, nous a été imposée par l'ascendant des caractéristiques principales. La première période est le siècle de la rapière, avant la prépondérance des coups d'estoc sur les coups de taille ; pendant la seconde, l'art de diriger la pointe subit un perfectionnement rapide, la rapière cède graduellement le pas au carrelet, et une école française distincte de l'école italienne se développe. La troisième période est le siècle de l'épée moderne, pendant lequel l'art des armes atteignit sa perfection actuelle.

L'auteur a consacré une attention toute particulière aux deux premières périodes, qui sont les moins connues et les plus intéressantes au point de vue historique. La troisième période ayant été plus soigneusement étudiée, surtout par les auteurs français, demandait moins d'investigations originales, bien que les écrivains qui se sont occupés de l'escrime aient songé rarement à rechercher les origines des méthodes qu'ils ont expliquées.

CHAPITRE PREMIER

Quelque paradoxal que cela paraisse, c'est l'invention des armes à feu qui fut la première cause du développement de l'art de l'escrime. L'histoire de l'escrime ne commence donc pas avant le xv⁣e siècle.

Les rares écrivains qui ont consacré leur labeur à ce sujet difficile, portent généralement leurs investigations beaucoup trop loin, quand ils reculent jusqu'à l'antiquité et s'attendent à trouver l'origine de la science des armes dans les œuvres de Polybias ou de Vegetius. Les idées des Grecs et des Romains, en matière d'armes, ne pouvaient persister à travers le moyen âge.

Pendant cette période, l'habitude de porter l'armure dans les batailles, à la parade et dans bien d'autres circonstances encore, fit considérer l'épée comme une arme offensive seulement; du haut de leur destrier de combat, les chevaliers avaient une confiance entière dans la protection de leur casque et de leur cuirasse. Le fantassin n'avait pas d'armure, et, comme il était dans l'impossibilité de résister à la lourde attaque d'un antagoniste bardé de fer, il devait chercher à l'éviter par l'agilité, ou à la repousser par une défense intelligente. Il est donc permis de croire que, aussi longtemps que prévalut la mode de porter l'armure complète, — c'est-à-dire avant que la poudre ne fût introduite dans la guerre, — deux écoles de combat, très distinctes, se trouvaient en présence.

L'une était celle du noble guerrier qui cultivait son adresse dans les tournois, et exerçait la justesse de son coup d'œil en joutant à la quintaine, se préoccupant fort peu de l'art de combattre sans armure protectrice. La science chevaleresque, en effet, eut toujours pour résultat de retarder la science de l'escrime.

L'autre école, au contraire, adaptée aux armes des vilains et des simples bourgeois, était beaucoup plus pratique : elle enseignait à se fier pour se défendre au maniement de l'arme et à l'agilité, au lieu de compter uniquement sur la ressource de la cuirasse. L'issue d'un combat entre deux chevaliers était déterminée, en grande partie, par la résistance de leur

Fig. 3. — Chevaliers combattant sous le « jugement de Dieu », d'après une miniature de la Bibliothèque royale de Bruxelles. — xve siècle.

armure, et finalement par leur force et leur endurance. Mais un combat entre deux vilains, armés simplement de gourdins ou de braquemarts et pourvus de boucliers, exigeait nécessairement plus d'adresse. Un trait constant dans l'histoire de toutes les vieilles écoles d'armes est qu'elles prirent naissance parmi les classes roturières. Pendant que la noblesse s'exerçait aux barrières, les bourgeois et les artisans, qui possédaient des armes moins aristocratiques que la lance et que l'épée du chevalier, apprenaient à s'en servir et suivaient les leçons des jongleurs, des danseurs d'épée, des lutteurs ou de quelque vieux routier bien versé dans les finesses et les ruses de l'art.

A travers le moyen âge, quand les villes parvinrent à conquérir une certaine indépendance, il se fonda des écoles où l'enseignement de l'art des armes était mis à la portée de tous ceux qui possédaient le courage et la force nécessaires. Cet enseignement, ceci soit dit entre parenthèses, s'appliquait à toutes les armes employées à pied. Sur le continent surtout, où la valeur militaire de la bourgeoisie était la principale sauvegarde contre la conquête, il se forma des confréries d'armes, dans lesquelles des traditions d'adresse se transmirent pendant des générations. Et, avec le temps, il arriva que tous ceux que tentait la science des armes, qu'ils fussent de haute noblesse ou de simple roture, se virent dans la nécessité de fréquenter ces vieilles écoles d'escrime. Quand les habitudes chevaleresques disparurent et furent remplacées par les manières cavalières, le gentilhomme prit sa leçon d'armes du maître plébéien. Ce changement dans la mode correspond

Fig. 4. — L'épée à deux mains et le fléau dans les anciennes écoles allemandes.

chronologiquement à l'ascendant de l'épée, l'arme par excellence, sur les armes brutales et lourdes destinées à rompre les armures, comme le *schwerdt*, le *voulge*, la hallebarde, le fléau et la masse.

Lorsque se perdit l'usage de l'armure complète, la supériorité de la pointe s'affirma. De l'exercice de la pointe nous vint l'escrime proprement dite. Il en résulta que les anciennes écoles d'escrime, qui dans le principe étaient absolument populaires, finirent par être vouées principalement à l'exercice de l'aristocratique rapière.

Les matières qui peuvent servir à l'histoire de l'art de l'escrime, en Angleterre, sont peu nombreuses. Le combat personnel fut cependant toujours en grande faveur, tant comme moyen de terminer les querelles particulières que comme passe-temps violent, propre au tempérament teutonique. En guerre, nos ancêtres combattirent aussi furieusement avec l'épée qu'avec toute autre arme; mais, jusqu'à la fin du xvi° siècle, on ne peut émettre que des suppositions concernant l'existence de quelque système régulier d'escrime. Jusqu'à cette époque, quelques gravures et quelques miniatures représentant des hommes d'épée dansant ou combattant, et quelques passages d'ouvrages littéraires faisant allusion à l'épée et au bouclier, représentés comme des armes nationales, forment les seules données qui puissent être recueillies à ce sujet.

Fig. 5. — Danse de l'épée. — D'après un manuscrit de la Bibliothèque Cottonienne. — ix° siècle.

Une espèce de danse « pyrrhique » représentant le maniement de l'épée et du bouclier était un passe-temps favori des Anglo-Saxons. Au xiv° siècle on considérait encore ce martial exercice comme un accompagnement obligé de toutes les fêtes populaires, dans la plus grande partie de l'Angleterre, ce qui tendrait à indiquer qu'il était fort goûté des conquérants danois ou normands.

Fort souvent cependant, il arriva à la danse des épées de se transformer en simulacres de combat et même en combats véritables, à la grande joie de gais compagnons, en humeur de rire un peu.

La distinction entre une telle *cheironomy*[1] et l'escrime est presque nulle, et ces jongleurs ou danseurs d'épée étaient évidemment les premiers de ces hommes d'épée et de ces maîtres d'armes qui figurent si souvent dans la littérature dramatique du temps d'Élisabeth.

Fig. 6. — Épée et bouclier. — xiii° siècle.

Ces hommes d'épée, soit qu'ils fussent de simples jongleurs ou de véritables gladiateurs, ont été, sans doute, très recherchés comme professeurs en l'art de manier habilement et gracieusement les armes, par la jeunesse aristocratique, jalouse de paraître avec avantage dans la lice, et par les bourgeois, à une époque où s'aventurer sans armes dans les rues, le soir, c'était

---

1. Le mot *cheironomy* vient du grec Χειρ (Keir) main et νομοσ (nomos) règle. Donc : règle de la main ou plutôt règle des actions de la main; autrement dit *doigté*, pris dans le sens d'un homme qui jongle avec une épée. (*Note du Traducteur.*)

se mettre à la merci des coupeurs de bourse et des tire-laine, qui s'emparaient de la cité après le coucher du soleil.

Les premières écoles d'armes furent donc fondées par ces hommes-là, et ce durent être de curieuses institutions où chaque maître se laissait aller à sa fantaisie particulière, n'enseignant à ses élèves que ce qu'il avait trouvé de bon au point de vue de ses idées à lui et de sa conformation particulière.

C'étaient, pour la plupart, des antres assez dangereux, fréquentés par les querelleurs et les débauchés et ayant en somme la plus mauvaise réputation. Les hommes qui faisaient profession d'exceller dans l'art du combat ne pouvaient échapper au soupçon d'en faire souvent quelque étrange usage n'ayant aucun rapport avec un combat honorable; et puis la tentation, pour

Fig. 7. — Jeu de l'épée et du bouclier. — XIIIe siècle.

eux, devait être grande de mettre ce talent au service des vengeances privées des nobles et des bourgeois qui les faisaient vivre.

Personne n'osait intervenir trop ouvertement dans les affaires de ces bravaches, et les premières écoles d'escrime ont été le théâtre de bien des scènes de brutale débauche. On y aurait commis un crime, que la chose eût passé presque inaperçue.

A Londres surtout, la conduite des maîtres d'armes et de leurs élèves devint souvent absolument intolérable, et l'autorité séculière dut intervenir, ainsi que le prouve l'extrait suivant d'un de ces édits qui ont été dirigés à diverses époques contre les écoles d'escrime, et qui enjoignent aux citoyens loyaux de ne plus s'escrimer aux boucliers : « ... Vu que c'est l'habitude des mauvais sujets d'apprendre l'art d'escrimer, ce qui les rend capables de commettre toutes sortes de méfaits, de telles écoles ne seront plus ouvertes, à l'avenir, dans la Cité, sous peine d'une amende de 40 marcks pour chaque contravention. Et tous les échevins feront de minutieuses recherches, dans leurs quartiers respectifs, pour découvrir les délinquants, afin de les traduire devant la justice et de les punir d'une manière exemplaire. Et comme la plupart de ces méfaits sont commis par des étrangers, qui viennent ici, en foule, de tous les côtés, il est défendu à quiconque n'ayant droit de cité, de résider ici. » La dernière partie de cet extrait est remarquable en ce sens qu'elle montre qu'à cette époque les étrangers se trouvaient être parmi ceux qui fréquentaient ces écoles avec le plus d'ardeur. De tels édits furent naturellement éludés; les écoles d'escrime reparaissaient toujours et étaient ouvertement fréquentées. Il est probable, pourtant, que beaucoup d'écoles de nature à présenter quelque garantie pour la bonne conduite de leurs membres finirent par exister, en vertu de privilèges.

Fig. 8. — Pleii adolescentis in Anglia habitus. D'après Caspar Rutz, 1557, montrant l'épée et le broquel ou bouclier à main.

Mais, en dehors de ces écoles privilégiées, beaucoup d'autres s'établirent clandestinement; ainsi le prouve le document suivant, trouvé dans les archives de la ville de Londres :

« Le 13 mars 1311, par devant sir Richer de Refham, Maire de Londres, a comparu, parmi d'autres délinquants, Maître Roger, le Skirmisour (l'Escrimeur), accusé de tenir une école d'escrime pour des gens de toutes sortes, et d'y attirer des fils de familles respectables, pour y dépenser et gaspiller en débauches le bien de leurs parents. »

Malgré les préjugés, les écoles d'armes continuèrent à exister, car elles étaient une nécessité chez une nation guerrière.

Henri VIII, grand amateur de jeux militaires, afin d'encourager la pratique de ces exercices, conçut le plan d'ériger en corporation tous les plus célèbres maîtres d'armes de son temps, au lieu de tenter de supprimer entièrement leurs écoles comme le voulait son prédécesseur. Et, afin de diminuer les abus commis par tous ces ferrailleurs indépendants, tant dans leur enseignement professionnel que dans leur vie privée, il défendit à quiconque n'appartiendrait pas à ladite corporation, d'enseigner l'escrime sous aucun prétexte, dans n'importe quelle partie de l'Angleterre.

Dans un livre fort curieux, imprimé en caractères gothiques et intitulé :

la Troisième Université d'Angleterre, livre qui décrit les écoles et collèges de Londres en 1615, nous trouvons des détails sur cette école normale d'escrime et sur l'examen qu'un aspirant au professorat devait subir, avant d'avoir le droit de s'intituler Maître.

Henri VIII érigea les professeurs d'escrime en corporation, par lettres patentes dans lesquelles cet art est intitulé : *la Noble Science de la défense.*

« La manière dont procèdent les tireurs, dans nos écoles, est la suivante : ceux qui désirent apprendre sont, à leur admission, appelés Élèves, et à mesure qu'ils avancent ils prennent le premier grade et deviennent Prévôts de la défense ; ce grade ne peut être obtenu qu'après un concours (*examen*) public pour démontrer leur dextérité à manier certaines armes, en présence et au vu de plusieurs centaines de personnes. En obtenant le grade suivant ou dernier prix à conquérir, ils parviennent au titre de Maître de la Science de la défense ou de maître d'escrime, comme nous disons ordinairement. Personne, excepté ceux qui ont ainsi procédé par ordre d'épreuve et de représentation publique et reçu l'approbation des principaux maîtres de leur Compagnie, n'a le droit d'enseigner. »

Fig. 9. — La « longue épée », épée à deux mains anglaise.

Les endroits où s'exerçaient les escrimeurs étaient ordinairement des théâtres, de vastes salles ou des enclos pouvant contenir un grand nombre de spectateurs, comme Ely Place dans Holborn, Bell Savage sur Ludgate Hill, etc., etc.

Parmi ceux qui se distinguèrent comme maîtres de défense se trouvent Robert Greene[1], qui concourut pour son prix de maître à Leadenhall, et Tarlton, l'acteur, qui obtint le diplôme de maître le 23 octobre 1587.

Cet édit du Roi eut pour résultats d'élever très haut les titres de capacité parmi les professeurs anglais, de rendre les maîtres reconnus fort jaloux de leur privilège et, enfin, de diminuer le nombre des tireurs inter-

---

1. Ces détails se trouvent dans Ms. n° 2530 XXVII. *Sloanian Collection, Brit. Museum.*

lopes dont le caractère se rapprochait plus du bravo que du professeur.

Stow[1] en réfère probablement à des membres de cette corporation quand il fait remarquer que l'art de la défense et le maniement des armes sont enseignés par des professeurs diplômés.

L'auteur de la *Troisième Université d'Angleterre,* qui, comme nous l'avons déjà dit, écrivait en 1615, fait mention d'une arme qui ne commença à être employée en Angleterre que vers 1580 : « Ils sont nombreux, les professeurs de la Science de la Défense, et les hommes habiles qui enseignent l'usage le meilleur et le plus offensif d'armes telles que l'épée à deux mains, l'estramaçon, la *rapière* et le poignard, les *rapières* jumelles, la *rapière* seule, l'épée et le bouclier ou targe, etc. »

Bien que de nos jours la *rapière* moderne se soit tout à fait acclimatée en Angleterre, du temps de Henri VIII et même dans les premières années du règne d'Élisabeth elle n'était connue que de quelques courtisans ayant voyagé, qui la considéraient simplement comme une arme bizarre, beaucoup en usage en Italie, en Espagne et quelquefois en France.

L'arme nationale était l'épée pourvue d'une simple poignée en croix et probablement d'une garde en demi-cercle. Cette arme servait principalement à tailler et était habituellement accompagnée du bouclier à main, ou targe. L'un des caractères distinctifs de beaucoup d'escrimeurs d'alors, était un irrésistible penchant vers la fanfaronnade. Les vieux maîtres, sévères, au nom même du noble art qu'ils professaient, étaient les premiers à blâmer ces façons de matamore, et ils ne protestèrent pas lorsqu'on appliqua à ces fervents de l'escrime bruyante le terme, quelque peu méprisant, de ferrailleurs. Le mot était bien trouvé. De loin, un fracas de ferraille, un bruit de fourreaux d'épée heurtant les murailles au passage, de pommeaux frappés par le métal des boucliers, annonçait l'approche de ces braves équivoques, dont les innombrables querelles faisaient souvent plus de bruit que de mal.

Il paraît que les ferrailleurs s'assemblaient le plus souvent dans West Smithfield, le Pré aux Clercs de Londres, un des rares endroits où leurs désordres pussent être tolérés[2].

« Ils portaient ce nom, dit Fuller[3], parce qu'ils ferraillaient et faisaient du

---
1. Inspection de Londres, 1595.
2. Les joutes et les tournois avaient lieu autrefois dans Smithfield.
3. « Les hommes éminents de l'Angleterre ».

tapage en frappant sur leur bouclier, et aussi celui de ruffians (*swaggerer*), ce qui est la même chose, parce qu'ils s'efforçaient de placer (*swag*) l'avantage du côté où ils se trouvaient engagés. »

West Smithfield avait fini par porter le surnom de Palais des Ruffians. Les ferrailleurs s'y rencontraient habituellement, pour s'y mesurer avec l'épée et le bouclier. Il y avait dans ces rencontres plus d'effrayés que de blessés et plus de blessés que de morts, car on considérait comme une lâcheté de frapper au-dessous du genou ou avec la pointe. Mais, depuis le jour où un dangereux scélérat, Rowland Yorke, fut le premier à se servir de la rapière pour porter des coups de pointe, les épées et les boucliers tombèrent en désuétude.

Fig. 10. — La courte épée et le bouclier du temps d'Élisabeth. — Grassi.

Smithfield, si l'on en croit Ben Jonson dans son introduction de *Bartholomew Fair*, était aussi un lieu de rendez-vous ordinaire des hommes d'épée et de bouclier. De 1570 à 1580, la rapière commença à faire son apparition, et, comme elle était beaucoup plus pratique pour le combat singulier que la lourde épée d'ancienne mode qui nécessitait toujours le bouclier, l'épée fut rapidement abandonnée. Mais l'arme étrangère n'entra pas dans les mœurs, et l'ancienne n'en sortit pas sans murmures ni sans regrets.

« Le combat à l'épée et au bouclier commence à être hors d'usage, s'écrie un solide Saxon dans *The wo Angry women of Abingdon*[1]. J'en suis fâché, je ne verrai plus jamais le véritable courage. Si jamais le combat à la rapière et au poignard devient à la mode, alors un homme fort, un vrai brave, se verra embroché comme un chat ou comme un simple lapin. »

Les annales de Stow[2] contiennent un passage qui décrit les combats à l'épée et au bouclier, et leur disparition bientôt après l'importation de la mode de la rapière.

Jusqu'à la douzième ou à la treizième année du règne d'Élisabeth, alors que l'ancien combat à l'épée et au bouclier était le seul en usage, le bouclier

---

1. Comédie de Henry Porter, écrite en 1599.
2. *Annales*, continuées par EDMUND HOWES.

n'avait qu'un pied de diamètre, et au centre une pointe de quatre ou cinq pouces de longueur, tout au plus. Plus tard on les fit larges d'une demi-aune avec une pique aiguë de dix à douze pouces, qui devait servir à briser l'épée de l'ennemi ou bien, en courant soudainement sur l'adversaire, à lui percer la figure, le bras ou le corps.

Bientôt après apparurent les estocs et les longues rapières, et celui-là fut le plus élégant cavalier qui portait la plus grande fraise et la plus longue rapière. L'effet grotesque des unes et les conséquences terribles des autres, furent cause que Sa Majesté signa une proclamation contre toutes deux et fit placer des citoyens graves et choisis à chaque porte de la ville, avec mission d'observer les passants, de couper les fraises dépassant un seizième d'aune en hauteur et de briser la pointe des rapières qui dépassaient une aune en longueur. A en juger d'après cet édit et d'après d'historiques annales, le port de la fraise et de la rapière, en faveur sur le continent depuis près de quarante années, ne fut admis en Angleterre que pendant le premier quart du règne d'Élisabeth. Stow n'est pas la seule autorité qui fixe cette date. Camden[1], parlant aussi de l'introduction des combats à la rapière dans ce pays, l'attribue aux exploits de Rowland Yorke avec cette arme.

Cette assertion est corroborée par Abraham Darcie[2], qui raconte comment Rowland Yorke, un traître qui vendit Devanter aux Espagnols, en 1587, fut le premier qui apporta en Angleterre « la mode pernicieuse et méchante de se battre à la rapière, appelée estoc et seulement propre au jeu de pointe ».

C'est à cette époque qu'on donna le nom de rapière à l'arme espagnole. Un Français appelait son arme espée; un Anglais *sword*. Tous deux, quand ils parlaient de l'épée espagnole, l'appelaient rapière.

En France, le mot rapière devint bientôt un terme de mépris, signifiant une épée d'une longueur démesurée : l'arme d'un bravache. Il n'en fut pas ainsi en Angleterre, où le mot, depuis son introduction dans la langue, a toujours désigné une épée spéciale pour porter la botte et ornée d'une garde ouvragée. Comme les Espagnols qui fréquentaient la cour de Marie s'étaient servis d'armes de ce genre, dont de nombreux spécimens furent rapportés, sous le règne suivant, comme trophées de guerre, il s'ensuivit

---

1. *Annales.*
2. *Annales d'Élisabeth.*

naturellement que le mot rapière, signifiant épée espagnole [1], fut appliqué à toute épée employée pour porter des bottes à la manière espagnole. Les principes de ce nouveau système d'escrime semblent avoir été enseignés, pour la première fois, par des disciples du grand Carranza.

Beaucoup de voyageurs anglais, à leur retour d'Espagne, parlèrent de la renommée que ce père de la science des armes avait acquise dans son propre pays, et provoquèrent ainsi un besoin et un désir très vifs de s'instruire dans cette nouvelle et mortelle science. Des professeurs espagnols passèrent les mers, et posèrent les bases de la nouvelle méthode, qui devait bientôt détrôner le jeu, comparativement barbare, de l'épée et du bouclier, et le reléguer dans les montagnes d'Écosse, où il se développa pour devenir la base de notre jeu de sabre anglais.

Il est donc permis de supposer que la science de l'escrime à la rapière nous vint de l'Espagne, bien que le mot *tuck-stuck* ou *stock* appliqué à la nouvelle arme, soit distinctement d'origine française, étant simplement la traduction du mot « estoc »[2].

Au moyen âge, l'estoc n'était porté qu'à cheval, attaché au côté droit de la selle. C'était une longue épée mince, à lame ordinairement quadrangulaire, spécialement destinée à porter les coups de pointe lorsque le cavalier avait brisé ou perdu sa lance. L'épée, proprement dite, se suspendait à la ceinture du cavalier. Le mot estoc ou estocade fut appliqué plus tard à cette épée droite, servant à l'estoc et à la taille, qui, comme nous l'avons vu plus haut, était généralement appelée rapière en Angleterre.

Après tout, il est assez difficile de dire d'une façon absolument certaine d'où nous vint en premier lieu l'escrime nouvelle. La coutume du jeu de pointe s'était déjà fort développée sur le continent avant l'époque où l'on en parla pour la première fois en Angleterre, et il n'est pas étonnant que cette mode, ayant une bonne fois pris pied sur notre sol, se soit développée avec une si grande rapidité, d'abord parmi les gentilshommes et les courtisans, et ensuite parmi tous les tireurs. L'escrime à la rapière et à la dague fut cultivée avec passion, aussitôt que ces armes à la mode furent admises dans la plupart des écoles d'armes d'Angleterre. A Londres

---

1. Gile de Guez, *Introduction pour apprendre à lire et à prononcer le français d'une manière vraie*. Londres, 1530.
2. Un vieux mot français venant du franc *Stock*, qui signifiait : une arme droite et pointue.

surtout, les professeurs italiens et espagnols faisaient fureur, au détriment, sans doute, des anciens maîtres anglais. Les noms et les biographies partielles de trois des plus célèbres professeurs étrangers de l'époque, ont été transmis à la postérité par un *gentleman* nommé Georges Silver, dans un petit livre excessivement rare, intitulé : *Paradoxes de la défense,* et imprimé en 1599.

Dans ce curieux opuscule, qui sera cité longuement plus loin, Silver se pose en champion des anciens maîtres anglais, et raille l'engouement populaire pour les professeurs étrangers. Le ton d'amer sarcasme dont l'ouvrage est empreint, tendrait à faire croire que le privilège octroyé à la corporation par Henri VIII n'existait plus alors; car, s'il avait encore été en vigueur, il aurait été facile d'empêcher la concurrence des étrangers, par le simple moyen d'un accord entre les maîtres anglais.

Malheureusement, il faut bien le reconnaître, nulle part la jalousie professionnelle n'est plus vive, plus acharnée, que parmi les maîtres d'armes. Georges Silver se laisse aller à un dénigrement d'une partialité assez comique, à presque chaque page des *Paradoxes de la défense,* et plus particulièrement dans sa *Courte Esquisse de trois maîtres italiens,* qui termine son petit volume.

« J'écris ceci, dit-il, non pour dénigrer les morts, mais pour montrer l'audacieuse insuffisance dont ils ont fait preuve dans leur profession. Que cette courte note soit un souvenir et un avertissement :

« Il y avait à Londres, de mon temps, trois Italiens, professeurs d'offense. Le premier était le signor Rocko ; le deuxième Jéronimo, le garçon de salle du signor Rocko et qui enseignait l'escrime aux gentilshommes dans Blacke Fryers comme prévôt; le troisième était Vincentio (Saviolo).

« Le signor Rocko vint en Angleterre il y a environ treize ans; il enseignait son art aux nobles et aux gentilshommes de la cour. Il faisait porter à quelques-uns de ses élèves des semelles de plomb, pour les amener à une plus grande agilité des pieds, dans le combat. Il dépensa une forte somme d'argent pour la location, dans Warwick Lane, d'une belle maison qu'il appelait son collège, car il trouvait trop mesquin, pour lui, de diriger une école, se considérant alors comme le seul maître d'armes fameux du monde entier. Il fit peindre superbement les écussons des pairs et des gentilshommes qui étaient ses élèves, et suspendit au-dessous de leur blason leurs rapières, leurs poignards, leurs gants de mailles et leurs gantelets. La salle était vaste, garnie de bancs et de tabourets pour que les messieurs pussent s'asseoir tout autour, et assister aux leçons du signor Rocko. Il faisait ordinairement payer ses leçons 20, 40, 50 ou 100 livres sterling, et pour que rien ne manquât à ses élèves, il avait dans sa salle une grande table carrée, recouverte d'un tapis, largement frangé d'or, sur lequel se trouvaient un très bel encrier garni de velours cramoisi, des plumes, du sable, de la cire et de riche papier doré sur tranches, pour que les élèves pussent, à l'occasion, écrire leurs lettres tout en assistant aux leçons d'escrime, et envoyer leurs valets faire leurs courses.

« Dans un coin de la classe on remarquait une horloge à grand cadran. Il y avait dans l'école une chambre remplie d'armes, que Rocko appelait sa classe particulière, et où il indiquait ses coups secrets après avoir enseigné parfaitement les règles de l'art. Il était très aimé à la cour.

« Un gentilhomme nommé Austen Bagger, vigoureux cavalier qui se sentait le cœur vaillant d'un Anglais, dit un jour, en badinant, à ses amis, qu'il irait combattre le Signor Rocko. Il se porta, en effet, immédiatement vers la maison de celui-ci, dans Blacke Fryers, et l'interpella en ces termes :

« — Signor Rocko, toi qu'on croit être le seul homme adroit aux armes, « toi qui te vantes de toucher n'importe quel Anglais, sur n'importe quel « bouton[1], qui prends sur toi de passer les mers pour apprendre aux vail- « lants gentilshommes anglais l'art de se battre, tu n'es qu'un lâche! Sors « de ta maison, si tu l'oses, au risque de ta vie. Je suis venu pour te com- « battre. » Le signor Rocko, regardant par une fenêtre et le voyant dans la rue, prêt avec son épée et son bouclier, accourut en toute hâte armé de son épée à deux mains et se rua bravement sur Austen Bagger, qui se défendit courageusement, le serra de près, le culbuta et le foula aux pieds. Cependant Austen Bagger, par bonté, lui laissa la vie sauve, puis le quitta.

« Ce fut le seul combat sérieux que livra jamais le signor Rocko. Une fois cependant, à Queene Hithe, il dégaina contre des bateliers, qui le rouèrent de coups avec leurs rames.

« La disproportion entre ces engins et sa rapière était aussi grande qu'entre son épée à deux mains et le bouclier et l'épée d'Austen. Il doit donc être excusé dans ce combat.

---

1. *The very butcher of a silk button.* — Roméo et Juliette.

« Plus tard arrivèrent Vincentio et Jeronimo. Ils enseignèrent l'escrime de la rapière à la cour, soit à Londres, soit en province, pendant sept ou huit ans.

« Ces deux tireurs italiens, Vincentio surtout, admettaient que les Anglais étaient des hommes solides, mais ils prétendaient qu'ils n'avaient pas assez de subtilité et qu'ils rompaient trop en s'escrimant, ce qui était un déshonneur pour eux. A propos de ce mot de déshonneur, mon frère Toby Silver et moi nous les avons provoqués tous deux, au combat à la rapière seule, à la rapière et à la dague, à la dague seule, au braquemart, au braquemart accompagné du bouclier ou targe, à l'épée à deux mains, au bâton, à la hache d'armes, et à la pique mauresque. Le combat devait être livré à Bell Savage, sur des tréteaux, de façon à ce que celui qui romprait plus qu'il ne convient, serait en danger de se casser le cou, en tombant à terre. Nous fîmes imprimer cinq ou six douzaines de cartels qu'on placarda depuis Southwarke jusqu'à la Tour, et dans tout Londres jusqu'à Westminster. Nous nous trouvâmes à l'endroit indiqué avec toutes nos armes, à l'heure fixée. C'était à une portée d'arc de leur école d'armes et plusieurs gentlemen leur portèrent des cartels, leur disant que les Silver les attendaient, prêts à combattre. Une multitude de personnes, venues pour voir la lutte, leur crièrent : « Allons, venez avec « nous, il ne vous arrivera aucun mal, sinon vous serez perdus de réputa- « tion pour toujours. » Malgré tout ce qu'on put leur dire, ces vaillants ne voulurent pas venir à l'endroit de l'épreuve.

« Je crois vraiment que leur poltronnerie, au sujet de ce cartel, les eût déshonorés si, à deux ou trois jours de là, les maîtres d'armes de Londres, étant à boire de la bière près de l'école de Vincentio, n'avaient pas invité les Italiens, qui passaient là par hasard, à boire avec eux. Mais ces couards d'Italiens eurent peur et dégainèrent sur-le-champ. Une jolie fille, l'amoureuse de l'un d'entre eux, se mit à remonter la rue en criant : « Au secours, au secours, les Italiens vont être tués ! » Les gens arrivèrent en toute hâte et, avec leurs manteaux et tout ce qu'ils trouvèrent sous la main, séparèrent les combattants. Quant aux maîtres d'armes anglais, leur intention n'était rien moins que de salir leurs mains dans le sang de ces poltrons.

« Le lendemain, cependant, une étrange rumeur circula à la cour; on racontait que les maîtres italiens avaient battu tous les maîtres d'armes de Londres, qui s'étaient attaqués à eux. Cette aventure augmenta encore le crédit des Italiens, qui continuèrent leur enseignement défectueux jusqu'à la fin de leurs jours.

« Vincentio se montra cependant courageux quelque temps avant sa mort, afin de prouver, sans doute, qu'une fois en sa vie, il avait été, vraiment, un vaillant. Par conséquent, il ne faut pas s'étonner qu'il le prît de si haut et voulût enseigner aux Anglais l'art de se battre et de publier des livres d'armes.

« Un jour, à Wells, dans le comté de Somerset, où il était tenu en grande estime, pour sa bravoure, par plusieurs gentilshommes de distinction, il dit avec audace que, quoiqu'il eût habité plusieurs années l'Angleterre, il n'avait pas encore rencontré un Anglais qui eût pu le toucher une seule fois, soit au jeu de la rapière simple, soit au jeu combiné de la rapière et du poignard. Un vaillant gentilhomme qui se trouvait là, sentit son cœur d'Anglais se soulever en entendant ces fanfaronnades, et il envoya secrètement un messager à l'un de ses amis, nommé Bartholomew Bramble, homme de cœur et habile escrimeur qui tenait une école d'escrime en cette ville.

« Le messager fit connaître en chemin, au professeur, l'intention de celui qui le faisait chercher, et tout ce que Vincentio avait dit. Bientôt le maître anglais arriva et, devant tous ceux qui entouraient l'Italien, il ôta son bonnet et pria Vincentio de bien vouloir accepter un flacon de vin. Vincentio le regardant avec dédain :

« — Pourquoi, dit-il, me donneriez-vous du vin ?

« — Ma foi, Monsieur, parce que j'ai entendu dire que vous êtes un fameux tireur !

« Le gentilhomme qui avait fait appeler l'Anglais, dit aussitôt :

« — Maître Vincentio, souhaitez-lui la bienvenue, c'est un homme de votre profession.

« — Ma profession ! quelle est donc ma profession ?

« — Il est maître de la noble science de la défense.

« — Ma foi, dit Vincentio, Dieu l'a fait un homme solide.

« Mais le maître anglais ne voulait pas en démordre et le pria de nouveau d'accepter un flacon de vin.

« — Je n'ai que faire de votre vin !

« — Alors, Monsieur, dit l'Anglais, vous plaît-il de venir à l'école d'armes que j'ai en cette ville ?

« — Ton école est dans cette ville ? Que ferais-je dans ton école ?

« — Jouer de la rapière et du poignard avec moi, si vous y êtes disposé.

« — Me mesurer avec toi ! Mais, malheureux, je te pousserai une, deux, trois, quatre bottes dans l'œil, successivement.

« — Eh bien, si vous le pouvez vraiment, faites-le ; ce sera tant mieux pour vous et tant pis pour moi. Mais je ne puis croire que vous sachiez seulement me toucher. Encore une fois, venez-vous à mon école ?

« — Tirer avec toi ? répéta Vincentio. Par Dieu, je te dédaigne trop pour cela.

« A ces mots, l'Anglais, irrité, leva son énorme poing et asséna à Vincentio un tel coup sur l'oreille qu'il l'envoya rouler à terre, battant des jambes contre une tinette de beurre sur laquelle était placé un grand broc, puis, redoutant le moment où Vincentio se relèverait, il empoigna le broc qui était à demi plein de bière. Vincentio se leva vivement, et mettant la main à son poignard : « Très bien, dit-il, pour ceci je vous ferai mettre en pri-
« son pendant quelques années. — Eh bien, dit l'Anglais, puisque vous
« ne voulez pas boire de vin, voulez-vous boire à ma santé avec de la
« bière ? Je bois à tous les lâches coquins qui se cachent en Angleterre, et je
« vous considère comme le plus couard d'entre eux. » Là-dessus il lui jeta le contenu du broc au visage. Mais Vincentio, qui n'avait que sa rapière dorée et sa dague pour se défendre contre l'autre qui tenait le broc, ne voulut pas vider la querelle en ce moment. Le jour suivant, il rencontra le maître anglais dans la rue et lui dit : « Vous vous souvenez de la façon
« dont vous m'avez maltraité hier. Vous eûtes tort, mais je suis bon homme
« et je vous apprendrai à pousser une botte deux pieds plus loin que ne
« sait le faire aucun Anglais. Mais venez d'abord avec moi. » Alors il le conduisit dans une boutique de mercier et dit au marchand : « Faites-
« moi voir vos plus belles aiguillettes. » Le marchand lui en montra qui coûtaient sept pièces de huit sous, la douzaine. Vincentio paya quatorze pièces pour deux douzaines et dit au maître de la défense : « En voilà une
« douzaine pour vous, j'en garde une pour moi. »

Silver néglige d'une façon assez bizarre de raconter la fin de l'aventure : Vincentio, qui ne possédait pas sa réputation pour rien, commença par couper la douzaine d'aiguillettes sur le pourpoint de son adversaire, pour lui montrer qu'il était vraiment capable de toucher où il lui plaisait, et puis lui allongea une estocade dont l'autre se souvint.

« Vincentio fut en somme un des plus vaillants tireurs qui passèrent les mers pour apprendre aux Anglais à se battre, et cette querelle fut une des plus graves qu'il eut en Angleterre. Il se montra bien meilleur homme que bon professeur.

« Le maître italien publia un livre sur l'exercice de la Rapière et du Poignard, qu'il appela sa pratique. Je l'ai lu, je n'y trouve aucune bonne règle, et, selon le véritable art, ni sens, ni raison, etc., etc., etc. »

Et Silver continue à dénigrer le livre avec toute l'animosité d'un rival qui voit sa carrière encombrée.

La notice se termine par une anecdote concernant Jeronimo, fils de l'infortuné Rocko :

« Jeronimo était un vaillant qui aimait à se battre, et il réussit, comme vous l'allez voir :

« Un jour qu'il était en carrosse avec une fille qu'il aimait, il rencontra un certain Cheese, tireur fort habile dans le jeu à l'anglaise, car il se battait avec son braquemard et son poignard, et n'avait aucune connaissance de la rapière. Ce Cheese avait une ancienne querelle avec Jeronimo, et l'interpellant, il lui ordonna de sortir de la voiture, sous peine de s'en faire tirer, car il était venu pour se battre avec lui.

« Jeronimo sauta vivement de son carrosse, dégaina rapière et dague et tomba en garde en *Stoccata,* car il considérait cette garde, qu'il enseignait en commun avec Vincentio, comme la meilleure, en cas de danger sérieux, pour attaquer l'ennemi ou pour se tenir sur la défensive. Cette fois il risquait sa vie. Malgré le beau talent de Jeronimo, avant d'avoir échangé deux bottes, Cheese le perça d'outre en outre et le renversa. L'Italien était mort. Et cependant tous les professeurs italiens continueront à dire qu'un Anglais ne peut pas pousser une botte droite avec une épée anglaise, parce que la poignée ne lui permet pas de poser le doigt indicateur au-dessus des quillons, ni de placer le pouce sur la lame pour ne pas tenir le pommeau dans la main; ce qui fait qu'il est obligé de porter la botte à court, tandis qu'avec la rapière on peut allonger droit et beaucoup plus loin qu'avec l'ancienne épée. Ce sont là les raisons, dit-on, pour lesquelles la rapière l'emporte sur l'épée. »

Les écoles d'escrime, sous Élisabeth, aussi bien celles qui étaient tenues par des étrangers que celles qui étaient dirigées par des Anglais, avaient évidemment conquis une meilleure réputation que pendant le siècle précédent.

Les maîtres en renom étaient généralement soutenus par la noblesse, et quelques-uns, comme on vient de le voir, avec grand luxe. Cependant ils paraissent être restés en mauvaise odeur auprès de certaines gens, ainsi que sembleraient le prouver une lettre de l'archiviste Burghley[1] de Fleetwood et les violentes sorties contre les écoles d'armes, qu'on rencontre dans l'*École des abus,* de Gosson.

On peut citer aussi, à ce sujet, quelques lignes des *A Knight's Conjuring*, de Thomas Dekken, ouvrage écrit en 1607.

« ... Il... (le diable) fut le premier qui tint une école d'armes, du temps de Caïn, et lui enseigna le fameux *imbroccado,* à l'aide duquel il tua son frère. Depuis lors, il a fait dix mille élèves, aussi malins que Caïn. A l'épée et au bouclier, Petit Davy n'était rien à côté de lui, et quant à la rapière et à la dague, l'Allemand[2] lui-même, pourrait passer pour son apprenti. »

Fig. 11. — Épée et bouclier à main, xive siècle. — D'après un manuscrit de la Bibliothèque royale de Munich.

Il est permis de supposer, pour une foule de raisons, que l'escrime fit très peu de progrès avant le milieu du xvie siècle. Dans tous les cas, l'investigation est rendue difficile, sinon impossible, par l'absence totale de traités réguliers sur ce sujet.

Les plus anciens livres qui existent, ceux de Lebkommer[3] et de Paurnfeindt, décrivent avec assez de clarté le maniement des armes, tel qu'on le pratiquait au xve et au commencement du xvie siècle.

La lutte et le saut étaient, d'après ces auteurs, des éléments importants dans l'escrime du temps. Mais l'existence, à n'importe quelle époque, d'un

---

1. 1577.

2. *Petit Davy* était évidemment un maître d'escrime anglais, l'*Allemand* est une allusion à Meyer ou à quelque professeur étranger établi à Londres.

3. Voyez *Bibliographie,* 1529 (allemand). Les Œuvres de Pons, Torre, etc., ne semblent pas exister.

modèle d'épée, parfaitement défini et d'un usage général dans tout un pays, suppose naturellement un système d'escrime quelconque. Il faut donc admettre qu'il exista des systèmes bien avant l'impression des premiers traités.

De tout temps, en effet, et dans tous les pays, des écoles doivent s'être formées, aussitôt qu'il devint possible à la classe qui considérait le maniement des armes comme une occupation habituelle, de s'ériger en communautés. Comme l'Allemagne a produit, en cette matière, les plus anciens livres qui existent, il est préférable d'étudier tout d'abord les vieilles *Fechtschulen* teutoniques. Abandonnons donc l'Angleterre pour le moment.

Sur le continent, les écoles d'armes se développèrent, sans doute, de la même façon que les vieilles écoles anglaises, mais leur formation en corporations régulières date de beaucoup plus loin. La doyenne de ces corporations est certainement la *Bürgerschaft von St-Marcus, von Löwenburg*.

Dans le courant du xive siècle, quelques maîtres d'escrime semblent s'être associés pour s'arroger le monopole de l'enseignement des armes. Ils réussirent apparemment à maintenir leurs prétentions ; car, quiconque essayait d'enseigner pour son compte l'escrime en Allemagne, était, tôt ou tard, rencontré par les chefs de ces *Fechter-Gilde,* un capitaine et cinq maîtres, qui lui offraient gracieusement l'alternative de les combattre tour à tour ou tous à la fois, avec la perspective inévitable d'être taillé en pièces ou d'entrer dans leur association en observant leurs règlements. Le résultat de cette tactique fut que la Fraternité de Saint-Marc fit fureur, et que son quartier général, à Francfort-sur-Mein, devint une espèce d'Université, où de nombreux aspirants venaient briguer leur diplôme ès armes. Plus tard, à mesure que la réputation de l'association s'étendit à travers l'Allemagne, tous ceux qui aspiraient à ouvrir une école d'armes vinrent de leur propre gré à Francfort, pendant les foires d'automne, pour se présenter comme candidats à la *Brüderschaft*. L'épreuve était entourée d'une certaine solennité. Le capitaine et tous les *Marxbrüder* présents à Francfort, s'escrimaient, avec le candidat, sur des tréteaux dressés au milieu de la place du Marché. L'aspirant maître soutenait-il honorablement l'épreuve, le capitaine, en grande pompe, le frappait sur les reins avec l'épée d'honneur, et le nouvel associé, après avoir déposé deux florins d'or sur la large lame de l'épée, pour payer sa bienvenue, se trouvait avoir le droit d'apprendre les secrets de la Fraternité, ayant rapport au maniement des armes. Après avoir ainsi conquis ses grades, le nouveau maître jouissait du privilège de porter le Lion d'or héraldique des *Marxbrüder*, et d'enseigner l'art de l'escrime par toute l'Allemagne.

L'association avait longtemps joui, par prescription, de beaucoup de privilèges qui furent reconnus par lettres patentes de l'empereur Frédéric, à Nuremberg en 1480, renouvelés en 1512 à Cologne, par Maximilien Ier, en 1566 à Augsbourg, par Maximilien II, et en 1579 à Prague, par Rodolphe II.

L'escrime, ainsi consacrée par les chartes impériales, se répandit de plus en plus rapidement à travers l'Allemagne, et bientôt, malgré l'ancien monopole des *Marxbrüder*, de nouvelles associations d'escrimeurs se formèrent dans diverses provinces.

La plus fameuse de ces nouvelles associations, la seule qui rivalisa jamais sérieusement avec les *Marxbrüder*, fut celle des *Federfechter*[1], qui la première adopta le jeu italien et fit un libre usage de la pointe.

Les *Federfechter*, tout en se perfectionnant dans la pratique de l'épée à deux mains ou *schwerdt*, regardaient la *feder* comme leur arme de prédilection et provoquaient les *Marxbrüder* au combat d'estoc et de taille partout où ils les rencontraient.

L'issue habituelle d'un combat entre l'ancien *schwerdt*, arme lourde et incommode, et l'agile rapière, ne pouvait qu'être favorable à cette dernière, et elle fut bientôt adoptée partout, par les *Marxbrüder* eux-mêmes. Vers l'année 1590, il n'y avait plus de différence sensible entre le mode d'escrime des deux sociétés.

L'association des *Federfechter* fut fondée à Mecklenbourg et reçut du duc de ce nom ses armes, qui étaient un griffon de sable, et la charte qui l'instituait en corporation ou Gilde sous le nom de *Freyfechter von der Feder zum Greifenfels*.

Les *Marxbrüder* et les *Federfechter* finirent par se partager fraternellement le monopole de l'enseignement de l'escrime, et il n'y eut plus entre eux qu'une seule distinction, c'est que le quartier général des premiers resta à Francfort, tandis que celui des seconds était à Prague.

---

1. Ce nom provient de *feder*, un mot d'argot pour *rapière*.

Les *Oberhauptmänner*, chefs supérieurs de chacune des associations, étaient leurs représentants et leurs avocats auprès de la Cour impériale. Ils jouissaient d'une grande considération et étaient désignés *ex officio* comme arbitres dans toutes les affaires d'honneur et dans toute question d'armes litigieuse. *Marxbrüder* et *Federfechter* observaient les mêmes coutumes et se soumettaient aux mêmes lois sur l'honneur et la discipline. Si un membre de la corporation transgressait ces lois, s'il agissait à l'encontre des cou-

Fig. 12. — D'après Meyer, 1570. — Un Marxbruder instruisant un élève. Cette garde est semblable à la 4ᵉ de Viggiani. (Voyez fig. 37.)

tumes, ou déshonorait la corporation, il était proclamé indigne de la Maîtrise, dépouillé publiquement de son épée et rayé de la liste de l'admirable communauté.

Tous les escrimeurs allemands célèbres sortirent de l'une ou de l'autre de ces deux corporations. Il existe cependant quelques indices de l'existence d'une troisième association, celle des *Luxbrüder*, — la confrérie de Saint-Luc, — mais on sait bien peu de chose d'elle. La confrérie n'acquit jamais assez d'importance pour lutter avec les *Marxbrüder*; on ne parle même plus des *Luxbrüder* après le xvᵉ siècle. Ils furent, paraît-il, les prédécesseurs directs des *Klopffechter*, sorte de gladiateurs ambulants, fort en vogue au commencement du xviiᵉ siècle. Les *Klopffechter* erraient de foire en foire, faisant étalage de leurs talents et ils étaient parfois engagés par des grands seigneurs pour rehausser l'éclat de leurs fêtes.

Bref, au point de vue des caractères principaux, l'histoire de la communauté d'escrime teutonique a une grande ressemblance avec celle des *swordmen* anglais de la même époque.

Des sociétés, comparables à celles des maîtres allemands quant à leur puissance, et maintenant, soit par prescription, soit par des chartes, le monopole de l'enseignement de l'escrime, existèrent aussi en Espagne et en Italie.

Les traditions des gladiateurs, dont on retrouve des vestiges assez modifiés, il est vrai, dans la *corrida,* la course de taureaux, se maintinrent en Espagne après la chute de l'empire romain, d'une façon plus ferme que partout ailleurs. Les écoles d'armes, dirigées d'une manière si scientifique par les *lanistæ* aux derniers jours de l'ancienne Rome, demeurèrent en vigueur dans la Péninsule malgré les nombreuses invasions barbares. Elles flattèrent suffisamment le goût des Maures pour subsister pendant leur occupation. Le maniement de la lance, de l'épée et du bouclier, de la hache et du poignard, de la courte épée ou braquemart, du cimeterre et de toutes les armes militaires, était enseigné par des maîtres célèbres. Les écoles d'armes de Léon, de Tolède et de Valladolid sont prônées par les anciens auteurs, qui nous apprennent qu'elles étaient très fréquentées ; mais le nom d'aucun professeur n'est venu jusqu'à nous, avant ceux de Pons de Perpignan et de Pedro de Torre, que le grand oracle de la science des armes, don Luis Pacheco de Narvaez, mentionne comme ayant enseigné pendant la dernière partie du xve siècle, et imprimé vers 1474 des livres qui, malheureusement, ont depuis longtemps disparu.

Malgré l'absence de données exactes, les nombreux écrits des Narvaez, des Marcellis et des Pallavicini établissent que la profession de maître d'escrime en Espagne, pendant le xve siècle, exigeait une préparation sérieuse et des qualités physiques peu ordinaires. Ils prouvent, de plus, qu'une association de maîtres exerçait le monopole de l'enseignement et délivrait les diplômes.

Dans les archives de l'hôtel de ville de Perpignan, il existe un document officiel sous forme de rapport, qui certifie les capacités d'un aspirant au grade de maître d'armes et qui rend compte de l'épreuve qu'il fallait subir avant d'obtenir ce certificat. Le document date du temps où Perpignan appartenait au territoire espagnol et peut être considéré comme une preuve des coutumes en vigueur pendant la première partie du xvie siècle.

L'art de l'escrime y est désigné par les mots *ars Palestrinæ*; le commençant, l'étudiant, par le mot *tyro;* le sous-gradué, l'*undergraduate* des Universités anglaises, c'est-à-dire l'élève qui n'a pas encore obtenu le diplôme de gradué, est appelé *lusor in arte Palestrinæ*. Après un temps donné, et un examen dans le maniement de cinq ou sept armes variées, le *lusor* prenait le titre de *licentiatus in arte et usu Palestrinæ*, qui correspond à celui de bachelier dans les Universités, ou de prévôt dans les écoles d'armes. Enfin, quand il avait acquis l'usage théorique et pratique de toutes les armes, le *licentiatus* parvenait à la dignité de maître d'armes; il était, comme le dit le document latin : *lanista, seu magister in usu Palestrinæ*.

Le maître d'armes, en considération de ses nombreux privilèges, devait être alors un très important personnage, si tant est que l'on puisse juger de sa réputation d'après les lourds volumes qu'il rédigeait. Sa vanité, cependant, était quelque peu justifiée par l'épreuve qu'il avait dû passer, épreuve qui consistait à combattre tous ses examinateurs séparément, d'abord : *ingeniose et subtiliter*, et tous à la fois, ensuite : *simul et semel*.

On attachait une certaine valeur morale à la cérémonie d'installation d'un maître. Il devait jurer, *super signo sanctæ crucis facto de pluribus ensibus,* de ne jamais employer son talent que dans un but louable.

Nous verrons plus loin, qu'en Italie le serment prêté en pareille occasion était restreint à des limites plus pratiques et n'engageait formellement le récipiendaire qu'à ne jamais employer l'adresse acquise, à l'école, contre le professeur.

Bien qu'il soit parfaitement exact qu'il y eût en Espagne, au xiiie siècle, des écoles d'armes parfaitement régulières et officiellement reconnues, et que des compagnies de fantassins espagnols qui étaient, de toutes les troupes européennes de l'époque, les mieux exercées dans le maniement des armes, aient parcouru l'Italie et les Pays-Bas pendant le xvie siècle, il n'y a aucune raison historique d'attribuer à l'Espagne l'invention du jeu de pointe. Et, malgré l'opinion généralement admise, malgré les affirmations de bien des écrivains dont les uns n'ont fait que copier servilement ce que les autres avaient avancé à la légère, ce n'est pas en Espagne que l'on trouvera le berceau de l'escrime scientifique.

Par contre, il y a tout lieu d'attribuer la découverte de la supériorité de l'estoc sur la taille aux Italiens, qui furent indubitablement les premiers à préconiser la pointe au xvie siècle.

La subdivision de l'Italie en nombreux États indépendants, constamment en guerre les uns avec les autres, entretenait une trop grande jalousie entre les provinces, pour permettre la création d'une association générale des maîtres d'armes italiens. Chaque ville avait son école, et chaque école suivait sa méthode particulière, selon le maître. Rien ne pouvait être moins favorable au progrès. Aussi, jusqu'au temps de Marozzo, où l'Italie prit la direction de l'escrime en Europe, les écoles italiennes ne pouvaient se vanter d'une bien grande supériorité. Vers l'an 1530 cependant, une espèce d'association privilégiée existait; elle avait son quartier général à Bologne, et Achille Marozzo pour chef.

Il est curieux qu'on n'entende pas parler de la création en France, avant le xvie siècle, d'aucune école d'escrime proprement dite, et que pendant la dernière partie du même siècle les plus importantes aient été tenues par des Italiens.

Dans l'intérêt de la clarté de ce récit, nous commencerons par analyser les œuvres des quatre principaux auteurs italiens du xvie siècle : Marozzo, Agrippa, Grassi et Viggiani; nous examinerons ensuite l'ouvrage de Carranza, le père de la science des armes en Espagne, puis nous étudierons leurs partisans ou leurs imitateurs : Henri de Sainct-Didier en France, Meyer en Allemagne, et Saviolo en Angleterre.

CHAPITRE II

Manciolino et Marozzo, qui réalisent bien le type des maîtres d'armes de cette époque, donnent une idée assez curieuse des notions d'escrime qui prévalaient en Europe, pendant le xve siècle et au commencement du xvie. Il est, pour ainsi dire, impossible de discerner le plus simple principe ou la moindre méthode dans les ouvrages du temps; chaque maître enseignait tout bonnement une série de trucs et de ruses, découverts dans le courant d'une vie d'aventures, et qu'il jugeait de nature à être employés avec succès dans des rencontres personnelles. Ils exerçaient leurs élèves à ces trucs jusqu'à ce que la facilité et l'habileté avec lesquelles ils les exécutaient, les rendissent réellement dangereux pour un antagoniste moins expérimenté.

Tous ces stratagèmes — car on ne saurait désigner autrement des méthodes d'attaque et de défense si totalement opposées à tous nos principes — furent baptisés de noms bizarres et fantaisistes. Le texte de Manciolino est, en outre, tellement saturé de savantes dissertations sur les règles de l'honneur, sur la manière de chercher une querelle et de la terminer d'une façon correcte, que l'auteur ne trouve guère le moyen de s'occuper d'escrime proprement dite. Des quatre gardes qu'il décrit, la seule qu'on puisse reconnaître, comme ayant un but bien défini, est une garde haute, qui ressemble à notre parade de tête, moderne. Les trois autres ont une vague ressemblance avec la quinte, la tierce et l'octave. Tout ce qu'on sait au sujet des attaques *ferite*, c'est qu'elles s'exécutaient en marchant. Il semble qu'on n'ait pas compris du tout, alors, qu'il y a une immense différence entre la taille et la pointe; le seul but du combattant était de se placer devant son adversaire, dans une position qui permît de le frapper d'une façon quelconque.

Le livre de Marozzo cependant, publié cinq ans plus tard, fixe d'une manière plus précise les idées sur l'escrime, en faveur avant que la supériorité de la pointe sur le tranchant ne fût reconnue en principe. L'auteur est généralement considéré comme le premier écrivain de talent qui se soit occupé de l'art de tirer. Il serait peut-être plus sage de voir en lui le plus grand professeur de cette vieille escrime [1], rude et sans frein, qui comptait sur la surprise, la violence et l'inspiration, plutôt que sur des principes soigneusement cultivés.

Marozzo était né à Bologne et y vivait, bien que ses ouvrages aient été imprimés à Venise [2]. Sa réputation devait être immense, à en juger par les nombreuses éditions de son œuvre, qui fut réimprimée cinq fois, de 1536 à 1615. Comme il est peu probable que le maître bolonais ait songé à écrire un livre avant d'avoir acquis cette autorité qui fait la popularité du professeur, on peut supposer que Marozzo n'était plus jeune quand il commença son *Opera Nova,* dont la seconde édition parut en 1550 et la troisième en 1568. Il mourut probablement entre ces deux dates, ainsi que le font supposer les quelques lignes précédant la troisième édition et dédiées par le peintre Giulio Fontana à don Giovanni Manriche. Cette dédicace parle du maître comme d'un homme qui « fut, comme tout le monde le sait, l'un des plus parfaits dans la pratique du noble art de l'escrime, qui forma un nombre considérable de vaillants disciples et en dernier lieu écrivit cet ouvrage pour le bien du public ».

Ce que nous avons dit de Manciolino peut s'appliquer à Marozzo, avec cette différence toutefois, que ce dernier jouit de beaucoup plus d'autorité.

Malgré le peu de valeur que peut ambitionner son enseignement, au point de vue moderne, l'ouvrage du célèbre Bolonais est beaucoup plus

---

1. Vers les dernières années de sa vie, il fut élu *Maëstro generale de l'arte de l'armi*, titre correspondant au *Hauptman* des *Marxbrüder*.
2. La plupart des traités qui parurent en Italie, pendant le xvɪe siècle, furent imprimés à Venise.

avancé que toutes les autres publications de son époque et fait pressentir la supériorité future des écoles italiennes.

Le *Opera Nova Chiamata Duello overo fiore dell' Armi, etc., composta per Achille Marozzo, Gladiatore, Bolognese*, suit, en somme, une progression assez naturelle.

Après une invocation à la Sainte-Vierge et au *Cavaliere San Gurgio*, le *maëstro* place une épée dans la main du *disepolo* et lui explique les diverses manières de la tenir et de passer un ou deux doigts au-dessus des quillons, afin d'être plus facilement maître des mouvements de la lame [1].

Puis il passe à l'explication des différents emplois du *falso filo* et du *dritto filo* (droit fil et faux fil), distinction qui était beaucoup plus importante dans l'emploi de l'arme à deux tranchants de cette époque, que dans le maniement de nos armes modernes.

Les gardes se distinguaient alors d'après la position relative de ces tranchants. Une garde telle que nous la comprenons actuellement dans la ligne intérieure, en quarte par exemple, était en *dritto filo*, ou droit fil, et *vice versa* : une garde dans la ligne extérieure, une garde en sixte, était en *falso filo* ou faux tranchant. En somme, c'était là une assez bonne classification, bien adaptée à une arme à deux tranchants, employée principalement pour tailler.

Suivons maintenant le maître qui dessine une figure mathématique sur le mur pour expliquer tous les coups des côtés droit et gauche : *mandritti* et *roversi*. Tous les coups donnés de la droite, sur le côté gauche de l'adversaire et avec le tranchant droit, étaient appelés *mandritti* [2].

Une mandritta pouvait être :

Mandritto *tondo* ou circulaire, donnée horizontalement ;
Mandritto *fendente* ou verticale (de haut en bas) ;
Mandritto *montante* ou verticale (de bas en haut) ;
Mandritto *sgualembrato* ou oblique (de haut en bas).

Les coups donnés de la gauche, avec le tranchant droit, c'est-à-dire sur

---

[1]. Toutes les gravures du livre de Marozzo nous montrent une épée munie d'une poignée simple, alors que l'épée que l'on portait alors avait des pas d'âne et des contre-gardes pour protéger les doigts. — Voyez, à ce sujet, le dernier chapitre.
[2]. D'après *mano dritta*, main droite.

le côté droit de l'adversaire, étaient appelés *roversi* et pouvaient être également *tendo, sgualembrato, fendente* ou *montante*.

On faisait un usage fréquent du faux tranchant pour les coups dirigés vers les poignets ou vers les genoux, et appelés *falso dritto* ou *falso manco*, selon qu'ils étaient donnés de droite ou de gauche. L'élève s'exerçait à ces coups en face du dessin appliqué sur le mur. Marozzo ne parle pas de cet exercice comme d'une invention émanant de lui. Ce n'était, en réalité, qu'une amélioration du *pel* romain et de celui du moyen âge.

Il résulte clairement de tout ceci que la manière d'employer le tranchant pour l'action offensive était bien comprise, et qu'après tout, nous n'avons fait que peu de progrès dans cette partie de l'escrime. D'ailleurs, ces exercices s'accordaient parfaitement avec la théorie d'alors, selon laquelle l'épée était essentiellement une arme tranchante, et qui proclamait que la méthode de combat la plus sûre consistait à prévenir l'attaque de l'ennemi.

Il semble que l'élève prenait ses premières leçons en particulier. Quand il était au courant des différents coups, il commençait à apprendre ses gardes (parades); et l'on n'accordait aucune attention spéciale aux coups de pointe. Notons ce point important et fort curieux, c'est que tous les livres d'escrime du xvi° siècle, tout en parlant continuellement de parade, ne donnent jamais la définition exacte de la parade. Le principe sur lequel les maîtres de cette époque fondaient leur pratique était, évidemment, que toute attaque, si on ne pouvait la parer avec le bouclier, le manteau ou le poignard, devait être brisée par une contre-attaque, ou évitée par un déplacement du corps. Même sans ce déplacement, on considérait qu'un coup semblable à celui de l'assaillant, adroitement asséné, de manière à obtenir la supériorité sur le faible de l'épée adverse, pouvait servir de parade aussi bien que d'attaque.

Cette idée était une dernière conséquence de l'habitude, familière aux générations précédentes, de ne jamais considérer l'épée que comme une arme offensive.

Le mot *garde*, tel que l'entend Marozzo, n'a que peu de rapport avec l'idée que nous y attachons de nos jours. Les gardes du maître bolonais consistent simplement en une série de positions dont chacune est le préliminaire d'une ou de plusieurs attaques. Elles sont reliées entre elles de la même manière que les coups de taille et de pointe sont enchaînés dans tout exercice d'épée, et arrangées par paires, de telle sorte qu'en parcourant la série, le tireur se trouve avoir alternativement le pied droit et le pied gauche en avant. Toutes les gardes et tous les coups peuvent donc être exécutés, du commencement à la fin de l'énumération, en avançant ou en reculant régulièrement. L'attaque s'exécutait en passant en avant ou de côté, et la parade — si on peut l'appeler ainsi — ou contre-attaque, en reculant d'un pas en arrière ou du côté opposé.

Il est impossible de comprendre la signification, non seulement des gardes de Marozzo, mais aussi de celles indiquées par tous les auteurs d'avant le XVIIe siècle, à moins que l'on ne perde pas de vue qu'une garde n'était que le premier acte d'une série de bottes[1], et qu'on ne la croyait pas capable de protéger une partie quelconque du corps. Ces positions admises, pour des raisons qui n'ont jamais été bien claires, portaient des noms curieux, sentant assez l'argot[2]. Elles furent mises à la mode par Marozzo lui-même, ou par son maître Antonio de Lucha « dont l'école produisit, dit-il, plus de guerriers qu'il n'en sortit du cheval de Troie ». Il parle cependant de ses gardes comme si elles étaient parfaitement explicites et n'avaient pas besoin de commentaires. Avant de procéder à la description de ces gardes posées, Marozzo, avec l'autorité que lui donne sa situation de *Maëstro generale,* esquisse le plan que les maîtres devraient invariablement suivre dans leur enseignement.

« Je désire, dit-il, que vous fassiez pratiquer les exercices suivants à vos élèves : les coups et les parades en forme de contre-attaques, pendant quatre ou cinq jours, avec vous. Aussitôt qu'ils les comprendront, examinez-les séparément dans chaque garde, surtout dans celles de *porta di ferro larga,*

---

1. Le mot *botta* est l'équivalent du mot français : *coup.* Il embrasse l'action de l'attaque, du commencement à la fin. Ce mot est de la même origine que l'ancien mot français *bouter* (bouter un coup), et que notre mot anglais *bout* (*to play bout* = faire une botte). Inutile sans doute de dire qu'il n'a rien de commun avec botte, pour chaussure.

2. Ces noms de gardes sont difficiles à traduire. *Porta di ferro* s'applique probablement à une manière donnée de tenir l'épée, *ferro* ayant la même signification que le latin *ferrum.* On y ajoute des qualifications telles que *larga* (ouverte ou large), *stretta* (étroite ou serrée), ou des mots tels que *cinghiara* (la ceinture ou la taille).

Coda signifie tout simplement : la pointe. Ses qualificatifs sont *longa* (longue), *alta* (haute), etc.

Becca (bec), qualifié de *posa* ou *cesa,* dont la signification n'est pas précise, peut s'appliquer à *soutenue* dans le premier cas, et à *retombant* dans le dernier. La signification de gardes, telles que *di intrare, di faccia, di testa,* est claire. Les traductions de Gomard ne sont pas sérieuses quand il appelle ces gardes : *queue longue* ou *courte, porte de fer,* etc.

stretta, o alta, et aussi dans la *coda lunga e stretta.* Vous agirez comme dans un combat à l'épée aidée du bouclier ou targe, ou à l'épée seule. Que cela vous indique qu'en enseignant à un élève le maniement des armes désignées plus haut, vous devez lui faire comprendre toutes ces gardes une à une, pas à pas, avec leurs attaques et leurs parades, de façon à lui indiquer le pour et le contre. Vous consulterez ces écrits et les dessins qui y sont joints, et pour cela ne manquez pas d'apprendre aux mêmes élèves, que je n'admets pas de différence dans les gardes, alors même qu'il y a différence dans les armes. Mais, afin d'éviter les répétitions, je me borne à les expliquer simplement pour l'épée seule ou pour l'épée et le bouclier.

« Et maintenant, suivez-moi, au nom du Dieu tout-puissant :

GUARDIA DI CODA LUNGA E STRETTA

Que l'élève se tienne, la jambe droite en avant, l'épée et la targe bien

FIG. 13. — « Coda lunga et Stretta » et « Cinghiara porta di ferro ». — Marozzo.

étendues, que sa main droite soit bien en dehors de son genou droit, qu'il ait le pouce tourné vers le bas, comme l'indique la gravure.

Cette position se nomme *coda lunga e stretta,* elle est propre au coup et à la parade. L'élève s'étant mis en garde, vous lui montrerez combien d'attaques il peut exécuter étant *agente*[1] ; vous lui indiquerez le nombre de parades hautes et basses, que permet le maniement du bouclier quand on est *patiente*[2], et en quoi ces attaques et ces parades diffèrent l'une de l'autre. Vous lui montrerez aussi les parades qu'il faudra opposer à ses propres attaques.

Puis vous ferez exécuter à votre élève un *mandritto sgualembrato* et il portera obliquement la jambe gauche un peu en avant de la jambe droite ; alors vous lui direz qu'il vient de prendre la garde de :

CINGHIARA PORTA DI FERRO

Vous ferez comprendre à l'élève que chaque fois qu'il adopte cette garde, il doit nécessairement être *patiente*, car toutes les gardes basses ont plutôt pour but de parer que de frapper. Cependant, s'il se trouvait dans la nécessité d'attaquer, il ne peut le faire qu'avec la pointe ou le faux tranchant. Vous montrerez donc à votre élève comment, dans toute attaque procédant de cette garde, il faut parer et frapper, lui conseillant de frapper de préférence avec le faux tranchant, puisque le faux tranchant peut blesser et parer en même temps.

L'élève avancera ensuite la jambe droite et élèvera la main qui tient l'épée. Cette nouvelle position s'appelle :

GUARDIA ALTA

Votre élève ayant pris cette garde, vous lui montrerez les coups qui en dérivent, lui faisant remarquer soigneusement que cette garde est destinée principalement à l'attaque.

Enseignez-lui alors les parades, de la même façon, et faites-lui avancer ou reculer le pied, selon l'occasion.

Qu'il porte ensuite la jambe gauche en avant et baisse son épée à peu près à la moitié de sa hauteur. Il sera en :

---

1. *Agente*, c'est-à-dire actif ou sur l'attaque.
2. *Patiente*, passif ou sur la défense.

GUARDIA DI CODA LUNGA E ALTA

Sachez que quand on est *patiente*, cette garde est excellente et des plus utiles; conseillez donc à votre élève de la prendre pour la défense, et faites-lui voir à ce propos tout ce qu'on peut faire pour et contre lui.

Après quelque pratique, vous ferez exécuter à votre élève une *mandritta fendente*, et il avancera la jambe droite pour arriver ainsi à la garde :

PORTA DI FERRO STRETTA OVERO LARGA

Toutes les bottes qui pouvaient être données en *cinghiara porta di*

FIG. 14. — « Coda lunga e alta » et « Porta di ferro stretta overo larga ». — Marozzo.

ferro, avec le faux tranchant surtout, étaient possibles dans cette garde. Le passage à la garde suivante s'effectuait ainsi :

« L'élève, dit Marozzo, appuyera le poids du corps sur la jambe gauche, qu'il portera en avant, et il abaissera son épée. Il sera alors en :

GUARDIA DI CODA LUNGA E DISTESA

L'élève étant dans cette position, vous le ferez devenir *agente* en se servant surtout des *dritti falsi* ou de la pointe, des *roversi* et des autres attaques qui peuvent dériver de ladite garde. Vous devez aussi lui enseigner les parades propres à rencontrer ces attaques, car l'art de frapper n'est que peu de chose en comparaison de la connaissance de la défense, qui est un art bien plus parfait et plus utile encore. Après beaucoup d'exercices, après avoir passé de garde en garde et de pas à pas, constamment en questionnant l'élève sur le nom de ces gardes, vous lui ferez avancer la jambe

Fig. 15. — Guardia di testa. — Guardia di intrare. — Marozzo.

droite et élever la pointe de son épée en l'air, le bras étendu tout droit, vers son adversaire, comme l'indique la gravure.

C'est ce qu'on appelle la :

GUARDIA DI TESTA

Dans la pratique de cette garde de tête, on peut être *agente* et *patiente*, mais je parlerai d'abord de la défense contre un *mandritto fendente* ou *sgualembrato* ou contre un *tramazone*[1]. Vous ferez parer en garde de tête, et, de cette garde, passer à l'attaque; l'élève peut y arriver par une botte de la droite au-dessus de la main, un *mandritto fendente*, *tondo* ou *sgualembrato*, ou par un *falso dritto*. Après cette garde de tête, vous ferez con-

---

1. Le *tramazone* ou *stramazone*, cité ici pour la première fois, était un coup donné du poignet, avec l'extrémité tranchante de l'épée.

tinuer par une botte portée de la gauche[1], à la figure de l'adversaire, l'élève avancera la jambe gauche, obliquant légèrement vers la gauche, et pointera son épée, droit à la figure de son adversaire, arrivant ainsi à la :

GUARDIA DI INTRARE

Ici l'on doit être *patiente*, peu d'attaques étant possibles. Vous ferez continuer par un *roversi* et suivre le coup, en passant la jambe droite en avant, retirant le bras en même temps, et étendant la main vers le sol.

L'élève aura pris alors la garde de :

CODA LUNGA E LARGA

Remarquez que cette garde permet l'attaque aussi bien que la défense, car il est possible de se servir du faux tranchant, de gauche à droite, de couper *tramazone* avec le droit ou avec le faux-tranchant, d'exécuter un *tramazone roverso* ou *falso filo tondo* et un *roverso sgualembrato*, rien qu'en tournant l'épée sur elle-même. Vous pouvez aussi porter des bottes de droite et de gauche, avec ou sans feintes, et ajouter tous les *roversi* qui leur appartiennent, etc.

Votre élève avancera ensuite le pied gauche et il baissera la pointe de son épée vers le sol, en tournant le pommeau en l'air. Ayez soin qu'il étende le bras et qu'il tourne le pouce, en dessous, et vers la pointe de l'épée.

Ceci fait, vous lui apprendrez qu'il se trouve en :

GUARDIA DI BECCA POSSA

Ayant ainsi examiné votre élève dans chaque garde, mon opinion est qu'il faut lui conseiller de se servir de la *becca possa*, quand son adversaire prendra la *porta di ferro larga* ou *stretta* ou *alta* et de le suivre, pas à pas, et de garde en garde. C'est-à-dire que si l'adversaire passe en *coda lunga e distesa*, il doit agir en *becca cesa*; à *coda lunga e larga*, faites-lui opposer

---

1. *Punta roversa.*

coda lunga e stretta; à *becca cesa cinghiara, porta di ferro alta*; à *guardia di intrare, guardia alta*.

Maintenant, que l'élève avance la jambe et tourne sa pointe vers la figure de son adversaire, le pouce en haut, le bras tout à fait étendu, et dites-lui qu'il est dans la

GUARDIA DI FACCIA

Lui ayant fait prendre cette *guardia di faccia*, dites-lui qu'il peut ainsi

Fig. 16. — Coda lunga et larga. — Becca possa. — (Marozzo.)

attaquer et se défendre en même temps. Si son adversaire taille en *mandritto tondo* ou *fendente dritto*, il devra simultanément lui porter une pointe à la figure. »

Le grand art consistait à passer rapidement d'une garde à l'autre. En changeant ainsi la garde et, par conséquent, l'attaque probable, le plus rapide tireur des deux, forçait son adversaire à prendre de nouvelles attitudes, pour effectuer les contre-attaques qui tenaient lieu de parades.

Lorsqu'on analyse les théories imparfaites pratiquées à cette époque dans l'art du combat singulier, il ne faut pas perdre de vue que les armuriers d'alors forgeaient principalement leurs épées pour les coups de taille. Leurs lourdes armes, à large lame, ressemblaient encore trop à celles qui, jadis, entaillaient les armures et défonçaient les casques. Elles ne convenaient guère aux coups de pointe[1].

En garde, la targe (bouclier) se tenait de deux façons : à bras tendu, au-devant du corps, ou bien, le coude plié, tout près de la poitrine ou de la figure. Les coups étaient parés à angle obtus, de manière à faire glisser l'épée de l'adversaire en dehors, à droite ou à gauche; les coups de pointe étaient écartés de côté, avec le plat.

Des lignes, tracées sur le plancher des salles d'armes, facilitaient, dans les

Fig. 17. — Guardia di faccia. — Becca cesa. — (Marozzo.)

écoles, l'exercice des passes. Marozzo considérait que les tireurs devaient s'exercer avec des lames raides et affilées, pour devenir habiles aux parades et acquérir de la force dans les bras. Il n'est donc pas étonnant que le vieux maître insiste sur la nécessité de ne jamais permettre aux commençants de faire assaut librement, et que plus tard il ne leur permette de tirer qu'avec des tireurs accomplis. Il conseille même aux jeunes gens de prendre une collation ensemble, pour inciter à la bonne camaraderie!

Déjà au xvie siècle, les maîtres avaient compris la vérité d'un principe, souvent oublié de nos jours, qui proclame que pour devenir un tireur

---

1. La pointe était rarement employée; mais, quand on s'en servait, les bottes étaient généralement visées à la figure. Cette habitude provenait probablement de la coutume qu'on avait alors de porter la cotte de mailles.

accompli, on ne doit pas attacher trop d'importance aux coups reçus en apprenant, ni s'en fâcher, mais les considérer comme une leçon.

L'escrime sérieuse exige le plus grand calme. C'est pour faire observer ce calme, qu'un règlement sévère était en vigueur dans toutes les bonnes écoles. Aucune remarque, ni aucune comparaison, ne pouvaient être faites pendant les exercices.

Les élèves ne s'assemblaient que pour pratiquer ; les leçons étaient généralement données en particulier, et même dans le plus grand secret, quand le maître voulait bien enseigner ses *bottes* favorites à un élève privilégié[1].

L'admission d'un nouvel élève se faisait en grande pompe.

Quand on considère que l'escrime en était alors à l'enfance de l'art, on est en droit de se demander ce que les vieux maîtres enseignaient à leurs élèves. Nous croyons que tout leur enseignement consistait à mettre les jeunes tireurs en présence d'escrimeurs, habitués à manier certaines armes. Ils n'avaient ni système ni théories, et l'on ne pourrait même pas comparer les leçons du plus illustre d'entre eux, au plus élémentaire des cours d'escrime moderne.

Ce qu'il fallait, avant tout, c'était s'habituer au maniement de l'arme. Tout était là. Qu'on ne s'étonne pas après cela du soin que prenaient les maîtres et les bons tireurs, de rehausser autant qu'ils le pouvaient le prestige de leur profession, en entretenant la foi dans la *botta segreta* et en entourant leurs leçons de beaucoup de mystère. Il en a toujours été de même pour tous les arts, avant qu'ils ne fussent établis sur des principes indiscutables.

Marozzo faisait jurer à ses élèves, sur une poignée en croix, « sur la sainte croix de Dieu », de ne jamais prendre parti contre leur maître, et aussi de ne jamais enseigner à personne, sans sa permission, les secrets qu'il allait leur dévoiler.

La plupart des vieux livres d'escrime s'étendent aussi longuement sur l'usage d'armes militaires, que sur l'emploi de l'épée en combat singulier.

L'ouvrage de Marozzo est typique, sous ce rapport. Il est divisé en cinq livres : les deux premiers traitent de l'épée seule, ou de son emploi en même

---

[1] Brantôme, *Discours sur les duels et les rhodomontades*.

temps que le bouclier, la targe, le *brocherio*, l'*imbracciatura*, la dague ou le manteau[1].

Le troisième traite de l'emploi de la *spadone*, épée à deux mains, à laquelle il applique les mêmes principes et les mêmes gardes.

Le quatrième est consacré à l'étude d'armes telles que le voulge, la pique, etc., etc., employées seules ou en même temps que le bouclier.

Le cinquième livre, enfin, traite de ces matières, qui presque toujours allongent inutilement et embrouillent le texte de la plupart des livres d'escrime de cette époque. Il préconise l'application de certains principes philosophiques à l'art de combattre, et indique la solution de toutes les questions d'honneur difficiles, qui peuvent s'élever à propos des lois du duel.

L'ouvrage de Marozzo est très complet et écrit avec soin, mais il ne tend pas précisément à simplifier l'art et à le baser sur des principes bien définis. On peut dire qu'il ne s'est montré partisan d'aucune innovation. La popularité du livre fut grande, cependant; trois éditions parurent après la mort de l'auteur, à d'assez longs intervalles, et l'ouvrage resta évidemment en faveur parmi quelques escrimeurs fidèles aux vieilles théories, jusqu'aux premières années du xviie siècle, alors même que florissaient les écoles de ces grands maîtres qui avaient nom *Fabris, Capo Ferro* et *Giganti*. Dix-sept années après la publication du livre d'escrime de Marozzo, l'imprimeur Antonio Blado publia à Rome, *con privilegio de N.-S. Papa Giulio III*, un ouvrage remarquable sur l'art des armes, qui introduisit quelques idées neuves : c'était le *Traité sur la Science des armes et Dialogue philosophique*, du Milanais Camille Agrippa.

Agrippa, qui fut à la fois architecte, mathématicien, ingénieur, et qui écrivit de nombreux livres scientifiques, n'est guère connu comme escrimeur. Il est célèbre pour avoir dirigé l'élévation de l'obélisque, sur la *Piazza de San Pietro*[2]. Mais, comme beaucoup de ses contemporains, comme son ami, le grand Michel-Ange, dont les immenses travaux ne calmaient pas

---

1. L'épée était rarement employée seule, au xvie siècle. Le bouclier (*rotella*) couvrait tout l'avant-bras auquel il était attaché par deux courroies. La targe et le *brochiero* étaient des variétés de bouclier à main. L'*imbracciatura* était un long bouclier, ressemblant un peu au *scutum* romain et au pavois du moyen âge.

2. Le récit de cette entreprise se trouve dans le *Trattato di transportar la guglia*..., etc. B. M.

l'incessant besoin d'action, Agrippa passait une bonne partie de son temps dans les écoles d'escrime. N'étant pas professeur, il n'était enchaîné par aucun préjugé, et son livre, par conséquent, est plein d'originalité. Il est en avance sur les notions populaires de son temps. Très minutieusement, il étudia l'enchaînement des mouvements qu'exécutent les diverses parties du corps humain dans les actions de l'escrime, soit en poussant une botte, soit en taillant du tranchant. Son esprit mathématique se complaisait dans la construction de figures géométriques et dans l'étude des diagrammes d'optique qu'il inventa pour leur explication. Sans doute, son *Dialogue philosophique*, sur l'escrime, est assez ennuyeux ; mais la théorie le conduisit à ce résultat pratique et utile, qui consistait à exclure, dans la plupart des cas, la taille en faveur de la pointe. L'emploi de presque toutes les armes suggère, au premier essai, l'idée d'un coup circulaire. Même en matière de pugilat, un homme, à moins d'être exercé dans l'art, tend à frapper de cette façon et à se servir de son poing, en guise de massue. Un coup poussé droit en avant, par le trajet le plus court, appuyé par le poids du corps, ne peut être le résultat que d'une théorie perfectionnée ou bien d'une longue pratique.

Le coup asséné est le plus naturel et le plus facile ; le coup dirigé est le résultat d'une combinaison de mouvements compliqués et soigneusement coordonnés. Ce fait seul démontre pourquoi le jeu de pointe appartient à un degré plus avancé de l'art.

Et il est fort probable qu'Agrippa, dont les mœurs ne devaient guère être moins turbulentes que celles de l'immortel Buonarotti, expérimenta mainte fois, lui-même, au cours de mauvaises rencontres, dans les rues noires et tortueuses de Rome, l'avantage pratique de cette théorie.

En homme instruit, il considérait l'intérêt scientifique de l'escrime, et, dénonçant les erreurs fondamentales sur lesquelles se basait alors la manière d'escrimer, il inventa un système beaucoup plus simple et plus raisonné.

L'une des erreurs auxquelles nous faisons allusion, consistait dans l'adoption de gardes différentes, enchaînées l'une à l'autre par des rapports absolument artificiels et n'offrant d'avantages que pour certains coups, alors que tous les coups doivent pouvoir être portés, quelle que soit la position de celui qui tient l'épée.

On ne faisait aucun cas de la pointe. C'était là une autre erreur, car les coups de pointe demandent moins de temps et d'efforts que les coups de taille, tout en étant plus difficiles à parer.

Enfin on avait le grand tort d'adopter des gardes dans lesquelles l'escrimeur avait le pied gauche en avant, alors qu'il tenait l'épée de la main droite.

Abandonnant donc toute la nomenclature fantaisiste d'antan, Agrippa réduisit le nombre des gardes utiles à quatre, leur donnant de simples noms numériques : *prima, seconda, terza, quarta*.

Fig. 18. — Prima Guardia. — Agrippa.   Fig. 19. — Prima Guardia (en passant). — Agrippa.

Alors qu'il n'est question que de la position de la main, ces gardes ont quelque rapport avec nos gardes de prime, seconde, tierce et quarte.

En homme pratique, l'auteur considère sagement que la première garde doit être prise aussitôt que l'épée est tirée du fourreau. De son temps on n'usait pas, dans un combat, d'autant de courtoisie que maintenant; il fallait dégainer et tomber en garde du même coup, pour éviter les surprises.

Une longue rapière ne pouvait être mise au vent aussi vivement qu'un léger carrelet, et, avant que la pointe n'abandonnât le fourreau, la main se trouvait au-dessus de la tête. Donc, la position d'un homme venant de tirer l'épée et en dirigeant la pointe vers la figure de son adversaire, formait la première garde d'Agrippa. Les deux pieds étaient sur la même ligne et le corps légèrement courbé.

La deuxième différait de la première en ce que le bras était abaissé au niveau de l'épaule. Dans les autres gardes, les pieds étaient écartés; dans la troisième, la main se trouvait exactement au-dessus et en dehors du genou gauche, tandis que dans la quatrième elle se tenait plus à gauche.

Traduites en termes techniques modernes et eu égard seulement à la

Fig. 20. — Quarta Guardia. — Agrippa.   Fig. 21.— Seconda Guardia, en passant. — Agrippa.

position de la main droite, les désignations italiennes des quatre gardes d'Agrippa : *prima, seconda, terza* et *quarta guardia*, équivalent en quelque sorte à prime, haute seconde ou tierce, tierce basse et quarte basse.

Ces quatre positions représentaient les gardes fondamentales, mais il y en avait aussi d'autres qui en différaient par l'extension plus ou moins grande du bras, de manière à pouvoir s'adapter à l'action de s'allonger et de prendre bien son temps.

• On portait une botte en allongeant tout à fait le bras, en avançant l'épaule droite de façon à s'effacer et en glissant le pied gauche en arrière; souvent même on détournait la figure, en attaquant, et l'on visait habituellement à la figure ou à la poitrine.

Il est assez intéressant de constater que tout mathématicien qu'il était, et malgré son esprit analytique, Agrippa n'a pas découvert une manière plus pratique d'allonger. L'avenir se réservait l'invention du développement.

Comme tout le monde, Agrippa employait les *passes*[1] aussi bien dans l'attaque que dans la défense, et ses gardes, qui étaient de nature à suggérer les parades, ne l'amenèrent pas non plus à imaginer mieux, pour éviter ou pour rencontrer une attaque, que l'effacement, la volte ou la contre-attaque.

Il expliqua les meilleures manières de combattre, en se servant simultanément de l'épée et du poignard, — armes portées alors par tout gentilhomme. — Il parle aussi de l'escrime des deux épées, qui n'était qu'une extension,

Fig. 22. — L'épée et le bouclier. Une botte de « quarta guardia » par une glissade à droite. — Agrippa.

quelque peu maladroite, du premier jeu et du jeu de l'épée, combiné avec l'emploi du broquel ou manteau.

Agrippa mentionne aussi l'usage de la hallebarde, de l'épée à deux mains, et il donne quelques conseils au sujet du combat, à pied, contre le cavalier. Enfin il indique le meilleur parti à prendre dans une mêlée.

Parmi les planches qui ornent l'édition originale d'Agrippa, il en est beaucoup qui sont attribuées à Michel-Ange[2]. L'une d'elles est un emblème de

1. *Passe*, en opposition avec *développement*, s'applique à l'action de porter une jambe devant l'autre, au lieu de garder la position relative des pieds.
2. Voyez la *Bibliographie*... Certains maîtres, Pallavicini, Marcelli et d'autres, prétendent qu'Agrippa écrivit son traité en 1536, sans cependant donner aucun motif de ce qu'ils avancent.

l'immense popularité dont il jouissait, comme maître de l'art, et le représente environné d'amis vénitiens et romains, qu'on reconnaît à leurs costumes.

Les premiers essaient de l'entraîner, pendant que les derniers s'efforcent de le retenir à Rome. Il est probable que les Vénitiens eurent l'avantage et qu'ils réussirent à emmener le Milanais, car deux éditions de son ouvrage parurent plus tard à Venise; la première fut publiée par le peintre Giulio Fontana, en même temps que le traité de Marozzo.

En 1580 parurent les *Ragioni di adoprar sicuramente l'arme*, de *Giacomo di Grassi*, ouvrage qui obtint un grand succès, eut l'honneur d'être traduit en anglais, de former la base de l'ouvrage de Henri de Sainct-Didier, et d'être imité en Allemagne par Meyer et Sutor.

Grassi introduisit des perfectionnements importants dans la théorie de l'escrime, et enseigna une méthode plus simple que celle de Marozzo.

On en trouvera des exemples typiques dans les œuvres de Sainct-Didier et de Saviolo.

Le professeur milanais semble avoir été le premier à définir les différentes parties de la lame, quant à leurs propriétés défensives et offensives, et à donner un aperçu de ce que nous appelons aujourd'hui : le centre de percussion. Dans ses remarques préliminaires, il divise la lame en quatre parties : les deux premières près de la poignée qui doivent être employées pour parer; la troisième, à peu près vers le centre de percussion, qui sert à tailler, et la partie la plus rapprochée de la pointe, qui doit percer. Il proclame hautement la supériorité de la pointe sur le tranchant, surtout pour les attaques directes, et parle du *tocchi di spada*.

L'expression pourrait se traduire ainsi : « L'attouchement de la lame. » Elle montre le fer, animé par le bras qui le guide, froissant, tâtant le fer ennemi, et elle frappera d'autant plus le lecteur, que les lames étaient rarement engagées lorsqu'on jouait de la rapière. Grassi démontre aussi très clairement la nécessité de parer avec le tranchant droit, attendu que les parades avec le faux tranchant sont faibles et dangereuses.

Toutes les attaques qu'il préconise, s'effectuent par des passes; sous ce

---

Les allégations des rédacteurs du dictionnaire *Della Crusca*, qui supposent que les illustrations de son ouvrage sont dues à Léonard de Vinci, sont encore moins admissibles, puisque Léonard de Vinci mourut en 1519.

rapport son enseignement est rétrograde. Agrippa avait, longtemps avant lui, expliqué l'avantage qu'il y a de garder le pied droit en avant, dans la plupart des cas.

Quoique partisan de la pointe, Grassi entre dans de grands détails, au sujet des coups de taille, qu'il classe selon qu'ils sont donnés de l'épaule, du coude ou du poignet. Il dit dans quelles occasions le tranchant offre une riposte plus rapide que la pointe.

Les *passes*, les *voltes*, et bien d'autres mouvements encore, devaient, tout naturellement, changer constamment les distances qui séparaient les combattants, et il arrivait souvent que ces distances devenaient tellement serrées, qu'il n'y avait plus moyen de jouer de la pointe, alors que, seuls, les coups de taille étaient possibles.

Grassi tranche la question des distances en définissant soigneusement la longueur et la direction des pas, qu'il nomme *passo recto* lorsqu'ils sont employés seulement pour resserrer la mesure, *passo obliquo* et *mezzo passa obliquos o circulare* lorsqu'ils ont pour but de passer.

Il est le premier auteur qui prenne les lignes en considération et les divise en lignes intérieures, extérieures, hautes et basses. L'épée est tenue en ligne *di sotto* (basse), en ligne *di sopra* (haute), en ligne *di dentro* (intérieure), ou enfin en ligne *di fuora* (extérieure). Mais, tout en admettant quatre lignes d'attaque, il n'enseigne que trois gardes sujettes à de légères modifications : haute, basse et en dehors — *guardia alta, bassa, largha*.

La figure 23 montre les deux premières, appliquées à la main droite et à la main gauche. La troisième de ces gardes consistait à tenir le coude à angle droit avec l'épaule, la main en tierce, la pointe menaçant la poitrine de l'adversaire. Toutes ces gardes sont très imparfaites, et, ce qui le prouve bien, c'est que l'auteur, dans tous les passages où il parle de la défense, est obligé d'avoir recours à des trucs fort incertains pour éviter l'arme ennemie.

La plus grande partie du traité est consacrée à l'exercice de l'épée et du poignard, ainsi qu'à l'emploi du *brochiero* ou manteau. Cette partie, qui est la plus pratique, est traitée fort clairement.

Dans l'introduction de *Della spada et pugnale*, l'auteur fait la remarque suivante : « Passant de la simplicité aux complications, il m'a semblé naturel de parler maintenant des armes qui sont le plus fréquemment employées : de l'épée accompagnée du poignard, armes qui, sans aucun doute, ont autant de valeur pour l'offensive que pour la défensive, qui permettent de parer et de frapper en même temps, ce qui est impossible avec l'épée seule. Ces deux armes étant de grandeur et de poids différents, un rôle différent doit être attribué à chacune d'elles, dans l'attaque comme dans la défense. Le poignard, dont la lame est courte, doit protéger le côté gauche, jusqu'au genou, tandis que l'épée défendra tout le côté droit et le côté gauche, au-dessous du genou. Il ne doit pas sembler étrange que le poignard soit destiné à protéger toutes les parties de gauche, car cela est de la plus grande facilité, s'il va rencontrer l'épée vers la première ou la deuxième partie. Mais le poignard ne peut parer avec sûreté, s'il rencontre l'épée vers la troisième ou la quatrième partie (le fort de l'épée), la force du coup porté étant alors trop grande[1]. »

Grassi n'est pas d'avis que la parade alors en vogue, qui recevait le coup sur l'épée et le poignard croisés, fût recommandable, pour la raison qu'il était impossible de riposter sans perdre de temps et sans abandonner l'avantage de l'arme double[2], avantage qui consistait à contrecarrer.

Il a tant de confiance dans l'action du poignard, employé de la manière qu'il décrit,

Fig. 23. — Les deux épées, épées jumelles « case of rapiers » des maîtres anglais. — Grassi.

qu'il prétend pouvoir se servir avec succès du sien contre la plupart des autres armes.

Les gardes du poignard sont les mêmes que celles de l'épée. Quand les deux armes sont employées simultanément, des gardes différentes, telles que *largha* et *alta* ou *bassa*, sont usitées, de manière à multiplier la difficulté de l'attaque et à faciliter l'action de la riposte, dans une ligne différente de celle de l'attaque.

1. La dague était habituellement empoignée de la même manière que l'épée; quelquefois le pouce était tenu à plat contre le talon de la lame; quelquefois même, le premier doigt et le pouce étaient croisés au-dessus de la garde. Mais jamais on n'adoptait l'inexplicable pose reproduite par bien des artistes modernes et consistant à placer le pouce sur le pommeau de l'arme.

2. Cela est fort possible, au contraire, avec l'épée seule, en se servant de l'opposition comme d'une parade, et *frapper* signifiant *toucher*. (*Note du Traducteur.*)

Grassi parle ensuite de l'emploi du manteau. Quand on voulait se servir de la *capa* comme d'une arme défensive, on la saisissait par le *capuccio* (capuchon) et on l'enroulait deux fois autour de l'avant-bras gauche, de manière à en laisser flotter une partie.

On croyait que la partie flottante de la *capa* pouvait, à cause de sa souplesse, arrêter les coups de taille et qu'elle embarrassait suffisamment la pointe pour être une protection contre elle, « à condition, dit l'auteur, que le tireur eût soin de tenir toujours le pied du côté opposé au bras et de ne pas se mettre en danger, en avançant la jambe du même côté que le manteau, car la *capa* ne sert à aucune protection, si elle est soutenue par une partie solide. »

Le bouclier étant une arme commode et utile, Grassi indique ainsi la manière de l'employer : « Pour protéger un homme par le *brochiero*, malgré ses petites dimensions, il est nécessaire de le tenir aussi éloigné que possible du corps et de mouvoir toujours le bras qui tient le bouclier tout d'une pièce, comme s'il n'y avait pas d'articulations, en tournant la surface du bouclier vers l'ennemi; de cette façon le bras est entièrement couvert. Tous les coups d'estoc et de taille sont parés ainsi sur la deuxième et sur la troisième partie de la lame. »

L'emploi simultané des deux épées, — *the case of swords*, comme on disait en Angleterre, — dont Grassi parle avec un grand enthousiasme, était évidemment une simple extension du jeu de l'épée et du poignard, avec cette différence que la main gauche pouvait exercer une action beaucoup plus offensive avec une épée qu'avec un court poignard. Agrippa et Marozzo avaient déjà enseigné cette manière d'escrimer, qui n'a jamais pu être bien pratique. Qu'on tînt dans la main gauche le bouclier, le poignard, le manteau ou bien une seconde épée, le combat ressemblait beaucoup à une rencontre de boxeurs modernes ; une main était employée pour arrêter les attaques de l'adversaire, tandis que l'autre faisait des ripostes ou des feintes dans diverses lignes. Les deux combattants s'écartaient à droite ou glissaient à gauche, en tâchant de se placer dans une position avantageuse.

En somme, Grassi n'introduisit que peu de perfectionnement pratique dans la science des armes, mais il raisonna très clairement les théories de son temps. Il est évidemment resté inférieur à Agrippa. Ce dernier s'était rapproché de l'idée du développement, à en juger d'après ses gravures, car le texte n'offre aucune explication à ce sujet, tandis que Grassi se contenta de suivre la tradition de l'école de Marozzo et ne fit que réduire le nombre des gardes fondamentales, quoiqu'il eût compris l'avantage de la pointe sur le tranchant. Encore doit-on se souvenir que le système de Marozzo renfermait les principes de cette vieille escrime, citée par Rabelais, et dont les théories étaient suffisamment reconnues pour justifier une reproduction de son traité en 1615.

En somme, l'ouvrage de Grassi[1] expose l'application des anciennes théories à l'usage plus libre de la pointe, et on peut y reconnaître le système le plus ordinairement suivi en Europe, pendant la dernière partie du xvi° siècle.

1. Et celui de son contemporain Agocchie.

CHAPITRE III

Nous avons fait remarquer déjà qu'aucune école d'escrime, dans le vrai sens du mot, ne paraît avoir existé en France, avant le XVIe siècle. Les pre-

Fig. 24. — Estocade, époque de Charles IX. — Lame rigide à double tranchant, évidée, longue de 94 centimètres ; longueur de garde 15 centimètres. (Ayant appartenu à Fortuny).
N.-B. — Ceci est une épée *espagnole*, mais représente exactement le type dit « estocade ». *Collection du baron de Cosson.*)

mières institutions de l'espèce furent tenues par des maîtres italiens, et les noms de quelques-uns d'entre eux sont passés à la postérité, sous une forme francisée. Citons : Caize, qui apprit à ce pauvre de Jarnac, tant calomnié, le fameux *falso manco* ou *coup de jarret* avec lequel il mit hors de combat, sous Henri II, en 1547, ce bravache de La Chastaigneraie ; Pompée et Silvie, qui enseignaient à la cour de Charles IX. Silvie est célèbre parce qu'il fut le professeur du duc d'Anjou, roi, plus tard, sous le nom de Henri III, et qui, malgré son caractère efféminé, avait la réputation d'une fine lame et passait, parmi ses courtisans, pour être un des meilleurs tireurs de son temps.

Pendant la première partie du siècle, on eut le plus souvent recours, pour apprendre d'eux le maniement des armes, aux mercenaires allemands à la solde des rois de France, car ils étaient fort habilement exercés et comptaient probablement des *Marxbrüder* ou des *Luxbrüder* parmi leurs officiers. Il n'est donc pas étonnant que le premier ouvrage, qui ait été publié en français, préconise un enseignement qui ressemble beaucoup à celui des vieilles écoles allemandes.

L'auteur anonyme de *la Noble Science des joueurs d'espée* était probablement un capitaine de reîtres ou de lansquenets, qui traduisit en français l'explication de quelques-uns des trucs employés par les *Marxbrüder*. En effet, le texte du livre et ses gravures ont une frappante ressemblance avec le texte et les gravures de Paurnfeindt et de Lebkommer[1]. Le titre même paraît n'être qu'une traduction servile des titres habituels des vieux *Fechtbücher*. Comme tous les ouvrages de cette époque, ce livre ne fait que décrire une série de ruses n'ayant aucun rapport avec n'importe quel principe.

Fig. 25. — Braquemards et Anelace.

Fig. 26. — Braquemards. — La Noble Science des joueurs d'espée.

Parmi les illustrations de l'ouvrage, la gravure 26, que nous reproduisons, a été choisie, parce qu'elle est l'une des seules qui représentent une action ayant une vague ressemblance avec ce que nous entendons par escrime. Les autres dessins ne nous montrent que de véritables bousculades, dans lesquelles la lutte et le croc-en-jambe ont le côté dominant.

1. Voir la *Bibliographie*.

Les passages suivants, que nous reproduisons dans leur vieux texte français, peuvent en donner une idée :

« Comment on le tiendra à terre. Quand il est jectté à terre, si tombez sur lui au côté dextre avecq le genoul droict entre ses jambes, et avec la main senestre tombez devant à son col, lui prendant, sa defence, puis besoingnez à vostre plaisir. » (!)

A l'exception de ce petit ouvrage, qui, soit dit en passant, ne dit rien du combat à la rapière, la seule publication française de l'époque est le *Traicté contenant les secrets du premier livre sur l'espée seule, mère de toutes les armes,* par Henry de Sainct-Didier, gentilhomme provençal.

Ce livre est regardé, en France, comme le premier qui ait traité d'un art qu'on considérait comme étant essentiellement français. L'ouvrage, cependant, n'est qu'une collection d'illustrations, à laquelle sont jointes des notes explicatives du système suivi par les maîtres italiens de l'école de Marozzo, tels que Pagano, Grassi, Agocchie. Ces mots sont accompagnés de certaines améliorations, préconisées par l'ouvrage d'Agrippa.

Quoique le Provençal n'avoue pas ouvertement la source de ses connaissances, il est évident qu'il profita de la proximité de son pays natal pour passer la frontière et apprendre, en Italie, la science qu'il vint plus tard enseigner à Paris, après en avoir francisé les termes.

A cette époque, tout livre d'escrime, qu'il fût bon ou mauvais, obtenait du succès à Paris. Les vieilles idées chevaleresques françaises, qui proclamaient qu'il était indigne d'un noble d'apprendre les ruses et les finesses de l'escrime[1], ne pouvaient subsister en ces temps de guerre civile où les tournois et les combats en champ clos avaient fait place à la manie effrénée des duels de rencontre. Au commencement du siècle, les gentilshommes, quoique peu soucieux d'acquérir la réputation d'un bon escrimeur, suivaient la mode qui consistait à aller faire, à la dérobée, un petit voyage en Italie, pour apprendre l'exercice des armes dans les écoles de Bologne et de Venise. Ce déplacement furtif avait un autre but, celui de se faire indiquer quelque truc professionnel subtil, quelque botte secrète et infaillible, fabuleusement payée à quelque spadassin.

Ils rapportaient ces stratagèmes en France, et s'en servaient contre

---

[1] « Dans mon enfance la noblesse fuyait la réputation de bon escrimeur et se dérobait pour l'apprendre, comme mestier de subtilité dérogeant a la vraye et naïve vertu. » MONTAIGNE, *Essais*

des compatriotes moins savants. Mais leur confiance dans la botte secrète apprise à l'étranger n'était pas, paraît-il, toujours justifiée par le résultat[1].

Brantôme (Seigneur de BRANTÔME 1527 à 1614. *Anecdoctes concernant les duels*) traite ce sujet dans ses *Discours sur les duels et rhodomontades*, et il donne une vivante description de la témérité avec laquelle les hommes exposaient alors leur vie, pour les causes les plus frivoles. Bien avant Brantôme, la France avait déjà acquis dans le monde entier la réputation d'être la plus querelleuse et la plus légère des nations[2]; mais, vers la dernière moitié du XVIe siècle, quand les duels judiciaires disparurent complètement, ce fut bien pis encore. On vit alors s'étendre, dans de terrifiantes proportions, cette funeste manie du duel, qui coûta au pays, en cent quatre-vingts années, la perte de *quarante mille* vaillants gentilshommes, tués en combat singulier pour des prétextes presque toujours futiles. Vers l'époque où parut le livre de Sainct-Didier, l'escrime était tenue en très grand honneur. Une politique haineuse avait exaspéré les esprits, provoqué la sédition et fait de ce beau pays de France un vaste champ clos, dans lequel papistes et huguenots, partisans du Roy et fidèles de la Ligue, se rencontraient chaque jour l'épée au poing, appuyant leurs thèses religieuses, politiques ou philosophiques, du plus mauvais argument qui soit au monde : la violence!

C'était le temps où le pouvoir et les charmes d'une femme étaient en proportion du nombre de duels qu'elle avait provoqués, du nombre de morts dont elle était la cause; le temps où la querelle de deux hommes entraînait la participation de tous leurs amis. Quiconque a lu Brantôme, reconnaîtra que les reproches de Mercutio à Benvolio sont d'une vérité frappante, quand il décrit les habitudes querelleuses des jeunes écervelés de son temps[3]. Écoutez-le :

« Toi, ma foi, tu cherches noise à un homme, parce qu'il y a dans sa barbe un poil de plus ou de moins que dans la tienne. Tu te querelles avec lui parce qu'il casse des noisettes devant toi, alors que tes yeux sont de couleur noisette! Quel autre œil que le tien pourrait voir là un sujet de

---

1. « Nous allons en Italie apprendre à escrimer et l'exerçons aux dépens de nos vies avant de le sçavoir. » MONTAIGNE, *Essais*.

2. « Indiscrète nation! Nous ne nous contentons pas de faire sçavoir nos vices et folies au monde par réputation, nous allons aux nations étrangères pour les leur faire voir en présence. Mettez trois François aux déserts de Lybie, ils ne seront pas un mois ensemble sans se harceler et s'esgratigner. » MONTAIGNE, *Essais*.

3. *Roméo et Juliette*, acte III, scène I.

querelle? Ta tête est aussi pleine de querelles qu'un œuf est plein de son contenu, et cependant tu n'as qu'un cerveau creux. Tu t'es battu avec un homme parce qu'il avait toussé dans la rue, ou parce qu'il avait réveillé ton chien, dormant au soleil! »

Cette description pouvait s'appliquer également aux mignons de Charles IX. Qu'on ne s'étonne donc pas de voir le premier traité sur les secrets de l'épée obtenir un si merveilleux succès, malgré sa valeur très relative. Ce succès, il le dut un peu aussi à ce fait qu'il était dédié à un roi, qui, bien qu'il fût débile de corps et faible d'esprit, s'intéressait cependant à tout ce qui concernait la science des armes et les exercices du corps.

On voit, en France, dans le gentilhomme provençal, le père de la science nationale des armes. Son livre est précieux, non seulement parce qu'il contient d'intéressantes anecdotes historiques[1], mais aussi parce qu'il constitue une curiosité bibliographique de la plus grande rareté.

Sainct-Didier fut le premier qui adopta une méthode consistant à expliquer les actions respectives de deux personnes déterminées, choisies comme types. Sauf cette amélioration, sauf de nombreuses figures disposées par séries, de manière à montrer les degrés progressifs des actions de l'antagoniste, il est évident que l'œuvre de Sainct-Didier n'est qu'une simple adaptation de cette partie du système de Grassi qui traite de l'épée seule. Sainct-Didier indique trois gardes : la première est basse, et équivaut, en quelque sorte, à la troisième garde de Grassi. La deuxième est aussi haute que l'épaule, la pointe de l'épée dirigée vers l'œil gauche de l'adversaire. La troisième est plus haute encore; c'est la première garde de Grassi, qui dirige la pointe de l'épée, de haut en bas, vers la figure de l'adversaire.

La position du bras gauche varie constamment, la main étant tenue en avant ou en arrière, en haut ou en bas, selon la position relative et constamment changeante des adversaires.

Il est assez curieux de constater que le maître français n'a pas songé à faire tenir la main gauche, quand elle n'était pas armée du poignard, derrière le dos, puisque son système renferme au moins autant de coups de taille que d'estoc, et que l'élévation du bras gauche, quand la passe est le seul mode de progression employé, n'est pas nécessaire pour l'équilibre.

1. Tel que le récit de l'assaut de Sainct-Didier avec le duc de Guise, en présence du roi et par son ordre. Voyez fig. 23.

Sainct-Didier nomme *démarches* les diverses séries de passes, par lesquelles les adversaires s'approchent ou se retirent. Il s'est efforcé de classer ces démarches et de les adapter à l'attaque et à la défense, bien qu'elles fussent dangereuses et anti-scientifiques.

Les empreintes de pieds qu'indiquent ses gravures, montrent l'irrégularité et la complication des mouvements qu'il suppose être les préliminaires nécessaires aux différentes attaques.

Suivant la manie de l'époque, qui consistait à franciser tout mot étranger manquant au vocabulaire ordinaire, Sainct-Didier classe les coups possibles, sous ces trois appellations : *maindraicts*, *renvers* et *estocs*. Les deux premiers termes viennent — cela est incontestable — des mots italiens *mandritti* et *rinversi*. *Estoc*, quoique ressemblant à *stoccata*, est un mot bien français, signifiant coup de pointe. Le Provençal ignorait la distinction qu'il y a entre *stoccata* et *imbroccata*

Les auteurs italiens, on l'a vu plus haut, parlaient de *parate* et *riparare* d'une manière générale, sans jamais définir bien exactement une seule parade. Sainct-Didier est, en somme, plus près de la vérité, quand il parle de la manière universelle de rencontrer un coup de taille ou de pointe par une contre-attaque simultanée. Il appelle cela : croiser l'épée. Son livre, qui a pour but de dévoiler tous les secrets de la science des armes, est illustré de gravures représentant une série de combats entre deux personnages : *le Lieutenant*, qui joue le rôle de maître, et *le Prévôt*, qui se fait instruire. (Voir fig. 27.)

Fig. 27. — Tenue et garde du premier coup pour exécuter et faire le quatriangle, pour le Lieutenant et le Prevost.

« Çi-après sera monstré un fort bon coup pour le Lieutenant assaillant et pour le Prevost deffendant, en manière de quatriangle et tout ce qui y est requis scavoir par lesdits Lieutenens et Prevosts, et par consequent, aux autres supposts.

« Premier coup et suite du quatriangle pour le Lieutenant et Prevost. »

Le lieutenant passe son pied droit, du triangle au quatriangle, et le place sur l'empreinte marquée 2 ; en même temps il porte un *raide estoc d'hault*[1], les ongles en l'air. (Fig. 28.)

De son côté, le prévôt retire son pied de 1 à 3 sur le triangle, et, en croisant la botte de son adversaire, fort sur faible, ongles en haut, lui porte un coup de pointe à l'œil gauche.

Fig. 28. — Voilà ce que doit faire ledit Prevost pour se défendre dudit quatriangle tiré par ledit Lieutenant assaillant.

Voyant que le prévôt s'est montré habile homme, puisqu'il a su se défendre, le lieutenant passe son épée sous celle du prévôt, porte son pied au coin le plus éloigné du quatriangle, et taille un *maindraict*, en retirant légèrement le corps.

Ce coup est de nouveau paré par le prévôt, qui croise l'épée de son adversaire et lui porte, en même temps, un *estoc* au visage, les ongles en dessous.

« Voilà ce que doit faire ledit Prevost pour se garder de cest dite opposite qu'a tiré le Lieutenant jusques icy. » (Voir fig. 29.)

Le lieutenant porte alors son pied gauche de 2 à 3, passe son épée sous celle de son adversaire, et lui porte un *maindraict* ou un *estoc*. Le prévôt croise encore, par un coup de taille ascendant ou par un *estoc* à la figure, les ongles en dessus, et ceci est : « La fin dudit quatriangle pour ledit Prévost. (Fig. 30.)

Fig. 29. — Première opposite et suite du quatriangle.

« Après avoir traité, dit Sainct-Didier vers la fin de son ouvrage, de l'art, de l'ordre et des exercices de l'épée seule, et défini tout ce qui doit l'être, je me suis senti disposé à enseigner et à démontrer quatre manières

---

1. Littéralement : *un coup raide en haut.* Un Italien eût dit : *Imbroccata.*

excellentes et subtiles de saisir l'épée de son ennemi. Elles sont utiles dans l'attaque comme dans la défense. »

Reproduisons l'une de ces manières, qui amenait les adversaires à échanger leurs épées, comme cela se pratiquait souvent dans le jeu mouvementé de la rapière[1].

Le lieutenant qui tombe en garde, le pied gauche en avant, porte un *estoc* au prévôt, par une passe du pied droit, en avant. De son côté, le prévôt retire le pied gauche en arrière, croise l'épée de son adversaire, fort sur faible, ongles en haut, et, repassant soudain son pied gauche en avant, saisit l'épée du lieutenant et essaie de la

Fig. 30. — S'ensuit le parachevement dudit quatriangle, qui est sur un maindroit ou estoc d'hault, tiré par ledit Lieutenant contre le Prevost.

lui arracher des mains, tout en lui menaçant la figure de sa pointe. (Fig. 31.)

Le lieutenant, pour éviter ce danger, plie le corps à droite et repasse aussi du pied gauche, saisissant en même temps la poignée du prévôt par les quillons. (Fig. 32.)

Fig. 31. — Premier coup tiré sur le maindroit ou estoc d'hault, pour la première prinse par le Lieutenant et presque exécutée par le Prevost, comme icy est monstré.

En pareil cas, l'expédient le plus simple est, évidemment, d'abandonner sa propre épée et de continuer le combat avec celle de son adversaire, tel que le montre la fig. 33, où nous voyons les escrimeurs se séparant et passant leur rapière de la main gauche à la main droite.

Les exercices de Sainct-Didier sont illustrés de 64 gravures sur bois, représentant les démarches les plus compliquées de son ouvrage. D'une irréprochable exactitude quant aux cos-

---

1. Shakespeare fait preuve d'une compétence réelle en matière d'escrime dans les scènes où il parle des tireurs, notamment au dernier acte d'*Hamlet*.

tumes du temps, ces illustrations représentent les tireurs armés d'une arme absolument conventionnelle.

Les épées de duel, à cette époque, n'étaient pas aussi massives, ni aussi grossières, que celles que nous montrent ces gravures. La lourde *estocade* elle-même — l'arme favorite des Français, celle sur laquelle Sainct-Didier semble concentrer toute son attention — était beaucoup plus mince.

FIG. 32. — A prinse faut faire contre prinse comme est icy monstré par ce Lieutenant au Prevost.

Il est assez curieux de constater que le Provençal, lorsqu'il alla chercher en Italie les principes d'une science considérée alors comme étant d'essence italienne, ne se soit pas adressé de préférence aux maîtres les plus éclairés, à ceux qui préconisaient l'usage presque exclusif de la pointe et de la *spada lungha*[1]. Après cela, il est possible que le vieux préjugé en faveur des coups de taille, existait alors en France comme il existait en Angleterre, et que la masse des tireurs s'inclinait à regret devant la supériorité mortelle du jeu de la pointe. Le système de Grassi et d'Agocchie, qui s'adaptait si bien à l'estocade française, fut donc accepté, étant plus conforme au goût général. Les raffinés cependant, les duellistes insatiables de la cour de Charles IX, de l'entourage de Henri III, cultivèrent le jeu de la rapière, d'après la méthode de Cavalcabo et de Fabris.

FIG. 33. — Voilà la fin de la contreprinse exécutée par le Lieutenant contre le Prevost.

Sainct-Didier lui-même était parfaitement au fait de la nouvelle méthode,

---

1. Viggiani à Venise, Fabris à Padoue, Patenostrier à Rome, Cavalcabo à Bologne.

bien qu'il ne voulût pas en reconnaître la supériorité. Il donne, à la fin de son livre, le récit d'une discussion qu'il eut, au point de vue théorique, avec deux maîtres de cette école. L'un de ces derniers, qu'il appelle le Napolitain Fabrice, était sans doute le cousin du grand Salvator, de Bologne.

La profession des armes, à cette époque, se transmettait de père en fils, d'oncle à neveu, beaucoup plus régulièrement qu'aujourd'hui. Le point à éclaircir, dans la fameuse discussion dont parle Sainct-Didier, est de savoir

FIG. 34. — Prima guardia defensiva imperfetta formata dal cingersi la spada al manco lato, da cui nasce il rouescio ascendente. — Viggiani.

FIG. 35. — Seconda guardia alta offensiva perfetta; formata dal rouescio ascendente, da cui nasce la punta sopramano offensiva; o intiera; o non intiera. — Viggiani.

s'il était possible de classer les coups de pointe en catégories distinctes et d'en faire un fréquent usage. Le maître français, qui préférait le tranchant, se flatte d'avoir prouvé la supériorité de ses théories, fausses en tous points.

A la fin de l'ouvrage se place un parallèle entre l'escrime et le jeu de paume, auquel l'auteur applique les expressions *renvers* et *maindraicts* pour désigner les différentes manières de lancer la balle, bien qu'il reconnaisse l'impossibilité d'appliquer le mot estoc à aucune action de la raquette.

Quoique l'art des armes ne présentât nulle part plus d'intérêt qu'en

France, il faut cependant retourner en Italie pour se rendre compte de son développement.

Vers cette époque, parurent à Venise deux livres précieux.

Les *Trois Livres d'escrime* de Giovanni dell' Agocchie n'ont qu'une importance relative, venant après Grassi, mais l'ouvrage de Viggiani par contre est digne d'attention, car il contient quelques indications au sujet de

Fig. 36. — Terza guardia, alta, offensiva, imperfetta; formata dal rouescio ascendente, da cui nasce un mandritto, descendente, o intiero o mezo. — Viggiani.

Fig. 37. — Quarta guardia larga, diffensiva, imperfetta; formata della punta intiera sopramano, da cui nasce il rouescio ritondo. — Viggiani.

l'école nouvelle. C'est ainsi qu'il apprend, par exemple, que la passe tend à être remplacée par le développement.

Agrippa avait déjà donné une idée de l'avantage théorique de ce mode de progression, mais son système n'était pas assez bien défini pour faire oublier l'habitude, plus naturelle, de passer à droite et à gauche. Malheureusement pour sa gloire d'escrimeur, Viggiani, non plus, ne fut pas assez hardi dans ses innovations. Il ne sut pas appliquer les principes de sa célèbre *punta sopramano* à toutes les attaques, et il reste, en définitive, un disciple de l'école de Marozzo, au lieu d'être le fondateur de l'école moderne. Ce grand honneur devait être réservé à Giganti et à Capo Ferro.

La première édition du livre de Viggiani porte la date de 1575. On sait cependant que l'ouvrage était terminé en 1560 et que, d'après le désir exprimé par l'auteur, on ne le fit paraître que longtemps après sa mort. Son enseignement marchait de pair avec celui d'Agrippa et peut-être avec

Fig. 38. — Sesta guardia larga, offensiva imperfetta; partorita dal rouescio intiero difensivo, da cui nascerà il rassettarsi in guardia alta offensiva; perfetta. — Viggiani.

Fig. 39. — Settima guardia stretta offensiva, perfetta, partorita dal mezo rouescio difensivo; da cui nascer potrà il rassettarsi in guardia alta offensiva perfetta. — Viggiani.

celui de Marozzo. Ses principes étaient en grande partie semblables à ceux du premier; mais, au point de vue théorique, il alla beaucoup plus loin.

S'il faut en croire le maître vénitien, sa méthode était nouvelle, absolument originale, et, comme il paraît certain qu'elle fut connue en Allemagne, où Joachim Meyer — la meilleure autorité du pays — doit l'avoir pratiquée, ce livre offre un grand intérêt, bien qu'il n'ait pas fait école en Italie

Lo Schermo d'Angelo Viggiani, se divise en trois parties; la première soulève l'inévitable comparaison entre les lettres et les armes, la seconde traite de l'attaque et de la défense.

Quelques extraits de cette partie suffiront pour montrer à nos lecteurs le fatras ridicule et les puérilités pédantes, dont ces escrimeurs philosophes du xvie siècle entouraient leurs précieuses théories :

Difesa negli animali, nelle piante — Prudenza della pantera et dell'

Fig. 40. — Quinta guardia stretta, difensiva, perfetta; nata dalla meza punta sopramano, offensiva, da cui nasce un mezo rouescio tondo. — Viggiani.

elefante — Perche nô si possa per la difesa prendere argumento dal cielo — Perche si movesse il serpente al ingannare l'huomo.

Fort heureusement, la troisième partie du livre s'occupe presque exclusivement d'escrime, et nous apprend que Viggiani enseignait sept gardes. La plupart ressemblent à celle de Marozzo, lorsqu'il ne s'agit que de la position du bras, mais elles sont dépouillées de leurs noms fantaisistes et désignées simplement par des chiffres distinctifs. Là où elles diffèrent absolument de celles de Marozzo, c'est dans la position des pieds. Viggiani veut que le pied droit soit toujours placé en avant, à trente pouces environ du pied gauche, et cette distance doit être constamment observée. Il enseigne les mêmes *mandritti* et *rinversi* que tous les maîtres de son temps, mais il accorde la préférence aux revers, parce qu'ils peuvent être donnés plus rapidement et avec plus de force. Viggiani s'occupe aussi plus spécialement de la pointe, qu'il considère comme supérieure à la taille, et, tandis que tous

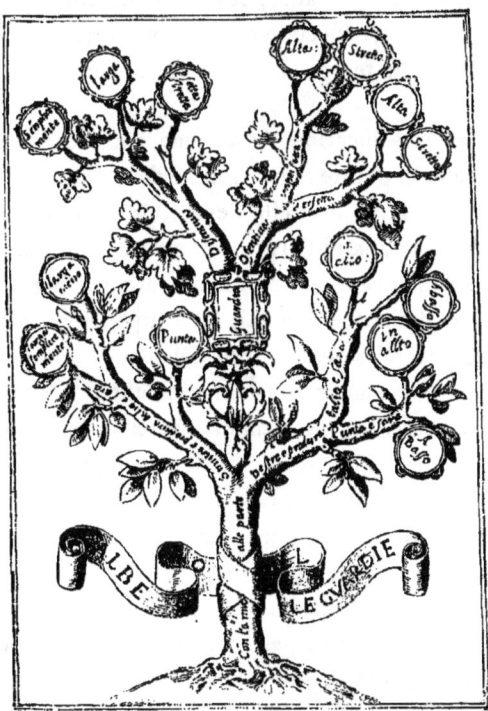

Fig. 41. — Arbre généalogique des gardes de Viggiani.

ses prédécesseurs ne reconnaissent en général qu'une seule espèce de botte, Viggiani spécifie minutieusement les différentes positions dans lesquelles on peut employer la pointe :

Punta dritta, donnée de la droite (*main en pronation*).
— *rovescia* — gauche (— *supination*).

Chacune de ces positions est, de plus, subdivisée en pointe ascendante, descendante ou droite :

Punta dritta (o rovescia) ascendante.
—   —   —   *descendante.*
—   —   —   *ferma* (droite).

Les sept gardes sont reproduites par des illustrations. D'après Viggiani, une garde est parfaite quand elle permet de donner de la pointe, imparfaite quand elle ne permet que la taille, et cette distinction est d'ailleurs parfaitement d'accord avec sa prédilection pour l'emploi de la pointe dans l'escrime d'estoc et de taille de son temps. Les deuxième, cinquième et sixième gardes sont parfaites.

Poursuivant sa classification, il désigne sous le nom de garde *étroite* une garde qui amène la pointe dans la ligne de l'adversaire. La garde *ouverte* est celle qui détourne la pointe; elle devient *offensive* quand l'épée est tenue du côté droit, *défensive* quand l'arme est tenue du côté gauche. Cette désignation tend à faire admettre qu'on parait une attaque par une contre-attaque. Comme les *rovesci* étaient, selon lui, les coups les plus rapides et les plus forts, il appelle, naturellement, garde défensive, une position favorable à porter un *rovescio*. Le maître considère, en effet, le *rovescio tendo* comme une parade universelle, qui peut même casser la lame de l'adversaire. Il la trouve parfaite, si elle est immédiatement suivie par une *punta sopramano*, ou coup d'allonge. Cette fameuse *punta sopramano*, qui contient la première indication claire du développement, est une botte favorite de Víggiani. Il l'applique à toutes ses gardes parfaites.

« Quand vous voudrez, dit-il, porter une *punta sopramano*, faites que le pied droit avance d'un grand pas et laissez immédiatement tomber votre bras gauche; que l'épaule droite pousse en même temps le bras en avant, inclinant légèrement la pointe de haut en bas et visant, en même temps, la poitrine, sans tourner la main. Poussez votre pointe aussi loin que possible. »

Tous ces détails, ainsi que beaucoup d'autres qui ne peuvent intéresser que les amateurs de discussions philosophiques, sont donnés sous la forme d'un dialogue entre le très illustre signor Luigi Gonzaga, appelé *Rodomonte*, et l'excellent Meyer Lodovico Boccadiferro, philosophe. Dans la troisième partie, le comte d'Agomonte est présenté au lecteur et donne son opinion sur les points les plus ardus de la discussion.

Treize années plus tard, une nouvelle édition de l'ouvrage de Viggiani fut imprimée par Zacharie Cavalcabo, à Bologne. Le nom de l'auteur est adouci et devient *Viʒani*, probablement à cause de l'habitude de l'entendre prononcer ainsi dans le dialecte gazouillant des Vénitiens, ses admirateurs.

CHAPITRE IV

Il est un fait curieux à constater, c'est qu'en Espagne, sur ce sol héroïque qu'on représente comme le berceau légendaire de l'escrime, l'art de se

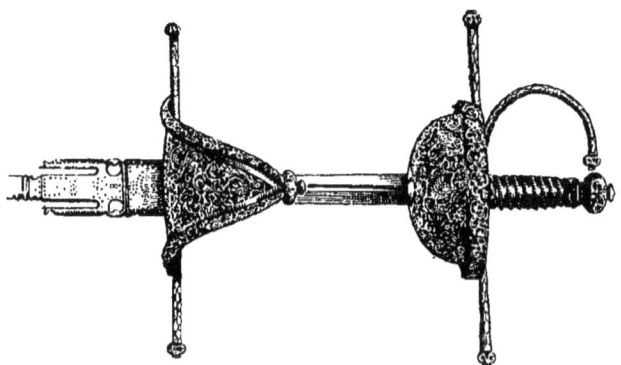

Fig. 42. — Rapière et main gauche espagnoles, du commencement du xviie siècle. La coupe de l'épée a 75 centimètres de diamètre. Lame évidée longue d'un mètre 15 centimètres, à deux tranchants, marquée MARIA. CONCEBIDA. — SIN. PECADO. ORIGINAL.
La lame de la dague longue de 48 centimètres, porte la marque de Pedro de Belmonte à Tolède. — Cette paire a probablement appartenu à l'un des vice-rois espagnols de Naples (*Collection du Baron de Cosson*).

servir de l'épée, d'une façon vraiment pratique, ait fait si peu de progrès. Tandis que les Italiens, les Français qui suivirent leur exemple, les Allemands et les Anglais découvraient graduellement que la simplification mène à la perfection, les maîtres espagnols, au contraire, semblaient vouloir faire de l'escrime une science de plus en plus mystérieuse, exigeant des connaissances de géométrie et de philosophie, et dont les principes mêmes ne pouvaient se baser que sur des données métaphysiques.

L'ouvrage de Carranza commence une interminable série de lourds et indigestes traités espagnols sur « la raison démonstrative », que domine, suivant la méthode d'Aristote, le principe du *conocimiento de la cosa por su causa;* c'est le premier qui s'efforce de démontrer qu'une connaissance parfaite de la théorie doit infailliblement conduire à la victoire, malgré les plus grands désavantages physiques[1]. Cette théorie arrogante, qui ne convenait pas plus à la longue rapière qu'à aucune autre arme, fut malheureusement appliquée d'une manière tellement absolue, par les anciens maîtres castillans, qu'elle rendit tout perfectionnement impossible dans les écoles espagnoles, d'où elle ne fut jamais complètement déracinée.

L'escrime française ou italienne a, presque partout dans la Péninsule, remplacé le jeu espagnol de la rapière.

Carranza informe ses lecteurs qu'il termina son livre en 1569, et que quelques exemplaires furent même imprimés à cette époque par ordre du duc de Medina-Sidonia. L'ouvrage, cependant, ne fut mis en circulation qu'en 1582, et parut simultanément à San Luca de Barrameda et à Lisbonne.

Comme le fait prévoir le titre, les théories morales et théologiques de l'auteur tiennent presque autant de place dans le livre que l'art de l'escrime. Carranza, qui jouissait d'une grande réputation comme escrimeur, s'intitulait volontiers : *l'Inventeur de la science des armes.* Il a incontestablement droit à ce titre, — du moins en ce qui concerne cette science espagnole qui basait ses principes sur le rapport mathématique des cercles, des arcs de cercle et de leurs cordes, des angles et des tangentes, — sur toutes ces billevesées pompeuses que *Queredo*, un siècle plus tard, ridiculise si spirituellement dans sa description du *diestro* scientifique, mis au pied du mur par un antagoniste ignorant mais parfaitement déterminé, et piteusement battu, bien qu'il eût *ganado los grados al perfil* qui devaient avoir la victoire pour infaillible résultat.

Une seconde édition du livre de Carranza, en tous points semblable à

1. Le livre de Jeronimo de Carranza traite de la philosophie des armes et de la dextérité dans leur maniement, aussi bien que de l'attaque et de la défense « chrétiennes ».

la première, parut en 1600. Puis apparut successivement la longue série d'ouvrages de don Luis Pacheco de Narvaez.

Le XVIIe siècle ne produisit pas d'autres auteurs spéciaux, en Espagne.

Comme la première production de Narvaez renferme tous les principes de Carranza, il est plus simple d'analyser sommairement son *Livre de la grandeur de l'épée,* « qui explique beaucoup des secrets contenus dans les œuvres du commandeur G. de Carranza, et qui permet à chacun de s'instruire lui-même et d'étudier sans maître. Par don Luis Pacheco de Narvaez, de

FIG. 43. — Gagnant l'avantage en traversant. — Les deux groupes représentent les deux degrés de l'action. — G. Thibaust.

Séville, etc., etc., et dédié à Don Philippe III, Roi de toutes les Espagnes et de la plus grande partie du Monde, notre maître ». Pacheco, élève de Carranza, reproduit dans tous ses détails la méthode du *primer inventor de la ciencia.* Il imagine, pour l'expliquer, de curieux dessins mathématiques, où les corps des adversaires sont représentés par un petit cercle, et les positions relatives de leurs lames figurées par deux épées conventionnelles, croisées à angles variés, perçant le petit cercle ou tangentes à celui-ci, selon qu'il s'agit d'un coup de taille ou d'une botte poussée.

Après un grave examen du droit à la défense personnelle, imposée aux hommes par les lois divines et humaines; après une dissertation sur la louable occupation de se perfectionner dans l'art des armes pour la confusion des hérétiques et la protection de l'Église et du Roi, contre ceux qui les persécutent, l'auteur daigne enfin mêler quelques questions d'escrime à ses discours. Il nous apprend, alors, que la garde en vogue vers le milieu du xvi⁰ siècle, pouvait, dans sa principale caractéristique, être comparée à celle qu'Angelo nous présente comme étant encore la garde espagnole à la fin du xviii⁰ siècle.

Qu'on en juge par cette citation :

« Le corps droit, mais de manière que le cœur ne soit pas directement vis-à-vis de l'épée de l'adversaire, le bras droit étendu complètement, les pieds assez rapprochés... Trois avantages dérivent de ces principes : la pointe de l'épée est plus rapprochée de l'adversaire[1], l'épée elle-même est tenue avec plus de force, et il n'y a pas de danger de recevoir une blessure au coude. » Il n'est pas question d'engager les lames. Les adversaires doivent tomber en garde hors de mesure, et, afin de bien établir en système les notions générales de la mesure correcte, Carranza et son démonstrateur Narvaez imaginent un cercle dessiné à terre : *circonferencia imaginata entre los cuerpos contrarios.*

Les adversaires doivent tomber en garde aux extrémités du diamètre, dont la longueur est réglée par la longueur du bras et de l'épée, étendus horizontalement. Deux lignes parallèles, tangentes au cercle, sont tracées aux côtés opposés du diamètre. L'auteur les appelle lignes infinies : *lineas infinitas*, pour la raison toute simple que les deux adversaires pourraient se promener simultanément et à tout jamais le long de ces lignes, sans changer pour cela leurs positions relatives. D'un autre côté, si l'un ou l'autre combattant traverse l'espace compris entre ces parallèles, suivant la direction de la corde de l'un des arcs du cercle imaginaire, il se trouve immédiatement en dedans de la mesure. Or, comme la plus longue corde d'un cercle constitue son diamètre, il est clair que si les adversaires ne sont pas séparés par le diamètre entier, ils sont à la portée des coups. Ces théorèmes, suivant Euclide et Archimède, sont posés et résolus avec un aplomb imperturbable.

Poursuivons-en l'examen : Un seul pas, fait par l'un des tireurs, peut avoir trois résultats différents. Si l'adversaire fait un pas correspondant, dans le sens de la circonférence du cercle, de manière que les deux tireurs restent à l'extrémité d'un diamètre, rien n'est changé. L'un des escrimeurs

---

[1]. Et la pointe de l'épée de l'autre adversaire ne compte-t-elle pour rien ?
(Note du Traducteur.)

peut frapper son adversaire quand il passe ou être frappé lui-même, s'il manque son temps. Ces deux derniers cas peuvent être modifiés, s'il y a possibilité de parer le coup par un contre. Mais, comme le principal but de la passe est de placer l'adversaire dans une position désavantageuse à la parade, celui qui réussit à passer à la portée des coups ennemis, sans être touché à propos, a clairement l'avantage. Ce danger d'être arrêté par un coup à propos, est calculé méthodiquement par Narvaez, selon l'angle le long duquel on passe. Il est évident qu'un pas d'une longueur quelconque, fait le long du diamètre, mènera un homme plus près de son adversaire placé à l'extrémité opposée, que le même pas pris le long d'aucune autre corde : *Por la linea del diametro no se puede caminar sin peligro.* Cela était considéré comme un axiome.

L'expression *Llave y gobierno de la destreza*, employée par le noble Sévillan, est purement technique. Elle a trait à l'instinct qui pousse deux combattants à tourner l'un autour de l'autre, quand ils ne se frappent pas, à cet instinct qui se manifeste chez l'homme dans les scènes de pugilat et qu'on retrouve chez les animaux, dans les combats de chiens, dans les combats de coqs. Les mouvements de côté continuèrent à être nécessaires, aussi longtemps que les escrimeurs ne reconnurent pas l'avantage de l'engagement des épées. Personne, à ce qu'il paraît, ne semble avoir pu à cette époque apprécier l'avantage du développement.

La méthode la plus usitée consistait à avancer, à petits pas, dans une direction donnée, en formant un angle obtus avec le diamètre — tout en menaçant constamment l'adversaire de la pointe — et en évitant les mouvements violents.

Les divers compas obtenus de cette façon, étaient le *pasada,* pas d'environ 24 pouces, le *pasada simple,* d'environ 30 pouces, et le *pasada doble,* qui consistait dans deux *pasadas* effectués avec les deux pieds, alternativement.

Lorsqu'il s'occupe de l'escrimeur d'une façon spéciale, Narvaez se sert de divers théorèmes d'Euclide pour décrire l'espace occupé par le corps humain. Quelques-unes de ces dissertations sont très amusantes, bien qu'elles ne présentent pas beaucoup d'importance pour le tireur pratique.

« Il importe de ne pas oublier, dit le Père de la science des armes, que le corps d'un homme, outre qu'il est sphérique comme nous l'avons expliqué déjà, présente aussi deux lignes : l'une joignant la tête aux pieds, appelée perpendiculaire, selon Euclide, et verticale, selon les astronomes ; l'autre, joignant l'un à l'autre les bras étendus, et appelée, toujours selon Euclide, *linea de contingencia,* ou ligne tangente, et, selon les astronomes, ligne horizontale (!). »

L'espace mesuré par les dimensions de ces deux lignes, est celui dans lequel on peut porter des coups efficaces. Carranza s'occupe beaucoup des coups de taille, et, bien qu'il use assez libéralement de la pointe, il ne définit que les premiers. Narvaez, lui, parle beaucoup plus de la pointe, mais toujours sans définir la manière dont on pouvait s'en servir. Il est évident, d'après ses descriptions, qu'on portait un coup de pointe à peu près comme un coup de lance, d'un geste saccadé, ce qui constituait en somme la façon la plus naturelle de frapper en passant.

Les coups de taille sont divisés comme suit : en *arrebatar* (action de couper avec toute la force du bras et de l'épaule); *mediotajo* (coup donné avec l'avant-bras) *doblando la coyuntura del codo; mandoble* (espèce de fouetté de la pointe, équivalant au *stramaƶone* des Italiens).

Les mêmes expressions sont appliquées aux parades, ce qui démontre, encore une fois, que les parades étaient toujours de simples contre-attaques.

Ces préliminaires compris, l'élève devait apprendre et pratiquer autant de passes que possible. Carranza et Pacheco de Narvaez donnent une multitude d'exemples et expliquent ce qu'il faut faire, d'après chacun des mouvements de l'adversaire, variant la complication des passes selon que son action est *violentia, natural, remissa, de reduccion, extrano o accidental,* qu'il est de grande ou de petite stature, que son tempérament est musculeux ou nerveux, colérique ou flegmatique !

Il semble incroyable, à première vue, que l'escrime, pratiquée d'après des principes aussi artificiels, ait pu demeurer longtemps en vogue. Les Espagnols, cependant, passaient pour des duellistes assez dangereux, au XVIe et au XVIIe siècle, ce qui pourrait s'expliquer peut-être par les qualités de sang-froid que devait leur apporter la pratique de ces exercices méthodiques, et par ce fait qu'un travail constant était indispensable pour acquérir la *destreƶa* la plus élémentaire. La méthode avait beau être imparfaite, une longue habitude du maniement de l'épée tenait lieu de science, et donnait l'avantage, à cette époque où il fallait une force musculaire peu commune pour manier facilement l'arme de combat, qui était fort pesante.

Douze ans après la publication de son grand ouvrage, Narvaez y ajouta un appendice. En 1625, il imprima une espèce de Manuel populaire de l'escrime.

Ces livres méritent d'être signalés parmi les anciens traités d'escrime, car jamais on n'introduisit, dans l'école espagnole, aucune amélioration importante de la méthode de Carranza, — sauf pourtant un usage plus libre de la pointe. L'opuscule que nous venons d'indiquer est consacré en grande partie à l'exposition des principes esquissés plus haut. La forme adoptée pour l'explication des cas spéciaux est celle du dialogue. A la fin du petit ouvrage, se trouve cependant une description de l'ordre dans lequel l'instruction doit être donnée à l'élève. En voici des extraits :

« Il est important d'indiquer d'abord à l'élève tous les mouvements, simples et complexes, que le bras peut exécuter, ainsi que ceux qui appartiennent plus spécialement à l'épée.

« De même on lui indiquera les six *rectitudines* simples ou complexes ; comment, par exemple, un angle droit est celui qui raccourcit le plus la distance entre les adversaires, comment cet angle est le plus favorable à la défense... Il importe de lui faire connaître les lignes collatérales et diagonales du corps et comment les coups peuvent y être portés... A ceci devra succéder une description des pas simples ou composés ; on dira à l'élève sur quel pied il doit les faire, quels sont les pas communs aux deux pieds... Puis on fera la description du cercle imaginé entre les deux combattants, avec ses cordes et ses lignes d'infinité, en indiquant comment les passes doivent y être exécutées.

« Le maître devra faire bien attention aux angles résultant de la rencontre des lames, et montrer à l'élève comment, soit en attaquant, soit en gagnant ce qu'on appelle *ganancia*[1], les angles sont nécessairement au nombre de quatre, soit tous angles droits, soit deux obtus et deux aigus ; il devra lui faire comprendre que les angles formés par la rencontre des épées, dans le milieu de leur longueur, sont les plus favorables pour la défense, tandis que

---

1. Ceci était le *guadagnare*, etc., des Italiens. Se couvrir sur la marche en engageant de force l'épée de l'adversaire.
La *ganancia* cependant était inconnue à Carranza.

les angles obtus et aigus sont plus aptes à la défense et à l'attaque réunies.

« Il devra lui dire qu'en escrime, il n'y a que deux manières de porter des coups, l'une résultant de la position de l'épée, l'autre *ganando los grados al perfil*[1]; qu'en escrime, il n'y a que cinq coups : taille, revers, pointe, demi-taille et demi-revers[2], et lui expliquer comment il doit exécuter les mouvements composant chaque coup, selon que l'épée est libre ou engagée... Il lui montrera comment l'épée doit être tenue en main et combien il est important de la tenir avec fermeté, afin que la force, communiquée par le corps, au moyen du bras, puisse être transmise par la lame et que les mouvements de celle-ci soient vigoureux et rapides. Puis il lui dira qu'on doit toujours tomber en garde, en formant un angle droit avec le bras étendu, et sans permettre à la main de vaciller vers le haut ou vers le bas, vers la droite ou vers la gauche ; que le corps doit être tenu de profil, également d'aplomb, sur les deux pieds, un talon en face de l'autre, mais seulement à une distance d'un demi-pied, de telle manière que si le pied gauche tournait sur son talon, sa pointe viendrait toucher le talon du pied droit. Il lui apprendra les quatre coups habituels et en quelle occasion chacun d'eux est recommandable. Il est préférable que l'élève ne fasse jamais assaut — *batallar* — au commencement, et qu'il ne tire l'épée qu'avec le maître, jusqu'à ce qu'il soit parfaitement instruit tant dans la pratique que dans la théorie. »

Tous les points de théorie qui concernent réellement l'escrime sont contenus dans cette esquisse. On y trouve bien d'autres choses encore, auxquelles l'auteur, avec une gravité qui ne se dément pas, attribue une grande importance, lorsqu'on veut acquérir la connaissance parfaite de cette science des armes dont il fait une science occulte. Il proclame, par exemple, qu'il est absolument nécessaire de savoir le nombre exact d'angles que les diverses parties du corps humain peuvent former entre elles. D'après son calcul, il paraîtrait qu'il y en a quatre-vingt-trois !

Il est tout naturel que les professeurs d'un système aussi compliqué, crussent à l'infaillibilité de leurs passes, exécutées d'une façon correcte, en

---

1. Littéralement : *gagnant les degrés au profil*, savoir gagner l'avantage par des pas consécutifs autour de l'adversaire.
2. Les demi-coups ou revers étaient, plus ou moins, des coups fouettés respectivement de droite ou de gauche.

supposant que l'adversaire agisse selon les règles de l'art. Le passage suivant, qui est assez naïf, est extrait d'un dialogue entre le maître et l'élève :

« *L'élève*. — Dans tous les coups qui peuvent être donnés, coups parfaits sous le rapport de la forme et de l'exécution, il doit y avoir une personne qui agit et une autre qui pâtit. La première ne peut faire plus, ni même empêcher, que la dernière ne souffre en recevant le coup.

FIG. 44. — Jeu de la Rapière dans les écoles allemandes, 1570. — Meyer.

« *Le maître*. — Je ne puis le nier, car c'est incontestable. »

Carranza semble avoir été, pour l'Espagne, ce que Marozzo fut pour l'Italie; il catalogua les trucs d'escrime les plus en faveur parmi les professeurs de son temps, ces derniers fussent-ils *diestros* et membres de la corporation des maîtres d'armes, ou bien *espadachinos* vulgaires et aventuriers sachant plus d'un tour. Le catalogue achevé, il le réduisit en une espèce de système. Mais il gâta la valeur pratique de son livre par sa prolixité insupportable.

Les noms de Carranza et de don Luis Pacheco étaient connus, en Angleterre, vers la fin du XVIe siècle, à en juger par les fréquentes allusions qu'on rencontre chez les dramaturges[1]. « Ils ont eu leur temps, et nous pouvons dire qu'ils ont été. Don Lewis, de Madrid, est maintenant le seul maître du monde entier[2]. »

Les Allemands furent toujours de grands escrimeurs. Lorsqu'ils maniaient le *dusack* et le *schwerdt*, — armes nationales, comme l'épée et le bouclier des Anglais, — ils n'étaient, à ce jeu, inférieurs à personne. Mais ces épées, aux formes vieillies, étaient condamnées à disparaître devant l'élégante et dangereuse *feder* (traduction littérale : *la plume*).

Fig. 45. — Une garde allemande avec la Rapière. — J. Sutor.

Malgré le renom de ses écoles d'escrime, l'Allemagne était dans la même situation que la France et que l'Angleterre. Elle devait avoir recours aux maîtres italiens. Bien que les Allemands n'aient jamais introduit que peu de perfectionnements dans le jeu de la rapière, ils

Fig. 46. — L'école d'escrime de Meyer. — Le maître enseignant le coup d'allonge. — Les rayons dessinés sur la targe indiquent la direction des coups, les mêmes que ceux qui sont enseignés par Marozzo. Les empreintes indiquent la position préalable des pieds pendant les passes.

mirent toujours à le pratiquer une vigueur extraordinaire. On verra que

---

1. BEN JONSON, *Every man in his humour*, ou *le Spadassin*.. Le capitaine Bobadil cite constamment les ouvrages de Carranza.
2. BEN JONSON, *The New Inn*.

les traités allemands relatifs à l'emploi de la rapière et de la courte épée ou carrelet, n'étaient ordinairement que des traductions ou des imitations de livres français ou italiens.

Lobkommer cependant, qui ne s'occupa que de l'escrime des armes nationales, était un innovateur, et il trouva des imitateurs hors de son pays.

Fig. 47. — Une garde allemande avec l'épée et le poignard.

Le célèbre ouvrage de Meyer, qui parut en 1570, contient, sous une forme plus systématique, une dissertation fort complète sur l'emploi des armes populaires : le *dusack*, le *schwerdt*, la *helleparten* et le *pflegel* (hallebarde et fléau), avec un système complet du jeu de la rapière, dans lequel se retrouvent certaines réminiscences de Grassi et de Viggiani.

Quoiqu'il appartînt à la fameuse association des *Marxbrüder*, le *Frei-*

Fig. 48. — Le Schwerdt. — Sutor.

fechter de Strasbourg ne dédaigna pas d'aller en Italie, à la recherche des dernières innovations du jeu de l'épée, et l'on peut dire qu'il porta à un haut degré de perfection l'emploi de cette arme étrangère. La figure 46 montre Meyer instruisant un élève et lui indiquant cette botte imparfaite qui fut sans doute inventée par Viggiani. La figure 12 le représente enseignant la quatrième garde du maître italien, tandis que la figure 47 est une reproduction énergique de l'une des positions d'Agrippa, avec l'épée et le poignard.

Le *schwerdt* et le *dusack*, de vieille mode, étaient encore en usage en Allemagne, longtemps après que la claymore[1], l'espadon et le *montanto* eurent été abandonnés dans d'autres pays.

Presque tous les anciens auteurs italiens décrivent, en passant, l'exercice de l'espadon; mais, comme à toutes les époques cette arme n'eut qu'une influence rétrograde sur le développement du jeu de la rapière, il n'est pas nécessaire de s'en occuper ici, autrement que pour mémoire.

FIG. 49. — Exercice à la targe avec le Dusack. J. Sutor.

Ce qu'il y avait de plus important dans l'exercice de l'épée à deux mains,

FIG. 50. — Le Dusack. — Coup croisé par un contre-coup.

c'était une grande force musculaire, jointe à une parfaite souplesse des poignets. On employait rarement la pointe, et les coups étaient, en somme,

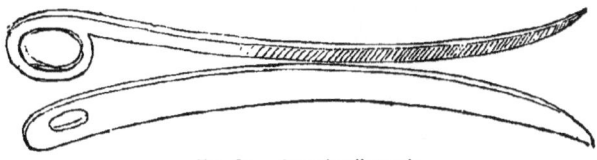

FIG. 51. — Dusacks allemands.

les mêmes et portaient les mêmes noms que ceux de l'ancienne épée et du *dusack*, avec cette seule différence qu'ils étaient tous circulaires. Le but de

[1]. La claymore primitive, ainsi que l'espadon et le *montanto*, une épée à deux mains.

l'exercice était une action combinée et opposée des deux mains, sur la poignée, autour d'un point de suspension imaginaire. L'épée était tenue de la main gauche, tout contre ou même sur le pommeau, la main droite se plaçait près des quillons. Dans tous les coups portés de droite à gauche, la main gauche était retirée et la main droite poussée en avant; pour les coups portés de gauche à droite, le mouvement était le même, mais les bras se croisaient. Sur la lame des *Zweyhänder*, comme sur celle de l'espadon, se trouvaient généralement deux projections, espèces de cornes, situées à environ un pied au-dessous de la garde, et qui

Fig. 52. — La Rapière. — J. Sutor.

Fig. 53. — Épée de lansquenet ou de *Lands Knecht* (montrant les caractéristiques du braquemart); ordinairement portée par l'infanterie allemande au XVIe siècle. Son usage était le même que celui du Dusack. — La lame a deux pieds à peu près. — L'épée ci-dessus fut trouvée sur la rive nord de la Tamise, près de Westminster; elle est décrite dans le *Journal de l'Institut archéologique* auquel l'illustration a été empruntée.

servaient de seconde garde quand il était nécessaire d'enlever la main placée au pommeau ou impossible de croiser les bras. Cette seconde garde était également utile quand il fallait raccourcir l'arme pendant le combat. En pareille occasion, la main gauche, qui d'abord était plus près du pommeau, avançait sous la garde et empoignait, protégée par les deux cornes, la lame, émoussée en cet endroit. De même, les parades étaient semblables à celles de l'épée et consistaient à aller à l'encontre des coups, en croisant la ligne d'attaque de l'adversaire, dans le but de rompre sa garde et de le frapper en même temps, ou bien, en jetant son arme hors de la ligne, de faire place pour un second coup à temps. Les mêmes principes étaient appliqués au *dusack*.

Quarante ans plus tard, un autre *Marxbrüder* fit paraître, à Francfort, un ouvrage qui obtint un grand succès en Allemagne, bien qu'il ne fût qu'une insignifiante imitation de Meyer. Et, quoique Sutor appartînt à l'époque florissante de Fabris, de Giganti et de Capo Ferro, le jeu de la rapière, qu'il décrit, est encore moins scientifique que celui de Meyer.

Les Allemands semblent avoir suivi l'exemple de Marozzo et d'Agocchie, quant aux noms fantaisistes de leur gardes. Exemples :

Oberhut, Underhut, zur rechten oder zur linken (garde haute, basse, à droite et à gauche représentant la *becca cesa* et la *coda lunga e larga* de Marozzo). *Eisenport* (*porta di ferro*) *Rechte oder linke ochs*, qui rappelle la *guarda* d'Alicorno de Aggocchie. — *Langort* (*coda lunga e distesa.*)

Ces gardes étaient les préliminaires de coups tels que *Schedelhau oder Oberhau* (taille-crâne), *Schielhau* (taille en travers), *Hüffthau* (taille-fesse), *Halshau* (taille-gosier), et enfin d'un coup qu'ils appelaient *Dempffhau*, d'après une vieille expression allemande qui ne peut guère se traduire que par « coup de la fin ».

CHAPITRE V

Le seul livre anglais traitant du jeu de la rapière au xvi⁰ siècle, est celui du célèbre Vincentio Saviolo, publié vers la même époque qu'une traduction anglaise du traité de Grassi.

Cet ouvrage, qui paraît avoir excité beaucoup de jalousie parmi les con-

Fig. 53 *bis.* — Rapière et dague à l'Italienne; époque d'Élisabeth. Gardes et pommeaux niellés d'argent. Lame rigide à deux tranchants, longue de 1ᵐ,2 centimètres, signée sur le ricasso PICININO (de Brescia). La lame de la dague est longue de 28 centimètres (*Collection du baron de Cosson.*)

frères de l'auteur, est dédié comme offrande de nouvel an *to the Right Honorable, my singular good Lord Robert, Earle of Essex and Evol, Viscount, slerreford, Lord Ferrers of Chartley, Bourchier and Louain, master of the Queene's majesties horse, Knight, of the most, noble order of the Garter and one of her Highnesse's most, honorable privie councell.*

Saviolo, bien qu'il soit un peu moins insupportable que les autres auteurs italiens et espagnols, ne peut s'empêcher de donner son opinion sur les lettres et les armes en général, sur leur mérite respectif. Il faut qu'il parle de Minerve, des divinités du paganisme, alors qu'il discute agréablement la question de savoir « si l'art et l'exercice de la rapière et du poignard ne sont pas meilleurs qu'aucun autre, attendu qu'un homme qui les pratique, peut, quoique faible et petit, en déplaçant le pied, en tournant soudain la main, ou en inclinant le corps, vaincre l'orgueil féroce et fanfaron des grands et des forts ». Ce maître à la mode était bien versé dans son art, à en juger par sa renommée et les indiscutables qualités de son traité. Les progressions, comme les appelleraient les modernes en parlant de l'arrangement systématique de ses passes, sont habilement imaginées. Il était au courant des méthodes espagnoles et italiennes, et se vantait d'ailleurs d'avoir étudié cinq ou six différents jeux, enseignés dans diverses écoles étrangères, et de les avoir réduits, à force de travail, en un système parfait.

S'il ne fit pas faire de grands progrès à l'escrime vraiment scientifique, il eut, du moins, le mérite d'en avoir démontré la pratique habituelle, sans recourir à de mystérieux tracés et sans parler des cercles, des cordes et des tangentes, chers aux auteurs qu'inspiraient si singulièrement les écoles du continent.

Les leçons prennent la forme de dialogues entre maître Vincentio et son élève Luke, dialogues quelquefois philosophiques, plus souvent pratiques et toujours savants; dogmatiques du côté du maître, candides et naïfs du côté de l'élève. En voici un exemple :

« *Luke.* — Vous m'avez si bien démontré la nécessité de connaître l'escrime, que je l'estime et l'honore beaucoup. Mais, dites-moi comment il peut y avoir une si grande diversité, puisque tout cet art ne consiste qu'en coups simples et en contre-coups d'estoc et de taille? »

Le maître explique ce point par la variété des méthodes et des armes en usage, puis il cite ce fait, reconnu par les vieux escrimeurs et sur lequel tous les maîtres d'armes de son époque sont d'accord, que l'escrime à la rapière seule est la clef de la science des armes. D'ailleurs, ajoute-t-il, tout homme de valeur et de qualité porte une rapière, et se fie à sa pointe et à ses deux tranchants.

Saviolo, en désaccord sur ce point avec l'école espagnole, ne croit pas que la rapière doive être tenue de façon à ce que les deux premiers doigts soient placés au-dessus des quillons :

« *Vincentio*. — Tenez votre rapière comme vous le jugerez le plus commode, mais je vous conseille de ne pas passer le second doigt autour de la garde, car en la tenant ainsi vous ne pouvez atteindre aussi loin, soit pour porter des coups droits ou de travers, soit pour pousser la pointe. Posez plutôt le pouce sur la garde[1], et l'index vers le tranchant de la rapière. »

Les gravures, qui accompagnent le texte, ne donnent aucune idée de la forme qu'avait alors la poignée de l'épée, ni de la manière de la tenir.

Saviolo aborde ensuite la question des diverses gardes, qui, de son propre aveu, étaient excessivement nombreuses à cette époque :

« *Vincentio*. — J'arrive au fait. Quand l'élève débutera, le maître le fera tomber en garde; il lui mettra la rapière dans la main et lui montrera comment on passe la jambe droite en avant, le genou légèrement plié, de façon à ce que le poids du corps se porte sur la jambe gauche. Les mouvements ne pourront pas être roides ni guindés, comme ceux de certains escrimeurs qui semblent cloués à leur place; il faudra, au contraire, déployer de la souplesse et de l'agilité, comme pour exécuter quelque tour d'adresse. Que l'élève se tienne ainsi, aussi bien pour frapper que pour se défendre. Quand le maître aura placé son élève, et que ce dernier aura saisi la rapière, il faudra que sa main soit dégagée et libre, non par la force du bras, mais par le mouvement agile et rapide du poignet, de façon à pouvoir agir sans que le corps fasse de mouvements. La garde de la main sera à la hauteur du genou droit. Le maître devra prendre la même garde et engager sa rapière vers le milieu de celle de l'élève, de manière que la pointe soit directement dirigée vers le visage. A cet effet, il portera le pied droit légèrement à droite, passant sa rapière sous celle de l'élève, et il lui poussera une botte dans le ventre.

« *Luke* (qui est évidemment embarrassé). — Que fera alors l'élève ?

« *Vincentio*. — L'élève doit se déplacer avec une égale mesure, opérant un contretemps, en passant le pied droit un peu de côté, pour le faire suivre du pied gauche, et, en effaçant le corps à droite, il portera une botte au ventre du

---

1. Saviolo emploie ici le mot *garde* pour *quillons*.

maître, la main tournée, les doigts en dessous, vers le corps, et le poignet tourné en dehors. L'élève pourra frapper ainsi sans être frappé lui-même. Lorsqu'on ne peut attaquer son ennemi, il faut savoir, au moins, se défendre[1]. »

Saviolo montre ensuite comment il contrarie une botte, et, se remettant en garde, il porte un coup en travers (*mandritta*) à la tête de l'adversaire. Alors l'élève doit passer en avant du pied gauche, et pousser un *imbroccata*, en élevant sa garde pour rencontrer le coup. Le maître évite cette nouvelle botte en courbant le corps. Les jeux se succèdent ainsi, le maître et l'élève passant à droite et à gauche, se portant des *imbroccatas*, des *stoccatas*, les parant avec la main gauche, en s'esquivant en arrière ou de côté, ripostant par des *mandrittas* ou par des coups portés d'en haut, qui sont à leur tour arrêtés par des contre-bottes, délivrées avec une forte opposition.

Fig. 54. — La garde de Saviolo avec la rapière seule.

Bien que le maître ait pris soin d'affirmer que son enseignement est la quintessence des meilleures écoles, sa méthode, jusqu'ici, est tout simplement celle de Grassi. Le jeu suivant, par contre, est essentiellement espagnol :

« *Vincentio*. — En même temps que le maître portera la *mandritta*, l'élève tournera la pointe du pied vers lui, le talon droit devant le milieu du pied gauche, posé en équerre, le corps à droite, tout en restant d'aplomb sur la jambe gauche. En même temps aussi, il tournera la main, amenant la rapière en dehors, en *stoccata*, la pointe menaçant le ventre de son maître; il élèvera la main et prendra bien soin de ne pas avancer le corps en portant ladite *stoccata*. Ceci est la demi-*incartata*.

« Quand l'élève se sera familiarisé avec l'art de passer de côté et de pousser facilement la pointe de sa rapière dans le ventre de son maître(!), on lui apprendra à passer en arrière, en accompagnant ce mouvement de

---

1. Notons, en passant, la contradiction du système. Quelques lignes plus haut, Vincentio dit que l'élève doit pouvoir agir, sans que son corps fasse un mouvement.
(*Note du Traducteur*.)

revers, à la tête de l'adversaire, quand ce dernier lui allongera une estocade. »

Certes le fleuret employé par les maîtres d'armes du xvi° siècle était un outil assez rébarbatif, massif et raide comme une tringle; mais il faut ajouter que, dans les salles d'armes, les exercices avaient un caractère absolument conventionnel. Quiconque eût souvent atteint son adversaire ailleurs que sur son pourpoint rembourré, eût passé pour un maladroit avec lequel personne n'eût plus voulu tirer. Et cependant, l'étude de cette escrime d'estoc et de taille coûtait bien des contusions; elle était souvent la cause d'accidents déplorables.

Le mot *foil,* si souvent employé par différents auteurs de l'époque, signifiait simplement : épée émoussée ou sans pointe. Ces *foils* devaient servir à exécuter des simulacres de coups, notamment dans un système qui préconisait les bottes à la figure et au ventre, poussées de très près, et les coups de taille du poignet et de l'avant-bras.

Dans une rencontre sérieuse les blessures étaient toujours nombreuses, des deux côtés.

La mesure et le temps sont, naturellement, des questions de prime importance, aux yeux de Vincentio. Mais, malgré les sages remarques du maître, l'élève semble entaché d'un certain scepticisme au sujet de la théorie :

« *Luke*. — Qu'a-t-on besoin de tant de leçons pour apprendre à tailler une simple *mandritta?* »

Patiemment, le maître explique alors à l'élève ce qu'on pourrait, avec avantage, expliquer de nos jours aux jeunes officiers à qui l'on fait suivre des cours compliqués de fioritures rythmées, dans l'espoir de leur apprendre l'exercice du sabre avec des bâtons. Il entre dans de longs détails pour arriver à prouver qu'il n'est pas donné à tout le monde de porter un coup qui coupe réellement, qu'il ne suffit pas de frapper d'instinct, qu'il faut savoir porter un coup sans s'exposer à être frappé à son tour.

Malgré ses nombreuses dissertations sur les coups de taille, les *mandritti, riversi, stramazoni* et *caricadi,* qu'il enseignait, afin de flatter la prédilection des Anglais pour cette manière de combattre, il est clair que Saviolo avait plus de foi dans la pointe, qui suffit à toutes les exigences du combat singulier.

« Je ne conseille, dit-il, à aucun de mes amis, dont l'honneur serait en jeu ou la vie en danger, de porter des coups de revers ou *mandrittas*; il est plus simple de se servir de la pointe. »

Comme tous les maîtres de cette époque, et contrairement aux notions simplifiées d'aujourd'hui, il conseille à ses élèves de ne jamais avancer en ligne droite sur l'adversaire. Les Espagnols, surtout, ont longtemps prôné cette théorie, qu'il n'est pas bon de se servir de la ligne droite, tandis qu'en se déplaçant, en « passant » en forme de cercle, on est plus en sûreté contre l'ennemi, dont on peut maîtriser l'épée.

Le maître d'escrime, alors surtout qu'il jouissait d'une certaine réputation, était considéré comme arbitre dans les questions d'honneur; seul il réglait, avec l'autorité d'un maître de cérémonies, toutes les difficultés qu'elles soulèvent. En effet, la plupart des traités d'escrime italiens et espagnols semblent consacrés surtout à étudier l'art de se prendre de querelle convenablement, et de vider les différends en dignes gentilshommes.

Saviolo, le professeur à la mode, ne perd donc jamais l'occasion de donner de sages conseils, bien qu'il réserve la plupart de ses considérations sur des points d'honneur délicats pour son second livre, où il les discute avec méthode.

Après avoir recommandé à son élève de ne jamais se battre que pour de bonnes raisons et, dans ce cas, d'y aller de son mieux, il continue à exposer les principes généraux et examine d'abord l'usage de la main gauche :

« *Luke*. — Ne vaut-il pas mieux parer avec l'épée qu'avec la main? Une telle parade, ce me semble, doit être dangereuse pour la main.

« *Vincentio*. — Il faut employer un gant; mais, même sans gant, on doit risquer une légère blessure, pour se rendre ainsi maître de l'épée ennemie. »

Si l'on considère le poids et la longueur des épées de ce temps, on admettra qu'il était fort difficile de parer, avec rapidité et correction, au moyen de l'épée. On avait donc recours au contre-coup ou bien l'on se servait de la main gauche, afin de limiter l'action de l'épée à l'attaque seule.

Comme Vincentio ne semble pas trouver nécessaire de définir exactement les coups qu'il se propose d'apprendre à ses élèves, une classification de ces coups, tels qu'ils étaient enseignés par les maîtres italiens, ne nous semble pas déplacée ici :

Il y avait trois espèces de bottes. Les deux premières étaient classées d'après l'endroit où elles touchaient le corps de l'adversaire. Ainsi l'*imbroc-*

cata le touchait au-dessus de son épée, de sa main ou de son poignard, en passant un peu vers le bras, et était portée les ongles en dessous, excepté dans le cas de volte (*incartata*). Le coup correspondait assez à notre botte en « prime » ou en « haute tierce ».

La *stoccata* atteignait l'ennemi sous l'épée, la main ou le poignard, et pouvait être portée avec la main en pronation ou dans toute autre position.

La troisième botte était portée du côté gauche et appelée *punta riversa*; elle pouvait être dirigée vers n'importe quelle partie haute ou basse. Cette classification, qui semble peu plausible maintenant, était pratique jadis; car la rapière, qui servait généralement à l'attaque, n'était pas toujours tenue en face du corps, et la plupart des coups étaient portés d'une garde assez écartée à droite. Une botte du côté gauche appartenait, par conséquent, à une catégorie bien distincte.

On l'appelait *riversa*, à cause de son analogie avec le *rinversa*, l'opposé de la *mandritta*.

Saviolo classe les coups de taille de la même manière que Marozzo.

La passe était le principal moyen de fermer la mesure, aussi bien que d'esquiver une botte. Elle s'exécutait à droite ou à gauche, en faisant suivre rapidement le pied droit par le pied gauche, et aussi en avant, pourvu que la lame de l'antagoniste fût détournée avec la main gauche ou le poignard, enfin on passait en arrière, dans le but de se mettre hors de portée ou de riposter avec un *imbroccata*, une botte basse ou un coup au genou.

L'*incartata* correspondait à la volte comme on la pratiquait jusqu'à la fin du siècle dernier; la demi-*incartata* à la demi-volte.

« *Vincentio*. — Dès que vous avez tiré l'épée, tombez immédiatement en garde, cherchez votre occasion, mais n'allez pas sauter. Quand vous changerez de parade, mettez-vous hors de portée, en vous retirant un peu; si votre ennemi est habile, il pourrait choisir cet instant et vous blesser. Il est très dangereux de frapper hors de portée; c'est pourquoi, vous étant mis en garde et attaquant l'ennemi, concentrez toute votre attention sur votre manière d'avancer; que votre pied droit gagne l'avantage peu à peu, que votre jambe gauche suive, que votre pointe soit dirigée en dedans de l'épée de votre adversaire, puis, lorsque vous aurez bien saisi le temps et la mesure, poussez-lui une estocade au ventre ou à la figure... etc. »

Voici ce qu'il ajoute concernant le temps : « Quand votre ennemi attaquera en avançant le pied, en vous allongeant une *stoccata* directe, il sera dans le « temps[1]. »

« Mais, s'il a recours à une *punta riversa* en dedans la mesure, passez le pied gauche en avant et présentez simultanément votre pointe, pour être dans le temps à votre tour.

« S'il vous porte une *imbroccata,* ripostez par une estocade à la figure, en tournant quelque peu le corps et la pointe à droite.

« S'il vous vise à la jambe, retirez votre jambe en décrivant un cercle, et envoyez-lui une estocade à la figure, c'est le temps opportun. Et, s'il veut vous porter un *stramazone* à la tête, parez avec l'épée en passant la jambe gauche en avant, et tournez bien la main, pour que votre pointe puisse entrer en *imbroccato.* »

Saviolo conseille rarement les bottes à la poitrine ; il recommande plutôt de viser au ventre et à la figure. Par le ventre il entend toute la partie du corps, en dessous des côtes. Et sa préférence s'explique par le fait que, dans cette partie du corps, toute blessure est dangereuse. Il dit de frapper à la figure, non seulement parce qu'elle se trouve à découvert, mais aussi parce que le sang, emplissant les yeux ou la bouche, met à votre merci l'homme blessé à la tête.

Toute la première partie de la « Pratique », traitant de l'épée seule, abonde en explications concernant les manières de passer et de se retirer, le temps et la mesure, et les oppositions de la main gauche dans les attaques typiques. Dans de rares occasions, et notamment quand l'adversaire fait des passes à droite, Saviolo admet un « battement » d'épée, suivi d'une *stoccata* sous le bras.

Il semble que l'on ait enseigné régulièrement, et pratiqué avec succès, l'art de changer la rapière de main, de la passer de droite à gauche et *vice versa.*

Le jeu de la rapière seule (*spada sola*) était considéré, dans les meilleures écoles d'escrime, comme la base de la science des armes ; mais, comme l'emploi de la main gauche était absolument nécessaire pour compléter l'action offensive ou défensive, il y avait nécessairement grand avantage à se servir de la dague en même temps.

---

[1]. Saviolo ne donne aucune définition du *temps* dans le sens abstrait, mais il explique l'idée au moyen d'exemples pratiques.

Vingt ans avant que Saviolo n'écrivît son traité, un petit bouclier à main, une *targe* constituait le complément habituel de l'épée, dans le costume de ville d'un homme de qualité. (Voyez fig. 8.) Mais, quand le jeu de la pointe fut devenu à la mode, on abandonna le bouclier pour le poignard, arme élégante, plus apte à parer les bottes de tous côtés et à engager le fer de l'ennemi.

La deuxième partie du premier livre traite donc du jeu combiné de l'épée et du poignard.

« Si je désirais, dit Saviolo, former un bon élève, je lui mettrais moi-même la rapière dans une main et le poignard dans l'autre, et je placerais son corps comme je l'ai déjà indiqué pour le jeu de la rapière seule : le pied droit en avant, la pointe de sa rapière légèrement en arrière et le poignard bien en avant. Je lui ferais plier un peu le genou droit, poser le talon droit d'équerre, vis-à-vis du milieu du pied gauche, et passer vers la gauche de son adversaire, en bonne mesure ; puis je lui pousserais une *stoccata* dans le ventre, sous son poignard, en déplaçant légèrement mon pied droit vers son côté gauche.

« *Luke*. — Que doit alors faire l'élève ?

« *Vincentio*. — L'élève doit parer l'estocade à gauche, avec la pointe de son poignard et me pousser à son tour une *stoccata* au ventre, sous ma dague. Moi, de mon côté, je parerai, en dehors, avec la pointe de ma dague et je riposterai d'une *imbroccata*, au-dessus de son poignard. L'élève doit parer l'*imbroccata* en tournant haut le poignard, passant en cercle du pied droit vers ma gauche, et me pousser une *imbroccata* au-dessus de ma dague ; en même temps, de la pointe de mon poignard, je ferai dévier le coup en dehors, du côté gauche, et je lui répondrai par une *stoccata* dans le ventre, sous sa dague, passant en cercle du pied droit vers sa gauche. En ce moment, je devrai déplacer le corps pour me protéger la figure, parer sa pointe vers la droite et lui répondre par un *riversa* à la tête, en rompant du pied droit.

« Il faut alors que l'élève avance le pied gauche à l'endroit où était le pied droit, la dague haute et droite, tournant la main qui tient l'épée, de manière que la pointe vise droit à mon ventre et qu'il reçoive la *riversa* sur son épée et sur sa dague. »

Ainsi, nous constatons que les *stoccatas* et les *imbroccatas* se rabattaient intérieurement au moyen de la dague, c'est-à-dire du côté gauche.

Les *imbroccatas riversas* se rabattaient intérieurement ou du côté droit. La dague était souvent employée pour détourner la pointe de l'adversaire, avant de lui porter une botte à la figure.

« *Vincentio*. — Que ce soit vous qui preniez le temps et la mesure, ou que ce soit votre adversaire, celui qui commence le combat est en danger d'être blessé ou tué par le contre-temps, surtout s'il attaque résolument; d'autre part, si vous êtes habile, vous pourrez gagner temps et mesure, frapper, et ainsi en réchapper.

« Si votre ennemi tient l'épée courte, s'il use d'une garde en dehors, vous pouvez arriver droit sur lui et lui donner une *punta riversa* au ventre ou à la figure. Il faut, pour cela, que votre vitesse soit telle que votre épée dépasse de moitié son poignard, avant qu'il ne puisse briser votre attaque. Vous aurez soin de tourner la main à gauche, et, bien qu'ayant essayé de parer, votre adversaire se fera frapper à la figure ou au ventre. Et n'oubliez pas, surtout, de vous retirer d'un demi-pas du pied droit et du pied gauche, immédiatement après avoir porté le coup.

« Si l'ennemi prend une garde haute, vous pouvez feindre une *stoccata* au ventre, l'obligeant ainsi à vous répondre; passez alors à gauche, puis écartez son fer à droite, passez de nouveau le pied droit vers votre côté gauche et portez-lui, au même instant, une *riversa* au-dessus de son épée... »

Contre une garde basse :

« Attaquez du côté droit, en pliant le corps à gauche, faites une passe à gauche en dégageant votre pointe sous l'épée de l'adversaire, afin qu'elle remonte vers son ventre, portez vivement votre dague aussi près que possible de la garde de son épée. Tout cela, de même que le mouvement du corps, doit se faire en un instant. »

Saviolo avait une autre garde favorite, dans le maniement simultané de la rapière et du poignard. Elle consistait à placer le pied droit en avant, la garde de l'épée près de la cuisse droite, la pointe aussi haut que la bouche, la dague à peu près à la hauteur du sein gauche, la pointe visant l'épaule de l'adversaire.

Dans cette garde, dit-il, « le maître poussera à son élève une estocade au milieu de la rapière en *punta riversa*, ou bien il visera entre le bras et la rapière en s'effaçant un peu en arrière et à gauche.

« *Luke*. — Que doit faire l'élève pendant ce temps ?

« *Vincentio*. — Pendant que votre maître vous porte la botte, vous ne la détournerez pas avec la dague, mais, tournant votre rapière, vous passerez du pied gauche vers sa droite, maintenant la pointe de votre épée au-dessus de la sienne. Si alors vous poussez droit, elle entrera droit dans son ventre.

« *Luke*. — Et que fera le maître en pareille occurrence ?

« *Vincentio*. — Quand il vous poussera la botte et que vous l'éviterez en passant vers sa droite, il rompra agilement du pied droit, penchant le corps en arrière et, engageant votre rapière avec sa dague, il vous portera une *mandritta* à la tête.

Fig. 55. — La 2ᵉ garde de Saviolo avec la rapière et la dague.

« *Luke*. — Que me restera-t-il à faire alors ?

« *Vincentio*. — Vous porterez votre pied droit à la place où était le pied droit de votre maître et vous allongerez au maître une pointe dans le ventre ou bien à la figure, tout en recevant la *mandritta* sur votre rapière et votre dague, etc. »

On voit que Saviolo attache autant d'importance à la position affermie de la main armée du poignard, qu'à celle de la pointe qui devait être levée ou baissée, selon que l'attaque de l'adversaire arrivait dans la ligne haute ou basse.

Saviolo enfin est partisan d'une troisième garde dans le jeu de l'épée et de la dague. Elle consiste à placer le pied gauche en avant, la main tenant la dague bien tendue en avant, en ligne avec l'épaule, les ongles en dedans, la main tenant l'épée tout près de la hanche droite, la pointe de niveau avec celle de la dague.

Ces quelques extraits suffiront à démontrer que Saviolo, sans être un innovateur, comprenait son art, et ils justifieront sa réputation d'escrimeur érudit. Au point de vue de l'escrime, le jeu de la rapière, quelque barbare qu'il puisse paraître aux tireurs modernes, était véritablement supérieur au jeu combiné de l'épée et du bouclier. Et puis, le maniement de la rapière plaisait aux gentilshommes de l'époque. Toutes leurs préférences allaient à l'arme nouvelle, et la noblesse du temps d'Élisabeth fit un accueil chaleureux aux premiers professeurs étrangers qui vinrent l'initier à ce jeu. La singularité des expressions inconnues dont se servaient ces maîtres, leurs digressions philosophiques sur une science considérée jusqu'alors comme essentiellement positive, donnaient à leurs leçons un attrait particulier. Et l'éloge de Tybalt, que Shakespeare met dans la bouche de Mercutio, subsiste pour prouver que tout ce qui touchait aux galants querelleurs d'alors, exerçait sur l'esprit des Anglais une véritable fascination.

« *Mercutio*. — Oh! c'est un capitaine accompli (*captain of complements* ou accomplissements, un cavalier accompli), qui entend la première et la deuxième raison démonstrative; il s'escrime comme s'il lisait de la musique, maintient la mesure, le temps, la proportion, s'arrête l'espace d'un soupir : une, deux, trois, et vous avez son fer dans la poitrine. Oh! l'immortelle passade, la *punta riversa*, hé! là! C'est la mort aux boutons de soie! »

Le « capitaine aux compliments », la « première et la deuxième raison démonstrative » ne pouvaient être que des expressions cueillies dans l'école de quelque élève de Carranza, mais la « mort aux boutons de soie » faisait allusion à l'anecdote bien connue que nous avons racontée plus haut.

On trouve beaucoup d'allusions à Vincentio — qui était le professeur à la mode — dans les auteurs de ce temps ; son nom était aussi populaire que celui d'Angelo, il y a une soixantaine d'années.

Les Anglais étaient pris d'un véritable engouement pour la rapière, dont le jeu scientifique faisait les délices des gens du monde, mais, parmi la bourgeoisie et la classe inférieure, toutes ces méthodes étrangères rencontrèrent toujours beaucoup d'opposition. « Fi donc, Monsieur, dit Shallow dans les *Joyeuses Commères de Windsor* en entendant parler du Français et de son talent à jouer de la rapière, je pourrais vous en conter bien d'autres. De nos jours on s'en tient à sa distance, aux passes, aux stoccadas, que sais-je encore! C'est le cœur qu'il faut, monsieur Page, le cœur, c'est ici, c'est ici. J'ai connu le temps où avec ma longue épée je vous aurais fait sauter tous les quatre, tout grands gaillards que vous êtes, comme de simples rats! »

C'était surtout parmi les anciens maîtres d'escrime que se manifestait la haine des professeurs étrangers, l'opposition sourde à leur influence. A preuve la malicieuse esquisse biographique de Rocko, Saviolo et Jeronimo, que rapporte Silver.

N'ayant pas réussi à vaincre Saviolo l'épée à la main, Silver entreprit de le combattre avec la plume, en se moquant de l'escrime italienne, dans son *Paradoxe de la défense* dédié, afin de ne pas se laisser devancer par Saviolo, *to the Right honorable, my singular good Lord, Roberts Earle of Essex and Ewe*, etc., etc.

« L'escrime, dans ce siècle d'inventions nouvelles, est comme la mode, qui ressemble au caméléon et prend toutes les couleurs excepté le blanc. L'escrime actuelle prend toutes les parades, sauf la bonne. Chercher une véritable défense dans une arme mauvaise, c'est aller aux champs pour pêcher des goujons et prendre la mer pour chasser des lièvres.

« Si nous voulons trouver une vraie défense, nous devons la chercher où elle est : dans l'emploi de la courte épée, des courts bâtons, de la demi-pique, d'autres armes de dimensions raisonnables, et non dans le maniement des longues rapières et des poignards, bons tout au plus à embrocher des grenouilles[1].

« Les maîtres d'escrime anglais ne sont utiles à la société que s'ils apprennent à se servir d'anciennes armes anglaises, de poids et de longueur bien combinés, et proportionnées à la taille et à la force de l'homme.

« Personne ne devrait enseigner l'escrime à la rapière, qui expose la vie de l'homme dans le combat singulier et qui est parfaitement inutile comme arme de guerre. C'est pourquoi j'ai exposé mes paradoxes. Fils dégénérés, nous avons abandonné les vertus de nos ancêtres en abandonnant leurs armes, et comme des malades, atteints d'une fièvre pernicieuse, nous avons voulu connaître les vices des escrimeurs italiens, français et espagnols, oubliant que leurs jouets de singe n'ont pu délivrer Rome du pillage de Brennus, ni la France de la conquête de Henri V !

« Ces escrimeurs italiens nous apprennent l'offensive et non la défensive.

« Ils excitent les hommes à s'entr'égorger chez eux, en temps de paix, à l'aide d'un instrument qui n'est même pas bon à faire du mal à l'ennemi pendant la guerre.

« Quand arrive le moment du combat, c'est à peine s'ils trouvent assez de place pour tirer du fourreau leurs broches de cuisiniers. Une fois tirées, que peuvent-ils en faire? Peuvent-ils de la pointe percer une cuirasse? Peuvent-ils détacher un casque, et tient-on tête aux piques par des *stoccatas*, des

---

[1]. Ce qui, soit dit entre parenthèses, n'est pas facile du tout.

(*Note du Traducteur.*)

riversas, des *drittas*, ou par d'autres coups semblables, baptisés de termes tout aussi ronflants?

« Non! ces jouets conviennent à des enfants et non pas à des hommes ; ils sont bons, tout au plus, aux maraudeurs des champs pour massacrer la volaille, et non à des vaillants qui veulent combattre leurs ennemis! »

Se targuant de la plus parfaite expérience dans le maniement de toute espèce d'armes, Georges Silver conseille à ses compatriotes d'être sur leurs gardes et de ne pas se livrer aux mains des professeurs italiens, de s'en tenir enfin à leurs bonnes armes d'autrefois. « Nos laboureurs ont joliment eu le dessus quand ils ont eu affaire aux maîtres d'armes, ils ont fait bon marché de leurs ficelles d'écoles et de leurs gambades de jongleurs. Ce sont les paysans qui ont propagé ce dicton : « Menez-moi auprès d'un « escrimeur et je lui ferai bien vite abandonner ses « trucs d'escrime! » Je n'ai rien à dire des maîtres de la corporation, qui sont fort honorables et professent une noble science. L'exercice des armes fait oublier les douleurs, les chagrins et les maladies, augmente la force, aiguise l'esprit, donne un jugement parfait, chasse la colère, la mélancolie et les idées mauvaises, tient un homme en haleine, en parfaite santé et longue vie. Pour celui qui le connaît parfaitement, ce bel exercice est un compagnon sûr dans la solitude, un compagnon qui ôte toute crainte.

« Afin que les Anglais, toujours prêts à fêter les étrangers, ne soient pas dupés par de faux professeurs, je leur conseille, avant de mettre leur confiance en eux, de leur faire subir une épreuve telle que celle-ci :

« Ils se serviront de leurs armes de profession trois fois vis-à-vis de trois maîtres d'armes reconnus, trois fois vis-à-vis d'hommes vaillants ignorant l'escrime, et trois fois vis-à-vis d'hommes résolus, à moitié ivres. S'ils s'en tirent sans blessure, ils méritent d'être honorés, choyés et autorisés à prendre le nom de parfaits professeurs, à quelque nation qu'ils puissent appartenir. Sinon ils sont indignes du nom de professeurs et méritent d'être punis comme des coupe-jarrets, ou plutôt comme des imposteurs. Quatre choses prouvent que la méthode italienne est imparfaite et que les Italiens, professeurs ou faiseurs de livres, n'acquirent jamais la perfection dans l'art des armes.

« La première est qu'ils se battent rarement chez eux, sans être protégés par une paire de gantelets et par une bonne cotte de mailles; la deuxième, que, d'ordinaire, ni les Italiens ni leurs meilleurs élèves ne se battent sans être terriblement blessés et souvent tués. La troisième raison est qu'ils n'indiquent, ni à leurs élèves ni dans leurs traités d'escrime, la longueur précise de leurs armes. Or, si l'arme est trop courte, les temps sont trop longs et les espaces trop larges pour la défense, et, si elle est trop longue, les combattants seront en danger d'être tués à chaque riposte, parce que, la rapière étant trop longue, la parade ne peut se faire en temps opportun, sauf en reculant les pieds. Encore ce temps est-il toujours trop long pour répondre au temps de la main; c'est pourquoi l'arme devrait être proportionnée à la taille. La quatrième preuve est que les gardes de leurs rapières sont imparfaites pour la protection de la main et pour la véritable direction du combat. Sans cette protection, tout combat est imparfait. »

Sous beaucoup de rapports, Silver était en avance sur son siècle, en ce qui concerne les vrais principes de l'art des armes. Il semble être le premier qui ait expliqué clairement la nécessité de proportionner la longueur de l'arme à celle du bras. Il dit aussi que la pesanteur de l'épée alors à la mode, était telle qu'elle empêchait tout à fait les tireurs de parer à temps, « ce qui causa la mort de beaucoup de vaillants hommes ».

DES FAUSSES INDUCTIONS ET DES VAINES OPINIONS DES TIREURS DE RAPIÈRE, ET DU DANGER DE MORT QUI S'ENSUIT

« Il est un point d'une importance capitale, pour ceux qui tirent la rapière : lequel des adversaires a l'avantage, celui qui attaque ou celui qui pare? Quand se battent deux adversaires qui, tous deux, sont d'avis que l'attaquant a l'avantage, ils font tout ce qu'ils peuvent pour être le premier à porter le coup.

« Sur le quai de Southampton, par exemple, deux capitaines qui allaient s'embarquer se prirent de querelle. Ils tirèrent leurs rapières et, courageux et résolus, coururent l'un sur l'autre de toute leur force et de toute leur vitesse. Ils furent tués tous deux.

« D'autre part, quand se battent deux adversaires du second avis, le combat est assez paisible en somme, car tous deux croient qu'il est dangereux d'attaquer. Ils se mettent vivement en garde, en *stoccata*, la plus sûre de toutes (d'après Vincentio), puis se tiennent cois, disant l'un à l'autre :

« Osez frapper ou porter une botte! Frappez, si vous l'osez, au risque de
« votre vie ! »

« Ces deux malins, après s'en être tenus longtemps à cette digne garde, finissent enfin par se séparer en paix, selon le vieux proverbe : « Il est bon
« de dormir dans une peau sans trous ! »

« Il n'y a pas d'avantage ou de désavantage absolus à donner le coup ou à attendre la parade, mais celui-là a raison, qui recourt à l'un ou à l'autre en temps et lieu opportuns. »

Dans l'opinion de maître Silver, la cause de tant de morts et de si terribles blessures, résultant des combats à la rapière, tient simplement à la longueur de l'arme, à son maniement difficile, et ne dépend en rien de la perfection du jeu italien.

DU COMBAT ESPAGNOL A LA RAPIÈRE

« Les Espagnols ont la réputation de tirer mieux la rapière que les Italiens, les Français et les Allemands, parce que ces derniers ont recours à tant de trucs difficiles, que l'existence entière d'un homme ne suffirait pas à les apprendre tous, et que si l'on en omet seulement un, on met sa vie en danger. L'Espagnol, lui, n'a qu'une pose et deux parades à apprendre. Avec un peu de pratique on arrive vite à les connaître à fond.

« Ils se tiennent bravement, le corps droit, effacé, changeant continuellement les pieds comme s'ils dansaient, étendant le bras et la rapière vers l'adversaire. Aussi longtemps qu'un homme reste dans cette position il est impossible que son adversaire parvienne à l'atteindre; car, de quelque manière qu'on lui porte le coup, comme la poignée de sa rapière se trouve suffisamment éloignée, il ne doit faire que très peu de mouvements pour rendre sa garde parfaite. De cette manière, si un coup est porté au côté droit de la tête, un insensible mouvement de la main, les jointures en haut, protège le côté visé, et la pointe, ne bougeant pas, menace toujours l'adversaire. Si le coup est porté vers le côté gauche de la tête, un simple tour du poignet, les jointures vers le bas, protège ce côté. Si on leur porte une botte, leurs constants changements de pied constituent une garde parfaite et la pointe met encore l'adversaire en grand danger; c'est pourquoi la méthode espagnole est parfaite. »

Silver a cependant assez de bon sens pour voir que la difficulté consiste à tenir cette pointe droit vers l'œil de l'adversaire, en détournant adroitement tout effort tendant à la forcer de côté.

Voici quelques arguments produits par Silver en faveur de l'école anglaise (coups de taille). Il nous paraît inutile de faire aucun commentaire sur leur absurdité, en général, et sur leur mauvaise foi, en particulier.

« Un coup de taille vient toujours par un chemin aussi court qu'un coup de pointe, et ordinairement il est même plus court, plus fort, plus rapide et plus vite exécuté.

« Le combat parfait consiste autant dans la taille que dans la pointe, donc la pointe ne doit pas être exclusivement employée.

« Le coup de taille est plus dangereux et plus mortel que le coup de pointe.

« Voici ce qu'un Anglais peut soutenir contre un Italien :

« *L'Italien*. — Qu'est-ce qui est plus dangereux, le tranchant ou la pointe?

« *L'Anglais*. — Il n'y a pas de combat parfait sans les deux : estoc et taille.

« *L'Italien*. — Soit; cependant l'opinion se prononce autrement, elle dit que la pointe seule doit être employée, parce que son trajet est plus court et qu'elle est ainsi plus dangereuse; le coup de taille fait un tour comme une roue, tandis que la pointe voyage en ligne droite, donc le coup de taille parcourt un trajet plus long et nécessite plus de temps. La pointe est ainsi préférable. Si une botte atteint la figure ou le corps, elle met la vie en danger, mais le coup de taille n'est jamais bien dangereux.

« *L'Anglais*. — Que m'importe votre opinion! Il n'est pas vrai que la pointe prenne un chemin plus court et soit plus vite exécutée : lisez mon douzième paradoxe. J'y donne des raisons plausibles et je trouve que le coup de taille vaut mieux que le coup de pointe : 1° le coup de taille fait un trajet aussi court, plus court même que la pointe et demande aussi moins de temps ; donc, par rapport au temps sur lequel repose la perfection du combat, le coup de taille est préférable. De plus, la force de la pointe allant en ligne droite, la moindre rencontre en travers, fût-elle dirigée par le bras d'un enfant, peut l'écarter.

« Mais la force du coup de taille s'exerce d'une manière directe et doit être parée d'une manière directe. Pour cela, il faut la force d'un homme et un vrai croisement en temps opportun; le coup de taille est donc meilleur que la pointe qui, traversant la main ou le bras, n'est pas mortelle et ne cause pas la perte d'un membre ni la mort.

« Je connais quelqu'un qui fut blessé dans un combat à la rapière. Il eut le corps et les membres traversés en neuf ou dix endroits, continua cependant le combat et finit par tuer l'autre. Puis il retourna chez lui, guérit et vit encore. Le coup donné avec force peut enlever la main. Le coup sur la tête ou sur la figure, porté avec une courte épée tranchante, donne ordinairement la mort; sur le cou, sur l'épaule, il met la vie en danger, ou cause des mutilations inguérissables. Le coup porté en plein sur la tête donne la mort ou met à la merci de l'adversaire; car quel est celui qui pourrait continuer à se battre, touché de la sorte?

« Pour clore cette discussion, écoutez ce court résumé : Le coup de taille vous arrive de plusieurs côtés, il n'en est pas de même de la pointe. Le coup de taille fait un trajet plus court, arrive plus vite et exige pour être paré la force d'un homme; la pointe peut être écartée par un enfant. Un coup de taille fait une blessure incurable, la blessure faite par la pointe peut guérir. Le coup de taille peut blesser en plusieurs endroits et met chaque fois la vie en danger; la pointe ne peut atteindre que la figure ou le corps, et pas même toutes ses parties. »

CHAPITRE VI

Nous pourrions négliger Marco Docciolini qui n'introduisit aucun perfectionnement dans l'art, n'était un passage de lui qui prouve clairement que l'on avait généralement, à son époque, l'habitude de considérer les bottes de temps comme les attaques les plus parfaites. L'action de « croiser », que les Français appellent « barrer », passait pour la meilleure parade, les attaques et les parades se faisant par des passes de côté.

Dans un paragraphe traitant de « temps contre temps » et du *mezzo tempo*, voici ce que dit Dacciolini : « Il est nécessaire qu'en prenant un « temps » vous déplaciez le corps de la ligne, et que vous saisissiez votre temps au moment où votre adversaire déplace sa pointe de la ligne de votre corps. En voilà assez sur le *tempo contro tempo*. Le *mezzo tempo* consistait dans ceci : « Quand votre adversaire vous porte une botte, rompez cette botte en le frappant en même temps. »

Après avoir lu les discours embrouillés de tant de tireurs philosophiques, il est vraiment agréable de parcourir les pages du *Schermo*, de Fabris, et de trouver enfin une exposition claire et méthodique de la science des armes.

Si Fabris ne fut point un grand innovateur, au moins savait-il tout ce qu'on pouvait savoir de l'escrime, à son époque. Il forma un système composé des meilleures méthodes qu'il put trouver. L'ouvrage qu'il publia, vers la fin d'une existence vouée tout entière à sa profession, réunit d'une manière pratique la science de l'escrime, comme on la comprenait à la fin du xvi° siècle.

Fabris naquit à Bologne en 1554, et il commença à exercer la profession des armes quand Marozzo enseignait encore malgré sa vieillesse, quand Agrippa s'escrimait à Rome, à Florence, à Venise, qu'Agocchie et Viggiani, nés dans la même ville que lui, faisaient école à Bologne, de même que Grassi. Plus tard, il parcourut l'Espagne, la France et l'Allemagne. Il n'avait probablement rien à apprendre de Sainct-Didier ni de Joachim Meyer, mais on peut être sûr qu'en Espagne il trouva moyen de rencontrer le grand Carranza et d'étudier sa méthode.

Vers 1590 il fut attiré à la cour danoise par Christian IV, grand admirateur de la science des armes, sous le patronage duquel il publia son traité. Pour Fabris, il n'y avait sur terre rien d'aussi beau et d'aussi grand que l'escrime; aussi y consacrait-il tout son temps. Il n'y a pas un mot dans ses 250 pages in-fol., ni une seule de ses 190 gravures qui n'aient rapport à l'escrime pratique. Dans son exposition on retrouve quelque chose des méthodes de la plupart de ses prédécesseurs, quoiqu'il résume tout ce qui a rapport au coup de taille — *tagle* — en très peu de mots. Vers la fin du xvi° siècle, la tendance des maîtres était, décidément, de rejeter presque absolument le jeu de taille.

Comme le système de Fabris contient les principes les plus pratiques de son temps et qu'il préconise tous les perfectionnements et toutes les simplifications qui devaient être admis pendant le xvii° siècle; comme le maître bolonais est le premier auteur qui suivit un système consistant à définir avant d'appliquer, une analyse de son ouvrage sera une conclusion logique à notre esquisse de l'époque primitive de l'histoire de l'escrime.

Fabris divise son ouvrage en deux livres et six parties.

Le premier livre traite, à fond, les larges principes et les actions du jeu de la rapière seule ou accompagnée de la dague ou du manteau; il indique les gardes les plus « académiques », et discute la valeur relative des méthodes passées et présentes. Dans le deuxième livre, l'auteur démontre certaines règles à l'aide desquelles « il est possible de frapper l'ennemi au moment de tirer l'épée, sans faire de halte ni attendre aucun temps, principes qui n'ont jamais été traités par aucun maître ni aucun écrivain ».

Ce deuxième livre, écrit sur le même plan que le premier, n'est en somme qu'une amplification de celui-ci. Il décrit le « combat sur la marche », applicable quand les conditions de la rencontre ne sont pas fixées d'avance, comme elles le seraient dans un combat positivement singulier ou dans une salle d'armes.

Quand on songe aux duels d'alors, dans lesquels les seconds, épousant la querelle des adversaires, se battaient entre eux ; quand on se souvient que le code de l'honneur n'empêchait jamais un homme, après s'être débarrassé de son adversaire, de s'élancer au secours de ses amis, on comprend que Fabris attache une grande importance à sa méthode d'engager le fer avec un adversaire, sans faire de halte. Mais il ne pose aucun principe nouveau, et une esquisse de l'introduction à la première partie suffira au but de ce livre.

Les quatre premières gardes de Fabris ont une grande ressemblance avec celles de ses prédécesseurs en Italie, qui reconnaissaient la supériorité de la pointe, à savoir celles d'Agrippa, de Grassi, et les « gardes parfaites » de Viggiani. Il conserve la vieille signification du mot *guardia*, c'est-à-dire : attitude favorable comme point de départ pour une certaine série d'attaques. La théorie de la défense, alors qu'on se trouvait dans une position qui ne permettait pas de frapper l'ennemi, devait, naturellement, être subordonnée à la théorie de l'attaque. aussi longtemps qu'on fut de cet avis que parer, sans attaquer en même temps, était une méprise.

Cependant, dans sa définition de la *contra postura* ou *contra guardia*, on trouve le commencement de la signification moderne du mot garde.

Les quatre gardes principales sont ainsi formées : « La première est la position prise, alors que l'épée venant d'être tirée du fourreau, on en tourne la pointe vers l'adversaire. Il nous semble d'ailleurs assez naturel de former toutes les gardes de cette manière ; pour la deuxième la main est légèrement abaissée ; pour la troisième elle est tenue naturellement, sans être tournée ni d'un côté ni de l'autre. La quatrième garde tourne la main vers l'intérieur — côté gauche. »

Mais, outre ces quatre gardes principales, il y a trois gardes intermédiaires, propres à être employées dans certains cas spéciaux.

Les définitions du maître n'ont rapport qu'à la position de l'épée. Toutes ses gardes peuvent être prises en n'importe quelle *postura* ou position du corps. A une pose prise par l'adversaire, Fabris conseille d'opposer une pose semblable. C'est la *contra postura*.

Comme l'auteur semble s'être appliqué à représenter toutes les positions qui peuvent être prises par le corps humain, dans une garde donnée, quelques-unes de ses gravures représentent évidemment des positions passablement absurdes.

Les escrimeurs, tombant en garde, prennent dans cette garde l'attitude qui leur convient le mieux. La garde est une position d'attaque pour la main; combinée avec l'attitude du corps, elle détermine la botte, *la botta*, qui doit être poussée. Il est donc nécessaire, pour la partie défensive, de prendre la *contra postura* avec la même garde que l'antagoniste.

Fig. 56. — Ferita di seconda, contra, una quarta passata di piç sinistro. Une botte en seconde par une passe à propos, sur la passe à gauche de l'adversaire, en dégageant du dehors. — Fabris.

« Si on désire, dit Fabris, former la *contra postura*, il est nécessaire de placer le corps et l'épée de telle sorte que, sans toucher l'arme de l'ennemi, on soit protégé dans la ligne droite que forme sa pointe vis-à-vis de votre corps. Il faut être ainsi en sécurité, sans faire aucun mouvement. En somme, que l'ennemi ne puisse pas frapper l'endroit menacé, mais, au contraire, qu'il soit obligé — dans le but d'attaquer — de porter son épée ailleurs. Agissant ainsi, il doit employer plus de temps et fournir une meilleure occasion à la parade.

Fig. 57. — Ferita di quarta contra una terza. Botte de temps prise sur la feinte de dégagement de l'adversaire. — Fabris.

« Il est aussi nécessaire, en prenant cette position, de tenir l'épée de manière qu'elle résiste à la pression de l'épée de l'adversaire. Cette règle résiste à toutes ses poses et à tous ses changements de garde, qu'il se serve en même temps d'un poignard, de toute autre arme défensive ou seulement d'une épée. Celui qui déploiera le plus d'adresse à se maintenir ainsi dans une *contra guardia* convenable, aura un grand avantage sur son ennemi.

« Mais il arrive aussi que pendant que vous formez la *contra postura*, l'adversaire prend une autre *postura* souvent hors de mesure, de manière que, quand vous avancez pour le frapper, il peut, en même temps que vous, déplacer le pied et prendre l'avantage sur vous, au moyen d'une nouvelle *contra postura*. Il est donc nécessaire d'être riche en expédients. »

Fabris définit les deux mesures beaucoup plus soigneusement qu'aucun de ses prédécesseurs; *misura larga* : mesure large, celle dans laquelle il n'est possible de frapper l'ennemi qu'en avançant d'un pas ; *misura stretta :* mesure serrée, celle dans laquelle on peut toucher en étendant simplement le bras, sans bouger le corps. Les adversaires prennent leur *contra postura* hors de mesure (portée) et, en s'avançant avec précaution l'un vers l'autre, arrivent en *misura larga*. Ils doivent avoir bien soin de ne jamais se rapprocher jusqu'à *misura stretta* sans porter une botte ou faire une feinte, afin d'empêcher l'inévitable coup de temps.

« Dans toute attaque, dit Fabris, ayez soin de ne pas porter la botte avec trop de violence et de ne pas perdre l'équilibre. » La précaution était plus importante avec l'ancienne rapière, arme peu maniable, qu'avec les légères épées modernes. La question de savoir s'il était préférable de faire deux mouvements distincts en parant et en ripostant, avait été agitée et décidée négativement par presque tous les maîtres du siècle. Fabris s'exprime même d'une manière plus décidée en faveur du *stesso tempo*, temps unique, contre le *dui tempi*, temps double.

« Et, maintenant, pour arriver au sujet du *dui tempi*, nous dirons que, quoique cette méthode puisse réussir assez bien contre certains tireurs, il est impossible cependant de la considérer comme étant aussi bonne que celle qui dit de parer et de frapper en même temps. Car la manière la plus correcte et la plus sûre de se battre est de rencontrer le corps de votre adversaire au moment où il s'avance, sinon il se retirera immédiatement sain et sauf... Notre expérience nous apprend que la plupart de ceux qui pratiquent la méthode de *dui tempi* ont l'habitude, quand ils rencontrent la lame de l'adversaire, de la heurter de manière à pouvoir rentrer en ligne après et frapper. Cette méthode pourrait réussir généralement, n'était le danger d'être trompé. »

Fabris explique ensuite, en détail, les occasions où il est bon de parer ou de ne point parer, et démontre qu'aucune parade n'est efficace si elle ne frappe pas l'ennemi en même temps. Il maintient qu'un coup peut toujours être paré, en menaçant l'antagoniste lors de son attaque, par un mouvement qui couvre aussi le corps, bref, en prenant à temps la *contra postura* nécessaire.

Cette théorie du *stesso tempo* resta un article de foi parmi les tireurs tant que la lame garda sa longueur démesurée. Elle existe encore aujourd'hui, presque textuellement conservée, dans les quelques vieilles écoles d'escrime espagnoles où la *spada*[1] est encore enseignée, et on la retrouve, quelque peu

Fig. 58. — *Ferita di quarta contra una seconda.* Un contre au moyen d'une volte sur le dégagement de l'adversaire en évitant la parade tentée par la main gauche.

modifiée, dans le jeu napolitain. Elle fut seulement rejetée par les Français quand, quatre-vingts ans plus tard, ils commencèrent à raccourcir leurs épées, ce qu'ils firent tant et si bien qu'à la fin du xvii⁰ siècle, on employait des lames d'exercice plus courtes que le fleuret français moderne. La *contra postura* n'était pas complète dans la mesure serrée, sans l'engagement des lames adverses, le *trovare di spada*. Après la question de distance vient naturellement celle du temps.

Un « temps est un mouvement que fait un des tireurs, en mesure... ainsi un temps est une occasion de frapper ou de prendre un avantage sur votre ennemi ». En effet, ce nom de temps s'appliquait à tout mouvement fait sous les armes, afin d'exprimer que pendant l'instant de cette action, l'ennemi ne peut rien tenter d'offensif et que c'est alors le moment de le frapper.

1. Par contraste avec le *florete*.

L'attaque la plus simple contre un homme bien couvert dans sa *contra postura* c'est le dégagement, la *cavatione*[1] de l'épée. Sur ce point encore, Fabris est le premier maître qui définisse d'une manière absolue les règles de l'engagement et du dégagement :

« Quand l'ennemi essaie d'engager votre épée ou de la battre de côté, vous devez, sans lui permettre de l'engager ou de la battre, faire une *cavatione di tempo*, c'est-à-dire un dégagement à temps.

« Une *contra cavatione*[2] peut se faire pendant le temps que l'ennemi dégage, en dégageant vous-même, de manière qu'il se trouve dans la même situation qu'auparavant.

« Une *ricavatione*[3] est ce que vous pouvez faire de mieux après la première *cavatione* et pendant que votre adversaire fait une *contracavatione;* en d'autres termes, en faisant un deuxième dégagement de manière à tromper son action.

« Nous appelons *meggia cavatione*[4] l'action dans laquelle l'épée n'achève pas son passage d'un côté à l'autre, mais reste sous la lame de l'antagoniste. »

Ce passage d'une ligne haute à une ligne basse est encore appelé *mezza cavazione* par les Italiens.

Au sujet des feintes, Fabris met anxieusement ses élèves en garde contre toutes celles qu'il juge inutiles et par conséquent dangereuses.

« Quelques-uns, dit-il, en faisant des feintes, agissent plus avec leurs pieds qu'avec leur épée; ils font des appels, essayant d'effrayer l'ennemi et de le troubler, avant de le frapper. Ceci peut quelquefois produire de l'effet, surtout dans les écoles où il y a un plancher très résonnant; mais, en plein air, dans les champs où la terre n'est pas sonore, cela ne peut avoir aucun résultat utile... De plus, un appel du pied fait dans la mesure n'est que du temps perdu.

« D'autres font des attaques feintes avec le corps, mais sans beaucoup étendre le bras, espérant que l'ennemi ne rencontrera pas l'épée à sa parade,

---

1. Littéralement : *drawing away*, dégagement.
2. Double dégagement : *double*.
3. Contre-dégagement : *contre*.
4. Littéralement : demi-dégagement. Fabris ne parle pas de l'opposition dans les coups de temps, opposition nécessaire pour éviter les coups doubles et ce coup, qu'on appelle encore aujourd'hui, dans les salles d'armes, le coup « des deux veuves ». (*Note du traducteur.*)

et croyant le frapper quand sa pointe sera déplacée par cet essai futile. Mais, quoique l'expédient puisse réussir vis-à-vis de personnes timides, il sera de peu d'utilité vis-à-vis de celles qui comprennent l'art des armes et qui l'arrêteraient certainement par un coup de temps.

« D'autres encore feignent de porter leur pointe en avant et, quand l'adversaire veut parer, retirent d'abord leur épée et envoient ensuite rapidement la botte. Ceci est une erreur plus grave encore que les autres, car l'épée qui devrait faire un seul mouvement en fait trois. »

L'auteur s'occupe alors de démontrer que, pour réussir une feinte, celle-ci devrait être poussée assez loin pour obliger l'adversaire à y faire

FIG. 59. — Ferita di seconda contra una quarta. Une botte en dégageant et en passant avec une opposition de la main gauche.

attention et être dirigée seulement contre les parties qui sont visiblement à découvert, de manière à être réellement menaçante. Il explique que le changement de la fausse attaque à la vraie ne devrait avoir lieu que quand l'adversaire commence à parer la première ; que l'on devrait se souvenir toujours du danger d'être arrêté par une botte d'occasion si la *contra guardia* n'est pas correcte, en d'autres termes, si celui qui attaque se découvre pendant les feintes.

Si Fabris eût enseigné le développement à ses élèves, comme il était pratiqué par ses plus jeunes contemporains, Giganti et Capo Ferro, rien n'eût manqué à sa méthode d'escrime — appliquée à la rapière — pour en faire un système parfait.

Mais il ne paraît pas avoir apprécié la valeur de l'innovation, car il parle du *ferire a piede fermo*[1] comme d'un simple expédient, à employer

---

1. Tirer de pied ferme.

en certaines occasions seulement. Voici comment il décrit la méthode imparfaite de tomber à fond (*lunging*), qui devenait vers cette époque un des traits de la science.

« Par *ferire a piede fermo* je veux indiquer la manière de porter une botte, en avançant le pied droit et en se retirant immédiatement après, ou celle de frapper, en avançant simplement le corps, mais sans déplacer le pied gauche. « Passer », au contraire, consiste à porter les deux pieds en avant, alternativement. »

Dans les deux cas il recommande l'exercice suivant : Plier le corps en

Fig. 60. — Un contre sur la botte de l'adversaire en quarte, laquelle est parée avec la dague. — Fabris.

avant de manière à augmenter la portée et se remettre rapidement pour éviter la riposte.

Concernant la manière de tenir la rapière :

« Il y a beaucoup de manières de tenir l'épée et de placer le bras. Quelques-uns tiennent leur épée en formant un angle avec le bras et un peu en avant, vers le genou[1]. D'autres retirent le bras mais pointent leur épée, de manière à former presque une ligne droite, depuis le coude jusqu'à la pointe. D'autres encore tiennent le bras et l'épée en ligne droite, depuis l'épaule[2]. »

Fabris donne la préférence aux deux dernières manières ; à la deuxième parce qu'il la trouve commode pour parer, et à la troisième parce qu'elle tient l'adversaire à distance et qu'elle favorise les bottes de temps. Après avoir discuté les meilleures attitudes, il explique d'une façon très plausible

---

1. Voyez fig. 54. Saviolo.
2. Voyez fig. 43. La garde espagnole.

les raisons pour lesquelles un homme doit s'efforcer de réduire sa grandeur naturelle, en se repliant sur lui-même, et se mettre ainsi mieux à couvert sous sa garde. Il économise ainsi du temps dans l'attaque, puisque, comme on l'a déjà démontré, une attaque est beaucoup plus efficace quand le corps est porté bien en avant. De plus, comme ce que l'on doit désirer le plus, c'est une grande variété de positions dans chaque garde et de nombreuses ressources, en passant d'une garde à l'autre il vaut mieux, selon l'auteur, exercer le corps à prendre autant de poses que possible, de manière à diminuer le danger de bottes de temps, par l'imprévu de l'attaque.

Tels sont les larges principes que Fabris applique à sa série de 190 exemples et d'autant de gravures, allant de la simple opposition des gardes et *contra postures* jusqu'aux phases les plus compliquées que sa longue expérience lui avait fait découvrir.

La science des armes doit à Fabris l'éclaircissement de beaucoup de principes qui jusqu'alors n'étaient qu'à moitié compris; une définition claire du mot garde, sous le nom de *contra guardia*; — de l'opposition, qu'il nomme *trovare di spada*; — du dégagement; — de parades circulaires et de leurs déceptions, qu'il nomme respectivement *contra cavatione* et *ricavatione*, — de la nature des feintes, du temps et de la distance.

Il fut le premier qui prouva l'incontestable supériorité d'un système d'escrime dans lequel la rapidité à saisir le moment (temps) est le point principal, sur un système qui dépend des préliminaires de l'attaque.

On lui attribue l'invention de la volte *incartata*, mais sans raisons bien établies. Les ouvrages de Saviolo prouvent qu'elle était connue dans l'escrime de son temps. Parmi les bottes favorites de Fabris on en trouve une qui se pratique encore dans l'école napolitaine moderne, sous le nom de *sbasso* et *passata sotto*, et qu'il nommait une *ferita di prima*[1].

La dernière partie du livre traite d'une manière très concise de l'application de ses principes aux combats irréguliers, tels que ceux du poignard contre l'épée, du manteau contre l'épée ou le poignard, de l'épée contre la pique ou la hallebarde, de l'usage du pommeau dans le combat serré, et de diverses manières de désarmer.

L'ouvrage de Fabris eut tant de succès, qu'il en parut cinq éditions et

1. Voyez fig. 2.

autant de traductions et imitations en Italie et en Allemagne pendant le xvii⁰ siècle. Bologne, qui fut cependant le berceau d'autres maîtres célèbres, éleva un monument à la mémoire de son vaillant fils.

Nous avons jugé préférable d'analyser Fabris plutôt que ses contemporains Cavalcabo, Patenostrier et Giganti, car il est plus complet que les deux premiers et plus imbu de vieilles théories que le dernier; celui-ci peut être considéré comme le chef d'une série ininterrompue de maîtres qui portèrent la science de l'escrime à son état actuel de perfection.

CHAPITRE VII

Vers la fin du xvi⁰ siècle, il y avait, en Italie, plusieurs maîtres qui enseignaient les principes si clairement interprétés par Fabris, sans cependant

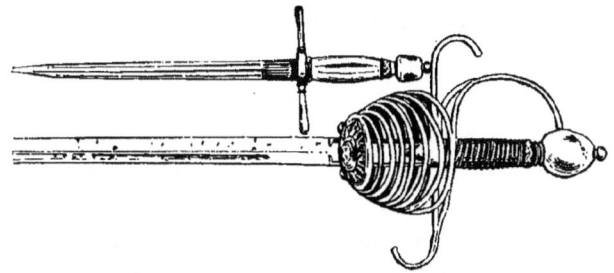

Fig. 61. — Rapière et dague italiennes; fin du xvi⁰, commencement du xvii⁰ siècle. — Longueur de garde : 16 centimètres. — Lame rigide, évidée de chaque côté de la crête médiane, longue d'un mètre 14 centimètres. Inscription INRI, MARIA. — La lame de la dague est longue de 27 centimètres. (*Collection du baron de Cosson.*)

compliquer leur système par l'analyse de toutes les positions possibles du corps humain. Ils ouvraient ainsi la route aux perfectionnements qui marchèrent de front avec la simplification des mouvements du corps.

Hieronimo Cavalcabo de Bologne, qui était probablement un fils de Zacharia Cavalcabo, l'éditeur de l'ouvrage de Viggiani, publia vers les dernières années du siècle un traité dont l'original semble avoir été perdu. Son auteur fut appelé à la cour de France et le livre traduit en français[1] avec un opuscule également introuvable du grand Patenostrier de Rome, traitant de l'usage de l'épée seule. Ces maîtres, ainsi que Giganti, Capo Ferro et le grand « Tappe de Milan », dont parle Brantôme (quoique ce Tappe semble ne rien avoir écrit), maintinrent si hautement la suprématie de l'école italienne, que la noblesse de tous les pays, à l'exception de l'Espagne qui n'abandonna pas son culte pour Carranza, se vit dans la nécessité de passer les Alpes pour demander leurs précieux secrets à ces virtuoses de l'épée. Cavalcabo se fixa plus tard en France, et, après lui, ses descendants y enseignèrent l'art de l'escrime jusqu'au commencement du règne de Louis XIV. Les Allemands traduisirent aussi son ouvrage, comme ils traduisirent plus tard ceux de Fabris, de Giganti et de Capo Ferro[2].

Tous ces maîtres enseignaient les mêmes gardes, qui étaient au nombre de quatre seulement[3]. Patenostrier conseille même de réduire leur nombre à deux, qui correspondent assez bien à nos « haute tierce » et « quarte basse », en prenant la moyenne des deux gardes hautes pour la première et celle des deux gardes basses pour la seconde. Le trait principal de la méthode de Cavalcabo est l'emploi systématique du « battement » qui, dans la traduction française, est appelé « battre de main », pour préparer le chemin de la *cavazione*, le « passer dessous » de Villamont.

Cavalcabo attribue aussi une valeur spéciale aux gardes sur le côté gauche pour l'action défensive, considérant celles de droite comme convenant mieux à l'attaque selon la théorie de Viggiani. Il est, en effet, très probable qu'il fut l'élève de Viggiani[4]. Patenostrier semble avoir été le premier à parler du *filo* (le coulé d'épée), un terme qu'il applique à l'action d'entrer, de force, dans la garde de l'adversaire, en prenant judicieusement le temps et l'opposition du fort au faible. Les propriétés des différentes parties de la lame étaient parfaitement comprises à cette époque, et elles présentaient même un plus grand intérêt pratique dans le maniement de la *spada lunga* que dans l'emploi des armes actuelles.

Dans cette nouvelle école, la différence de la garde ne dépend que de la

---

1. Voyez *Bibliographie*, 1609.
2. Voyez *Bibliographie*, 1619, 1630 et 1665.
3. Voyez 62-3-4, *prima, seconda, terza, quarta*.
4. Voyez *Bibliographie*, 1588.

position du bras qui tient l'épée ; la *botta*, cependant, est décrite non seulement d'après la garde de l'assaillant, mais aussi et principalement d'après la partie du corps qu'elle vise. Dans le système des deux gardes, de Patenostrier, on commence à appliquer le qualificatif de *quarta* aux bottes portées vers l'intérieur du bras; une garde en « dehors » ou au « dessus » du bras, s'appelle déjà une garde en *terza*. Nous voici au commencement de l'escrime rationnelle ; bientôt le nombre de bottes augmentera, leur définition et leurs limites deviendront plus exactes, et, en présence de la multiplicité des attaques, des parades efficaces seront imaginées.

C'est à Nicoletto Giganti qu'appartient l'honneur d'avoir, le premier, expliqué l'avantage de la botte à fond, du « développement », et de l'avoir appliquée à la plupart des attaques. Il est vrai que Capo Ferro, qui était contemporain de Giganti, expliqua plus soigneusement encore le mécanisme de la botte en question; mais l'ouvrage de Giganti est certainement de date antérieure. La première gravure de son *Teatro* représente un homme dans l'action de *tirare una stoccata longha,* qui ne diffère pas beaucoup de la botte à fond, correcte, d'aujourd'hui.

Comme Patenostrier, Giganti admet plusieurs gardes, mais n'en emploie que deux qui correspondent aussi à « quarte » et à « tierce ». Il combine les principes de la *contra postura* et du *trovare di spada* dans sa *contra guardia,* qui est un engagement régulier. Cette action de couvrir le corps en engageant les lames s'appelle *coprire la spada del nemico,* et, selon qu'elle est en « quarte » ou en « tierce, » l'action est *stringere di dentro via* ou *di fuora via*. Les bottes s'exécutent en dégageant et tombant à fond, ou au dégagement de l'adversaire, en prenant soit un temps avec une opposition, soit une parade circulaire avec le bras tendu. Elles se font dans les lignes « hautes » ou « basses », sans que leur désignation diffère. Les feintes sont toujours simples[1]. L'une des gravures de Giganti représente une action qui ressemble beaucoup à la « flanconade » moderne, la *flanconata* des Italiens.

Il paraît que Giganti aurait publié, deux ans plus tard, un second ouvrage, dans lequel il aurait recommandé une garde qui plaçait le pied gauche en avant, annonçant, en même temps, son intention de faire paraître un autre

---

1. Le maniement de la *spada lunga*, qui ne permettait pas de mouvements bien rapides, devait proscrire les feintes compliquées, car elles exposaient aux coups de temps.
(*Note du Traducteur.*)

traité, dans lequel il aurait fait voir que toutes les actions peuvent être exécutées en posant le pied gauche en avant. Cet incompréhensible retour à des principes défectueux semble inexplicable. Nous ne sommes pas parvenus, d'ailleurs, à retrouver le livre en question.

Des traductions françaises et allemandes parurent successivement, ainsi qu'une nouvelle édition de son premier livre. L'ouvrage de Giganti était certes d'une perfection étonnante et excessivement complet, en comparaison de ceux de ses prédécesseurs; mais, de tous les ouvrages du temps sur l'escrime, aucun ne fixa les principes de la science d'une manière aussi remarquable que le « *Grand simulacrum* de l'usage de l'épée, par Ridolfo Capo Ferro da Cagli, professeur de la très excellente nation allemande dans la fameuse ville de Sienna[1] ». Ses théories, son système, et beaucoup de ses « bottes » furent à peine perfectionnés, avant Rosaroll et Grisetti. Cette fois, le titre de l'ouvrage représentait vraiment ce qu'il contenait.

Le *Grand simulacrum* contient un chapitre d'introduction abondant en définitions claires, en conclusions correctes, et une grande collection d'exemples pratiques. Les deux premiers chapitres traitent de la science des armes en général. Le troisième s'occupe des propriétés de l'épée, de la division de la lame, de la force et de l'emploi de ses différentes parties, du tranchant proprement dit et du faux tranchant, de la longueur exacte de l'épée qui, d'après l'auteur, « doit avoir deux fois la longueur du bras ».

Le quatrième chapitre définit les différentes « mesures » constituant la distance entre la pointe de l'épée et le corps de l'adversaire. Les mesures sont au nombre de deux : *misura larga,* quand il n'est possible de toucher l'ennemi qu'en tombant à fond; *misura stretta,* quand on peut toucher en penchant simplement le corps en avant.

Le cinquième chapitre explique la signification du temps et sa restriction, en termes d'escrime, au moment occupé par une seule action de l'épée ou du pied.

Le sixième traite du corps et particulièrement de la tête, et il émet une considération très importante, puisque la plupart des coups dans la ligne haute étaient dirigés vers la figure.

Le septième chapitre s'occupe du tronc même, qui doit être plié en avant

---

[1]. Voyez *Bibliographie,* 1610.

autant que possible, de manière à diminuer sa surface apparente et à augmenter la portée de la botte.

Le huitième définit le rôle que jouent les bras. Pour la première fois, l'emploi du bras gauche comme contre-poids du bras droit, pouvant aider le

Fig. 62. — Capo Ferro. — A. Prima Guardia. — D. Quarta Guardia.

tireur à se relever, est clairement démontré. Capo Ferro insiste beaucoup sur la nécessité de tourner la main en pronation ou supination, selon que la botte

Fig. 63. — Capo Ferro.
Secunda Guardia.   Sesta Guardia.

doit être portée à l'extérieur ou à l'intérieur de la lame de l'adversaire, et il désapprouve fortement l'ancienne coutume qui consistait à plier le bras qui tenait l'épée.

Le neuvième analyse les mouvements des cuisses, des jambes et des pieds, et décrit les divers pas dont on se sert en escrimant. Nous y trouvons enfin une définition, assez claire, du pas de rapprochement, qui porte en avant le pied droit suivi du pied gauche.

Capo Ferro, bien qu'il admette, à l'occasion, l'emploi de pas obliques, est très partisan de la ligne droite. Par conséquent il désapprouve beaucoup de « volter », déconseillant de croiser les jambes et d'employer toutes les ruses en si grande faveur parmi les anciens. Même il considère la passe comme une perte de temps qui pourrait être évitée, en fermant la mesure avant de tomber à fond. D'après lui, une bonne remise en position constitue l'un des points les plus importants de l'escrime.

Le dixième chapitre traite de la défense et surtout de la garde. Capo Ferro va plus loin qu'aucun de ses prédécesseurs dans sa définition.

Fig. 64. — Capo Ferro. — C. Terza Guardia. — E. Quinta Guardia.

« Une garde, dit-il, est une position qui tend le bras et l'épée en ligne droite, vers le milieu des endroits qu'on peut attaquer chez l'ennemi, le corps étant bien établi (posé) selon son mouvement, de manière à tenir l'adversaire à distance et à le frapper s'il s'approchait à ses risques et périls. »

Capo Ferro reconnaît que *prima* et *seconda*[1] sont des gardes de peu d'utilité, pour cette raison qu'elles ne permettent pas de diminuer la distance sans danger, et qu'elles ne sont pas également rapprochées de toutes les parties du corps; *terza* est une vraie garde; *quarta* « découvre une trop grande partie du corps ».

Si l'on considère que ces deux gardes ont des significations assez élas-

---

[1]. Voyez les gravures.

tiques, qu'elles s'appliquent seulement aux lignes internes et externes, et qu'elles étaient opposées aux bottes basses aussi bien qu'aux bottes hautes, il est clair qu'elles ont constitué l'origine des quatre gardes principales, suffisantes aujourd'hui pour la défense et dont voici les noms : quarte, tierce, demi-cercle, seconde.

Les gardes *prima* et *seconda* furent donc réduites au rang de parades spéciales, applicables seulement dans des cas particuliers.

Le onzième chapitre s'occupe des facteurs de l'action offensive, dont le plus important consiste à chercher la mesure. Cette recherche, selon Capo Ferro, devait se faire avec beaucoup de précaution et de patience, et sans déranger le corps jusqu'au moment de frapper :

« Beaucoup de personnes, en cherchant la mesure, dégagent et contre-dégagent, font des feintes et des contre-feintes, se couvrent d'un côté à l'autre, voyageant en zigzags, tordant le corps, se repliant et se retirant d'une façon extravagante, contrairement aux bons principes et dans le seul but d'impressionner les sots.

« En se conformant à ma garde, la seule précaution nécessaire consiste à tenir l'épée droit en avant et à couvrir le faible de l'épée de l'adversaire, de manière à maîtriser celle-ci sans la toucher avant le moment de donner la botte, en dehors ou en dedans, selon l'occasion. »

Le douzième chapitre classe les façons de frapper dans diverses circonstances, par exemple quand l'un ou l'autre des combattants est en mouvement, quand ils agissent tous les deux, quand la botte est portée en dedans ou en dehors, en haut ou en bas, etc.

Capo Ferro déprécie les coups de taille dans la plupart des cas, excepté à cheval, car ils entraînent une perte de temps et nécessitent une mesure plus serrée.

Le dernier chapitre traite brièvement du jeu du poignard conjointement avec celui de l'épée.

Un des principes les plus clairs de la nouvelle école est que l'épée seule suffit à la défense. Le *brochiero* ou targe est généralement abandonné en Italie, et la dague, à laquelle on n'accorde plus une importance capitale, n'est destinée qu'à faciliter la contre-attaque.

Les chapitres d'introduction expliquent amplement les principes de la science. Suivent des apologies dans lesquelles l'auteur admet qu'il y a loin de la perfection théorique à la pratique de l'art. Il fait donc des recommandations pour l'escrime pratique en général :

1. Le tireur doit tenir les yeux fixés sur la main armée de l'adversaire plutôt que sur toute autre place, de manière à ne perdre aucun de ses mouvements et à voir par là ce qu'il a de mieux à faire.

2. Un bon tireur ne doit pas manquer, en parant, de riposter par une botte, ni avancer pour frapper sans être sûr de pouvoir parer la riposte ; il ne doit pas se jeter de côté sans frapper en même temps, et s'il pare avec la dague, il doit faire en sorte que son épée frappe, au moment même où la dague fait son office.

3. On doit comprendre que l'épée est la reine, la base de toutes les armes, et que son exercice est d'autant plus utile qu'en le pratiquant, un homme apprend à parer, à frapper à s'esquiver, à dégager, et à gagner sur l'arme de son adversaire dans toutes les gardes. Dans les mouvements ci-dessus mentionnés, je conseille de tenir le bras bien étendu, afin d'écarter, bien loin du corps, tous les coups de l'adversaire.

4. Si vous avez affaire à un adversaire brutal qui, sans s'occuper de temps ni de mesure, vous attaque avec impétuosité, vous pouvez agir de deux façons : d'abord, en employant le *mezzo tempo* comme je l'enseigne, vous pouvez arrêter son attaque par un coup à la main ou au bras qui tient l'épée; ou bien, il vous est possible de le laisser frapper à faux, en vous retirant, et de lui porter alors une botte à la figure ou à la poitrine.

5. Celui qui désire devenir un parfait escrimeur, outre les leçons qu'il prend avec un maître, doit tâcher de s'exercer tous les jours avec différents adversaires, et autant que possible avec de meilleurs tireurs que lui, afin qu'il en arrive, par ce contact avec des tireurs réguliers, à voir où se trouve la perfection.

6. Je reconnais, dans mon livre, une seule bonne garde, c'est la garde basse, nommée *terza*, avec l'épée étendue horizontalement, de manière que la pointe menace toujours le corps de l'adversaire.

Cette garde est beaucoup plus sûre que l'autre, qui vous expose à être blessé à la jambe.

7. Les feintes, en général, sont mauvaises, car elles causent des pertes de temps et de distance; elles doivent, en effet, être faites en dedans ou en dehors de la portée. Si elles sont faites hors de portée, elles sont inutiles,

puisqu'on ne doit pas y répondre. Si, d'un autre côté, l'adversaire fait une feinte en dedans la portée, frappez-le sur sa feinte.

8. Contient un avertissement contre les professeurs imparfaits.

9. Il est très avantageux et de la plus grande élégance de savoir « gagner » sur l'épée de l'adversaire dans toutes ses gardes, et il n'est pas moins bon, quand l'adversaire a gagné sur la vôtre, de savoir reprendre l'avantage. Vous pouvez prendre différents partis dans ce cas : et, tout d'abord, ne jamais dégager et vous arrêter, mais plutôt dégager comme parade et puis frapper ; puis, en vous retirant un peu et en baissant le corps, vous pouvez abaisser votre épée, au moment où l'adversaire s'approche pour gagner de nouveau, le frapper en dessous ou au-dessus de son épée, comme il convient le mieux.

10. Il est possible de frapper de plusieurs manières en *contra tempo*, mais je n'en approuve que deux. La première, quand vous serez en *quarta* de façon que la pointe de votre épée soit inclinée vers la droite et que votre adversaire tâche de gagner sur vous ; à l'instant même où il bouge le pied droit, afin de poser son épée sur la vôtre, portez-lui une botte dans la même position de *quarta*, passant le pied gauche en avant, ou tombant à fond avec le droit. L'autre manière de frapper se présente quand vous vous trouvez en *terza* et que l'adversaire arrive pour gagner sur vous du dehors ; vous devez alors agir de même.

11. Fort différentes et fort nombreuses sont les opinions des maîtres au sujet des passes, l'épée à la main.

Selon moi, en passant aussi bien à la droite qu'à la gauche de l'adversaire, il est toujours bon de déplacer le pied gauche et d'accompagner son mouvement par un mouvement du droit. Si vous deviez passer en ligne droite, un pied devrait chasser l'autre, soit en avant, soit en arrière[1].

Mais la vraie manière de passer est de marcher naturellement, en prenant toujours garde que l'épaule droite soit tenue en avant, et que, quand le pied gauche traverse, la pointe soit tournée à gauche.

12. Quand l'adversaire a la pointe de son épée hors de la ligne, vous devez immédiatement pointer la vôtre droit à sa main. En ployant légè-

---

[1]. Cette action est évidemment semblable à notre manière d'avancer et de rompre, et très différente de la véritable passe, quoique Capo Ferro n'invente pas de nouveau terme pour ce mouvement. (*Note du Traducteur.*)

rement le corps en arrière, vous pouvez gagner la mesure en toute sécurité et, l'ayant gagnée, porter une botte en *mezzo tempo*, à sa main, en avançant le corps et en pliant le genou droit.

13. Ayant porté votre botte en faisant un grand pas, le pied droit en avant, vous servant de l'épée seule, de l'épée et de la dague, ou de l'épée et du manteau, vous devez vous retirer d'un petit pas en arrière, d'après la place. S'il y a peu de place, vous devez seulement reculer la jambe droite et suivre l'épée de l'adversaire avec la vôtre. Si, au contraire, il y a beaucoup de place, vous devez reculer de deux petits pas, de manière que le dernier vous ramène en garde.

Voilà les seules vraies manières de se retirer, bien qu'on en emploie d'autres dans les écoles.

CONCERNANT LES PARADES

Les parades se font quelquefois avec le vrai tranchant, et quelquefois, quoique très rarement, avec le faux; en ligne droite ou obliquement, tantôt avec la pointe en haut, tantôt avec la pointe en bas; en dessous puis au-dessus, selon que l'attaque est de taille ou d'estoc. Mais il faut se rappeler que toute parade devrait se faire avec le bras étendu et être accompagnée de la jambe droite, suivie de la gauche.

Quand les *dui tempi* sont observés en exécutant la parade, le pied gauche doit d'abord avancer contre le droit, et alors, comme vous avez rendu l'attaque, le pied droit doit avancer.

CONCERNANT CEUX QUI TOURNENT AUTOUR DE LEUR ADVERSAIRE EN COMBATTANT

Ceci est un petit conseil à ceux qui, selon la vieille école et la méthode espagnole, tournent autour de leur adversaire.

« Comme il pourrait facilement arriver que votre adversaire en tournant autour de vous gagnât en dedans sur votre épée, vous devez, en pareil cas, dégager et vous porter de côté. S'il essaie de gagner de nouveau, vous dégagerez encore et porterez une botte en *quarta*. »

Capo Ferro ne donne pas d'autre explication de la manière d'exécuter la *botta lunga,* que la légende de la fig. 65. L'extrait suivant, du *Teatro* de Giganti, peut donc servir de commentaire :

« Pour porter la *stoccata lunga,* placez-vous dans une attitude ferme,

Fig. 65. — Capo Ferro, 1610. — Figure montrant la garde comme elle est pratiquée dans notre art et l'incroyable augmentation de portée de la « botta lunga »[1] tous les membres agissant ensemble dans l'attaque.
A. L'épaule gauche, en garde. — B. — Le genou gauche, en garde. — C. La plante du pied gauche, en garde. — D. Le pas habituel. — E. La plante du pied droit, en garde. — F. Le genou droit, en garde. — G. La main droite, en garde. — H. L'augmentation de la portée de la main due au développement. — I. La position avancée du genou droit équivalant à un pas. — K. La position avancée du pied. — M. Le genou gauche avancé d'un demi-pas.

plutôt ramassée, de manière à être capable de plus d'extension. Étant ainsi en garde, étendez le bras, avancez en même temps le corps, et pliez le genou,

Fig. 66. — Capo Ferro, 1610. — Modo di ferir di fuora, prosupponendo il stringere di dentro et il cavar del tuo aversario di punta per ferire. — Coup de temps par une botte sur le dégagement de l'adversaire.

autant que possible, afin que votre adversaire soit frappé avant de pouvoir parer. Si vous avanciez tout le corps, votre adversaire s'en apercevrait et, prenant un temps, ferait une parade et vous frapperait en même temps.

1. *Botta lunga,* botte allongée, se fendre.

« Afin de vous retirer, commencez le mouvement avec la tête, et le corps suivra naturellement; alors retirez aussi votre pied : si vous le retiriez d'abord, la tête et le corps seraient exposés.

« Si cependant l'homme désigné par la lettre C s'était montré habile dans

Fig. 67. — Alfieri[1], 1640. — Figura che ferisce di passata mentre che l'aversario cava per ferire. Coup de temps en passant sur le dégagement de l'adversaire.

son art, il eût seulement dégagé son épée et tenu son corps bien en arrière, et alors, comme l'homme distingué par la lettre D s'avançait avec confiance

Fig. 68. — Capo Ferro. — Figura che ferisce di quarta nella poccia sotto il braccio destro, mentre che l'aversario cava per ferire. — Botte de temps en quarte sur l'essai de l'adversaire de porter un « riverso ».

pour porter sa botte, il aurait pu parer, soit avec le faux tranchant et porter un *mandritto,* soit avec le bon tranchant et porter un *imbroccata.* »

« Si l'homme désigné par le chiffre 14, dit l'auteur, s'était aperçu de

1. Voyez *Bibliographie.* Cette gravure, et beaucoup d'autres du traité d'Alfieri, sont des reproductions exactes — sauf en ce qui concerne les costumes — de quelques gravures de Capo Ferro.

l'intention de son adversaire, il aurait pu contrarier la contre-attaque, en retirant sa jambe gauche, de manière à être hors de portée; ou bien il aurait

Fig. 69. — Capo Ferro. — Figura che ferisce di scannatura di punta nel fianco destro di passata, mentre l'avversario cava per ferire. — Une botte en passant, saisie sur son dégagement en se servant de la main gauche pour maintenir le bras armé de l'adversaire,.

pu, en croisant à sa gauche (par un croisement à sa gauche), porter un *imbroccata* à la poitrine de son adversaire.

Fig. 70. — Alfieri[1], 1640. — Figura che ferisce sotto la spada nimica, di contratempo, senza parare, solo con l'abassar la vita. — Une botte de temps sur le dégagement de l'adversaire en glissant sous sa pointe. — Le tireur désigné par le chiffre 25 peut aussi choisir entre une botte à la figure et un coup *riverso* au genou de l'adversaire.

« D'un autre côté, continue Capo Ferro, si l'homme qui est maintenant blessé, au lieu de tourner la main pour donner le *riverso*, s'était reculé d'un pas et avait retiré son épée, il aurait pu parer l'attaque par un demi-*man-*

1. Voyez note, page 114, figure 70.

dritto et couper immédiatement la figure de son adversaire avec un *riverso*, ou lui porter une botte à la poitrine. »

Un coup de cette espèce est un coup *di scannatura*. Pour l'exécuter,

Fig. 71. — Capo Ferro, 1610. — Figura che ferisce di quarta nella gola, solo con afalsar la spada et abassar il pugnale per parata, mentre l'aversario cava di spada e cerca col pugnale per parare.

l'homme que l'on voit au plan gauche de la gravure se tient bien couvert, en dehors, et, quand son adversaire dégage afin de lui porter une botte à la

Fig. 72. — Capo Ferro. — Figura che ferisce di quarta per di sotto il pugnale nel petto, portando in dietro la gamba dritta, e parando col pugnale alto, mentre che l'aversario passa con la sua gamba innanzi per ferire di seconda sopra il pugnale.

figure, il passe en avant, de la jambe gauche, et place sa botte en se servant de sa main comme il est indiqué.

« Si votre adversaire est en *terza alta* et tient sa dague de niveau avec le fort de son épée, couvrez-vous bien à l'extérieur; au moment où il dégage, parez avec la dague, bas et à gauche; en même temps dégagez avec votre épée

Fig. 73. — Capo Ferro. — Figura che ferisce di seconda sopra il pugnale nel petto, mentre che l'aversario passa col pie manco per ferire, solo col ritirare, nel suo venire, la gamba dritta in dietro e parando col pugnale sotto il suo braccio destro.

Fig. 74. — Capo Ferro. — Figura che ferisce di una punta tra l'arme nel petto, cavandola di sopra il pugnale, mentre che l'aversario stava in guardia larga et lascia arrivare il nimico a misura. — Simple dégagement sous la dague poussée avec une botte.

Fig. 75. — Capo Ferro. — Figura che para il stramazzone riverso con la spada et con il passare in un subito col pie sinistro innanzi, dandoli una pugnalata sotto il braccio destro nella poccia. — Un coup de poignard porté en passant et à propos sur le coup de l'adversaire, qui est paré en même temps par un « quarta » haut.

sous sa dague, et vous le frapperez à la figure ou à toute autre place commode.

« Si votre adversaire prenait *terza bassa,* vous devez lui opposer *terza alta.*

Fig. 76. — Capo Ferro. — Épée et manteau. Le manteau est roulé deux fois autour de l'avant-bras ; les parades sont en pratique les mêmes qu'avec la dague. Les coups peuvent être arrêtés avec le manteau pourvu qu'ils soient rencontrés sur le fort de la lame.

Comme il passe en avant pour vous frapper au-dessus de votre poignard, vous pouvez l'atteindre en *quarta* en retirant simplement votre pied droit,

Fig. 77. — Capo Ferro. — Épée et bouclier. Le bouclier n'est pas une meilleure protection que la dague, car il doit nécessairement être tenu au côté pour ne pas trop entraver le jeu.

levant son épée avec votre dague et dégageant votre épée sous sa dague au moment où il lève celle-ci pour parer.

« Si votre adversaire se place en *quarta,* son épée retirée en arrière et sa dague haute et écartée[1], je vous conseille de vous placer également en *quarta,* mais le bras étendu. Comme il attaque par une passe, retirez votre jambe droite, rabattez son épée à gauche avec votre dague et passez votre épée au-dessus de son poignard. Vous serez à même de le frapper en seconde. »

Capo Ferro termine son ouvrage par la description d'une parade utile dans une mêlée ou dans l'obscurité, mais qui, à notre point de vue, semble très facile à déjouer. C'est une parade rapide (balayante) traversant toutes les lignes de tierce à seconde et passant à travers quarte.

---

1. Voyez fig. 62, page 108.

CHAPITRE VIII

L'existence, à Paris, de l'« Académie d'armes », dont l'origine remonte à Charles IX et qui reçut ses premiers privilèges de Henri III, montre assez clairement que la science des armes fut assidûment cultivée par les Français. Cependant, avant le milieu du xviie siècle, peu de maîtres célèbres portent des noms français. Noël Carré, Sainct-Didier, Jacques Ferron, Le Flaman et Petit-Jean sont les seuls professeurs français connus qui aient appris la science des armes à la cour la plus querelleuse du monde. Aucun d'eux, à l'exception toutefois de Sainct-Didier, ne semble avoir laissé d'ouvrages, et le « gentilhomme provençal » lui-même ne fit guère que résumer et rassembler les théories de deux contemporains italiens.

Portrait de Girard Thibaust, d'Anvers.

Henri IV et Louis XIII, tout en punissant avec rigueur ceux qui mettaient en pratique les théories de l'escrime, favorisaient la Corporation des maîtres de la façon la plus évidente, ce qui n'empêcha pas les professeurs italiens de se maintenir en France jusqu'à la fin du règne du dernier Roi, soit qu'ils fussent admis au sein de l'Académie, soit qu'ils évitassent le monopole de la Corporation, qui n'était pas encore toute-puissante.

Il est très probable, d'ailleurs, que des hommes tels que Cavalcabo, qui fut nommé professeur du roi, étaient *ex officio* membres de la Corporation et y occupaient même quelque poste distingué. On trouve, dans la plupart des traités espagnols de la première moitié du xviie siècle, des passages décrivant la méthode française, qui s'accordent parfaitement avec ce que nous savons de l'enseignement des Cavalcabos, des Giganti, de Patenostrier *e tutti quanti*.

Les traités français manquent complètement pendant la période qui sépare Sainct-Didier de Le Perche[1], la découverte est donc précieuse, car elle semble indiquer que les principes solides de l'école bolonaise prirent racine en France et qu'ils restèrent pendant longtemps la base de l'art de l'escrime à l'Académie du Roi.

Les Français avaient la passion de l'escrime. Servis par leurs aptitudes morales et physiques, ils rivalisèrent bientôt avec les Italiens dans l'art national de ces derniers, et, avant le milieu du règne de Louis XIII, ils s'étaient si bien assimilé cet art, qu'on ne songeait plus à le considérer comme un art étranger.

Les courtisans de Jacques Ier et de Charles Ier venaient à Paris pour se perfectionner dans la science que leur avaient apprise les successeurs et les imitateurs des Saviolo.

Et pourtant, cet art franco-italien, qu'on tenait en si haute estime, ne tentait guère les écrivains : le livre de Villamont paraît être le seul qui ait paru à cette époque.

Malgré l'adoption presque exclusive en France de l'escrime italienne, il est permis de croire que bon nombre de maîtres espagnols enseignaient encore la science pompeuse de Narvaez aux courtisans de Louis XIII, dont les allures n'étaient pas du tout françaises. L'influence de la mode espagnole avait survécu, malgré les revers de l'Espagne, et le comble du « bon ton », pendant le premier quart du xvie siècle, fut d'imiter, aussi exactement que la différence des races le permettait, la gravité un peu prétentieuse, la dignité

---

1. Le livre de VILLAMONT n'est qu'une traduction. (Voyez *Bibliographie*, 1609), et le traité de THIBAUST qu'une reproduction, fort embellie, il est vrai, des ouvrages de Carranza et de Pacheco de Narvaez.

froide, les manies extraordinaires de ces conquérants, qui avaient pris pied sur la plus grande partie du Continent. Pour être au fait de l'*estilo culto*, il fallait connaître à fond la *destreza* philosophique et son cérémonial plein de morgue.

Mais pour l'escrime pratique, cela est hors de doute, les professeurs italiens restèrent maîtres de la situation. S'il en fallait une preuve, il suffirait de rappeler que l'école espagnole n'eut pas la moindre influence sur l'escrime française, et qu'elle ne resta pas en faveur longtemps après 1630. La mode était passée.

Il n'existe qu'un livre qui traite de cette escrime franco-espagnole, mais ce livre est tout un monument.

L'*Académie de l'épée,* par Girard Thibaust, d'Anvers[1], est le traité d'escrime le plus laborieux que l'on connaisse; c'est en même temps une merveille typographique et artistique.

Si l'auteur, dont les traits intelligents et fins sont reproduits sur le frontispice de l'ouvrage, au-dessus de la devise significative *Gaudet patienta duris,* avait affecté au complet éclaircissement de la saine école franco-italienne de son temps, l'immense travail qu'il consacra au système espagnol, il eût été sans aucun doute le fondateur de la science des armes en France. Le temps qu'il voua à cette « Académie, » dont l'impression seule, dit-on, prit quinze années, n'eut d'autre résultat que la production d'une curiosité bibliographique. Quand parut la première partie du livre, l'engouement qu'avaient soulevé les modes espagnoles en était à son déclin. La mort prématurée de l'auteur, en 1629[2], avant même qu'il eût eu la satisfaction de voir son ouvrage complètement imprimé, empêcha la production de la deuxième partie, qui traitait de l'équitation et de l'escrime à cheval. Il fallut, pour payer la dépense occasionnée par l'impression de ce livre extraordinaire, le concours pécuniaire du roi de France, qui était grand amateur d'escrime. Cette auguste intervention fut d'autant plus significative que Thibaust n'était pas le professeur du roi, Henri IV ayant désigné César Cavalcabo, fils du grand Bolonais, pour instruire le jeune prince dans l'art des armes. Cela n'empêcha pas Louis XIII de promettre sa protection à l'auteur, dix ans avant l'achèvement du

---

1. Voyez *Bibliographie,* 1628.
2. Quoique portant la date de 1628, le livre fut seulement publié en 1630.

livre pour lequel neuf princes régnants d'Allemagne souscrivirent également.

Quand on examine l'énorme ouvrage et ses quarante-six superbes gravures qu'ont signées les premiers artistes de l'époque, quand on admire les richesses typographiques du texte, une question vient aux lèvres. On se demande comment il se fait que l'homme qui sut achever un tel ouvrage, n'eut pas la moindre influence sur le développement de la science des armes dans aucun pays. De ces principes, à l'explication desquels il consacra toute sa vie et toute sa fortune, il n'en est presque pas qui fassent partie des théories modernes. Le fait est que les gravures compliquées, dont chacune représente généralement plus de quinze couples de tireurs « passant » gravement l'un sur l'autre, à tous les plans d'une vaste perspective de salles de marbre, ne constituent qu'une explication très artistique, il est vrai, de ce système espagnol si laborieusement exposé par don Louis P. de Narvaez. D'autre part, le texte, malgré sa réelle science et malgré sa méthode, a des tendances à compliquer, à subtiliser, si nous osons nous exprimer ainsi, une science qui est déjà suffisamment artificielle.

Gérard Thibaust n'avoue jamais la vraie source de son système et ne cite aucun maître, mais il suffit d'un coup d'œil sur la première estampe pour reconnaître les principes particuliers de Narvaez, compliqués, cependant, de théorèmes géométriques et mécaniques d'un pédantisme tout aussi absolu. Le traité de Thibaust est, bel et bien, une *filosofia de las armas*.

Le diamètre du cercle mystérieux qui, d'après l'auteur, est la base de la science des armes, divise dans toute sa longueur une sorte d'*anatomie* dont la moitié est réduite à l'état de squelette.

Les extrémités de ce diamètre frôlent, d'une part, le bout du doigt élevé au-dessus de la tête, et, de l'autre, les talons de la figure; la longueur totale du corps humain, ainsi disposé, représente la dimension principale de l'étrange diagramme.

Thibaust prétend que, chez un homme bien fait, le nombril est le centre d'une ligne droite partant du talon et aboutissant à l'extrémité du doigt élevé au-dessus de la tête : par conséquent, le diamètre horizontal du cercle passe par ce point. Narvaez avait déjà érigé en principe que la longueur de l'épée devait être proportionnée à la hauteur de l'homme; Capo Ferro et d'autres avaient fixé cette longueur au double de celle du bras. Thibaust, lui, pour harmoniser les proportions de l'épée avec celles du cercle mystérieux, veut que la lame de l'épée soit égale au rayon, de manière que, quand elle est tenue perpendiculairement entre les talons, les quillons soient de niveau avec

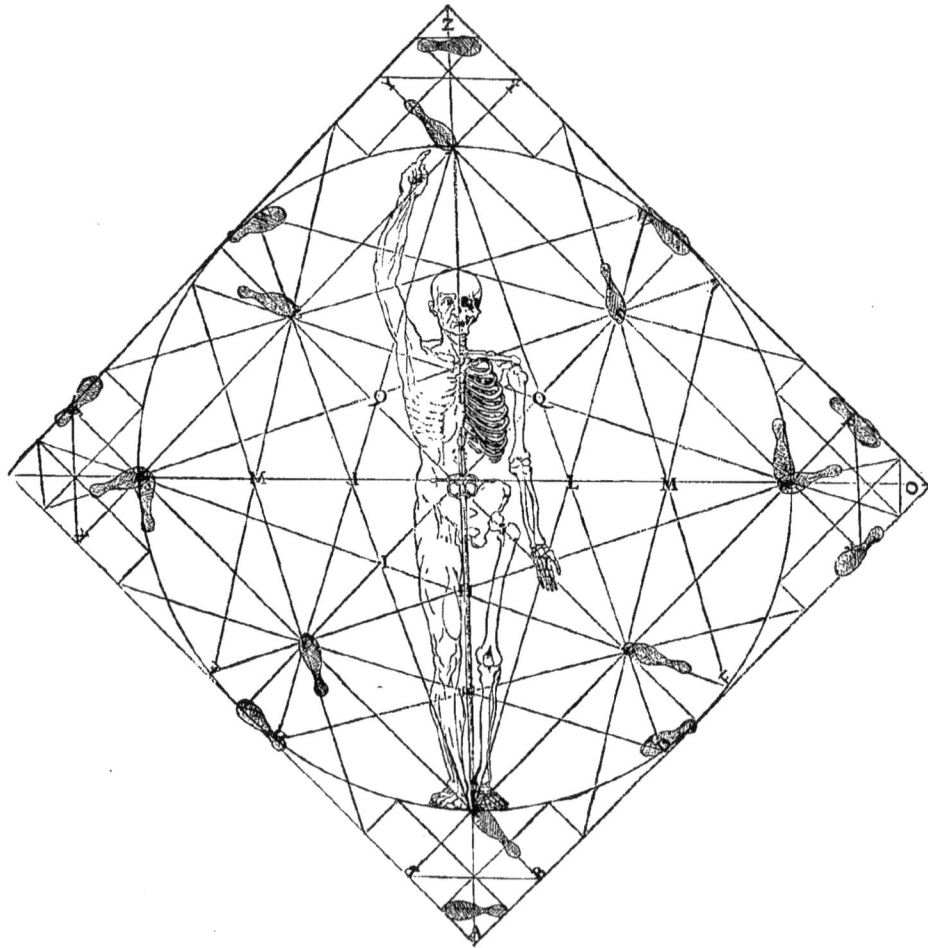

Fig. 78. — Cercle mystérieux de Thibaust.

le nombril. A l'extérieur du cercle est tracé un carré; le diamètre traverse la figure anatomique; on distingue dans le cercle mystérieux un grand nombre de cordes divisées, à des points d'intersection, en certaines longueurs. L'auteur explique, d'une façon assez peu compréhensible, que ces longueurs ont un rapport avec les diverses proportions du corps et, par conséquent, — ce qui se comprend encore moins, — avec tous ses mouvements; elles sont destinées à marquer la position de toutes les passes que peuvent faire l'un ou l'autre des combattants, en vue d'obtenir un avantage « stratégique » sur certaines parties du corps de l'adversaire. Un cercle, tel que nous l'avons brièvement décrit, peut être tracé par terre, en n'importe quel endroit, l'homme se tenant tout simplement debout, bien droit, les talons joints là où l'on désire placer le centre, et en étendant obliquement une épée de longueur réglementaire, de manière que le poignet et l'épaule soient en ligne droite quand la pointe touche le sol. La distance entre la pointe de l'épée et les talons peut alors être prise comme rayon et le cercle mystérieux dessiné, avec toutes les cordes qui le complètent. Nous avons dit qu'un carré encadre la figure; les élèves sont placés ayant le pied gauche aux extrémités opposées de la diagonale de ce carré, le pied droit formant tangente au cercle.

Les opérations de chaque « phase » doivent s'exécuter à l'intérieur du cercle ou le long du carré, en marchant d'un point d'intersection à un autre. Mais avant de commencer ces mouvements « stratégiques », les élèves sont initiés aux opérations plus « tactiques » des coups et des parades. Ainsi que les maîtres espagnols, Thibaust n'enseigne en sa pratique qu'une seule garde : le corps parfaitement droit, les pieds séparés par un intervalle de quelques pouces et formant l'un avec l'autre un angle de 45 degrés, le bras étendu horizontalement et tenant l'épée en ligne droite avec l'épaule. S'il n'y a qu'une garde, les parades sont, en revanche, aussi nombreuses que les occasions possibles, une parade étant efficace lorsque le fort de l'épée est opposé au faible de l'adversaire. Cette seule condition suffit à Thibaust. Les escrimeurs tombent en garde, hors de mesure, et commencent alors à se porter des coups et à se tendre des pièges. Ce système est clairement celui de Narvaez : les adversaires partent des côtés opposés d'un cercle dont le diamètre a un rapport quelconque avec la longueur des épées. A l'extérieur de ce cercle l'auteur a tracé des lignes tangentes parallèles qui ne sont autres que les *lineas infinitas* de l'Espagnol. Cette garde à bras tendu est le point de départ des coups et des bottes portés à toutes les parties du corps de l'adversaire, de préférence à la figure, aussitôt que les opérations des passes ont amené une occasion favorable.

Les bottes ne sont définies que par leur division en *imbroccata*, au-dessus du bras, et en *stoccata*, sous le bras. Il semble qu'elles doivent invariablement frapper comme un dard, d'un coup sec, porté par le bras seul, le poids du corps étant toujours, autant que possible, tenu en équilibre entre les pieds, afin de permettre l'exécution rapide de la série compliquée de pas, enseignés par l'auteur. Comme dans l'ouvrage de Narvaez, les coups de taille sont

Fig. 79. — Le désavantage qu'il y a à ne pas passer correctement sur le cercle mystérieux. — Thibaust.

bien classés en coups de l'épaule, de l'avant-bras et du poignet par rapport à celui qui attaque, et en « perpendiculaires », « obliques », « montants » et « descendants » par rapport à l'adversaire.

Armés de ces principes et pénétrés de la vertu infaillible des passes qu'ils vont exécuter, les élèves se placent vis-à-vis l'un de l'autre, graves dans leur irréprochable tenue. Le maître leur explique alors sa science et démontre son application dans les cas les plus probables. Il indique d'abord assez naïvement que les distances entre les points d'intersection s'accordent avec les pas naturels de l'homme et qu'un choix minutieux de ces points doit aboutir à une réussite certaine. La règle principale dit que toute succession de points rapprochés du diamètre du cercle est dangereuse. Cela constitue, en quelque sorte, une explication doublement compliquée de la théorie de Carranza, qui dit que marcher droit sur l'adversaire entraîne le danger d'un coup d'occasion. Thibaust démontre ensuite que le « temps » est en proportion de la longueur des pas, « comme on peut le prouver aux curieux par des règles mathématiques ». Il oublie que pour celui qui a le sens commun, le

Fig. 80. — Cercles n°ˢ 1 et 2. — Thibaust.

temps employé à porter un coup est, naturellement, proportionné au nombre de pas qu'il faut faire pour atteindre l'adversaire.

Un des élèves est sacrifié pour la démonstration, tandis que l'autre le trompe et lui pousse des bottes dans le style le plus correct. Les points d'intersection des lignes mystérieuses sont numérotés de A à Z. Alexandre, l'élève correct, digne produit du génie de son maître, commence au point A; Zacharia, le novice naïf, place son pied au point Z. L'un ou l'autre commence l'attaque, et, suivant les mouvements de Zacharia, le savant Alexandre marche avec calme et sérénité de A à E ou à F, évitant la pointe ou la détournant, et ainsi de suite jusqu'à ce qu'il se trouve enfin dans une position avantageuse. Alors il transperce, tout tranquillement, l'œil de son malheureux adversaire, lui coupe le jarret ou lui tranche le poignet, au choix.

Narvaez enseignait à ses élèves à tergiverser, à éviter certains coups et à en parer d'autres, de manière à tâcher de gagner sur leurs adversaires ; il donnait, pour certains cas, des règles destinées à mettre le tireur à même d'opposer, sans difficulté, son fort au faible de son adversaire ; mais Thibaust va bien plus loin, et soutient que, pourvu qu'Alexandre fasse correctement ses passes, Zacharia ne peut résister et n'a plus qu'à se soumettre au cruel traitement que représentent les gravures.

Un tel système est vraiment étourdissant. Les maîtres italiens et français

Fig. 81. — L'épée seule contre l'épée et la dague. — Thibaust.

doivent avoir bien ri quand parut ce somptueux ouvrage, et demandé à tenir seulement pour quelques minutes un élève de Thibaust, l'épée à la main, de l'autre côté du diamètre mystérieux, pour lui porter adroitement une *stoccata lunga* au premier symptôme de pérégrination !

Tel qu'il est, l'énorme in-folio est certainement l'un des livres les plus curieux qui existent, et il démontre la puissance que la mode peut avoir sur l'esprit des gens.

Il était de mode, en Espagne, de se battre selon des règles absolument artificielles ; la France imita la mode de l'Espagne, et un maître excentrique obtint, en Flandre, assez de protection pour pouvoir publier, de la manière la plus fastueuse que les Elzévirs de Leyden pussent imaginer, ce gros volume de puérilités.

Pour l'amateur et le curieux cependant, l'*Académie de l'épée* a un mérite spécial : elle supplée à l'absence d'explications des livres espagnols de cette époque.

Négligeant l'absurde assurance de Thibaust, qui niait l'imprévu en matière d'escrime, les gravures représentent très exactement cette escrime qui resta en vigueur chez les Espagnols jusqu'au milieu du xviiie siècle. Le dogmatique Thibaust, qui n'admet dans ses calculs que des facteurs parfaitement définis, parle cependant du « sentiment de l'espée », du sentiment du fer comme l'appelleraient les modernes, d'une manière qui tendrait à indiquer que sa pratique valait peut-être mieux que ses théories. La chose est curieuse et mérite d'être signalée.

CHAPITRE IX

Après avoir montré à l'œuvre des maîtres tels que Ferro Capo et Giganti, il serait inutile de parler longuement de leurs successeurs en Italie, pendant

Fig. 82. — Coup de temps porté au moment où l'adversaire lève la main pour frapper à la tête. Au lieu de la botte à la figure, on peut aussi porter un *mezzo dritto* sur le poignet, ou un *rovescio* à l'extérieur du genou. — Alfieri, 1640.

le XVIIe siècle; tous adoptèrent leurs méthodes, sans les perfectionner d'une façon matérielle.

En effet, Torquato[1] et ses préceptes sont plutôt rétrogrades, et il suffira

---

1. *Precetti sulla Scherma.* Rome, 1609.

d'indiquer le titre de l'ouvrage de Quintino[1], dont l'affectation rappelle le langage du commencement du xvie siècle :

« Un bijou de sagesse, contenant de merveilleux secrets et les précautions les plus nécessaires concernant l'art de la défense contre les hommes et diverses espèces d'animaux, nouvellement mis au jour par moi, Antonio Quintino, à l'usage de tous les cœurs vaillants. » Ces merveilleux secrets consistaient simplement en certains trucs particuliers qui ne se basaient sur

FIG. 83. — Un coup d'arrêt sur l'attaque de l'adversaire par une estafilade au genou, laquelle est évitée en retirant la jambe. Un *fendente* à la tête, ou un *mezzo dritto* sur le poignet peuvent aussi être employés dans ce cas. — Alfieri.

aucune méthode. Gaiani indique divers exercices applicables à l'épée employée à pied et à cheval, mais n'introduit aucune innovation théorique.

L'ouvrage d'Alfieri[2] est calqué, en tous points, sur celui de Capo Ferro. Les gravures, d'un caractère excessivement artistique, sont plus nombreuses que celles de son modèle. Celles que nous reproduisons ici suffisent pour montrer que les principes de l'art n'avaient pas changé depuis le commencement du siècle. Les dimensions de l'épée, cependant, avaient été réduites de quelques pouces et son poids diminué de plusieurs onces.

C'est de 1560 à 1570 que les Français commencèrent à former une école

1. Voyez *Bibliographie*, 1613.
2. Voyez *Bibliographie*, 1640. Alfieri est aussi l'auteur d'ouvrages sur le maniement de la pique et de l'épée à deux mains (*spadone*).

distincte de celles des maîtres italiens. Pendant que Le Perche, Besnard et La Tousche posaient les principes fondamentaux de ce qui devait devenir le jeu de l'épée française, examinons brièvement les ouvrages contemporains italiens.

En 1660 parut un Traité sur la vraie manière de se servir de l'épée, par le Bolonais Alexandre Senese[1], dédié, dans un latin curieux, à Charles Ferdinand d'Autriche et témoignant de beaucoup d'autres preuves de connais-

Fig. 84. — Épée et cape. — Le manteau jeté sur la lame de l'adversaire paralyse son bras. Comme attaque on peut choisir soit une botte à la poitrine ou à la figure, soit un *rovescio* sur le bras. — Alfieri, 1640.

sances classiques. Il ne contient cependant aucune innovation réelle. Un coup d'œil sommaire sur son contenu suffira pour montrer l'application des vieux principes à la rapière de l'époque, qui était un peu plus légère que l'arme mère.

Ce traité parle des différents jeux : *giuoco lungo*[2], escrime à longue distance ; *giuoco perfetto,* ainsi nommée quand, au moyen de feintes rapides et bien exécutées, la botte était portée sans rencontrer la lame de l'adversaire. Ce résultat, qu'on n'obtenait qu'avec une arme légère, c'était la perfection. Pour l'obtenir, il fallait tenter bien des efforts et franchir bien des difficultés.

Il est assez intéressant de constater, en passant, que ce *giuoco perfetto*, que les Français réclament, sous un autre nom, comme étant l'une des

---

1. Voyez *Bibliographie*.
2. Le « développement » de Capo Ferro et de Giganti était alors employé partout.

caractéristiques de leur école, a été si nettement défini par un vieux maître italien. Le même maître désapprouvait le *giuoco corto* ou escrime corps à corps, qu'il qualifiait de dangereux et de peu scientifique. A remarquer aussi les expressions : *il peso* — l'équilibre — que Senese suppose parfait si le poids du corps porte sur la jambe gauche, en garde, et sur la droite, en attaquant ; *tempo indivisibile,* temps pris quand la riposte résulte de la parade, sans aucun repos ou arrêt ; *linea perfetta e linea retta,* qui s'applique à la pointe de l'épée tenue dans une ligne qui menace toujours directement l'ad-

Fig. 85. — Coup de temps en passant sous la lame de l'adversaire au moment où ce dernier porte la botte, la main haute. — Alfieri, 1640.

versaire ; *trovata di spada,* engagement de la lame adverse qui devrait toujours précéder les feintes et les liements.

Senese enseigne les mêmes gardes que Fabris et que Giganti ; il en indique même une de plus, dans laquelle le genou gauche est plié et la jambe droite tendue. « Avec celle-ci, déclare-t-il, on peut faire des parades qui, dans la rue, valent un trésor, et qui couvrent un homme d'une façon absolue! » Nous nous permettrons, bien que cela soit fort présomptueux de notre part, de douter de l'assertion.

Comme Capo Ferro et Giganti, Senese préconise une parade universelle capable, d'après lui, de rencontrer n'importe quel coup. Cette parade semble n'être qu'un moulinet à longueur de bras, partant de quarte haute à seconde, et il est difficile d'admettre qu'on puisse lui accorder plus d'effet qu'à n'importe quelle autre parade « balayante ».

Dix ans plus tard parut la *Scherma illustrata*, de Morsicato Pallavicini[1], élève du grand Matteo Gallici, qui n'écrivit rien lui-même, mais brilla dans l'ouvrage de son élève.

Le livre prouve un travail approfondi et une longue étude, mais son principal intérêt réside dans les informations qu'il contient sur des sujets contemporains et historiques, concernant l'escrime et les escrimeurs. Il paraît que Morsicato Pallavicini voyagea beaucoup en Europe. Il nous apprend que la Corporation des maîtres d'armes, qui existait en Espagne

FIG. 86. — Un contre en parant l'attaque de l'adversaire avec la dague et en trompant sa parade par une *cavazione* au-dessus de sa main gauche. — Alfieri, 1640.

depuis le moyen âge, jouissait encore de son temps d'un monopole absolu, et que personne ne pouvait enseigner l'escrime s'il n'avait pas été reconnu par l'examinateur général résidant à Madrid.

Cet examinateur était un Narvaez, ce qui explique le caractère stationnaire de l'escrime espagnole.

Il paraît aussi, d'après ses recherches, qu'une institution semblable exista en Italie jusque vers l'époque de Marozzo.

L'auteur prétend avoir été en relations avec les hommes d'épée de tous les pays, Espagnols, Français et Romains; il soutient que l'école de ces derniers est la meilleure.

« Aux principes de cette école, affirme-il, les Espagnols ont emprunté

---

1. Voyez *Bibliographie*, 1670.

leur jeu, comme l'admet du reste Narvaez, élève du grand Carranza qui, le premier, apprécia la vraie valeur de nos principes[1]. »

Tous les traités sur l'art des armes s'occupent, assez naturellement, de l'épée affilée, et les illustrations représentent invariablement le résultat sanglant d'une *botta*. C'est donc avec un certain plaisir que nous rencontrons, dans l'ouvrage de Pallavicini, quelques indications au sujet de l'instrument dont on se servait dans les salles d'armes.

L'auteur nous apprend que de son temps on employait, dans les assauts, des épées pourvues d'un bouton qui, alors qu'il était enveloppé de cuir, avait à peu près la dimension d'une balle de mousquet. Il parle de plastrons de carton, portés par les escrimeurs, mais ne fait pas allusion à des masques d'aucune espèce.

Sa théorie diffère peu de celles de ses prédécesseurs. Nous pouvons donc nous borner à prendre note de l'expression *tirare in moto* (tirer dans les feintes de l'adversaire). C'était une méthode reconnue de prendre un « temps », et cela se faisait, paraît-il, de vitesse, sans qu'il fût nécessaire d'engager, de dégager, ou de lier. Indépendamment de ce que nous savons déjà de l'épée de cette époque, la méthode prouve combien l'arme devait être plus légère pour permettre un mouvement aussi vif.

On usait encore des coups de taille avec la rapière italienne, on en usait même, étant donnée la diminution de sa longueur, avec une plus grande variété que du temps de Marozzo et de ses contemporains.

Parmi les coups les plus fréquemment employés, on peut citer le *mezzo rovescio*, porté avec l'avant-bras sur le côté gauche de l'adversaire; le *stramazoncello*, un coup de fouet avec l'extrême pointe; le *mandabolo* et le *montante sotto mano*, tous deux ascendants, avec le faux tranchant, tels qu'ils se pratiquent encore avec le léger sabre de duel qu'on emploie en Italie.

Au cours de l'année pendant laquelle Wernesson de Liancour[2] publiait à Paris le grand ouvrage qui devait servir de modèle aux auteurs spéciaux de France et Angleterre, un célèbre maître romain — Marcelli[3] — expli-

---

1. Ceci n'est cependant qu'une équivoque. Carranza faisait remonter l'origine de l'escrime espagnole à l'*armatura* des Romains, et non aux *maèstri di Scherma* de Rome.
2. Voyez *Bibliographie*, 1686. France.
3. Voyez *Bibliographie*, 1686. Italie.

quait les règles de l'escrime dans un gros volume, illustré par lui-même, d'une façon fort médiocre, il faut l'avouer.

Ces *Regole de la scherma* étaient enseignées par son père à Rome, et par son oncle dans les écoles napolitaines qui commençaient alors à faire concurrence aux écoles bolonaises.

L'introduction renferme des recommandations, dans le genre de celle-ci :

« Lisez donc, mais avec jugement; apprenez, mais avec fruit ; corrigez-vous, mais d'après de bons principes, et soyez convaincu que si vous pouvez

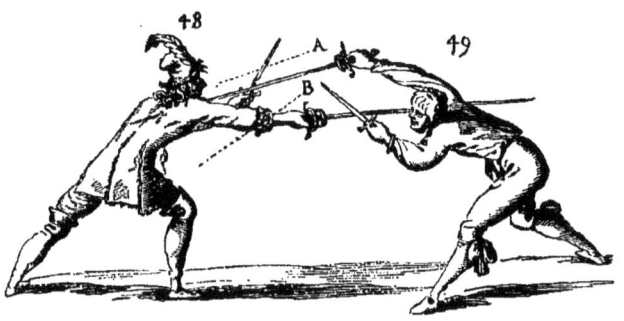

Fig. 87.— Parade en dedans, passe et dégagement sous le poignard de l'adversaire. — Alfieri.

découvrir quelque défaut dans mes principes, vous êtes, en vérité, un grand homme, unique en ce monde, car jusqu'à présent personne n'a pu le faire. »

Marcelli enseignait trois gardes : *prima*, correspondant à la moderne quarte des Italiens, *seconda* et *terza*, correspondant aux deux manières de prendre la tierce moderne dans *Giuoco napolitano* et *Giuoco misto*, c'est-à-dire que sa *seconda* était prise le bras étendu, la main en tierce, et sa *terza* le bras plié et la pointe élevée, la main également en tierce.

Ces gardes pouvaient être modifiées de la même manière que les *quarta* et les *terza* de Capo Ferro pour rencontrer les lignes basses, en baissant la main. La position des jambes est la même que celle que recommande Senese pour un bon équilibre ou *peso*, savoir : le genou plié, en garde, de sorte que le poids du corps porte principalement sur le pied gauche, pendant que la jambe droite est tenue presque droite. Cette garde était aussi adoptée par les maîtres français de l'époque, comme on le voit dans les figures de Liancour.

L'attaque est formée — et c'est ici qu'on rencontre pour la première fois une description aussi exacte de la botte italienne—en étendant d'abord le bras, en avançant le pied droit, en pliant le genou droit et en raidissant le genou gauche; en même temps le bras gauche, qui, en garde, est tenu plié, de manière que la main soit à la hauteur de l'épaule, est rejeté en arrière et étendu en ligne avec le bras droit.

Les dégagements sont les mêmes que ceux de Capo Ferro et de Fabris : *mezza cavazione*, dégagement d'en haut vers le bas, dans l'une ou l'autre ligne; *cavazione*, dégagement de l'intérieur à l'extérieur et *vice versa; contra cavazione* et *ricavazione*, notre contre et double contre.

Marcelli passe auprès de certains auteurs pour l'inventeur de la *botta* appelée *passato sotto*. L'assertion est absolument gratuite, puisque Fabris, Giganti et Capo Ferro en parlent comme d'un stratagème parfaitement connu. Pourtant, il paraît être le premier qui expliqua l'*intrecciata*, l'une des bottes favorites des Italiens, facilitée par leur garde droite, et qui consistait en un froissement (*striccio*) suivi d'un dégagement ou d'un lié comme dans la *fianconata*.

Au sujet du *tempo*, Marcelli explique clairement que, quand la riposte ne peut pas être faite sur la parade (*culpo d'incontrazione*), il vaut mieux attaquer, au moment où l'adversaire se relève. Quand il recommande que les bottes poussées sur la ligne intérieure soient parées avec le vrai tranchant et celles sur la ligne extérieure avec le faux, il indique une parade qui a disparu de la pratique italienne moderne. Cette parade est semblable à notre sixte, elle est en ligne haute extérieure, la main en supination.

L'*Exercice des armes ou le Maniement du fleuret*, publié en 1635, par Jean-Baptiste Le Perche du Coudray, élève du grand Pater, le fameux professeur d'armes français du temps de Louis XIII, commença la longue série de traités publiés par les maîtres de l'Académie royale d'armes.

En Italie, nous l'avons vu, l'escrime n'avait fait que peu de progrès, du moins au point de vue de la théorie, depuis les premiers jours du siècle. Mais, en France, on fit un grand pas en adoptant une classification méthodique des coups et des parades. Cette classification était devenue possible, grâce à la grande légèreté de l'épée française; elle est clairement motivée dans la « Théorie de l'art et pratique de l'épée seule ou du fleuret », de Besnard [1], qui embrasse tous les progrès réalisés en France dans le maniement de l'épée, depuis l'époque où l'on ne jurait que par Cavalcabo. On pratiquait encore quatre gardes, semblables à celles de Fabris et de Giganti. Mais, tandis que les Italiens abandonnaient la pratique des deux gardes élevées, pour se servir seulement de la *quarta* et de la *terza* à la parade, les Français modifiaient les gardes *prima* et *seconda* de telle façon qu'elles favorisaient certaines bottes, en assurant une sécurité relative au tireur. Ils obtenaient ainsi un jeu plus étendu et pouvaient varier le choix de leurs attaques.

C'est ainsi que nous apprenons, par l'ouvrage de Besnard, que les Français employaient non seulement les quatre gardes naturelles, mais que leurs bottes étaient parfaitement bien définies. La botte « en prime », explique-t-il, est donnée de haut en bas, le poignet étant tenu plus haut que la tête. C'est la botte que l'on donne au moment où l'on vient de tirer l'épée. Elle est dangereuse cependant, car elle découvre trop le corps. Constatons, en passant, qu'il est question pour la première fois d'une botte en « prime » proprement dite.

Si nous rappelons que les anciens maîtres formaient les parades *quarta* et *terza* en ligne haute aussi bien qu'en ligne basse, la « seconde » de Besnard paraîtra moins étrange aux tireurs modernes. « La botte en seconde est portée de deux manières : « tierce en seconde » (les ongles en dessous), et « quarte en seconde » (les ongles au-dessus). Toutes deux sont en dedans de l'épée.

« La botte en tierce est poussée en dehors et au-dessus de l'épée, les ongles en dessous, tandis que la botte en quarte se porte en dedans de la lame de l'adversaire, de la façon suivante : En poussant le fer, tournez le côté gauche du corps en étendant le bras, laissez le bras gauche tomber en arrière sur la hanche et étendez le corps de façon que l'épaule droite, le genou droit et les orteils du pied droit se trouvent sur la même ligne perpendiculaire. »

La définition est claire, mais elle ne constitue pas encore un grand perfectionnement sur les Italiens. Les Français se servaient souvent de ce développement, mais non pas dans la plupart des cas, comme on le croit généra-

---

1. Voyez *Bibliographie*. France, 1653; la même année parut la 2ᵉ édition du traité d'Alfieri. Voyez *Italie*, même date.

lement. Ils tombaient ordinairement à fond avec la botte en quarte, mais employaient toujours la passe du pied gauche, aussitôt que l'action se compliquait un peu. En sus des quatre bottes distinctes indiquées ci-dessus, Besnard décrit la *flanconade* de manière à démontrer que cette botte a très peu changé. Mais ce n'était pas, comme quelques-uns le prétendent, une invention de l'auteur, car on trouve maint exemple de coups semblables dans Fabris et Giganti.

Une conséquence de l'amélioration que nous venons de signaler, fut de rendre possible, dans toutes les gardes de la méthode française, l'engagement que l'école italienne ne pratiquait qu'en *quarta* et *terza*.

Besnard explique que ces quatre gardes nécessitent quatre engagements, les quatre engagements quatre ouvertures et par conséquent quatre dégagements. Les quatre dégagements suggèrent quatre feintes.

Les quatre dégagements n'étaient pas nouveaux. Le dégagement d'une ligne basse à une ligne haute était enseigné par les anciens maîtres italiens sous le nom de *mezzo* (ou *meggio*) *cavazione*, mais la classification systématique des feintes qui dérivaient des gardes mêmes, constituait une innovation dans la bonne voie. Les Italiens ne classèrent jamais leurs feintes, qui, par conséquent, ne furent jamais améliorées. Ils laissèrent subsister ainsi, dans leur jeu, un élément d'irrégularité qui ne disparut que par l'influence de maîtres absolument modernes. En rendant les épées plus légères, on en revint forcément à soulever de nouveau la vieille question de *stesso tempo* ou *dui tempi*. La longue rapière rendait toute action rapide de la main visiblement difficile et la puissance offensive devait être cultivée dans les parades; en un mot, la parade devait être formée en riposte. Cela produisait une tendance générale au coup de temps ou coup d'occasion, et les parades y perdaient en certitude, ce qui restreignait nécessairement le jeu, du moins quand la dague n'était pas adjointe à l'épée. Lorsqu'il fut de mode de porter l'épée plus légère et plus courte, l'avantage qu'il y avait à parer d'abord et à riposter ensuite, devint de plus en plus évident.

Besnard nous fait voir qu'il était de règle, parmi les maîtres français, d'escrimer en deux temps, c'est-à-dire, de parer et de riposter séparément. C'est depuis cette époque que nous commençons à entendre parler de parades proprement dites, bien que, réellement, elles ne portent pas encore le nom des bottes correspondantes.

Il est évident que, dans un jeu qui sépare les parades et les ripostes, on trouvera grand avantage à redoubler une attaque que l'adversaire a parée sans riposter. Besnard explique cette action sous le nom de « reprise », qu'elle a gardé jusqu'à ce jour.

L'épée, alors en usage, admettait des parades efficaces du faux tranchant, parades qui auraient été certainement forcées au temps de la lourde rapière.

Il décrit, mais sans leur donner un nom, des parades dans les quatre lignes, exécutées avec le tranchant vrai et faux, la main en pronation ou en supination. Il est donc probable que sept des huit parades modernes : prime, seconde, tierce, quarte, sixte, septime (demi-cercle) et octave, étaient pratiquées d'une façon quelconque à l'Académie d'armes de France, au commencement du règne de Louis XIV.

C'est Besnard qui paraît avoir été le premier à enseigner l'usage courtois du « salut », qu'il appelle « révérence ». La dimension de la rapière française n'avait pas encore diminué jusqu'aux proportions de l'épée moderne, mais les coups de taille étaient absolument hors d'usage. Et, si l'épée avait conservé ses deux tranchants, c'était seulement pour augmenter sa puissance de pénétration et pour empêcher celui qui parait de saisir la lame. Le maître condamne donc l'usage de la main gauche dans la parade.

Du jour où l'on abandonna tous les coups de taille, il n'y eut plus aucune raison pour s'exercer avec des lames plates, et le fleuret tel que nous le comprenons à présent, le fleuret servant seulement aux bottes, fut inventé pour obtenir plus de légèreté. Il est vrai que le mot *foil* était employé en Angleterre longtemps avant cette époque, mais on doit se rappeler qu'il s'appliquait à toute arme émoussée[1], aussi bien à l'épée d'exercice qu'à la lance.

Les Français semblent avoir voulu, à ce moment, séparer entièrement leur école de l'école italienne. On en trouvera un curieux exemple dans la forme de fleuret qu'ils adoptèrent[2].

Tandis que le fleuret italien était la reproduction d'une rapière, d'un poids amoindri, avec *vette* et *coccia* complètes, les Français imaginèrent un

---

1. *Foil*, une arme émoussée, du vieux français *fouler*.
2. Voyez la figure 94 qui représente le fleuret français d'ancienne mode. Le mot fleuret, comme l'italien *florete*, était appliqué au fleuret moucheté, à cause de sa ressemblance avec un bouton de fleur.

instrument dont la garde était formée d'une espèce de pas d'âne, formant une couronne au talon de la lame. La poignée était courte et carrée, bien qu'elle se tînt comme le fleuret français moderne : les quatre doigts reposant sur le manche même, au lieu de se refermer autour du talon de la lame, au-dessous de la garde et au travers du pas d'âne, comme cela se pratiquait auparavant. Cette garde avait toutes les complications de celle de la rapière, sans offrir aucun de ses avantages. Il est étrange que l'habitude de croiser les doigts au-dessus de la lame ait été si vite abandonnée pour le fleuret français, car la véritable correction est de tenir le bras tendu très droit, en garde, d'après la manière italienne[1]. Ce fleuret curieux, qui avait primitivement la même longueur que l'épée qu'il représentait, devint beaucoup plus court vers la fin du xviie siècle, mais on n'en changea pas la lourde garde avant le milieu du xviiie.

Il n'y a aucune raison de croire que Besnard ait été l'inventeur des subtils principes étalés dans son livre; mais, en l'absence de tout autre traité de cette époque, leur origine doit bien partir de là.

Douze ans après, parut un livre dont l'influence a été beaucoup trop vantée et qui, en réalité, recommande des principes tout à fait arriérés[2].

Le développement, qui avait été si bien défini par Besnard, est exagéré par La Tousche, de façon à devenir un vrai tour d'acrobate et à empêcher toute possibilité de se relever promptement, en cas d'insuccès dans l'attaque.

Voici comment il décrit la botte :

« Pour n'importe quelle botte : prime, seconde, tierce, quarte et quinte (la haute septim d'à présent), le bras est étendu, le pied droit fait un pas aussi long qu'il est anatomiquement possible de le faire, et le corps est courbé en avant, jusqu'à ce qu'il repose réellement sur la cuisse. Le pied gauche est tourné de côté, de façon que la cheville touche presque la terre, la tête est baissée autant que possible. »

Avec une telle botte le combat ne pouvait être continué qu'au moyen de remises, la première attaque une fois parée. Cette contorsion s'appelait, ironiquement, sans doute, une « estocade de pied ferme (!) ».

Il y avait une autre manière de porter la botte, c'était naturellement la passe. L'estocade de passe s'exécutait en avançant le pied gauche et en

---

1. Voyez figures 89-93.
2. PHILIBERT DE LA TOUSCHE. Voyez *Bibliographie*.

ployant le corps au-dessus de la cuisse, jusqu'à ce que le menton touchât le genou gauche. On plaçait la main gauche sur le sol pour maintenir l'équilibre.

La Tousche est apparemment le premier qui appliqua le mot : « dégagement » à ce passage d'une ligne à l'autre, que les Italiens appelaient *cavazione* et Besnard « déliement ».

Il cite une cinquième garde et, par conséquent, un cinquième engagement; il est le premier qui donne à quelques parades les noms de leurs bottes correspondantes. Chose assez singulière, pourtant, il restreint cette application aux trois premières.

« Il y a, dit-il, trois parades principales, répondant aux trois manières

Fig. 88. — Estocades de pied ferme en prime et tierce, de La Tousche. D'après *l'Art des Armes*, de Danet.

dont une botte peut être portée, savoir : en dedans, au-dessus et au-dessous de la lame (notre quarte), en dedans, au-dessus avec la pointe haute (notre tierce), et en dessous avec la pointe basse (notre seconde) ». Les parades circulaires (les *contracavazione* des Italiens) étaient évidemment pratiquées par quelques maîtres, car La Tousche les interdit particulièrement.

Quoique partisan de l'attaque de « pied ferme, » il conseille d'adopter la règle de toujours parer, en rompant. Les « voltes » et les « passes » sont aussi à ses yeux de bonnes manières d'éviter le coup.

Avant La Tousche, personne n'avait décrit cette curieuse manière de tenir la rapière des deux mains, qui semble avoir été en faveur pendant la deuxième moitié du xviie siècle. Il donne le nom de « botte du paysan » à une façon toute particulière de se servir de l'épée et qui consistait à saisir la lame de la main gauche, juste au-dessous de la garde, pour pouvoir avec les deux mains rabattre ainsi l'épée de l'adversaire hors la ligne, passer avec le pied gauche et pousser l'estocade.

En somme, les théories de La Tousche sont bien moins avancées que celles de Besnard. Il faut croire d'ailleurs qu'elles rencontrèrent beaucoup de détracteurs, car la grande préoccupation de l'auteur est de les défendre constamment.

Malgré tout, Philibert de La Tousche, qui était professeur de la maison de la Reine et de celle du duc d'Orléans, jouissait d'une haute considération parmi ses confrères et avait autant de succès à la Cour qu'à la ville. Une gravure de son livre représente un assaut auquel il prit part, devant Louis XIV, au palais de Versailles.

L' « Exercice des armes, ou le Maniement du fleuret »[1], de Le Perche, contient des principes beaucoup plus solides que ceux de ce favori.

Si Le Perche est vraiment le premier qui insista sur l'importance de la riposte, il a le droit d'être regardé comme le père de l'école moderne française. « Quand la parade est bien faite, dit-il, c'est un coup sûr que la riposte. » Il est regrettable, pourtant, que cet excellent maître ait suivi quelques-uns des principes et des mouvements exagérés de La Tousche.

Ses attaques sont les mêmes que celles de Besnard et de La Tousche, mais il n'emploie pas la botte de prime, et s'en tient à la seconde, à la tierce, à la quarte, à la quarte basse, à la quarte en dehors et à la flanconade.

Il conseille trois parades inventées pour rencontrer les attaques en dedans, en dehors et sous le bras, et qu'il appelle quarte, tierce, et cercle (notre demi-cercle ou septime).

La Tousche enseigna des parades semblables sous les noms de quarte, « seconde pour le dessus » et « seconde pour le dessous ». Cette dernière était destinée à rencontrer toute attaque dans les lignes basses. On doit, par conséquent, à Le Perche d'avoir appliqué leurs noms modernes aux parades tierce et cercle (demi-cercle ou septime).

Comme tous les maîtres de son temps, il s'occupe beaucoup des diverses manières de désarmer, et, bien qu'il reconnaisse la possibilité d'engager dans les quatre lignes, il n'enseigne réellement que les engagements en quarte et en tierce.

---

1. Voyez *Bibliographie*, 1676.

CHAPITRE X

Malgré son immense renommée, le « Maistre d'armes ou l'Exercice de l'espée seule dans sa perfection, par le sieur de Liancour », ne contient rien de bien original. Mais l'auteur devait être un maître parfait, et il paraît

FIG. 88 bis. — Rapière de duel française, milieu du xvıı° siècle. — Type appelé *Verdun*. Lame quadrangulaire, étroite, rigide, légèrement aplatie vers la pointe, longue d'un mètre 24 centimètres, garde 18 centimètres. (*Collection du baron de Cosson.*)

avoir exclu de son enseignement beaucoup de ce qu'il y avait de faux dans les théories de ses prédécesseurs.

Ce livre servit certainement de modèle à beaucoup de maîtres français et anglais, jusqu'à la fin du xvııı° siècle.

Liancour admettait les cinq gardes et bottes désignées par quelques-uns, mais non reconnues toutes par un de ses prédécesseurs à l'Académie, savoir : prime, tierce et quarte de Besnard, seconde (pour le dessous) et quinte de La Tousche, et septime (cercle) de Le Perche. Cependant il n'est partisan que des engagements en quarte et en tierce, et des parades en quarte, tierce, seconde

Fig. 89. — Les véritables principes de l'espée seulle.
1, 2, 3, tirer l'épée et tomber en garde; 3, 4, deux élévations de la main; 5, une passe. — Liancour.

Fig. 90. — Parade du fort au dedans des armes. — Le coup qu'il faut à cette parade.
Botte en quarte, parée quarte. — Une botte en quinte. — Liancour.

et cercle (septime); les deux premières sont prises par des élévations différentes de la main, pour rencontrer les attaques dans les lignes basses aussi bien que dans les lignes hautes[1].

Ainsi que La Tousche, il interdit toutes les parades en « contre-dégagement » et déconseille l'emploi de la main gauche; il est aussi grand partisan de la riposte distincte que Le Perche. Enfin, en principe, il enseigne tout ce qu'il y avait de plus rationnel dans l'école française de son temps.

Ce qui explique l'antipathie des maîtres français pour les parades circulaires, c'est que l'épée, quoique beaucoup plus courte, était encore assez lourde à la main et qu'une parade circulaire, exécutée par une telle arme, ne pouvait être aussi sûre qu'une parade simple. Les Italiens se servaient de la *contra cavazione*, mais seulement lorsqu'ils portaient les bottes de temps, où l'augmentation de temps était compensée par la simplification du mouvement.

Dans l'école française qui sépara la parade de la riposte, la difficulté pratique des parades circulaires (contres) exécutées avec une lourde épée a dû se faire sentir fortement.

Liancour, en dehors des cinq bottes citées plus haut, se servait naturellement de la flanconade et enseignait aussi la « botte coupée », la « quarte coupée sous les armes » et le « coupé » proprement dit, comme nous le comprenons maintenant. Il ne paraît pas, cependant, attacher beaucoup de valeur à cette dernière action si importante, qui était destinée à devenir l'un des traits distinctifs de l'école française, après sa séparation de l'école italienne.

Le sieur de Liancour insistait sur une exécution correcte de la botte qu'il considérait comme un des principes fondamentaux de l'art; son développement est essentiellement le même que le nôtre : le pied gauche est à plat, par terre, le genou droit tendu verticalement au-dessus du cou-de-pied, le corps bien soutenu.

Il reconnaissait en général la supériorité du coup à fond comme moyen de porter la botte et il employait encore les voltes et les passes.

L'auteur recommande l'emploi de différentes espèces de fleurets : « Le

[1]. La figure 89 indique la manière orthodoxe de tomber en garde; 3 et 4 montrent des gardes en quarte à deux différents degrés d'élévation.

Fig. 91. — Parade du fort au dehors des armes. — Le coup à ceux qui parent en eslevant leur espée. Botte en tierce parée tierce. — Une botte en seconde. — Liancour.

Fig. 92. — Parade de la pointe au dedans des armes. — Le coup qu'il faut à cette parade. Botte en quinte, parée cercle. — Une botte en quarte. — Liancour.

fleuret du maître, dit-il dans son dernier chapitre, devrait être plus léger que celui de l'élève, afin que son bras ne soit pas fatigué par une longue suite de leçons. En prenant la leçon, l'élève devrait se servir d'un fleuret plus lourd que celui de l'assaut et dépourvu de garde, afin qu'il apprenne à parer avec le fort, sans jamais se fier à sa garde pour déplacer la lame de son adversaire. Le fleuret de l'élève doit aussi être plus court que celui du maître, afin qu'il

Fig. 93. — Parade de la pointe au dehors des armes. — Le coup qu'il faut à cette parade. Botte en tierce parée quarte (en dehors). — Dégagement en quarte. — Liancour.

apprécie mieux le danger des bottes de temps et procède à ses attaques avec décision. » Tout ceci démontre combien les vieux principes italiens subsistaient encore dans les écoles françaises, puisque les maîtres devaient avoir recours à de tels artifices pour faire mettre leurs théories en pratique et apprendre à leurs élèves à éviter les coups de temps.

Ce qui est assez curieux, c'est qu'après un enseignement si académique, Liancour ait encore songé à mentionner une parade universelle, consistant en un moulinet circulaire qui couvrait rapidement les quatre lignes.

Il publia son ouvrage bientôt après s'être lancé dans la carrière. Ses principes, nous dit-il, sont ceux de son maître, dont il parle avec la plus grande reconnaissance.

Liancour exerça à Paris, pendant quarante-six années après la publication de son livre, différant, sous ce rapport, des autres maîtres qui n'écrivirent généralement que vers la fin d'une existence active. Il n'est donc pas étonnant qu'ayant commencé sous de tels auspices, il ait acquis cette réputation répandue qui fit de lui un des premiers personnages des annales de l'escrime française.

L'Académie d'armes atteignit son apogée sous Louis XIV. Elle avait été fondée pendant les dernières années du règne de Charles IX, par quelques tireurs devenus célèbres, puis reconnue, privilégiée et créée royale par Henri III, Henri IV et Louis XIII, trois souverains qui eurent la passion de l'épée. Elle obtint des preuves encore plus importantes de la faveur royale en 1656, quand Louis XIV lui accorda, par lettres patentes, le monopole absolu de l'enseignement de l'escrime en France.

Jusque-là cependant, ses privilèges n'étaient pas plus étendus que ceux dont jouissaient beaucoup de vieilles sociétés de la même espèce, telles que la Corporation des maîtres d'armes à Madrid et à Londres, celle des *Marxbrüder* à Francfort, et d'autres associations en Italie, pendant le xvie siècle.

Le Roi-Soleil fit plus encore pour son Académie. Il lui accorda un blason[1], manda en sa présence les vingt-cinq maîtres, et, après leur avoir demandé de désigner six d'entre eux qui étaient les plus méritants, il conféra à ces derniers des lettres de noblesse transmissibles à leurs descendants, promettant, de plus, que le plus ancien maître de la corporation recevrait à l'avenir la même marque de faveur, à la mort d'un des six anoblis, pourvu qu'il eût professé la science des armes pendant vingt ans au moins.

La corporation fut en même temps réduite à vingt maîtres.

Nul ne pouvait enseigner dans le royaume s'il n'avait été prévôt sous un maître de l'Académie de Paris.

Le diplôme de « maistre en fait d'armes » n'était accordé qu'après six ans d'apprentissage chez un membre de la corporation et une épreuve publique devant trois autres maîtres.

---

1. Ce blason était de champ d'azur à deux épées mises en sautoir, les pointes hautes, les pommeaux-poignées croisés d'or, accompagnés de quatre fleurs de lis, avec timbre au-dessus de l'écusson et trophées d'armes autour.

Quand Louis XIV annexa Strasbourg, la vieille école des *Marxbrüder*, autrefois dirigée par Joachim Meyer et qui était devenue l'une des plus brillantes écoles de l'Allemagne, fut francisée et reçut le nom d'« Académie de Strasbourg ».

Bruxelles était aussi le siège d'une Académie d'armes, qui dut son origine à une école d'escrime établie par les Espagnols, alors qu'ils dominaient les Pays-Bas. L'importance de cette école avait été maintenue, grâce à ces assauts publics qui étaient nécessaires pour obtenir un diplôme de maître en Espagne[1] ou à Londres, à l'époque d'Élisabeth. Les prix de ces tournois étaient des armes richement décorées, remises solennellement aux vainqueurs dans la Maison du Roi, le superbe monument de la Grand-Place de Bruxelles.

L'origine de l'« Académie d'armes du Languedoc », mieux connue sous le nom d'« Académie de Toulouse », est probablement la même. Longtemps le Languedoc était resté sous l'influence de la mode espagnole et l'on y suivait l'exemple des écoles d'armes du Roussillon, en tenant des assemblées d'armes périodiques. Des concours d'escrime annuels faisaient partie des Jeux floraux.

Toute une famille de maîtres célèbres, celle des Labat, enseigna l'art des armes à Toulouse, depuis la fin du xvie siècle jusqu'au milieu du xviiie.

Malgré le titre ambitieux d'académie pris par ces associations, il n'y a aucune raison de croire qu'elles aient possédé des droits ou des privilèges. L'influence qu'elles s'attribuaient était le résultat du mérite personnel de leurs principaux maîtres. Pendant le xviie siècle, beaucoup d'écoles prirent en France ce nom d'académie, et la manie sévit encore de nos jours en Angleterre, où des institutions, revêtues des caractères les plus différents, adoptent l'ambitieux qualificatif.

En dehors des écoles régulières, il existait diverses sociétés ou *gildes* reliées entre elles, les unes par des liens simplement fraternels, les autres par des chartes ou lettres patentes qui limitaient leur nombre et leur donnaient droit à des distinctions honorifiques.

La plupart de ces corporations privilégiées furent dissoutes pendant la Révolution française. L'une des rares gildes qui survécurent est la très célèbre Confrérie Royale et Chevalière de Saint-Michel, à Gand. Elle prit

---

1. Voyez page 32.

ACADÉMIE D'ARMES.

naissance pendant les toutes premières années du xviie siècle, dans une société particulière de nobles et de bourgeois, amateurs d'armes. En 1603, la société reçut une distinction consistant en un collier d'honneur, que portait le syndic dans les occasions solennelles, en reconnaissance, paraît-il, des hauts services militaires rendus au siège d'Ostende. C'est à tort que l'on prétend que ce collier est la Toison d'Or ; il est formé de lettres entrelacées, initiales d'Albert et d'Isabelle. En 1613, sous les Archiducs, elle fut reconnue Royale et Chevalière. Depuis ce temps, elle paraît être devenue très exclusive. Le nombre des membres fut réduit à cent, et l'on finit par ne plus

FIG. 94. — Botte et parade en quarte avec opposition de la main gauche. — Labat.

y admettre que des personnages régnants ou les représentants de la plus grande noblesse des Pays-Bas.

La vieille salle des Drapiers de Gand, qui a été le siège de la société depuis 1611, contient les portraits de la plupart des syndics qui ont présidé à cette association d'escrimeurs d'élite. Sous les auspices de la confrérie, on organisait des tournois périodiques dont les résultats sont enregistrés dans un livre d'or.

Les archives de la Confrérie de Saint-Michel eussent été, sans doute, une mine précieuse d'informations au sujet de l'escrime[1], mais elles furent, hélas ! détruites pendant la Révolution. Cette vieille institution est devenue un club d'escrime, dont le duc de Wellington fut membre.

L'art enseigné vers la fin du xviie siècle, sous la sanction des « Académies

---

1. Elles auraient peut-être dit quelle était l'école en faveur dans les Pays-Bas pendant le xviie siècle, l'école espagnole ou l'école allemande, c'est-à-dire l'école italienne.

du Roi », avait cessé d'être celui de la rapière, pour devenir l'art de la courte épée. Le changement dans l'usage de l'arme correspond au changement de la forme.

Aussitôt que la taille fut abandonnée dans le jeu de l'épée, les lames

Fig. 95. — Botte et parade en tierce. — Labat.

légères, triangulaires, cannelées, furent presque généralement adoptées[1]. De ce temps date l'origine de l'escrime à la courte épée.

Fig. 96. — Botte en tierce parée en cédant le faible. — Labat.

Le jeu de la rapière, jeu de pointe qui n'excluait pas complètement les coups de taille, fut cependant cultivé jusqu'à une époque bien plus récente, en Espagne, en Italie, et dans quelques écoles allemandes. En se dépouillant si

---

1. Les lames plates, c'est-à-dire tranchantes, sont naturellement lourdes, surtout de la pointe, car elles exigent un certain poids vers le centre de percussion. Mais quand le jeu est strictement limité à la pointe, la légèreté devient le *desideratum*.

tôt de la plupart des traditions attachées à la rapière, l'école française prit l'avance dans l'art de manier l'arme qui était destinée à devenir d'un usage général en Europe.

Les grandes traditions de l'Académie, institution unique en son genre

Fig. 97. — Botte en tierce en cédant le faible avec opposition de la main gauche. — Labat.

pendant les XVII° et XVIII° siècles, favorisèrent nécessairement le développement d'un système parfait. Bénéficiant, comme elle le faisait, de l'expérience

Fig. 98. — Botte et parade en seconde. — Labat.

d'une longue série de maîtres, qu'avaient guidés dès le début de leur carrière de solides principes, il était naturel qu'elle provoquât une constante amélioration.

Ces progrès apportés à l'art d'envoyer élégamment son voisin dans l'autre monde, consistaient plutôt dans de plus claires définitions, dans la restriction de mouvements particuliers et dans l'abandon de certaines actions imparfaites, que dans la découverte de nouveaux modes d'attaque et de défense.

Les bons maîtres tendaient à faire dépendre le succès d'un jeu serré et

Fig. 99. — Botte en quarte sous le poignet (quinte). — Labat.

précis, sans se fier exclusivement à la variété des trucs et à la simple agilité du corps. Ces principes sont encore ceux de l'école française.

Fig. 100. — Botte en quarte basse (quinte) parée en cercle (septime). — Labat.

Mais les vieilles traditions, comme par exemple l'usage de la main gauche dans la parade, qui satisfaisait la tendance instinctive de parer en même temps, l'usage des voltes et des affaissements, si naturels aux personnes jeunes et actives, étaient trop profondément enracinées dans l'esprit des escrimeurs pour être entièrement abandonnées de sitôt.

Et les professeurs eurent beau désapprouver ces actions peu académiques, ils furent bien obligés de les admettre. Tout en protestant, ils tâchèrent au moins de les ériger en système.

Un ouvrage publié dans les dernières années du siècle par le sieur Labat[1],

Fig. 101. — Flanconade. — Labat.

l'un des membres de cette célèbre famille de professeurs d'armes que nous avons citée en parlant de l'Académie de Toulouse, peut être indiqué comme un exemple de ce cas.

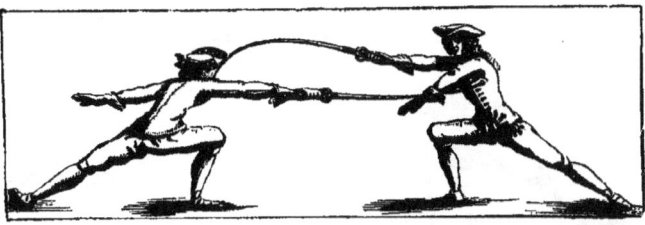

Fig. 102. — Flanconade parée par l'opposition de la main gauche. — Labat.

Sur beaucoup de points, l'art enseigné par Labat ne diffère pas matériellement des notions qu'admet le plus généralement l'escrime moderne.

La garde, son développement, ses méthodes d'avancer et de se retirer, beaucoup de ses bottes, de ses parades dans les quatre lignes, de ses feintes

1. Voyez *Bibliographie*, 1696.

simples, de ses battements, liés et coupés, sont, à bien peu de chose près, les mêmes que ceux qu'on enseigne dans nos écoles.

Mais, à côté de ces principes solides et simples, il enseignait aussi la parade de la main gauche et l'opposition de la même main, après une parade

Fig. 103. — Une passe en quarte, parée en quarte. — Labat.

proprement dite, afin d'empêcher la remise et de faire place à la riposte.

Il enseignait la passe aussi bien que le développement dans toutes les

Fig. 104. — Un temps pris sur une passe en baissant le corps.

attaques, les voltes pour échapper aux bottes basses et les affaissements pour éviter les bottes hautes.

Ces trucs étaient des vestiges du vieux jeu de la rapière. Ils devinrent tout à fait inutiles quand l'épée fut si légère qu'elle pouvait se mouvoir beaucoup plus rapidement que le corps. On attacha une grande importance, pendant toute cette époque et jusqu'à la fin du xviii° siècle, aux mouvements du corps, qui n'offraient cependant aucun avantage dans le jeu de la courte épée. C'est que l'escrime se pratiquait non seulement en vue du duel, mais

Fig. 105. — Temps pris sur une passe en seconde, en voltant. — Labat.

aussi en prévision d'une rencontre soudaine dans laquelle le but d'un tireur était plutôt de désarmer son adversaire que de le blesser ou de le tuer. Cette

Fig. 106. — Désarmement en saisissant la poignée et en tournant le corps de côté sur une passe en tierce. — Labat. — Dans le cas d'une passe en tierce, vous devez parer de pied ferme et saisir la garde de votre adversaire en retirant le pied droit et en lui présentant votre pointe.

action de désarmer, de saisir l'épée, était généralement exécutée au moyen de voltes ou de passes.

Aussi longtemps que l'épée fit partie du costume d'un gentilhomme, l'usage fréquent d'une escrime si confuse entretint la nécessité des trucs qui devaient, plus tard, être bannis de toutes les écoles d'armes.

Les voltes et les passes étant admises dans quelques cas spéciaux, on y eut

Fig. 107. — Désarmement par une parade écrasante. — Labat.

naturellement recours dans des alternatives de développement et de parade.

Labat ne conseille pas les parades circulaires, les « parades en contre-

Fig. 108. — Passe en avant avec le pied gauche et désarmement après avoir déplacé la pointe de l'adversaire par un battement en dehors. — Labat.

dégageant ». Il est difficile de comprendre pourquoi tant de maîtres français s'opposaient à cette action qui est devenue la caractéristique de leur jeu.

D'un autre côté, Labat insiste sur la valeur des parades en « cédant », en opposition au « liement », mode d'attaque souvent employé contre la garde droite et qui semble avoir été fort en faveur, surtout dans l'usage des lames plates.

Un point, curieux à remarquer dans l'enseignement de Labat, est l'importance qu'il attache à l'avantage qu'il y a d'accentuer les feintes par un léger appel du pied[1]. Six ans plus tard il publia un petit catalogue d'escrime[2] à l'usage de ses élèves.

Les deux ouvrages de Labat, quoique de dimensions modestes, prennent rang parmi les meilleurs traités d'escrime pratique. En effet, depuis Liancour et Labat jusqu'à la fin du XVIIIe siècle, tout ce qu'ont écrit les partisans de l'école française a été plus ou moins inspiré par leurs ouvrages. On en est convaincu en parcourant l'*Art de tirer des armes* de de Brye[3], et le *Maistre d'armes* du sieur Martin[4], de l'Académie de Strasbourg. Le dernier ouvrage contient une preuve curieuse de l'influence de l'Académie de Paris sur les choses d'escrime, sous la forme d'une approbation des « maistres en fait d'armes » privilégiés et diplômés, de cette corporation.

Un officier de marine retraité, le sieur Girard, publia, en 1730, le plus splendide ouvrage sur l'escrime qui eût paru depuis l'énorme in-folio de Thibaust.

Le *Nouveau Traité de la perfection sur le fait des armes*, dédié au Roi[5], contient 116 gravures sur cuivre, représentant les diverses attitudes de l'école française, et la manière de les opposer avec succès aux gardes italienne, allemande et espagnole. Cette dernière garde, soit dit en passant, est invariablement représentée, en France, sous un aspect ridicule, qui ne va pas toutefois jusqu'à la caricature. L'infatuation des Espagnols pour la vraie, c'est-à-dire l'ancienne *destreza*, et leur faible bien connu pour les lames démesurées, servirent de données suffisantes pour certifier qu'en Espagne on portait des épées longues de huit pieds.

Le traité de Girard, écrit par un officier et non par un maître d'armes, est consacré, en grande partie, au côté militaire du jeu de l'épée, à son opposition à toutes les autres armes offensives, telles que le sabre, la

---

1. Cette habitude a été conservée dans quelques écoles italiennes où tous les mouvements offensifs de l'épée sont accompagnés d'appels du pied.
2. Voyez *Bibliographie*, 1701.
3. Voyez *Bibliographie*.
4. Voyez *Bibliographie*.
5. Voyez *Bibliographie*.

pique, l'esponton, etc. Il traite même, en manière de digression, de l'usage de la grenade à main, du mousquet et du fléau.

Outre sa valeur historique au point de vue militaire, l'ouvrage de Girard a son importance parmi les ouvrages d'escrime, car il indique les innovations introduites dans la théorie pendant les quarante dernières années.

Il paraît que les cinq bottes distinctes, enseignées à cette époque, étaient la quarte haute, la quarte basse, la tierce, la seconde et la flanconade. Il y avait huit parades, savoir :

1° Quarte pour le dedans haut ;

2° Tierce pour le dedans bas ;

3° Cercle, les ongles en dessus, pour la ligne basse en dedans (notre demi-cercle ou septime) ;

4° Cercle, les ongles en dessous, pour la ligne basse en dehors (notre seconde, mais avec la main tenue haute) ;

5° Une parade fermant la ligne basse externe, la main en supination (notre octave), appelée quinte ;

6° Prime, qu'il définit ainsi : la main très haute, les ongles tournés en bas, le bras étendu, la pointe basse. Girard paraît avoir été le premier à donner à cette parade son nom moderne.

Enfin, le « contre de tierce » et le « contre de quarte », dont il parle comme de parades excellentes, montrent que l'Académie française avait fini par vaincre son vieux préjugé contre les parades circulaires.

Il est vrai que l'épée qu'on portait, sous la Régence, était assez légère pour être comparée à notre épée de duel moderne.

L'opposition de la main gauche était en faveur comme elle ne l'avait jamais été, non pas à titre de parade proprement dite, mais comme moyen d'arrêter un redoublement d'attaque et de garder un chemin ouvert à la riposte.

Quant aux feintes, qui du temps de Liancour et de Labat étaient généralement simples et rarement doubles, on commençait, paraît-il, à les tripler.

Il est évident que l'escrime approchait rapidement de cet état de perfection et d'élégance qui brille dans les ouvrages de Danet et d'Angelo.

CHAPITRE XI

L'ouvrage de Girard est une source d'informations précieuses ; ses gravures montrent les nombreuses ressources de l'art, la possibilité d'opposer avec succès la « Reine des armes » aux autres armes et la facilité de

FIG. 109. — Tombant en garde et premier mouvement du salut.

son emploi dans un combat inattendu. Il insiste sur l'élégance et la précision du jeu de la courte épée, dans une partie courtoise, ou dans un duel entre gentilshommes.

Au XVI° siècle l'escrime était considérée à peu près partout, excepté dans les universités allemandes, comme un talent d'agrément, et, à Paris surtout, les écoles d'armes étaient aussi bien des écoles d'élégance que des écoles de combat. Après quelques parties d'escrime, le « petit-maître » efféminé quittait l'Académie, huché sur ses hauts talons, le tricorne sur l'oreille, sans avoir autrement dérangé sa perruque, son jabot et ses manchettes que s'il avait dansé le menuet.

Ce changement dans les mœurs de l'école semble dater des premiers jours du règne de Louis XIV, de l'apparition du salut sous le nom de « révérence ». Dans toute école de quelque réputation, un code de règle-

Fig. 110. — Le salut, second et troisième mouvements.

ments sévères était en vigueur pour l'assaut. Le tireur accompli devait déployer la plus grande régularité, éviter les coups de temps et ne riposter qu'au moment où son adversaire s'était remis, de manière à ne pas le blesser à la figure, etc. Bref, le style était beaucoup plus estimé que la vigueur. Des masques solides, dans lesquels étaient ménagées des ouvertures à treillis de fil de fer, pour les yeux, semblent avoir été portés dans quelques salles d'armes vers le milieu de ce siècle, mais ils furent généralement proscrits des écoles à la mode, car on les jugeait inutiles aux bons tireurs.

L'escrime, ainsi comprise, devait être très académique, mais aussi très artificielle.

La crainte de blesser un adversaire dans l'école, ce qui aurait discrédité un tireur pour la vie, devait nuire à la vitesse des mouvements. Quelle différence entre une salle d'armes de cette époque et les vieilles écoles du temps d'Élisabeth et de Henri III, dont on sortait rarement sans être couvert de contusions, ayant parfois un œil ou quelques dents de moins!

Pendant les trente années qui séparent l'ouvrage de Girard de celui du grand Danet, parurent les livres suivants[1] : une autre édition des *Exercices des armes,* de Le Perche; *Principes et quintessence des armes,* par G. Gordine, capitaine et maître en fait d'armes à Liège, qui essaya de refondre la théorie de l'escrime et échoua dans son essai; l'*Escrime pratique,* de Daniel O'Sullivan, de l'Académie du Roi (1765), un maître des

FIG. 111. — Quarte haute parée quarte. — Premier degré et prime des modernes, de Danet.

plus orthodoxes, mais dont l'ouvrage n'est remarquable que parce qu'il donne le premier les noms modernes de demi-cercle et d'octave aux deux parades dans les lignes basses, avec la main en supination. L'*Encyclopédie* de Diderot et d'Alembert contenait cependant déjà, dans le volume qui parut en 1756, sous le titre « Escrime », un résumé assez complet des principes suivis par l'Académie, les mêmes, après tout, que ceux démontrés par O'Sullivan. Vers cette époque, le premier Angelo (Malevolti) dirigeait à Londres son aristocratique école, qui faisait florès, et préparait cette merveilleuse production typographique : *l'École des armes,* dont l'apparition blessa si profondément l'amour-propre des maîtres d'armes français et surtout celui du syndic Guillaume Danet, qui commençait alors à publier son *magnum opus,* « l'Art des armes ».

1. Voyez *Bibliographie,* de 1740 à 1766.

Le choix fait par les compilateurs de l'*Encyclopédie*, qui avouaient ne pouvoir trouver de meilleur traité pour leur volume que l'ouvrage d'Angelo, qu'ils reproduisirent tout entier, en réduisant simplement les gravures, ne contribua pas à calmer l'irritation des mécontents.

Mais, quel que fût le chagrin que l'ouvrage de « l'auteur de Londres » (car il ne veut pas accorder d'autre titre à Angelo) causât à Danet, son propre ouvrage était destiné à devenir la source de bien d'autres tribulations. Sa publication suscita tant de jalousies et finit par engendrer un tel sentiment

FIG. 112. — Quarte parée en dehors. — Premier degré, prime moderne dessus les armes, de Danet.

de mauvais vouloir, à peine déguisé parmi les membres de la « Compagnie » que Danet finit par résigner enfin ses fonctions de syndic, qu'il avait occupées pendant tant d'années.

Il semble que, vers cette époque surtout, l'Académie d'armes ne présentait pas le spectacle d'une bien touchante fraternité et que beaucoup de mesquines querelles divisaient ses membres, s'il faut croire ce qu'en dit un certain « Mémoire pour le sieur Menessiez, maître en fait d'armes, etc., contre la communauté des maîtres en fait d'armes[1] ».

Dans tous les cas, l'animosité dont firent preuve les collègues de Danet, après l'apparition de son livre, est assez incompréhensible, puisque Danet relevait simplement certaines inexactitudes dans les termes employés fami-

1. Paris, 1763.

lièrement par tout maître d'armes, et ne conseillait qu'une revision générale de la nomenclature, ainsi qu'une classification plus systématique.

Il supposait assez justement, il faut l'avouer, que sa position éminente dans la profession lui donnait le droit de dogmatiser un peu, et il proposa un arrangement nouveau des bottes et des parades, d'après lequel les désignations numériques ordinaires s'accorderaient mieux avec leur ordre naturel, de manière à avoir réellement une signification en rapport avec le jeu moderne.

Avant d'analyser l'ouvrage de Danet, une courte digression est nécessaire.

Fig. 113. — Prime parée prime. — Danet.

Lorsqu'on commence à étudier l'épée, on constate, avec un certain étonnement, que les bottes et les parades enseignées les premières dans un cours d'escrime, sont désignées sous le nom de quatrième et de troisième (telle est la signification de quarte et tierce), tandis qu'on emploie plus rarement la prime ou première.

En réalité, et malgré l'effort unique de Danet, nous nous servons encore d'une nomenclature dont une partie fut inventée pour le jeu de la rapière et ne s'applique vraiment qu'à ce jeu, et dont une autre s'adresse tout spécialement au jeu du fleuret [1].

---

[1]. Cela est visible pour quiconque donne leurs noms propres aux seules gardes employées dans le jeu d'estoc et de taille, tel que le jeu du sabre, en Angleterre : prime, seconde, tierce et quarte sont approximativement les gardes employées dans la manière primitive du jeu de rapière, quand le coup de taille était principalement employé ; la Prime couvrait la tête et le côté gauche du corps, haut et bas; la Seconde, la partie basse du côté droit; la Tierce, la partie haute du côté droit, et la Quarte la partie haute du côté gauche.

Si nous nous rappelons combien le maniement de la rapière était difficile et sa pratique imparfaite, nous constatons que l'attaque la plus naturelle était une botte haute en pronation ou un coup de taille à la tête. Donc, la première garde de la plupart des maîtres[1], *prima* ou prime, était celle qui pouvait rencontrer cette attaque.

Cette garde haute ou cette parade, comme on voudra, découvrait le corps, et l'on dut en imaginer d'autres, qui exigeaient différentes élévations de la main. Dans deux de celles-ci, la main était tenue plus ou moins en pro-

Fig. 114. — Tierce parée tierce. — Second degré, seconde moderne, de Danet.

nation, cette position étant décidément la plus forte pour rencontrer les attaques sur la ligne extérieure (c'étaient la seconde et la troisième ou tierce). Dans la pratique de la quatrième garde, qu'on opposait à des attaques visant l'intérieur, la main était tenue en supination ou dans la position moyenne.

Plusieurs maîtres enseignèrent un autre nombre de gardes, mais la plupart reconnaissaient les quatre gardes principales, décrites ci-dessus, et les nommaient gardes hautes et basses. Telle est l'origine de prime, seconde, tierce et quarte. La raison pour laquelle les gardes de seconde et de tierce, telles qu'on les comprend à présent, ont changé relativement de position, est celle-ci : quand la prime fut abandonnée comme garde d'engagement, en faveur de la quarte, les tireurs en vinrent à considérer prime et

---

1. Viggiani et quelques autres ont été plus loin dans la description de leur première garde prise quand la main se trouvait à la poignée, prête à dégainer.

seconde comme de simples parades bonnes, la première pour une ligne haute, la deuxième pour une ligne basse. Ils distinguèrent ultérieurement la dernière en la nommant seconde haute ou seconde basse. La seconde haute prit enfin le nom de troisième ou tierce, qu'elle garda.

Si le lecteur veut en référer aux fig. 62, 63, 64, qui représentent les six gardes de Capo Ferro, il trouvera des exemples de ces assertions; *prima*, *seconda* et *terza* diffèrent seulement par la hauteur de la main et protègent

Fig. 115. — Quarte parée tierce basse. — Troisième degré, tierce basse moderne, de Danet.

la ligne extérieure; *quarta* protège la ligne interne; *quinta* et *sesta* sont simplement *terza* et *quarta* basses.

Les anciens maîtres français classaient la parade de seconde, en « seconde pour le dessus » (notre tierce) et « seconde pour le dessous » (seconde propre); le nom de tierce, appliqué à la « seconde pour le dessus », figure pour la première fois dans Le Perche (1676). En Italie cependant, et dans tous les pays qui suivaient la méthode italienne, *quarta* et *terza* gardèrent toujours leur signification respective.

Quoiqu'il n'y ait que quatre lignes fondamentales à fermer et quatre manières essentiellement différentes d'atteindre l'adversaire selon la position de sa main, une arme légère permet, cependant, beaucoup plus de parades et d'attaques différentes. La découverte date de l'époque où l'on abandonna la rapière pour la courte épée. Chaque maître, qui écrivait un système, essayait de donner aux bottes ou aux parades une désignation numérique adaptée à ce qui semblait son ordre naturel. Ces désignations ont sensiblement varié depuis.

Le nom de quinte, par exemple, qui fut finalement appliqué par La Boëssière fils (1818) à une quarte basse avec la main légèrement en pronation, avait d'abord été donné à la position qu'on appelle aujourd'hui la septime (demi-cercle), et plus tard à ce qu'on nomme maintenant l'octave. D'un autre côté, notre demi-cercle actuel fut d'abord exécuté sous le nom de quarte basse, puis sous celui de cercle, et finalement sous le nom de septime. La parade en supination haute, en dehors, reçut son nom actuel de sixte, de La Boëssière. On ne la connaissait auparavant que sous la dénomina-

Fig. 116. — Seconde parée seconde. — Troisième degré, tierce moderne, de Danet.

tion de quarte ou de tierce, qualifiée de « haute en dehors », par exemple.

Cette insuffisance des termes d'escrime et la classification à laquelle elle avait servi de base, inspirèrent à Danet l'ambition de fonder l' « Art des armes » sur des principes qui, dans son opinion, ne pouvaient manquer de paraître clairs et acceptables et qui devaient porter son nom à la postérité. Il rêvait d'être le père de la science moderne des armes.

La Garde. — Voyez fig. 109.

Danet n'admet qu'une garde, semblable à notre garde en quarte, mais qui rejette davantage le poids du corps en arrière, sur la jambe gauche. Il maintient, avec justesse, qu'elle est applicable dans toutes les occasions et qu'elle peut devenir le point de départ de toutes les attaques et de toutes les parades.

Il enseigne la manière d'avancer et de reculer d'après les principes suivis de nos jours. Il approuve aussi un saut en arrière sur les deux pieds, dans le cas où l'adversaire aurait la chance de saisir l'épée.

Les Attaques. — Danet considère qu'en escrime il y a cinq degrés d'élévation pour la main, et neuf positions différentes pour le bras et le poignet, au moment de porter une botte. Les degrés sont déterminés, de haut en bas, par la hauteur de la main « au moment où la botte est donnée »; la position de la main est le résultat de l'élévation du poignet et du degré de pronation ou de supination où elle se trouve.

Fig. 117. — Quarte parée demi-cercle. — Troisième degré, quarte ancienne, de Danet.

Trois bottes sont portées dans le premier degré, savoir : prime, quarte, quarte en dehors.

Une dans le second degré : la botte de tierce.

Deux dans le troisième degré : seconde et quarte coupée (quarte basse coupée au-dessus de la pointe).

Deux dans le quatrième degré, savoir : la quarte basse et la flanconade.

Une dans le cinquième degré : la quinte.

D'après ce système, Danet voulait appeler une quarte haute : *Prime des Modernes*; une quarte en dehors : *Prime dessus les armes des Modernes*; notre prime serait devenue : *Prime ancienne*. Tierce équivalait à *Seconde des Modernes*; seconde à *Tierce des Modernes*. Quinte et quarte auraient gardé leur ancienne position.

Le consciencieux professeur était, paraît-il, partisan d'une main très haute, puisqu'il trouva trois différentes manières de « pousser quarte », qu'il appelait prime, quarte et quinte [1].

Il n'inventa, fort heureusement, pas de noms perfectionnés pour toutes ses parades simples, qui étaient au nombre de dix-huit, soit dit en passant. Il se contenta de classer de la même manière celles qui pouvaient être regardées comme correspondant aux bottes qui avaient été rebaptisées.

C'est ainsi qu'il indique les parades : *Prime moderne* (quarte haute); *Prime moderne dessus les armes* (quarte en dehors); *Seconde moderne*

FIG. 118. — Quarte coupée parée octave. — Quarte ancienne, de Danet.

(tierce); *Tierce moderne* (seconde) et *Quarte moderne* (quarte).

Il préconise aussi la tierce basse, le demi-cercle, l'octave, deux parades de flanconade, — l'une, en tournant la main de supination en pronation et en étendant le bras dans la position de tierce moderne; l'autre, en cédant et revenant en quarte, — la « parade de pointe volante », — une parade en quarte (quarte en dehors généralement), prise en coupant dessus, — trois parades circulaires : contre de quarte, contre de tierce et cercle [2].

Danet décrit longuement les avantages de l'exercice que les Français appellent « faire des contres », et qui consiste en une série de dégagements dans toutes les lignes, exécutés avec toute la correction possible, et que l'adversaire doit parer avec une égale précision ou recevoir sur son plastron.

1. Quinte n'est réellement qu'une quarte basse.
2. Jusque-là ces parades avaient été désignées sous le nom de : contre-dégagement.

Au sujet du « coupé » (couper au-dessus de la pointe), Danet dit qu'il constitue une attaque dangereuse, ayant souvent pour résultat d'amener des coups fourrés. A son avis, le coupé doit être restreint à la riposte.

Il semble qu'on faisait un usage plus libre de l'appel, accompagné d'un battement serré de la lame.

De même on donnait le nom de « double appel », mouvement qui était toujours accompagné d'un double battement du pied, à ce que nous appelons aujourd'hui un « double engagement ».

Fig. 119. — Quarte basse parée quarte basse. — Quatrième degré, quarte moderne, de Danet.

Il fait aussi mention du « coulé », comme d'un préliminaire à une simple botte ou feinte. Les maîtres anglais désignaient cette action sous le nom de « glissade ».

Détail curieux, l'académique Danet admet, dans les engagements qu'il préconise, une parade qui n'était qu'une adaptation, à l'épée courte et légère, de ce coup brutal de la rapière, conseillé autrefois par les maîtres italiens, qui en faisaient une parade universelle *in extremis*. Danet l'appelle « parade de cercle ». Bien qu'il avoue qu'elle introduit parfois du désordre dans le jeu, il explique l'avantage qu'elle peut offrir à un homme qui se sent serré de près, parce qu'elle arrête toutes les feintes et les demi-bottes et qu'elle rencontre toutes les bottes possibles.

« Pour l'exécution convenable du cercle, dit l'auteur, tenez la main en supination à la hauteur de la bouche, gardant votre pointe basse, et, par un mouvement rapide du poignet, faites décrire à votre épée la forme d'un cône?... puis ayant rencontré l'épée de votre adversaire, envoyez votre riposte en quarte. »

Ce cercle était aussi exécuté en prime et en seconde de la même manière, avec une riposte dans les mêmes lignes. La dernière partie du premier volume de Danet est consacrée à ce qu'il appelle le « jeu décisif », c'est-à-dire le jeu des armes dans le combat. Le « jeu décisif » traite de diverses manières de désarmer, soit en se servant de la main gauche, soit en traversant, en liant ou en fouettant la lame de l'adversaire avec l'épée seule.

FIG. 120. — Flanconade, avec opposition de la main gauche. — Quatrième degré, de Danet.

Il explique la nature des voltes, des demi-voltes et des passes qui étaient encore pratiquées dans beaucoup d'écoles, mais il les désapprouve fortement, de même qu'il désapprouve le « dessous » (le *sbasso* des Italiens)[1], qui désignait des coups de temps portés sur l'attaque de l'adversaire ou « sur une feinte dans une ligne haute » en affaissant la tête, le corps en avant.

Les principes de Danet représentaient, en somme, ceux de l'Académie d'armes; mais son idée fixe était la classification « moderne » des neuf manières de porter une botte et la croyance dans l'existence de dix-huit parades « simples », pas une de plus, pas une de moins. Sur une question de principes cependant, il était en désaccord avec quelques-uns des dogmes reconnus : il ne pouvait apprécier aucune différence entre ce que les maîtres appellent « demi-contres » et les « contres » proprement dits.

1. Voyez figure 2.

Ce point paraît avoir vexé particulièrement M. de La Boëssière, l'un des membres éminents de la Compagnie, célèbre parce qu'il fut l'un des maîtres du chevalier de Saint-Georges, et qui passe pour être l'inventeur des masques en fil d'archal[1].

La Boëssière publia, la même année, une brochure ayant pour titre : *Observations sur le Traité de l'art des armes pour servir de défense à la vérité des principes enseignés par les maîtres d'armes de Paris. Par M*** maître d'armes des Académies du Roy, au nom de sa Compagnie.* Il y censurait assez

FIG. 121. — Quinte parée quinte. — Cinquième degré, quinte ancienne et moderne, de Danet.

amèrement Danet et se moquait de sa classification, de ses « simples » parades, et surtout de son ignorance sur ce point délicat du « demi-contre ».

Cette distinction de « demi-contre », comme intermédiaire entre les parades circulaires et les parades simples, n'est, après tout, qu'une distinction sans conséquence, dont on ne s'occupe plus maintenant.

Loin d'être découragé par la réception faite à son premier volume, Danet en fit paraître un second dans le courant de l'année suivante, y joignant une réfutation des critiques faites au nom de la Compagnie, dont il avait dû prendre note. Dans ce volume, il range en bataille tous ses arguments, qu'il base sur une esquisse très incomplète de l'histoire de l'escrime. En même

---

1. Ces masques, qu'il essaya de mettre à la mode vers 1750, étaient semblables, quant à la forme, aux vieux masques d'escrime anglais, mais ils étaient attachés à l'aide de cordons. On en trouve des reproductions dans quelques dessins de Rowlandson.

temps il parle de l'escrime étrangère, qu'il trouve naturellement fort inférieure à l'école française.

Danet était un maître trop sérieux et trop bien connu pour souffrir longtemps de son différend avec la Compagnie dont il avait été le syndic.

En effet, dix ans plus tard, nous le retrouvons directeur de l'« École royale d'armes ». A l'occasion de sa nomination à ce poste d'honneur, il publia une seconde édition de son ouvrage, qui contient une « approbation » des maîtres de cette école, louant hautement les théories de Danet et les

Fig. 122. — Parade de pointe volante.

déclarant acceptables pour l'Académie. « Nous ne pouvons, disent ces maîtres, mieux exprimer notre gratitude qu'en offrant notre approbation à cet ouvrage, sans nous soucier des critiques mal fondées qu'il inspira. »

Parmi les signatures apposées au bas de ce document, on remarque celle de Tellagory, célèbre dans les annales de l'escrime, car il fut le premier maître d'Angelo et des personnages fameux que produisit l'école de ce dernier; celles du chevalier ou de la chevalière d'Eon, du maréchal de Saxe et du chevalier de Saint-Georges, cet admirable Crichton du xviiiᵉ siècle.

Par ce court aperçu de l'œuvre de Danet, nous terminons notre rapide esquisse des ouvrages français traitant de l'escrime. Sa nomenclature « moderne » ne fut pas adoptée, elle allait à l'encontre de trop d'anciennes habitudes; mais ses principes restèrent ceux de l'Académie jusqu'aux derniers jours de son existence, et ils peuvent, en vérité, être regardés comme la base sur laquelle, pendant ce siècle, La Boëssière fils, Lafaugère, Jean Louis, Gomard, Grisier, Cordelois et tant d'autres, brodèrent toutes les délicatesses de l'école française actuelle de l'escrime au fleuret.

Un des meilleurs élèves de Danet fut Jean de Saint-Martin, qui, pendant les dernières années du xviii° siècle, établit à Vienne une aristocratique et très célèbre école, où il enseigna pendant le premier quart du siècle actuel la science des armes, telle qu'elle était approuvée par l'ancienne Académie de France.

La fameuse « Compagnie des maîtres en fait d'armes des Académies du Roi en la ville et faubourgs de Paris », après une existence florissante de près de deux siècles, fut dissoute pendant la Révolution. Augustin-Rousseau, son dernier syndic, dont le père et le grand-père avaient appris l'escrime à Louis XV et à Louis XVI, fut guillotiné en 1793, probablement pour cette simple raison qu'il avait été, comme le dit l'acte d'accusation « maître d'armes des enfants de Capet ».

Blason accordé à *l'Académie d'Armes de Paris*, par Louis XIV, en 1656, enregistré, *en Parlement*, 3 septembre 1664. — L'enseigne habituelle au-dessus de l'entrée d'une école d'escrime était un bras brandissant une épée.

CHAPITRE XII

Avant de continuer notre esquisse de l'histoire de l'art de l'escrime et des caractéristiques des écoles d'escrime en Angleterre, depuis les jours de Saviolo jusqu'à ceux des Angelo, il nous a paru intéressant de noter quelques points concernant l'art des armes en Espagne, en Italie et en Allemagne pendant la même période.

L'ESCRIME EN ESPAGNE
PENDANT LES XVIIe ET XVIIIe SIÈCLES

La *verdadera destreza*, la vraie science de l'escrime, d'après les Espagnols, avait été exposée d'une façon complète dans les imposants ouvrages de don Louis Pacheco de Narvaez, ce type idéal de la gravité espagnole, qui était arbitre dans toutes les questions délicates concernant l'honneur des gentilshommes.

Pendant le xviie siècle presque tout entier, la littérature spéciale dont nous nous occupons, consista principalement, soit en écrits de Narvaez, soit en dissertations d'autres écrivains moins connus, appuyant ou expliquant ses idées. Aussi longtemps qu'il exista une école purement espagnole, elle fut basée sur les principes si soigneusement établis dans le *Libro de las Grandezas de la Espada,* que Narvaez ne fit que répéter avec des variantes sans importance, dans tous ses ouvrages suivants.

Son autorité en la matière était assurée par sa position de maître d'armes du « Roi de toutes les Espagnes et de la plus grande partie du monde [1] ».

Carranza et Narvaez restèrent les fondateurs de la science et conservèrent le même rang, par rapport à leurs successeurs, que Giganti et Capo Ferro en Italie au commencement du xviie siècle, et que Liancour et Labat en France à la fin de ce siècle.

Le lecteur connaît déjà les larges principes de la *verdadera destreza;* il en a lu l'explication dans les chapitres IV et VIII, relatifs à Carranza et à Thibaust. Il lui suffira donc, pour compléter son impression sur cette école, de lire les titres, si magnifiquement sonores, des vingt-huit différents traités sur la philosophie des armes et leur habile maniement, qu'il rencontrera dans la *Bibliographie*.

La plupart de ces traités ne furent écrits que pour défendre les doctrines de Narvaez, ce qui amènerait à prouver qu'on essaya souvent d'introduire en Espagne des notions d'escrime étrangère, tentatives vigoureusement repoussées par les maîtres de la corporation dont Narvaez était le chef. Aussi longtemps que cette association exista, et elle paraît n'avoir commencé à perdre de son influence que vers la fin du xviie siècle, les doctrines de l'ancien jeu d'estoc et de taille, avec ses passes, ses complications et ses opérations préliminaires, sont les seules que l'on ait reconnues et cultivées. Les œuvres de Ettenhard y Abarca [2], un des maîtres à la mode du règne de don Carlos II, en sont un exemple. Elles réalisent bien le type de ces traités espagnols qui débutaient par un exposé des principes de géométrie, indispensables à quiconque voulait manier l'épée avec une « vraie dextérité »; qui fixaient, une fois pour toutes, les angles auxquels les lames doivent se croiser dans toutes les actions possibles, *oposicion de angulos y de movimientos;* qui définissaient minutieusement les pas et les passes, et renfermaient toutes leurs figures dans des diagrammes horriblement compliqués de cercles, de cordes et de tangentes.

La conséquence de cet engouement pour des principes surannés, fut que l'épée espagnole subit moins de changement, comme dimension et comme forme, que celle de n'importe quel autre pays.

---

1. Voyez dans *Bibliographie* les diverses dédicaces.
2. Voyez *Bibliographie*, 1695 et 1697. Ces deux livres se trouvent dans le *British Museum* (Bibliothèque).

Jusqu'au milieu du xviiie siècle, l'*espada* la plus en faveur était la rapière du commencement du xviie siècle, avec ses tranchants, sa garde en coupe, et ses longs quillons.

Le xviiie siècle semble avoir produit très peu de maîtres renommés, et dans les rares ouvrages[1] que nous rencontrons, nous ne trouvons plus cette arrogante prétention à une perfection indiscutable.

Les fanfarons batailleurs, les *diestros*, les *matamoros*, les *valentones*, les *guapos* (ces pittoresques chenapans que Quevedo Villegas, Velez de Guevara et son imitateur Lesage ont dépeint d'une façon si spirituelle), les fiers déguenillés, si admirablement personnifiés par don César de Bazan, dont l'existence même dépendait de leur talent à manier leur prodigieuse rapière, semblent avoir disparu avec le xviie siècle[2].

Le port de l'épée, que tout Espagnol avait considéré jusqu'alors comme un droit, depuis l'époque de Charles V, était devenu un privilège que la mode et les ordonnances répétées de la police commençaient à restreindre aux nobles seulement. Il est vrai que chaque Espagnol, de condition indépendante, se considère comme un *hidalgo* et que la restriction eut beaucoup moins d'effet dans ce pays que dans aucun autre.

Toujours est-il que parmi les gens de roture, amateurs d'escrime, le maniement de la dague commença à être en grand honneur quand le monopole de l'épée resta aux classes supérieures.

C'est de là que part l'origine de l'escrime à la *navaja*. L'emploi du long couteau espagnol, en même temps que la *capa*, était basé sur les principes du jeu de l'épée et du manteau. Son maniement, quand on l'employait seul, suivait les principes de la rapière seule, selon l'enseignement de Carranza. Dans le premier cas, le bras gauche, protégé par le manteau roulé deux fois sur lui-même, était employé pour parer; le pied gauche, en garde, était placé en avant; la dague se tenait dans la main droite, le pouce à plat sur la lame. Dans le second cas, comme il ne pouvait y avoir que peu de parades, excepté en saisissant le poignet, la véritable dextérité consistait à forcer l'adversaire à faire un mouvement qui fournît l'occasion de

---

[1]. Il n'y a que cinq ouvrages d'escrime espagnols connus de cette époque, et ils font un effet assez mesquin, comparés à la littérature du siècle précédent.

[2]. Aussi dans la plupart des récits de voyages à travers l'Espagne au xviie siècle. Voyez A. DE SOMMEDYCK, *Voyage d'Espagne*, 1665, et Mme D'AULNOY, *Relation du voyage d'Espagne*, 1629.

porter un coup de temps. Le coup se portait toujours au moyen d'une passe.

Il fallait pour ce jeu une grande détermination et peut-être plus d'amour du combat que pour l'escrime « mathématique et philosophique » de la rapière. Séville avait la réputation d'être le grand rendez-vous des joueurs de dague consommés.

Les principes que nous venons d'indiquer semblent avoir été repris, sans beaucoup de changement, par les amateurs modernes du *cuchillo*.

Le prestige de l'ancienne corporation diminuant insensiblement, les professeurs d'escrime étrangers conquirent enfin quelque influence en Espagne;

Fig. 123. — La garde espagnole, selon Danet, *Art des Armes*, 1766.

mais, en présence de l'engouement enraciné pour le style national, ils en furent réduits à former un système mixte, emprunté aux écoles italiennes, françaises et espagnoles, qui donna de pauvres résultats et eut peu de partisans. Nous constatons donc que tous les auteurs étrangers qui ont examiné le jeu espagnol dans leurs traités, comme Liancour, Girard, Danet et Angelo, représentent invariablement les Espagnols faisant de l'escrime selon les principes de Narvaez. La figure 123, qui, il est inutile de le dire, est exagérée d'une manière ridicule, ressemble dans tous ses points essentiels à des illustrations de la garde espagnole qui se trouvent dans les auteurs cités plus haut, et s'accorde fort bien avec la description que Silver fait du combat espagnol à la rapière, en 1599.

Vers le milieu du xviiie siècle parut, enfin, un livre traitant du fleuret et du sabre et séparant nettement leur escrime respective.

La rapière commençait donc à perdre son caractère d'arme d'estoc et de taille, et déjà s'assimilait à la courte épée, à l' « espadon ».

L'auteur, don Juan Nicolas Pernat[1], professeur d'escrime à l'Académie des « Gardes de la marine », à Cadix, se glorifiait d'être le premier qui adopta le nouvel art. Son traité semble être le seul livre de quelque importance publié sur l'escrime dans la Péninsule, pendant ce siècle. L'auteur était sans doute d'origine française, et l'on peut dire qu'il prépara l'adoption graduelle des écoles françaises et italiennes et l'extinction des écoles purement espagnoles.

En l'absence de livres importants, datant des dernières années du xviiie siècle, il est difficile de dire si le récit suivant, donné par Angelo, dans sa dernière édition (1787), du système d'escrime espagnol, s'accordait avec les faits de son temps, ou s'il a simplement paraphrasé un chapitre de Girard, qu'il semble d'ailleurs avoir imité en beaucoup de points :

« Les Espagnols ont adopté une méthode d'escrime différente de celles de toutes les autres nations ; ils aiment les coups de taille à la tête, suivis immédiatement par une botte entre les yeux ou à la gorge.

« Leur garde est presque droite, leur développement très court ; quand ils arrivent à distance, ils plient le genou droit, raidissent le genou gauche, et portent le corps en avant ; quand ils se retirent, ils plient le genou gauche et raidissent le genou droit ; ils rejettent le corps bien en arrière, en ligne droite avec celui de l'antagoniste, et parent avec la main gauche ou glissent le pied droit derrière le pied gauche.

« Leurs épées ont près de cinq pieds de longueur, de la poignée à la pointe, et sont tranchantes des deux côtés ; la coquille est très grande et traversée par une petite barre, qui ressort d'environ deux pouces de chaque côté ; ils s'en servent pour arracher l'épée de la main de l'adversaire en liant ou en croisant sa lame, surtout quand ils se battent contre une longue épée ; mais il leur serait très difficile d'exécuter ce mouvement contre nos armes.

« Leur garde ordinaire place le poignet en tierce et la pointe en ligne avec la figure. Ils font des appels ou attaques du pied et portent des demi-bottes à la figure, tiennent le corps en arrière et forment un cercle avec la pointe de leur épée à gauche ; raidissant leur bras, ils avancent le corps pour porter leur coup à la tête et reprennent immédiatement leur garde, tout à fait

---

1. Voyez *Bibliographie*, 1758.

droite, la pointe étant en ligne directe vers la figure de leur adversaire. »

Si ce tableau était vrai en 1787, quoiqu'il fût fort incomplet, il montre que la *destreza* ne changea jamais ses principes, et qu'elle resta, jusqu'à son dernier jour, ce que Narvaez en avait fait.

Il est probable que pendant le xviiie siècle les maîtres des « Académies du Roy » placèrent l'école française dans une position d'indiscutable supériorité, si l'on en juge d'après l'invasion des professeurs français en Angleterre, en Allemagne, jusqu'en Russie, et même, mais plus rarement, en Italie et en Espagne.

Les Italiens semblent avoir été incapables de transformer suffisamment leur ancien système d'escrime, pour le rendre tout à fait propre aux lames courtes et légères dont on se servait en France et en Angleterre.

Ils modifièrent quelques détails de l'ancienne escrime de la rapière, enseignée par les redoutables maîtres du xviie siècle, mais ils conservèrent les principes fondamentaux du *stesso tempo* (le temps simple, la parade et la contre-attaque réunies), qui avait été l'âme et la vie du combat à la longue et lourde épée. Ce jeu devint de plus en plus incertain et dangereux, quand on put déployer une plus grande rapidité dans la direction de la pointe. On peut dire que, du jour où l'épée fut assez légère pour permettre des doubles feintes et un jeu actif du poignet, le principe du « temps simple » appliqué en toute occasion, devint décidément vicieux. La complication qui pouvait être introduite dans l'attaque, nécessitait une plus grande variété de parades qu'il était possible de combiner avec une riposte en *stesso tempo*.

L'art des armes, qui avait été dans les siècles précédents une des grandes spécialités des Italiens, semble avoir été quelque peu négligé pendant le xviiie siècle, si l'on peut prendre pour indice le petit nombre de traités connus : il n'y en eut que cinq ; le xviie siècle en produisit trente-quatre. En tout cas, il est évident qu'ils ne surent pas conserver leur ancienne suprématie.

Entrer dans des détails concernant les ouvrages de Calarone, A. di Marco, Mangano, Lovino et Micheli[1], ne servirait qu'à fatiguer le lecteur. Qu'il suffise de savoir que, pendant le xviiie siècle, l'escrime italienne prit le caractère qu'a décrit avec tant de vivacité le traité des « deux amis Rosaroll et Gri-

---

1. Voyez *Bibliographie*, Italie, 1714 à 1798.

setti », le dernier ouvrage qui figure, pour l'Italie, dans la liste bibliographique. Quoiqu'il contienne quelques notions d'escrime surannées, il fut longtemps considéré, par la majorité des maîtres italiens, comme l'ouvrage modèle du jeu de l'épée. Certains maîtres napolitains partagent encore aujourd'hui cette manière de voir.

La garde habituelle des Italiens ressemblait beaucoup plus à celle que montre la figure 1, qu'à celle qu'a représentée Danet (voyez fig. 124). Ce dernier n'était d'ailleurs pas très soigneux dans sa manière d'étudier les jeux

Fig. 124. — La garde italienne opposée à la garde française, selon Danet. Pour rendre le jeu convenable, l'Italien devrait être représenté avec une épée à coupe et à quillons comme dans la figure 1.

étrangers; il paraît s'être contenté d'imiter cette gravure d'une planche de Girard.

Bien que les mouvements exécutés par l'épée fussent comparativement simples, surtout chez les bons tireurs, d'actifs mouvements du corps jouaient un grand rôle dans leur système.

Ils se servaient beaucoup d'attaques en marchant, accentuant toutes leurs feintes d'un petit pas ou d'un appel du pied.

Le principe du temps simple n'était pas alors invariablement suivi, mais les bottes de temps, sur les feintes de l'adversaire, caractérisaient l'école italienne, tout comme les parades et les ripostes, bien définies, caractérisaient l'école française.

Convenablement exécutées, elles n'étaient pas du tout aussi défectueuses ni aussi incertaines qu'il plaisait aux maîtres français de le proclamer. Les

Italiens tenaient droit, toujours, le bras armé de l'épée; il leur suffisait donc, pour écarter le fer ennemi, d'exécuter des parades très serrées, fort sur faible, sans cesser de menacer l'adversaire de la pointe.

La forme de leur épée (une rapière à poignée, de coupe réduite) était du reste éminemment favorable. Tout l'art de porter des coups de temps avec certitude, dépend du maintien de « l'opposition » dans n'importe quelle ligne menacée par l'adversaire. Ils s'efforçaient donc de « garder la ligne », étudiant soigneusement cette partie de l'art, la creusant à fond, car ils y voyaient le principe dominant de l'escrime.

En présence de ce système basé sur l'« à-propos », la botte allongée n'était guère employée; on avait plutôt recours à des séries d'attaques courtes, parcourant diverses lignes, afin de gagner sur l'adversaire, de manière à l'obliger à parer avec plus d'écartement ou à forcer une entrée, en liant sa lame. La main gauche se tenait de niveau avec la poitrine, prête à arrêter ces bottes de temps qu'on portait sur une feinte. En tombant à fond, cette main était généralement rejetée en arrière, en ligne avec le bras tenant l'épée, afin de conserver l'équilibre. On considérait encore, comme très académiques, les bottes de temps portées sur l'attaque de l'adversaire, en baissant le corps, quand l'attaque venait dans une ligne haute; en voltant, quand l'attaque arrivait dans une ligne interne; en passant à gauche, quand elle était dirigée en dehors.

Ces mouvements étaient désignés respectivement sous les noms de *sbasso*[1], *inquarto* et *intagliata*.

Les Italiens employaient quatre gardes et, bien que l'engagement le plus ordinaire fût en quarte, ils engageaient dans les trois autres lignes. Comme il n'y avait que quatre parades simples, ordinairement usitées, les gardes et les parades devenaient, dans tous les cas, des termes strictement identiques.

Le bras étant entièrement étendu[2], soit en garde, soit à la parade ou à l'attaque, il suffisait, pour parer dans une ligne donnée, de changer la garde de manière à couvrir cette ligne.

Voici quelles étaient ces parades ou gardes :

---

1. Voyez figure 2.
2. Sauf le cas où l'on se servait des parades en cédant ou *cedute*, quand le bras se replie et se détend de nouveau, immédiatement après l'exécution de la parade.

Pour la ligne haute interne, *prima* — la main en pronation de niveau avec le menton, la pointe menaçant le corps de l'adversaire — et *quarta* (voir fig. 1); pour la ligne haute externe, *terza* — semblable à *quarta,* sauf la position de la main, qui était en pronation; pour la ligne basse interne *mezzo cerchio* — que représenterait la fig. 124, si le bras de l'Italien était étendu depuis l'épaule, et sa main un peu plus basse; — pour la ligne basse externe, *seconda* — la main en pronation de niveau avec la hanche, la pointe menaçant celle de l'adversaire.

Les passages d'une ligne interne à une ligne externe étaient d'une grande simplicité et très peu nombreux.

Les Italiens s'en tinrent toujours aux principes de leur ancien jeu de rapière. Ils étaient de cet avis que la vigueur, l'agilité et le discernement à saisir l'à-propos, étaient plus utiles, dans le maniement sérieux de l'épée, que les combinaisons les plus scientifiques.

Angelo, qui était pourtant d'origine italienne, a décrit, d'une façon fort incorrecte, cette garde italienne.

« La garde italienne, dit-il, est ordinairement très basse. Ils plient également les genoux, portant le corps entre les deux jambes, et tiennent le poignet et la pointe de l'épée bas, forçant la position du bras; ils gardent la main gauche à la poitrine, pour pouvoir parer et riposter en même temps.

« Quoique cette garde leur soit naturelle, ils en ont d'autres qu'ils varient à chaque instant, pour embarrasser l'adversaire. Tantôt ils tiennent le poignet haut et la pointe à la ligne de l'épaule; tantôt ils élèvent le poignet et abaissent fortement la pointe. Parfois ils essaient d'intimider leur antagoniste en faisant de grands mouvements du corps, en tournant autour de lui à droite ou à gauche; ils avancent promptement le pied gauche vers la droite, portent des bottes droites, au hasard, et exécutent des passes et des voltes. Ils ont une grande confiance dans leur agilité et leur parade de la main gauche; aussi arrive-t-il souvent, lorsque deux Italiens se battent, qu'ils sont frappés tous deux, simultanément. Cela s'appelle un contre-temps et les bons tireurs y sont rarement exposés, parce qu'ils savent comment rencontrer la lame par un contre-dégagé ou par le cercle, et parce qu'ils ont la riposte prompte.

« Et cependant, je suis persuadé que la méthode italienne que je viens d'indiquer embarrasserait un bon tireur, s'il ne prenait pas toutes les précautions nécessaires. »

Le système moderne de l'escrime napolitaine est basé sur les anciens principes du jeu de la *spada lunga*, que nous avons esquissés dans ce livre, mais il proscrit tout mouvement inutile du corps, ainsi que les parades de la main gauche. En somme, il est plus simple que le système français et, quoique moins brillant pour le jeu du fleuret, il convient peut-être mieux à l'épée. Mais les mouvements fréquents et excessifs du poignet, qui sont l'action dominante dans un jeu où le bras est constamment tendu, ne sont praticables qu'avec des épées montées à l'ancienne mode des rapières, pourvues de quillons, d'une garde en coupe, d'un pas d'âne, de manière à permettre au tireur de refermer un ou deux doigts et le pouce autour de l'extrémité de la lame. Les écoles allemandes et espagnoles n'ont pas complètement abandonné ces épées-là.

L'ESCRIME EN ALLEMAGNE
PENDANT LES XVIIe ET XVIIIe SIÈCLES

Les *Federfechter*, — nous l'avons constaté déjà dans un chapitre consacré aux anciennes salles d'escrime allemandes, — les *Federfechter* popularisèrent en Germanie le maniement de la rapière.

A la fin du XVIe siècle, la *feder*, ou rapière, était en usage dans toutes les écoles d'armes d'Allemagne. Comme la mode en venait d'Italie, les principes et la plupart des termes propres à cette escrime furent copiés de l'italien, tout comme nous avons vu Sainct-Didier employer des mots bizarres, quand il acclimata en France la méthode italienne, et les partisans de la rapière du temps d'Élisabeth discuter dans un étrange jargon italien, mélangé d'espagnol, les mérites du *stocado* et du *punto reverso*.

Lorsqu'il s'agit de questions de mode, les imitateurs arrivent naturellement toujours un peu tard, et, bien que Meyer, dans sa première édition (1570), embrassât toutes les meilleures méthodes de son temps, son système avait bien vieilli quand la deuxième édition parut à Augsbourg, en 1610. En 1612, Jacob Sutor n'avait pas avancé d'un pas sur les méthodes de Marozzo, Agocchie, Grassi et Viggiani, que les partisans de l'école bolonaise, en Italie, considéraient alors comme tout à fait démodées.

Au cours de la même année cependant, Conrad von Einsidell, maître d'escrime à Iena, présenta à tous les amateurs du noble art de l'escrime une reproduction allemande de la traduction de l'ouvrage de Cavalcabo[1], par Villamont. Cinq ans plus tard, les Elzévirs publièrent, à Leyde, la première traduction allemande du *Schermo* de Fabris, dont beaucoup d'autres traductions et plusieurs éditions nouvelles sortirent des presses allemandes, durant le xviie siècle et le premier quart du xviiie.

En 1619, une traduction en français et en allemand, du grand maître vénitien Nicoletto Giganti, fut publiée à Francfort, par J. Von Zetter (qui était probablement un Marxbrüder), et une deuxième édition de cette traduction parut en 1622.

Hans Wilhelm Schöffer von Dietz, maître d'escrime à Marburg, rassembla en 1620, dans un énorme volume, illustré de six cent soixante-dix gravures sur cuivre, les méthodes des plus célèbres maîtres italiens de son temps, surtout celles de Salvator Fabris.

Trois éditions d'un ouvrage semblable, réunissant les écrits de Fabris et de Capo Ferro, mais de dimensions plus petites, furent publiées, de 1610 à 1630, par Sébastien Heussler, « Krïegsmann und Freyfechter von Nürnberg ».

Puisque tous ces traités italiens épuisèrent plusieurs éditions, et que la plupart des auteurs, tels que Hündt, Köppen et Garzonius, suivaient les mêmes doctrines, on peut certifier que l'escrime à la rapière, en faveur chez les Allemands pendant le xviie siècle, était purement et simplement celle de l'école italienne, fondée sur l'enseignement de ces trois grands tireurs : Fabris, Giganti et Capo Ferro. Quant au jeu d'estoc et de taille (*auf Stoss und Hieb*), tel qu'il était pratiqué dans les Universités jusqu'au commencement de ce siècle, il resta la base de l'école allemande.

Vers le dernier tiers du siècle cependant, certains maîtres allemands, parmi lesquels Daniel Langé, *Fechtmeister*, à Heidelberg, et G. Paschen, qui semble avoir professé à Francfort, à Halle et à Leipzig, où il publia aussi plusieurs éditions de son ouvrage, adoptèrent quelques termes et quelques

---

[1]. Voyez *Bibliographie* : Allemagne, 1612; France, 1609; voyez aussi page 106.

attitudes empruntés aux Français. Mais, malgré la renommée des armes françaises et le petit nombre de grands maîtres italiens pendant le xviiie siècle, le jeu de ces derniers semble cependant avoir été le plus sympathique aux Allemands.

Après le xvie siècle, un grand changement se produisit dans le caractère des écoles elles-mêmes. Les *Fechtboden* furent insensiblement abandonnés par les bourgeois et bientôt ils ne furent, pour ainsi dire, plus suivis que par les étudiants et les officiers. Quant aux vieilles associations bourgeoises d'escrime, elles se convertirent graduellement en *Schützen Kompagnien*.

Le *Schwerdt* et d'autres lourds engins d'escrime qui avaient été, pendant le xvie siècle, les armes favorites des Germains, n'étaient plus autant en usage[1], et l'on commençait, d'un autre côté, à voir dans la rapière une arme noble, destinée à être portée et cultivée par la « haute société » seulement.

Les membres de toutes les Universités, professeurs et étudiants qui formaient la « noblesse de la science », s'arrogèrent le droit de porter la rapière et de s'en servir, droit qu'ils gardèrent par prescription, malgré les défenses et malgré les statuts des Universités fondées pendant le xvie siècle.

La guerre de Trente ans, qui désorganisa l'Allemagne dans toutes ses forces vives, plongeant le pays dans un épouvantable désarroi, eut sur les Universités une influence particulièrement désastreuse. Rendue chaque jour plus irascible et plus querelleuse par cette mode ridicule qui substituait le port de l'épée au port de la robe, la jeunesse universitaire allemande devint aussi prodigue de son sang que le furent les gentilshommes français, atteints de l'incompréhensible manie du duel, depuis Henri II jusqu'à Louis XIV.

C'est en vain que l'on tenta, la guerre terminée, de restreindre une fois encore le privilège du port de l'épée. Cette tentative n'eut pas plus de succès que celles qui l'avaient précédée. L'habitude, profondément enracinée, était entrée dans les mœurs, et elle persista — malgré toutes les oppositions — parmi les étudiants et parmi les hommes de « qualité », jusqu'à la fin du xviiie siècle.

---

1. Un traité sur le *Schwerdt* et le *Dusack* parut à Wurzburg pendant la dernière partie du xviie siècle, à une époque où l'on avait complètement oublié la pratique de ces armes. Voyez *Bibliographie*. Verolinus, 1699.

Quoique les *Marxbrüder* et les *Federfechter* n'eussent pas conservé leur monopole, c'étaient eux qui dirigeaient des écoles d'escrime universitaires. Et les leçons du *Fechtmeister* avaient, pour les étudiants, beaucoup plus d'attraits que celles des autres professeurs. Les meilleures écoles d'escrime du temps s'établirent là où s'étaient fixées les Universités les plus populaires.

Kahn[1] est la principale autorité sur laquelle nous nous appuyons, en ce qui concerne ces écoles d'escrime universitaires. Dans ses ouvrages, il fait un tableau, assez détaillé, de ce qu'il appelle la *Kreusslerische Schule*.

Vers l'année 1618, arriva, à Francfort-sur-Mein, le fils d'un maître d'école de Nassau, qui, « préférant la noble lame à la férule », se plaça en apprentissage chez les *Marxbrüder*. Il fut, un jour, admis dans la confrérie et alla à Iena, où, pendant 50 ans, il enseigna à plusieurs générations d'étudiants les mystères du *Feder*. Il mourut en 1673. Tel était le grand Kreussler, le fondateur de cette confrérie fameuse de maîtres d'armes, dont les noms restèrent si longtemps célèbres dans la plupart des Universités allemandes. On conserve encore, dans la bibliothèque de l'Université de Iena, une toile qui le représente aux côtés du capitaine du *Marxbrüdershaft* qui le proclama maître. Kreussler est vêtu de noir, et sur son pourpoint tranche un grand col blanc. Il tient une épée, et sa main est recouverte du gantelet professionnel. Le peintre s'est appliqué à indiquer qu'il avait l'épaule droite ou plutôt le côté droit, tout entier, beaucoup plus développé que le côté gauche. L'œil droit, cet œil qui, au dire d'auteurs de l'époque, était « aussi brillant que celui du faucon[2] », est plus grand, plus ouvert que l'œil gauche. Tout, dans ce portrait curieux, tend à rappeler que le vieux maître s'était voué exclusivement à l'escrime de la main droite.

Kahn dit, de Kreussler, qu'il fut le fondateur de l'escrime de la *Feder*. Il eût été plus juste de dire qu'il fut un des premiers *Marxbrüder* qui cultivèrent presque exclusivement et élevèrent à un si haut degré de perfectionnement pratique l'art de Cavalcabo, de Fabris et de Giganti. Toujours est-il que c'est de Iena que partit cette manière d'escrimer qui se répandit, petit à petit, dans les autres Universités.

C'est une chose intéressante à constater dans l'histoire de l'escrime, que

---

1. Voyez *Bibliographie*, 1739.
2. Ott, *System der Fechtkunst*, 1853.

les descendants de la plupart des grands maîtres se sont transmis, de génération en génération, les aptitudes particulières, les traditions professionnelles des glorieux fondateurs de ces familles de maîtres d'armes. Nous avons vu les Cavalcabo de Bologne enseigner en Italie et en France pendant presque tout un siècle; les Le Perche de Paris et les Labat de Toulouse, soutenir, de père en fils, le prestige de leur nom, durant une période plus longue encore; nous savons que les Rousseau enseignèrent l'art des armes aux trois derniers rois de la dynastie des Bourbons, avant la Révolution, et que les Angelo tinrent à Londres les écoles à la mode, pendant plus d'un siècle; mais aucune de ces familles ne peut être comparée à celle des Kreussler, qui fournit quelques vingtaines de maîtres d'armes à diverses Universités, depuis le premier quart du xviie siècle jusqu'à la fin du xviiie.

Wilhelm Kreussler, le fondateur de cette nombreuse famille, eut douze enfants, qui devinrent presque tous des professeur renommés.

L'aîné, Gottfried, alla d'abord à Leipzig, où il dut rencontrer Triegler, Paschen et J. Hynitzchen, ces escrimeurs-écrivains dont les œuvres figurent dans la *Bibliographie*; le dernier était un ardent admirateur des écrits de Fabris, dont il publia une nouvelle traduction en 1677[1]. A la mort de son père, Gottfried prit la direction du « champ de combat », à Iena, et, comme Wilhelm, il fit de ses nombreux fils des maîtres d'armes. Parmi ces derniers, l'aîné, Johann Wilhelm, succéda à son père, à Iena, tandis qu'un autre, Heinrich, acquit une grande célébrité dans diverses parties de l'Allemagne; car c'était un champion redoutable. On lui accorde d'avoir contribué à fixer les principes de la vraie école allemande, qui, vers le milieu du xviiie siècle, commençait à devenir la meilleure d'Europe, pour le jeu d'estoc et de taille.

Les portraits de Gottfried, Johann et Heinrich Kreussler sont conservés aussi dans la bibliothèque de l'Université de Iena[2]. Plusieurs de leurs descendants, parmi lesquels un certain *doctor juris* qui revint plus tard à l'occupation traditionnelle de sa famille, enseignèrent jusqu'au commencement du siècle à Leipzig, Giessen et Jena. Quoique les Allemands n'apportèrent jamais beaucoup d'innovations dans le jeu de la rapière, ayant adopté d'abord le jeu italien et plus tard un mélange de styles italiens et français, leurs professeurs étaient fort estimés, tant en France qu'en Italie. Pendant

1. Voyez *Bibliographie*.
2 Ott, *System der Fechtkunst*, 1853.

le xviiie siècle, un bon tireur français devait savoir opposer son jeu à celui d'un Allemand.

Les maîtres français expliquaient naturellement, de la manière la plus plausible, des règles infaillibles pour vaincre le Teuton l'épée à la main; mais, d'après tous les récits du temps, les escrimeurs de l'école de Kreussler, qui vinrent à Paris pour étudier l'escrime étrangère, ainsi que le prescrivait le système de leur maître, se montraient généralement d'assez dangereux adversaires. Il semble vraiment que, vers le milieu du xviiie siècle, l'escrime ait

Fig. 125. — La garde allemande opposée à la garde française. — Danet. Les Allemands se servaient plus généralement d'une épée à coupe semblable à l'épée italienne.

été la science qu'on étudiait avec le plus d'ardeur dans les Universités. A Iena, Halle, Leipzig, Heidelberg, et plus tard à Goettingen, Helmstadt et Giessen, les duels étaient si fréquents et si dangereux, le jeu habituel étant celui de la taille et de la pointe combinées, que l'existence de l'étudiant le plus paisible n'était jamais en sûreté pendant un seul jour.

La manière allemande de tirer l'épée constituait une légère modification du jeu italien, comme le prouve la description suivante, prise dans l'*École des armes* d'Angelo, imprimée en 1763 :

« Dans la position de la garde allemande, le poignet est extraordinairement tourné en tierce, en ligne ainsi que le bras avec l'épaule, la pointe vers la ceinture de l'adversaire, la hanche bien détournée de la ligne, le corps en avant, le genou droit plié et le genou gauche très tendu. Les Allemands cherchent toujours l'épée en prime ou en seconde, et souvent portent la botte dans cette position, en repliant le bras. Ils tiennent la main gauche à la poitrine, dans l'intention de parer avec cette main et, au moment où il tirent l'épée, ils tâchent de frapper violemment du tranchant de leur arme la lame de l'adversaire, afin de le désarmer si c'est possible. »

Outre ce jeu allemand, outre le jeu national de la taille, l'escrime régulière et académique, comme elle se pratiquait à Paris, était également enseignée dans quelques écoles allemandes, pour l'usage spécial des petites cours, qui imitaient, d'une façon assez curieuse, tout ce qui leur venait de France.

Parmi les maîtres dignes d'être cités, nous pouvons mentionner : à Nürnberg, Johann, Andreas, Schmidt et Alexander Doyle, — un Irlandais germanisé; — à Ingoldstadt, J.-J. de Beaupré, — un Français qui enseignait un mélange des jeux italiens et français, — et le grand Friedrich Kahn qui fut, comme le dit Ott, « l'ornement de l'Université de Goettingen, d'abord, et ensuite de celle de Helmstadt ».

Les Kreussler — le fait est assez étonnant — paraissent ne pas avoir publié de livres[1], mais leurs successeurs à Iena, la nombreuse famille des Roux, sont les auteurs de plusieurs ouvrages importants, publiés vers la fin du xviiie siècle.

Nous arrivons à une époque où la passion du duel et le goût de l'escrime faiblirent sensiblement en Allemagne. On commençait à proscrire la botte des rencontres d'étudiants, parce qu'elle amenait de trop sérieux résultats, et l'on se montrait tout disposé à admettre un système qui ne tendait à rien moins qu'à l'abandon du vieux jeu de la rapière, pour le remplacer par le *Hiebcoment* ou jeu de l'estramaçon.

Les étudiants de Iena cependant, ainsi que ceux de Halle et d'Erlangen, insistèrent pour conserver le privilège de pouvoir se tuer ou du moins se blesser dangereusement, au lieu de s'égratigner simplement dans leurs duels, et ils refusèrent de se séparer de leur vieille rapière, jusque vers le milieu de ce siècle.

Au fur et à mesure que les écoles d'escrime universitaires perdaient de leur importance, l'escrime française et la science de la « contre-pointe » s'implantaient lentement mais sûrement en Allemagne, adoptées par les tireurs

---

1. A moins d'attribuer à un Kreussler l'ouvrage anonyme signé B. K., publié à Iéna en 1798. Voyez *Bibliographie*.

civils et par les militaires, tandis que la manière de tirer, suivie par les étudiants, abandonnait beaucoup des caractéristiques de l'escrime proprement dite, c'est-à-dire de l'art de se défendre et de toucher son adversaire de la manière la plus rationnelle et la plus simple.

Le jeu du *Schlaeger*, des étudiants, est fort singulier et exige l'emploi d'une arme toute spéciale; il défend les actions les plus naturelles de l'escrime, et les conditions sont réglées de telle sorte que les précautions les plus élémentaires et les plus importantes du combat naturel peuvent être entièrement négligées. Toute l'attention de l'escrimeur est concentrée vers ce seul but : blesser son adversaire à la figure ou à la tête et l'empêcher, autant que possible, de faire de même.

Si ce jeu ne mérite pas le nom d'escrime, c'est du moins un exercice très rude et très difficile, et un duel au *Schlaeger*, quoique très rarement dangereux pour la vie, peut être considéré comme une très belle preuve de courage et de vigueur.

La description d'un duel moderne entre étudiants allemands, bien qu'étrangère à la donnée générale de ce livre, aura quelque intérêt pour le lecteur.

Le *Schlaeger* est une épée à large coquille, dans laquelle est fixée une longue lame de rapière, sans pointe, plate et assez flexible, dont le faux fil, avant la rencontre, est aiguisé sur une longueur de 7 ou 8 pouces. La poignée est amincie près de la garde et va en grossissant vers le pommeau. Elle est pourvue d'une ganse en cuir par où passe l'index, de façon à tenir l'arme d'une manière aisée et sûre, ce qui est important pour le jeu délié dans lequel consiste uniquement sa pratique. Quelques universités ont adopté une épée pourvue d'une paire de quillons qui remplacent la ganse, dans le but d'assurer la fermeté de l'étreinte.

Les adversaires se mettent en garde, en mesure serrée, tenant leur Schlaeger en prime, le bras tout à fait étendu et la pointe de niveau avec la bouche.

La figure et la tête étant les seuls objectifs de l'attaque, un système très compliqué de bourrelets protège le poignet, le bras, les épaules et, en somme, toutes les parties du corps sujettes à recevoir par accident les coups dirigés à la figure, dont la défense ne fait pas partie de ce curieux système d'escrime. Les yeux sont abrités derrière des lunettes de fer dont les branches protègent aussi quelque peu les tempes. Dans quelques cas, surtout dans les duels entre novices (*Füchse*), la tête est en outre protégée par la casquette universitaire.

Le jeu est très simple, mais si peu naturel qu'il demande beaucoup de vigueur, une longue pratique et le développement des muscles particuliers de l'avant-bras pour arriver à la perfection. Il consiste en coups fouettés du poignet, portés, non pas avec le centre de percussion, mais avec la partie extrême de la lame, qui seule est aiguisée, et dirigés vers l'un ou l'autre côté de la figure de l'adversaire, vers le sommet ou même vers le derrière de la tête. A chaque coup la pointe décrit un cercle presque entier.

De la garde en haute prime, les coups peuvent être portés dans les quatre lignes : en quarte, tierce, quarte basse et seconde (*Quart, Terz, Tiefquart, Sekonde*). Les deux derniers coups passent au-dessous de la pointe de l'adversaire.

Les parades se font en levant la main aussi haut et aussi en avant que possible, la pointe toujours très basse contre les attaques dans les lignes hautes, et en changeant l'opposition contre les coups tentés sous la pointe, dans les lignes basses. La principale difficulté, en parant, est non seulement de rencontrer à temps l'épée opposée, mais de la rencontrer de manière à empêcher la pointe de fouetter par-dessus. On n'emploie que peu de feintes, mais les coups sont rapidement échangés, le succès dépendant de la vigueur, de la rapidité et de la précision avec lesquelles ils sont portés.

Il est inutile de faire remarquer que ces rencontres, dans lesquelles on fait usage des bourrelets et qui sont entourées de telles restrictions, peuvent à peine être considérées comme des duels, dans l'acception ordinaire du mot; ce sont plutôt des concours, dont les vaincus sortent avec quelques estafilades, sans gravité. Les duels des étudiants allemands ne résultent pas nécessairement de querelles particulières; le plus souvent ils sont décrétés, chaque semaine, par les présidents des divers « corps de combat » de l'Université. L'ordre habituel de ces duels est l'échange d'un nombre donné de coups, mettons vingt-quatre, par exemple, ou le combat pendant un certain nombre de minutes, ordinairement quatorze. Un duel, dans ces conditions, est autant une épreuve de patience et de courage qu'une épreuve d'habileté, car aucune blessure, excepté celle qui serait réellement dangereuse, ne permet de mettre fin au combat.

CHAPITRE XIII

Pendant le xvii⁰ siècle, les gentilshommes et, selon toute apparence, ceux qui rapportèrent les habitudes « cavalières » de l'Espagne ou de l'Italie, cultivaient, seuls, en Angleterre, l'escrime de la rapière. De nombreux termes italiens, espagnols ou français, adaptés à des terminaisons anglaises, se rencontrent souvent dans la littérature du premier tiers de ce siècle; mais il paraît difficile de s'assurer, d'une manière positive, si les écoles d'escrime qui jouirent d'une si grande popularité à l'époque d'Élisabeth, sous la direction de Saviolo et d'autres étrangers, devinrent jamais des institutions bien stables. Il est possible que l'opiniâtre opposition des « membres profitables de la Communauté », des « Maîtres de la Défense » anglais, réussit à empêcher leur intrusion permanente dans ce pays.

Les auteurs du temps parlent beaucoup de l'estramaçon et du sabre, mais s'occupent très peu de la rapière, excepté lorsqu'ils abordent des sujets étrangers. Les gentilshommes doivent avoir étudié l'art de la rapière à l'étranger, ou demandé des leçons soit à des maîtres espagnols ou italiens, soit à des vieux soldats attachés à leur suite. Toujours est-il que, malgré le sentiment populaire qui se manifestait contre la « broche à oiseaux », la rapière resta la seule arme en faveur parmi les classes élevées [1].

[1]. Sous ce rapport, il y avait une différence marquée dans la mode des pays du Nord et dans celle des pays du Midi. En Italie, en Espagne, et même en France, tout homme ayant quelque prétention à l'élégance, à quelque classe qu'il appartint, n'aurait pas voulu se montrer en public sans une menaçante rapière au côté.

Les gens de moindre qualité traitaient avec les maîtres d'escrime ordinaires. Ceux-ci, au moment où ils reparaissent sur la scène, comme membres d'une corporation, semblent être revenus à leur ancienne condition de gladiateurs, qui les tint en si mauvaise réputation pendant le moyen âge. On parle aussi des maîtres d'armes du xvii⁰ siècle, comme de *prize fighters* qui faisaient de leurs sanglants combats, sur les tréteaux, des réclames lucratives pour leur métier, tout comme les boxeurs du siècle suivant vivaient de ce que rapportaient leurs succès dans l'arène. Ils enseignaient le maniement d'un grand nombre d'armes, selon la tradition des anciens maîtres du temps des Tudor, mais ils appliquaient généralement leurs moyens à l'estramaçon qui, depuis la disparition du bouclier en Angleterre [1], était adopté comme arme nationale. L'estramaçon convenait aux amusements populaires, aux combats de théâtre, et les blessures sanglantes et en apparence terribles qu'il produisait, satisfaisaient l'attente des spectateurs, tout en n'étant pas très dangereuses, si on les compare à celles de la rapière. Le coutelas était aussi en grande vogue, et son exercice ressemblait, paraît-il, à celui du *Düsack*.

Quoique l'élégance du jeu de pointe ait pu plaire au cavalier, il ne convint jamais au gros de la nation, l'Anglais se complaisant plutôt dans les combats à tour de bras et n'allant pas jusqu'à s'efforcer de prendre la vie de son adversaire. Les Anglais avaient toujours raffolé de la fatigante escrime à l'épée et au bouclier, et, quand cette arme défensive ne fut plus de mode, « la patience d'endurer », déployée dans un vigoureux combat à l'estramaçon, était beaucoup plus conforme à leurs goûts que le plus savant des engagements de rapière.

Sous les auspices de la « Corporation des maîtres de la Défense », des assauts publics avaient lieu souvent et ils étaient quelquefois honorés de la présence royale. Nous voyons, en effet, que le « Gros Henry » (Bluff King Hal), Philippe et Marie, et la « Reine Vierge » elle-même, assistaient à ces amusements et y prenaient beaucoup d'intérêt.

Le défi porté par les Silver à Saviolo [2], et que ce dernier déclina si sagement, montre que quelquefois des rencontres plus sérieuses que les tournois ordinaires avaient aussi lieu en public. Même après que la Corporation eut été dissoute, — on n'en parle plus après 1593, — ces exhibitions de coups « à

---

1. Il resta beaucoup plus longtemps en faveur parmi les Écossais.
2. Voyez page 24.

tout casser, » qui devaient être très populaires, subsistèrent évidemment. Quelques maîtres plus martiaux que les autres innovèrent l'habitude de substituer des lames affilées aux lames émoussées, et étalèrent leurs prouesses de gladiateurs dans des théâtres ou dans des enclos, partout enfin où ils pouvaient faire payer l'entrée. Ces combats de tréteaux furent certainement l'origine des *prize fights* de boxeurs. On ne découvre cependant aucun récit d'un véritable *prize fight*, à lame affilée, avant la Restauration, en 1660, et il est probable qu'ils ne devinrent très communs qu'après les guerres du Parlement.

En 1662, on en parle comme d'amusements reconnus, à preuve l'extrait suivant du journal de M. Pepy :

« 1er juin. Le duc ayant été à la chasse, est rentré tard et est allé se coucher, de sorte que nous ne pûmes le voir et que nous sommes partis. J'allai avec sir J. Minnes au *May pole*, dans le Strand; là, nous descendîmes de voiture et nous nous rendîmes au Nouveau Théâtre, qui, depuis que les acteurs du Roi sont au Théâtre Royal, est employé par les escrimeurs pour combattre en public. J'y vis, pour la première fois de ma vie, un de ces combats. Celui-ci avait lieu entre un certain Mathews qui l'emporta sur tous et à toutes les armes, et un nommé Westwicke qui fut sérieusement blessé plusieurs fois, tant à la tête qu'aux jambes, car il était tout couvert de sang. Ils reçurent et portèrent nombre de coups terribles, jusqu'à ce que Westwicke fût dans le plus triste état. Ils combattirent avec huit armes, faisant trois assauts avec chacune. Ce combat était le résultat d'une querelle particulière, aussi se battaient-ils pour tout de bon; j'ai éprouvé le fil de l'une des épées, elle n'était pas plus émoussée que ne le sont les épées ordinaires. Il fallait voir la quantité d'argent qu'on leur jetait sur la scène entre les divers assauts.

« Aujourd'hui j'ai entendu parler à la Cour du grand complot qui fut découvert dernièrement en Irlande et tramé par les Presbytériens, etc., etc. »

La description pittoresque qu'on va lire fut publiée dix ans plus tard, dans les *Récits d'un voyage dans les Iles Britanniques*[1], par un certain M. Josevin, de Rochefort. Nous la reproduisons entièrement, car elle dépeint très exactement la manière dont les combats de théâtre étaient annoncés par le héraut et comment ils étaient conduits :

---

1. Paris, 1762.

« Nous allâmes voir le *Bergiardin*[1], où ont lieu les combats entre toutes sortes d'animaux et quelquefois entre hommes, comme nous l'avions déjà vu. Ordinairement, quand des maîtres d'armes veulent faire montre de leur courage et de leur talent, ils se lancent des provocations mutuelles et, avant le combat, paradent dans la ville, au son des tambours et des trompettes, pour informer le public qu'il y a une provocation entre « courageux maîtres de la science des armes » et que l'engagement aura lieu tel jour.

« Nous assistâmes à un de ces combats qui eut lieu au milieu d'une salle construite en amphithéâtre. Au son des trompettes et au roulement des tambours, les combattants entrèrent, dépouillés de leur chemise. A un signal donné par les tambours, ils tirèrent l'épée et commencèrent tout de suite à combattre, ferraillant longtemps sans se blesser. Tous deux étaient très adroits et très courageux. Le plus grand eut l'avantage sur le plus petit, car, selon la mode anglaise, ils tâchaient plutôt de tailler que de porter des bottes comme les Français, de sorte que sa taille élevée lui donnait l'avantage de pouvoir frapper le petit sur la tête. Celui-ci eut à son tour l'avantage étant à même de porter à son adversaire le coup de Jarnac, en l'atteignant au jarret droit qui était presque tout à fait découvert, ce qui fait qu'ils étaient vraiment sur un pied d'égalité. Cependant, le grand frappa le petit au poignet qu'il détacha presque, ce qui n'empêcha pas le petit de continuer le combat après qu'il eût été pansé et qu'il eût pris un verre de vin pour reprendre du courage. Il se vengea amplement de sa blessure; car, peu de temps après, comme il faisait une feinte au jarret du grand, et que celui-ci, se baissant pour la parer, laissait toute sa tête à découvert, le petit lui porta un coup qui lui enleva une tranche de la figure et presque toute une oreille. Quant à moi, je trouve barbare et inhumain de permettre à des hommes de s'entre-tuer pour l'amusement des autres. Les chirurgiens bandèrent et pansèrent les blessures, puis le combat recommença. Tous deux étant maintenant bien au fait de leurs désavantages respectifs, ils furent longtemps sans se blesser. Le petit étant fatigué ne put parer assez efficacement et reçut sur le poignet blessé un second coup qui lui trancha les tendons. Il était vaincu, et le grand fut salué par les applaudissements du public. J'aurais mieux aimé voir la bataille d'ours et de chiens qui eut lieu le lendemain, au même théâtre. »

1. Jardin des Ours, dans Southwarck.

Bien que dans tous les récits des combats auxquels prenaient part les maîtres d'armes gladiateurs, il ne s'agisse que rarement d'autre exercice que de celui de l'estramaçon, le jeu de pointe français, dans toute son intégrité, était le seul en usage parmi les *gentlemen*.

Les plus importants traités anglais sur l'escrime de cette époque, sont les œuvres de sir William Hope. Ce célèbre tireur était le fils que sir John Hope, de Hopetown, eut de ses secondes noces avec lady Mary Keith, fille aînée de William, septième comte-maréchal; son frère aîné fut le père du premier comte de Hopetown. Né en 1660, il fut créé chevalier entre 1687 et 1692[1], et baronnet en 1698. Il fut d'abord nommé « de Grantown », puis « de Kirkliston », et, en 1705, il acheta la terre de Balcomie, dans le Fifeshire. Il servit quelque temps dans l'armée, et fut, pendant plusieurs années avant 1706, député gouverneur du château d'Édimbourg. La liste complète de ses ouvrages sur l'escrime est reproduite dans la *Bibliographie*. Il écrivit aussi quelques traités sur l'art du maréchal-ferrant, dont l'un, *le Parfait Mareschal*, était la traduction de l'ouvrage français du sieur de Solleysell[2]. Il mourut à Édimbourg, en 1724, dans sa soixante-quatrième année, d'un échauffement qu'il prit pour avoir trop dansé. La danse, l'escrime et l'équitation furent ses plus chères occupations.

La baronnie s'éteignit avec son petit-fils, sir W. Hope, troisième baronnet, qui mourut au service de la Compagnie des Indes, en 1763. Presque tous les livres de sir W. Hope furent publiés à Londres et à Edimbourg, mais à des époques différentes, ce qui a embarrassé quelque peu les bibliographes. Il est tout à fait probable, cependant, que le premier ouvrage de sir W. Hope fut le *Maître d'armes écossais,* qu'il publia à Edimbourg, alors qu'il avait vingt-sept ans (1687). Ce livre est dédié à la jeune noblesse du royaume d'Écosse et a pour préface une épître au lecteur, qui fait l'éloge du « noble art ».

L'auteur fait une comparaison pittoresque entre les « artistes » et les « ignorants », dans le but d'encourager ses jeunes compatriotes à cultiver un art qu'ils ignoraient apparemment, bien qu'il « soit si utile au genre humain ». Il les pousse à demander l'enseignement de la science « à des

---

1. Voyez *Bibliographie*, 1687, *Le Maître d'armes écossais*, par W. H., *gentleman*, et 1692, *Le complet maître d'escrime*, par W. Hope., Kt.

2. Édimbourg, 1696, folio.

maîtres d'escrime ». « Nous en possédons, dit-il, de très capables, ce qui fait que nous ne devrons pas aller demander des perfectionnements aux nations voisines. »

« Bien que, dit Hope en continuant, la science ne soit pas enseignée chez nous avec autant de bonne grâce qu'à l'étranger, je puis cependant assurer que, si un homme était obligé de se servir d'armes non émoussées, notre jeu écossais serait beaucoup plus avantageux, quant à la sécurité, que tout ce que j'ai jamais vu à l'étranger; car, le jeu français, par exemple, consiste à faire des feintes et à prendre le temps. Cela peut paraître aux spectateurs plus élégant que notre jeu, mais jamais un homme qui apprécie la sécurité en matière d'escrime, n'admettra que ce jeu soit sûr, parce que celui qui s'en sert ne peut jamais agir avec la certitude que son adversaire ne lui portera pas un contre-temps à chaque botte.

« Notre jeu écossais est bien différent, car il a pour but de lier l'épée de l'adversaire et de s'en assurer avant de porter une botte, ce qui la rend sûre et met l'adversaire dans l'impossibilité de vous porter le contre-temps. »

Il faut à l'auteur cent soixante-deux pages de texte, de caractères serrés, et le secours de douze gravures toujours naïves, souvent grotesques, pour expliquer ce jeu écossais, dans un dialogue entre le maître et l'élève, dont la bizarrerie est un réel délassement. Qu'on en juge par l'extrait suivant :

L'ART DE LA DÉFENSE ET DE LA POURSUITE AVEC LA COURTE ÉPÉE, DÉCRIT EN MANIÈRE DE DIALOGUE ENTRE UN ÉLÈVE ET UN MAITRE DE CET ART

« *L'élève.* — Bonjour, monsieur, je suis charmé de vous trouver cette fois chez vous, car je vous ai demandé plusieurs fois et jusqu'à présent je n'avais pas encore eu la bonne fortune de vous rencontrer.

« *Le maître.* — Je suis fâché, monsieur, que vous ayez eu cette peine; mais, maintenant que nous nous sommes rencontrés, quel service puis-je vous rendre?

« *L'élève.* — Monsieur, j'apprends que vous professez l'art de l'escrime, et le grand amour que j'éprouve pour cet art me fait désirer de vous connaître afin que vous m'instruisiez.

« *Le maître.* — Monsieur, je vais vous expliquer et vous démontrer, avec diligence et avec clarté, les principales choses qui doivent être exactement comprises par quiconque a l'intention d'enseigner ou de comprendre l'art utile de se défendre contre son ennemi avec la rapière.

« *L'élève.* — Faites-le, je vous prie, et vous serez bien récompensé de vos peines.

« *Le maître.* — Monsieur, je n'ai pas le moindre doute à cet égard.

« *L'élève.* — Quelle est la première chose que vous me montrerez?

« *Le maître.* — La première chose que j'ai l'intention de vous apprendre est la division de l'épée.

« *L'élève.* — Je vous écoute.

« *Le maître.* — Une rapière, donc, est généralement divisée en deux parties, savoir : la poignée et la lame, etc., etc. »

L'épée que représentent les gravures et spécialement la première est une rapière de transition du type flamberge[1], à lame quadrangulaire, dont la poignée est semblable, sous tous les rapports, sauf l'arc de jointure qui manque, à l'épée moderne des Italiens. Hope, cependant, suit la méthode française de saisir la prise et recommande, par conséquent, de ne pas passer le doigt à travers le pas d'âne.

Parmi les termes techniques variés, que le maître explique ensuite, nous relèverons seulement les suivants : « En quarte » et « en tierce », pour dénommer respectivement les positions de pronation et de supination;

« En dedans » de l'épée, et « en dehors » de l'épée, pour indiquer les lignes internes et externes;

« Rompant la mesure » et son contraire « ramassant le pied gauche », pour le « redoublement des bottes »;

Les mots « allonger », « riposter »; les expressions « caver », « falsifier », « glisser »; employés au lieu de dégager, faire des feintes et tromper;

« Battement » et « batterie »; « la différence entre ces deux mots est que batterie s'applique au coup donné avec le tranchant et le faible de votre épée sur le tranchant et le faible de l'arme de votre adversaire, tandis que le battement se fait avec le fort de votre épée sur le faible de celle de votre adversaire, ce qui permet de mieux s'assurer de sa lame; »

« Contre-temps » employé pour exprimer, non pas une botte de temps, mais une double botte ou échange de coups, le « coup fourré des Français »;

---

1. Voyez la gravure III, 3º groupe, surtout les deux derniers spécimens.

« Faire quarte sur la ligne droite » ou « écarter », pour indiquer la précaution de soutenir le corps et de tenir la tête bien en arrière, afin d'éviter un « contre-temps » à la figure ;

« Faire quarte hors la ligne droite » ou « faire quarte » simplement, qui correspond à la « volte » française (de l'ancien *incartata* italien), semblable à l'italien moderne *in quarto* ; le mot « volter » lui-même est restreint à l'action de sauter du côté gauche de l'adversaire, tout à fait hors de sa mesure. »

Les gardes enseignées par Hope, et qui, à l'entendre, étaient ordinairement employées dans toutes les écoles, sont, sous d'autres noms, les mêmes que celles des maîtres français de cette époque.

Mais revenons à notre dialogue :

« *L'élève*. — Combien de gardes y a-t-il ?

« *Le maître*. — Il n'y a généralement que deux gardes : la garde en quarte et la garde en tierce, mais elles sont subdivisées : « la quarte avec la pointe droite » et la « quarte avec la pointe basse ». La tierce est également subdivisée en « tierce avec la pointe plus haute que la poignée » et « tierce avec la pointe plus basse que la poignée [1] ».

« Il y a encore une autre espèce de garde, mais je ne trouve pas de nom propre pour la désigner ; dans cette garde l'épée doit être tenue des deux mains [2]. »

Dans toutes ces gardes, l'élève doit « allonger le corps » et tourner le pied droit bien en dehors ; les maîtres français insistaient fort sur ces points [3]. Hope, cependant, prétend qu'il serait préférable de tourner le pied gauche en dehors de la même manière, et de plier les genoux beaucoup plus que ne le font les Français.

Les parades sont au nombre de cinq, dont quatre sont représentées par les quatre gardes que nous venons d'indiquer, la cinquième est « tierce avec la pointe inclinée vers le côté gauche de la cuisse de l'adversaire » (prime).

« *L'élève*. — Vous n'avez pas d'autres parades que celles que vous venez de nommer, n'est-ce pas ?

« *Le maître*. — Si, j'en ai encore une autre, qui, bien qu'elle se termine

---

1. Tierce pour le dessus, tierce pour le dessous des Français.
2. Voyez page 141.
3. Voyez fig. 89.

toujours comme l'une des quatre qui précèdent, est cependant très différente dans son exécution, et à laquelle je ne puis donner d'autre nom que celui de « contre-cavant » (*contra-cavazione*). » C'était la parade circulaire, applicable à toutes les lignes, et désignée en France sous le nom de « parade en contre-dégageant », en Italie sous celui de *contra cavazione*. Le mot anglais *caveating* dérivait des mots *cavare* et *cavazione*, adoptés par les anciens professeurs anglo-italiens.

L'auteur parle avec enthousiasme de ce « contre-dégagé » qui traverse et confond non seulement toutes les feintes, mais en quelque sorte toutes les bottes qui peuvent être portées à l'aide de la courte épée, ce qui en fait certainement la meilleure et la plus sûre des parades. Aussi conseille-t-il de ne jamais se servir d'un autre contre-dégagé, quand on en aura la possibilité, bien entendu.

Ces principes étaient, on le remarquera, singulièrement en désaccord avec ceux de l'ancienne école française. Et pourtant, Hope explique le mécanisme du développement et la manière de resserrer et d'augmenter la mesure d'après le système de Liancour. Il emploie une comparaison originale quand il insiste sur la nécessité d'avoir le bras tout à fait étendu avant que le pied ne commence à bouger. « Une botte bien donnée, dit-il, peut être comparée à la balle qui sort d'un fusil, car celui qu'elle frappe reçoit la blessure avant d'entendre le coup; de même, celui qui est touché par l'épée reçoit la blessure avant d'entendre le pied droit de son adversaire toucher le sol. »

Les attaques s'exécutent en dégageant dans toutes les lignes, en faisant des feintes simples ou doubles, en battant ou en liant. Les bottes de prédilection de Hope sont :

« Une feinte à la figure », la botte étant portée dans n'importe quelle ligne, mise à découvert par la parade, et son inverse : la « feinte basse » en portant la botte dans une ligne haute. Ces deux feintes peuvent être doublées afin d'échapper à certaines parades;

La « batterie » ou le « battement » simple : « battez tirez droit », ou « battez dégagez », dans chaque ligne ;

La « volte-coupe », qui est une feinte dans une ligne donnée, suivie d'une botte dans une ligne directement opposée, telle que feinte quarte haute et botte tierce basse. La signification du mot est incompréhensible; elle visait peut-être à se rapprocher du coupé français ;

La « flanconnade » et le « sous-contre ». Cette dernière feinte est toujours exécutée comme la flanconnade ; seulement, tandis que la flanconnade se pousse après avoir trouvé l'épée de l'adversaire, la « sous-contre » vous fait tirer sous son épée, tournant votre main en tierce, et relever sa lame en lui portant la botte de la même façon que lorsque vous exécutez la « feinte simple à la tête ». L'explication, d'ailleurs, est passablement embrouillée.

Hope recommande le liement dans beaucoup d'autres cas. Aux tireurs qui avec obstination tiennent leur pointe basse, dans une position défavorable pour les liés, il enseigne une manière de relever facilement leur pointe, qu'il appelle « cueillir la lame de votre adversaire ».

Hope préconisait aussi le « battement » qui se fait sur une attaque ou sur une feinte de l'adversaire, en dégageant, battant et tombant à fond, mais en prenant toujours la précaution de garder une forte opposition.

Il décrit la passe comme une alternative du développement, mais il l'applique principalement à certaines manières de « contenir », de « maîtriser » et de « saisir » la lame de l'adversaire, qui sont dans leurs points principaux semblables à la méthode de Labat [1].

Tous ces modes d'attaque ont leurs « contraires », consistant en parades et en ripostes, selon l'école française, en glissades et en contre-bottes, en « quartes » ou en « voltes », selon les Italiens.

Le tireur tient la main gauche prête à parer les « contre-temps », et chaque feinte doit être accentuée par un appel du pied, bien marqué, afin de lui donner une plus grande apparence d'attaque directe, bien que Hope pense que ces trucs d'école ne peuvent avoir que peu d'influence sur un « véritable artiste ».

Un chapitre du *Maître d'armes écossais* est consacré à l'art de combattre à cheval, armé du pistolet et de l'épée. Il recommande, après que les pistolets ont été déchargés, d'engager l'épée en « tierce basse ». Le cavalier doit tâcher d'empêcher l'ennemi d'en venir aux mains du côté gauche et ne tenter que des feintes très simples.

Dans un autre chapitre, il explique comment l'épée peut être opposée au sabre, après avoir paré ou évité le premier coup, en prenant judicieusement le temps. Dans ce cas il préconise une garde qui place l'épée en travers, devant le corps (une sorte de prime), et la main en tierce.

---

1. Voyez figures 106--8.

Un an après, Hope publia un petit in-octavo intitulé le *Vade mecum du tireur*, dédié « à tous les vrais artistes ou à ceux qui ont une réelle estime pour l'art de l'escrime et en font leurs délices ».

Il dit, dans la préface, que, dans son premier livre, *le Maître d'escrime écossais*, il n'a donné qu'une simple définition des règles sans y ajouter aucune explication, et, de même que ce premier livre était destiné aux artistes aussi bien qu'aux ignorants, de même son résumé est destiné aux artistes seuls, « car il ne contient que la moelle et la quintessence de l'escrime ».

Cette quintessence consiste en « huit règles d'or » dépendant d'une trinité de qualités, également dorées. Leur explication et leur démonstration forment la plus grande partie du livre. Nous allons les énoncer dans leur singularité.

RÈGLE I.

« Quoi que vous fassiez, faites-le toujours, si c'est possible, avec calme, sans passion ni précipitation, mais avec toute la vigueur et toute l'activité imaginables, votre jugement ne manquant pas de vous diriger, de vous ordonner et de vous gouverner.

RÈGLE II.

« Avec calme, avec vigueur et avec jugement, mettez-vous dans une garde aussi serrée, aussi légère et aussi commode que l'agilité de votre corps vous le permettra, ayez les talons aussi près l'un de l'autre que possible.

RÈGLE III.

« Avec calme, avec vigueur et avec jugement, faites usage, pour votre défense, de la parade excellente et sans pareille que j'appelle : *contre-dégagé*. Vous l'emploierez généralement sur l'extérieur de votre épée, votre main gauche vous aidant si vous doutez de la parade ; et, pour que vous puissiez vous défendre avec plus de certitude, regardez toujours la poignée de l'épée de votre adversaire.

RÈGLE IV.

« Avec calme, avec vigueur et avec jugement, tâchez d'attaquer votre adversaire en liant son épée et en vous en assurant, et cela en dehors également, dans la plupart des cas, en portant une simple botte au-dessus de l'épée, ou, si vous le préférez, faites une feinte après votre « lié », votre main gauche effectuant toujours une espèce de parade lorsque vous portez chaque botte, pour mieux vous garantir d'un contre-temps. Et ne vous arrêtez pas après votre botte. Quand vous l'avez portée, que vous touchiez ou non, remettez-vous tout de suite dans votre position défensive. C'est là le vrai jeu pour sauvegarder sa vie. Cependant, si, étant maître jusqu'à ce point de votre adversaire, vous désiriez non pas prendre sa vie, mais seulement le mettre hors de combat, alors :

RÈGLE V.

« Avec calme, avec vigueur et avec jugement, portez-lui une botte à la main droite, au poignet, au bras ou à la cuisse qui est en avant. En le blessant une ou deux fois, vous manquerez rarement de le rendre incapable de continuer le combat.

RÈGLE VI.

« Si votre adversaire est emporté, ardent, s'il poursuit avec fureur et irrégularité, alors, avec calme, avec vigueur et avec jugement, entravez, arrêtez sa fureur; mais si, au contraire, il est négligent, relâché, lent, ou peut-être timide, alors avec calme, avec vigueur et avec jugement, poursuivez-le.

RÈGLE VII.

« Avec calme, avec vigueur et avec jugement, évitez de recevoir une botte quand vous en donnerez une. C'est là ce qu'on appelle « l'épouvantail des artistes ». Il vous suffira, pour votre défense, d'un contre-temps en faisant usage de la main gauche, comme je vous l'ai déjà dit.

RÈGLE VIII.

« Maintenant, pour terminer, faites ceci dans la mesure, avec peu ou point de développement ou de mouvements du corps, excepté ceux du poignet et du bras. Comme je vous ai prié de commencer ainsi, je m'attends à vous voir continuer et terminer toutes vos actions avec cette excellente règle d'or, avec cette règle de trois fondamentale : calme, vigueur et jugement. Et alors, sans aucun doute, vous obtiendrez, par les règles précédentes, un avantage proportionné au talent que vous aurez acquis en les pratiquant.

« Mais, pour que mon résumé puisse encore mieux répondre à mon dessein qui était d'être bref et succinct, pour qu'il puisse être plus facilement gardé dans la mémoire, je l'ai enfermé dans des limites plus étroites, en l'abrégeant comme suit :

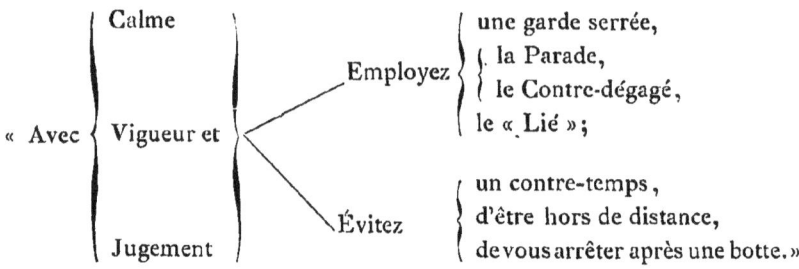

Ce singulier et amusant petit volume a pour préface une lettre des plus flatteuses, à l'auteur, de William Machrie, « maître d'escrime, juge et arbitre de tous ceux qui font une épreuve publique de talent, dans le noble art de l'épée, dans le royaume d'Écosse ». Il se termine par quelques remarques et quelques observations sur l'escrime et les écoles en général, réfutant cette assertion consolante pour les commençants et populaire à cette époque, s'il faut l'en croire, qu'un « ignorant » déterminé pût avoir autant de chance de succès, dans un engagement sérieux, qu'un « artiste ».

« La raison, dit-il, pour laquelle un artiste peut recevoir une botte d'un ignorant est celle-ci : dans un assaut, on tire généralement avec des épées émoussées, et, quand un ignorant qui estime trop peu l'art de l'épée et se fie à sa seule hardiesse, est prié par un artiste de montrer son jeu naturel, il sait très bien qu'on ne peut lui faire grand mal avec un fleuret émoussé. Aussi s'élance-t-il en avant, quel que soit le nombre de bottes qu'il reçoit, jusqu'à ce qu'il ait touché l'artiste par un coup de hasard ou qu'il arrive si près de celui-ci, qu'il l'oblige à s'escrimer corps à corps avec lui. Si cet ignorant a seulement touché l'artiste une seule fois, bien qu'il ait reçu trois ou quatre bottes depuis le commencement, il pense avoir remporté la victoire et prouvé que tout n'est que vanité dans l'art de l'escrime. Tandis que s'ils jouaient avec de véritables armes, bien affilées, ou avec des fleurets, ayant seulement une pointe d'un quart de pouce au delà du bouton, je doute qu'il soit difficile de refroidir sa vigueur et son élan. L'ignorant accorderait alors plus d'attention à ce qu'il fait, car il est naturel, même aux hommes les plus hardis et les plus courageux, de tâcher de se garantir, en arrêtant un peu leur poursuite quand ils voient en face d'eux une pointe aiguë prête à les blesser, et qu'ils savent qu'ils courent le risque, sinon de perdre la vie, au moins d'être punis de leur témérité par une blessure. Voilà les raisons pour lesquelles un artiste peut recevoir une botte en coup fourré d'un ignorant.

« Donc, pour éviter cet inconvénient, si je devais tirer avec un ignorant pour un pari, par exemple, je tirerais toujours avec des fleurets pointus, et alors, pardieu, il aurait beau se démener comme il lui plairait, je saurais le toucher de manière à le faire repentir de sa vantardise. »

Ce conseil pourrait être mis avantageusement en pratique, de nos jours, vis-à-vis de ces tireurs peu courtois, qui ont l'habitude de ne pas annoncer les coups de bouton qu'ils reçoivent. En 1692, le *Maître d'armes écossais* fut publié à Londres, sous ce titre : *le Parfait maître d'armes*, et, deux ans plus tard, le *Vade mecum* fut également reproduit dans cette ville. Dans ces deux éditions, le nom de l'auteur est écrit ainsi : « Sir William Hope, K[t] » (chevalier). Quand sir William Hope publia son *magnum opus*, la « Méthode d'escrime nouvelle, courte et facile, ou l'Art du sabre et de la courte épée, etc. », il avait évidemment été étudier en France son art favori, ou tout au moins commenté soigneusement les principaux ouvrages français de l'époque. A preuve sa citation plus correcte des termes français et l'introduction, dans sa nomenclature, des gardes et des bottes de Le Perche et de Liancour.

Il semble aussi avoir consacré beaucoup de temps au sabre et tâché de créer un système qu'il considère comme entièrement nouveau et applicable également aux deux armes.

Tout d'abord, il donne un résumé de l'art de la pointe, qui est essentiellement le même que celui de son premier ouvrage, sauf les termes techniques qu'il emploie.

Il recommande pourtant l'usage constant d'une garde inclinée en seconde, qui convient, prétend-il, à l'estramaçon et au sabre ainsi qu'à l'épée.

Cette garde, qui avait un avantage universel aux yeux de l'auteur, ressemble à celle qui était en faveur parmi les Allemands. Comme elle ne fut jamais beaucoup employée pour l'épée, car elle appartenait réellement à l'espadon, point n'est besoin de nous en occuper ici davantage.

Dans un de ses derniers chapitres, sir William Hope insiste beaucoup sur la grande utilité de l'exercice de « tirer et parer des simples », qui correspond à l'exercice français : « faire des contres »[1]. L'auteur remarque, à ce sujet, qu'il existait une ancienne coutume dans les vieilles écoles d'escrime, qui consistait à attacher, en quelque sorte, la personne qui devait parer, du dos, ou du moins de l'épaule gauche, contre un mur, de manière à ne pas pouvoir déranger la mesure de son adversaire, en penchant le corps en arrière.

Par contre il paraît que de son temps on avait l'habitude de placer « le défenseur » en garde, avec toute l'aisance possible, et de dessiner alors, avec de la craie ou autrement, sur le plancher ou sur le pavé, l'empreinte de ses pieds afin qu'il ne pût pas, sans qu'on le vît, les changer de place en parant et éviter ainsi sournoisement la botte.

C'est dans ce livre qu'il est fait allusion pour la première fois à la *Société des hommes d'épée en Écosse,* qui, paraît-il, avait existé pendant ces dernières années.

« En l'an 1692, dit Hope, plusieurs nobles et *gentlemen*, dont j'étais, formèrent par contrat une Société pour le plus grand encouragement de l'art. Dans ce contrat, qui rappelait en outre les règlements concernant nos assemblées ordinaires, il était dit que nous ne devions mettre à l'épreuve et admettre dans la Société que des personnes honorables qui en feraient la demande. Nous avions aussi institué des assemblées anniversaires ou annuelles, et ces jours-là nous devions porter une déclaration qui, outre diverses devises, contenait le nom de la personne à qui elle appartenait, ainsi que celui de la Société que nous avons appelée la *Société des hommes d'épée en Écosse.*

« Mais cette Société étant tout à fait particulière, nous fûmes d'avis qu'elle

Fig. 126. — Décoration des membres de la *Société des hommes d'épée* en Écosse.

---

[1]. Voyez page 168.

serait beaucoup plus estimée et atteindrait mieux son but, si nous pouvions obtenir la sanction civile et la faire ériger en une *Société royale d'hommes d'épée*. Quatre ans après environ, nous nous adressâmes donc au secrétaire d'État d'alors, qui nous assura qu'il ferait de son mieux auprès du roi Guillaume, de glorieuse mémoire, pour qu'il nous accordât à cet effet une « signature sous le grand sceau ». Le Parlement était sur le point de s'assembler, c'était en 1696, et le comte de Tullibardin, depuis duc d'Athol, était commissaire. Nous jugeâmes qu'il serait beaucoup plus honorable pour notre Société et que cela lui donnerait encore plus d'importance et de force, si nous pouvions nous procurer un acte du Parlement en notre faveur.

« Donc, le 16 septembre de cette année, le projet d'un acte fut soumis par l'un de nous, qui était alors membre du Parlement; après première lecture, cet acte fut remis à la *Commission des élections*, et le 28 du même mois il fut approuvé. Mais le Parlement ayant été ajourné très peu de temps après, l'acte ne fut pas rapporté à cette session et tout resta dans cette situation jusqu'à la dernière session présidée par le duc de Queensberry, en 1707. C'est alors que, dans une de nos assemblées, on proposa d'insister de nouveau. On présenterait un nouvel acte, avec quelques changements et améliorations, ce qui fut agréé par la Société. Pour la plus grande satisfaction du lecteur, et pour qu'il puisse plus facilement comprendre notre dessein qui était des plus généreux, en voici la teneur, etc. »

Le document est trop long pour être rapporté ici. Qu'il suffise de constater que cet acte, s'il eût été passé, eût constitué la Société en corporation, composée d'un président, d'un trésorier, de commissaires, d'officiers et de membres ordinaires, et que des nouveaux membres pouvaient être admis après sévère épreuve. Il devait donner à cette corporation le pouvoir de projeter, de considérer et de conclure des méthodes et des règlements (toujours conformes aux lois et aux actes du Parlement) que les membres auraient jugés convenables pour le bien de l'art de l'épée. L'acte en question devait, surtout, donner aux membres de la corporation le plein pouvoir de discuter et de terminer tous les différends sur les points d'honneur, dans le but d'empêcher plus efficacement les duels. La Société devait, de plus, avoir le droit d'accorder des diplômes aux maîtres qu'elle considérait comme capables d'enseigner le noble art; elle demandait à pouvoir obliger tout professeur d'armes, quel qu'il fût, à subir une épreuve ou examen, se réservant de faire « saisir et emprisonner » ceux qui refuseraient de se soumettre à son autorité.

Le projet fut de nouveau remis à un membre du Parlement, mais on ne trouvait pas l'occasion de le présenter à la Chambre, qui s'occupait alors d'affaires de la plus grande importance, notamment de celle de l'Union des deux Royaumes. Il ne paraît pas, d'ailleurs, avoir jamais obtenu la sanction désirée; mais la Société resta longtemps florissante, car on en parle encore beaucoup dans le *Vrai et solide art du combat, etc.*, publié en 1714, aussi bien que dans le dernier ouvrage de W. Hope : *Justification de la vérité de l'art des armes*, avec une Proposition aux honorables membres du Parlement pour ériger une cour d'honneur dans la Grande-Bretagne, et un « Mémoire bref mais utile pour les tireurs ». Ce livre écrit par Hope, quelques mois avant sa mort, lui fut suggéré par la lecture de l'*Histoire et examen du duel*, du Dr Cockburn, qui semble l'avoir engagé à soumettre encore une fois au public la proposition faite par la *Société des hommes d'épée* en 1707.

La *Justification* fut reproduite à Londres cinq ans plus tard (1729), sans doute à cause du *Mémoire pour les hommes d'épée*, qui était la seule partie du livre qui pût à cette époque offrir quelque intérêt.

Sir W. Hope est aussi l'auteur de deux autres livres : *Conseils du maître d'escrime à son élève*, et *Observations sur le combat de gladiateurs au théâtre*[1], que nous n'avons pas eu la bonne chance de retrouver. Le dernier, surtout, doit être intéressant, car les combats de théâtre continuèrent à constituer des épisodes importants dans la vie des escrimeurs, jusqu'au milieu du xviiie siècle. Ils étaient considérés comme un spectacle particulièrement attrayant au temps de Guillaume III, d'Anne et de Georges, époque que domine la manie du duel.

Au xviiie siècle les combats en public sur le théâtre, livrés par les anciens maîtres d'armes ou par leurs élèves, étaient lucratifs de deux manières. Ils avaient pour objet non seulement la gloire, mais aussi les enjeux des paris et le produit des entrées, qui devenaient la propriété du gladiateur qui « restait sur la scène jusqu'à la fin ».

La teneur des cartels, quant à leur forme pompeuse et fanfaronne, n'avait

---

1. Tout ce que nous savons de ces deux livres, c'est que le 1er fut publié à Édimbourg entre 1692 et 1707, et le 2e à Londres vers 1716.

guère changé depuis le temps de G. Silver, ainsi que le prouvent les spécimens suivants[1] :

« Dans le Jardin-aux-Ours, à Hockley-in-the-Hole, une épreuve de talent aura lieu entre deux profonds maîtres de la noble science des armes, mercredi prochain, 13 juillet 1709, à deux heures précises.

« Moi, George Gray, natif de Norwich, qui ai combattu sur le théâtre, dans la plus grande partie des Indes Occidentales, à la Jamaïque, dans les Barbades et dans plusieurs autres parties du monde, en tout vingt-cinq fois, sans avoir jamais été battu et qui suis arrivé depuis peu à Londres, j'invite James Harris à me rencontrer aux armes suivantes :

« L'estramaçon,   Le fauchon
« L'épée et la dague,   et
« L'épée et le bouclier.   La paire de fauchons.

« Moi, James Harris, maître de ladite noble science des armes, qui autrefois chevauchais dans les Horse-Guards, qui ai combattu pour 110 prix et qui n'ai jamais abandonné le théâtre à personne, je ne manquerai pas (*Deo volente*) de rencontrer ce brave et hardi demandeur, en temps et lieu désignés, désirant des épées bien affilées et ne voulant pas de quartier.

« NOTA. — Personne ne peut monter sur le théâtre, à l'exception des témoins. *Vivat Regina!* »

Voici une autre annonce de la même espèce :
« Dans le Jardin-aux-Ours, à Hockley-in-the-Hole,
« Une épreuve de talent sera exécutée entre deux maîtres de la noble science des armes, le mercredi 5 avril 1710, à 3 heures précises :
« Moi, John Parkes, de Coventry, maître de la noble science des armes, je vous invite, Thomas Hesgate, à me rencontrer et à combattre avec les armes suivantes :

« L'estramaçon,   Fauchon simple ;
« L'épée et la dague,   Fauchons simples ;
« L'épée et le bouclier.   Bâton à deux bouts.

« Moi, Thomas Hesgate, du comté de Bark, maître de ladite science, je ne manquerai pas (*Deo volente*) de rencontrer ce brave et hardi provocateur

---

1. *Harleian Mss*, 5, 931, 50 et 5, 931, 277.

en temps et lieu indiqués, ne désirant que des épées tranchantes et ne voulant pas de merci.

« Nota. — Personne ne peut monter sur la scène, à l'exception des témoins. *Vivat Regina!* »

Ces annonces étaient ordinairement insérées, quelques jours à l'avance, dans les journaux, qui donnaient même quelquefois le compte rendu d'un combat remarquable.

Le fragment suivant est dû à la plume de Steele, et parut dans le *Spectator*, le 21 juillet 1712 (n° 436).

« Les combattants se rencontrèrent au milieu de la scène et, après s'être donné la main, pour montrer qu'ils n'avaient pas de rancune, ils se retirèrent avec beaucoup de grâce jusqu'aux extrémités du théâtre, d'où ils firent immédiatement volte-face, pour se rapprocher ensuite l'un de l'autre, Miller, le cœur plein de résolution, Buck, avec une contenance pleine d'aisance ; Buck considérant principalement sa propre défense, Miller cherchant surtout à ennuyer son antagoniste Il serait difficile de décrire les nombreux déplacements et les imperceptibles mouvements de défense entre ces deux hommes à l'œil vif et aux membres agiles. Mais l'empressement de Miller le mit à découvert et il reçut de Buck, qui gardait son calme, une large entaille au front. Une abondante effusion de sang se produisit, lui couvrant les yeux, et les applaudissements de la foule redoublaient, sans doute, son angoisse. L'assemblée était divisée en deux partis, tandis que, dans une des galeries, une pauvre jeune fille qui souffrait pour Miller, versait un torrent de larmes.

« Aussitôt que sa blessure fut bandée, Miller recommença. Il était quelque peu en colère, ce qui lui ôtait encore de ses moyens. Mais, quel homme de cœur peut être blessé en déployant plus de courage? L'assaut suivant fut chaud et violent, et se termina par un coup décisif à la jambe gauche de Miller. La dame de la galerie, pendant la deuxième lutte, se couvrit la figure, et, pour ma part, je songeais à la triste position dans laquelle elle se trouvait en entendant le cliquetis des épées, le cœur plein de crainte à la pensée que chaque coup pouvait apporter la mort à son amant, et n'osant regarder ce qui se passait. La blessure, exposée à tous les regards, fut cousue sur la scène. Le témoin bourru de Miller déclara en ce moment qu'à 15 jours de là, il combattrait M. Buck aux mêmes armes, se déclarant le maître du célèbre Gorman ; mais Buck lui contesta l'honneur d'avoir formé ce courageux disciple, et certifia que lui-même avait instruit ce champion; toutefois il accepta le cartel. »

Il est difficile de comprendre comment des hommes pouvaient subir de semblables épreuves et conserver la force nécessaire pour manier encore une épée. Cela prouve, après tout, combien les coups de taille sont peu dangereux pour des hommes sains et forts; un simple petit coup d'épée à travers le poumon ou l'abdomen eût probablement bien mieux fait l'affaire de ces robustes gladiateurs.

Le plus connu des maîtres d'armes, pendant la première partie du xviiie siècle, fut le « grand Fig », plus renommé encore dans les annales du pugilat, car il fut le premier « champion » (1719-1734). A cette époque, la boxe commençait à être généralement comprise dans le programme des combats de théâtre.

M. Downes Miles, dans son livre *Pugilistica*, reproduit un spécimen des affiches qui annonçaient ces « amusements » :

« A la grande baraque de Fig, sur la pelouse du Jeu de boules, Southwark, pendant la durée de la foire, qui commence le samedi 18 septembre, la ville pourra se divertir par le spectacle du noble art, par le jeu du fleuret, de l'estramaçon, du bâton et de la boxe.

« Le fameux Parks, de Coventry, et le célèbre M. Miller, gentleman boxeur, déploieront leur talent dans une joute qui démontrera les avantages du temps et de la mesure. M. Johnson[1], le grand tireur, supérieur à tous les tireurs du monde par son jeu sans pareil de la garde inclinée, se mesurera dans un grand assaut d'armes contre le bras tout-puissant du renommé Sutton.

« Delforce, le parfait bâtonniste, exécutera également ses exercices extraordinaires avec le bâton seul, et il défie n'importe quel tireur du royaume d'entrer en lice avec lui, sans se faire casser la tête et en avoir tout son soûl.

« Buckhorse et plusieurs autres pugilistes montreront l'art de la boxe.

« La fête se terminera par une grande parade dans laquelle le vaillant Fig exhibera son savoir dans différents combats, au fleuret, à l'estramaçon, au bâton et à la boxe. *Vivat Rex!* »

Le nom de Fig comme professeur scientifique de toute espèce d'escrime

---

1. Il paraît que c'était l'oncle du docteur Samuel Johnson, le lexicographe.

est constamment cité dans le *Tatler* et le *Guardian*, et le capitaine Godfrey le porte aux nues dans son *Treatise upon the useful Science of defense*, qui compare l'épée à l'estramaçon et montre leur ressemblance [1]. Il parle aussi de Buck, de Miller et de Parkes de Coventry. La reproduction d'une partie de ce récit est bien à sa place ici, de par son style curieux :

« Thimothy Buck était un maître des plus sérieux, caractère qu'il garda même dans sa vieillesse. Sa décrépitude physique ne put altérer son jugement extraordinaire. Il fut le pilier de l'art, et tous ses imitateurs, même ceux qui excellaient dans le jeu de l'épée, n'atteignirent jamais sa perfection.

« M. Miller [2] était visiblement un gentleman accompli, malgré sa profession de boxeur.

« Il était magnifique sur la scène, attrayant dans toutes ses attitudes et très engageant dans ses manières. Il avait une action si aisée, une conduite si désintéressée et un si agréable sourire au milieu du combat, qu'on ne pouvait s'empêcher d'être influencé en sa faveur.

« Fig fut l'Atlas de l'épée, et puisse-t-il rester la statue du gladiateur. En lui la force, la résolution et un jugement sans pareil se réunissaient pour former un maître sans égal. La majesté brillait dans sa contenance et se montrait dans toutes ses actions, au delà de toute expression. Sa jambe droite, hardie et ferme, et sa jambe gauche qu'il dérangeait à peine, lui donnaient l'avantage que j'ai prouvé, et frappaient son adversaire de désespoir et de panique. Il avait cette manière particulière de se camper dont j'ai déjà parlé pour une parade; il connaissait son arme et le moment précis d'agir. Plein de confiance en lui-même, jamais il ne laissait son adversaire échapper à sa parade. Ce fut le plus grand maître que j'aie jamais vu et le meilleur juge du « temps » et de la « mesure ».

Fig avait été le principal maître du capitaine Godfrey, qui nous apprend qu'il pratiquait spécialement l'estramaçon, « parce que, dit-il, la vanité de

---

1. Cet ouvrage, dit-on, fut d'abord publié vers 1735, mais l'édition qu'on rencontre le plus est datée de 1747. Son principal intérêt consiste dans les détails sur le jeu de l'estramaçon. Un autre ouvrage de la même espèce est le *Compagnon de l'habile homme d'épée* ou le *Vrai art de la défense personnelle*, par Donald Mac Bane, Glasgow, 1728.

2. Ce M. Miller, sous le règne de la reine Anne, était sergent dans un régiment d'infanterie. Plus tard, il semble avoir graduellement établi sa position de gentleman. Il reçut de George II le grade de capitaine. L'album de gravures d'escrime publié en 1738 fut réuni par ses soins. Voyez *Bibliographie*. On dit qu'il se distingua beaucoup en 1745, sous le duc de Cumberland.

l'escrimeur ne peut être aussi facilement guérie par le fleuret dans le jeu de l'épée que par le bâton dans celui de l'estramaçon. L'*argumentum bastinandi est* doit convaincre, et, si un homme peut contester un coup de bouton, il n'est guère probable qu'une fois abattu par un coup de bâton il ose se relever en disant que cela n'a fait que l'effleurer. »

« J'aimais à aller le plus souvent possible chez Fig m'exercer avec lui, d'abord parce que je le savais le maître le plus capable, et ensuite parce qu'il était d'un caractère rude et n'épargnait jamais celui qui prenait un bâton contre lui, qu'il fût de haute ou de basse condition.

« John Parks, de Coventry, fut un parfait tireur et un excellent juge. Il était la preuve de ce que j'ai avancé à propos de la souplesse naturelle des articulations de certains hommes. Personne n'avait plus de chances que lui d'acquérir de la souplesse, et cependant, malgré la longue pratique acquise au cours d'innombrables batailles livrées pendant vingt ans [1], il ne put jamais y arriver. Il resta toujours lourd, lent et inactif, et il n'avait pour l'assister que son solide jugement [2]. »

L'usage de l'estramaçon dans les combats de théâtre semble avoir décliné parmi les gladiateurs pendant la première partie du règne de Georges II, époque à laquelle il céda le pas au divertissement de la boxe [3]. Mais à ces exhibitions de talent et de courage, maintenant oubliées, nous devons la supériorité de ce que nous pouvons appeler notre escrime nationale, celle du sabre et celle de la canne qui la représente imparfaitement.

Avant de continuer sur ce point, il serait peut-être bon de jeter un coup

1. Jean Parks, qui mourut en 1733, n'avait pas livré moins de trois cent cinquante combats sur l'estrade.
2. Nous pouvons aussi citer, parmi les combattants renommés qui se produisirent quand l'estramaçon était dans toute sa gloire : John Terrewest, John Stokes, William Gill, Perkins et Butler (deux Irlandais), Sutton, M. Johnson, M. Scherlock et John Belforce « un rival que Fig se rappelle, disait Godfrey, bien qu'il ne se battit qu'au bâton ». Il y avait aussi un Piémontais appelé Besson, qui enseignait l'emploi de l' « espadon italien ». Les maîtres à la mode avaient des théâtres à eux; les autres avaient leur adresse dans les tavernes aux environs de Southwark, et surtout à Hockley, au Jardin des Ours, dans Smithfield et « Alsatia ».
3. Les Italiens et les Allemands avaient un jeu de taille qui leur était particulier, et c'est d'eux que nous prîmes en Angleterre notre espadon ou jeu d'estoc et de taille, mais il n'était possible qu'avec des armes très légères en comparaison du sabre anglais. La pratique du *dusack* en Allemagne, de la *schiavona* ou d'autres armes de taille en Italie, ne paraît pas avoir été beaucoup cultivée après les premières années du xviie siècle.
4. Carte professionnelle de Figg, montrant la scène, le parterre et la galerie d'un « amphithéâtre ». Dessinée par Hogarth.

James Figg, maître de la Noble Science de la Défense, à main droite dans Oxford Road, près l'impasse d'Adam et d'Ève, enseigne aux gentlemen l'usage de la courte épée, de l'estramaçon et du bâton, chez lui, et va en ville.

d'œil sur les ouvrages traitant de l'épée, qui parurent en Angleterre avant le livre d'Angelo, et dont un examen détaillé ne sera pas nécessaire, puisque notre jeu d'épée est, en thèse générale, imité de celui des académies françaises. Citons :

Le Professeur d'épée des gentilshommes, par Henry Blackwell, dont deux éditions parurent à vingt-cinq ans d'intervalle [1];

Le Maître d'armes anglais ou le Talent de l'élégant, publié à York, par Zach Wylde;

Un ouvrage très peu intéressant, par M. Valdin, dédié en 1729 au duc de Montague [2];

Le magnifique Album de gravures d'escrime, publié par le capitaine Miller, en 1730;

Et, en dernier lieu, la traduction de l'*Art en fait d'armes*, de Labat, par Andrew Mahon [3], qui parut d'abord à Dublin en 1734, et l'année suivante à Londres.

Outre le jeu régulier français, beaucoup de maîtres anglais conseillaient, en prévision d'une attaque soudaine, dans l'obscurité ou parmi la foule, la pratique d'un système beaucoup simplifié, avec cette garde inclinée en seconde, que Hope préconisait dans sa *Nouvelle méthode d'escrime*. Une escrime moins délicate, surtout praticable au cours des querelles de nuit, était nécessaire à cette époque pour tenir tête aux hasards d'une rixe dans une taverne ou dans un *bagnio*. Les rencontres désagréables étaient à craindre à chaque instant, car les *Hectors*, les *Mohoks* ou *Hawkubites*, *Bold Bucks* ou « Feux d'enfer », tapageurs, fashionables ou autres, rendaient les rues dangereuses pour tous ceux qu'ils jugeaient incapables de répondre par la gratification de quelques pouces de fer à leurs lâches insultes.

---

1. Voyez *Bibliographie*, 1705 et 1730. A la 2e édition est ajoutée parfois, en sus des six gravures sur bois dans le texte, une curieuse collection de gravures pliées, dont la plupart sont des reproductions exactes des attitudes de Capo Ferro et de Giganti. Les personnages sont vêtus à la mode du règne de la reine Anne et portent la grande perruque, les manchettes de dentelle et les souliers à hauts talons et à bouts carrés.

2. Dans ce livre, l'auteur annonce son intention de publier un traité très étendu « d'après la méthode de Salvator Fabris ». Ce grand ouvrage ne paraît pas avoir été mis à exécution.

3. Voyez p. 152. A mentionner ici les noms des maîtres d'épée les plus en vogue pendant le règne d'Anne et de George Ier : Tente, Bergerreau, Martin, Dubois, Morin, Campbell, Brent, Barney-Hill, Low et Tully. Ce dernier était le maître favori de Andrew Mahon. Ajoutons que plusieurs de ces maîtres étaient Français.

Mais revenons au jeu de l'estramaçon. C'était un art qui exigeait moins de science et d'agilité que de calme et de vigueur musculaire, et qui était par conséquent très populaire parmi les Anglais de toutes les conditions,

Fig. 127. — La garde dans l'exercice du Single-stick ancien.

mais plus particulièrement parmi ceux à qui leur position sociale ne permettait pas de porter l'épée.

L'estramaçon était généralement pourvu d'une poignée à panier, dans le style de l'arme qu'on désigne sous le nom de *claymore*. La lame était droite et avait environ 32 pouces de longueur; le tranchant droit, seul, était aiguisé et la pointe plus ou moins arrondie. On le tenait généralement en serrant tous les doigts autour de la poignée, mais quelques-uns des meilleurs maîtres, notamment Fig et Godfrey, signalèrent plus tard l'avantage qu'il y avait à étendre le pouce le long du dos de la poignée, afin d'assurer, dans toutes les occasions, un coup avec le vrai tranchant.

Selon toute apparence, la garde avait toujours été, avant Fig, une garde inclinée en une sorte de seconde haute; mais plus tard une tierce basse, imitée du jeu de l'épée, fut adoptée.

Le vieux préjugé des ferrailleurs du XVIe siècle, qui proclamait qu'il était peu digne d'un homme de frapper au-dessous de la ceinture[1], avait

Fig. 128. — Coup de tête.

évidemment disparu au XVIIIe, car nous voyons que les coups sont indifféremment dirigés vers toutes les parties du corps de l'adversaire, depuis le

---

1. C'est cette manière de combattre que Rowland York introduisit le premier en Angleterre. Alors qu'on se servait de petits boucliers et d'espadons, on considérait comme un lâche celui qui frappait au-dessous de la ceinture. *Souvenirs reconnaissants de la miséricorde de Dieu*, 1625 (Thankful Remembrances of God's Mercy), de Carleton.

pied qu'il avance et depuis le poignet jusqu'à la tête. Le jeu n'était guère compliqué; on n'y pratiquait que les feintes les plus simples, les parades étaient toujours prises en pronation. Il semble, d'après tous les récits, avoir été en tous points semblable à notre jeu moderne du sabre d'exercice. Toutefois on n'y employait pas la pointe.

Pour s'exercer, on se servait de bâtons dont la garde était formée d'un panier d'osier recouvrant la main, mais on ne parle d'aucune espèce de protection pour la tête ou pour le corps. « J'ai acquis mon talent à l'estramaçon, dit le capitaine Geofrey, au prix de maintes contusions sur toutes les parties du corps. »

Fig. 129. — Coup au côté gauche, paré.

Nous trouvons, dans la littérature du temps d'Élisabeth, mainte allusion aux *wasters*[1] employés avec ou sans bouclier pour remplacer l'épée. Parmi les apprentis et les novices, l'exercice du *waster* était, au XVIe siècle et au commencement du XVIIe, un genre de sport aussi populaire que le *singlestick* le fut plus tard.

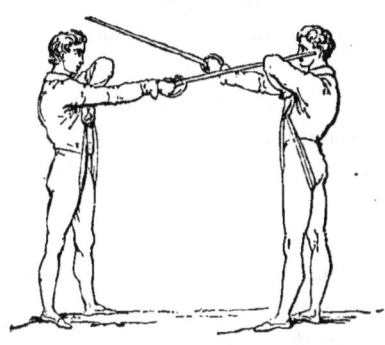

Fig. 130. — Riposte à la joue gauche, au-dessus du coude.

Sous le règne des Georges, surtout sous Georges Ier et sous Georges II, on pratiquait beaucoup le jeu de l'estramaçon avec des bâtons dans les assemblées populaires, non seulement à Londres, mais dans les provinces les plus reculées. Cet exercice plus humain avait remplacé les anciens combats de gladiateurs. Longtemps après la disparition des sanglants combats à l'estramaçon, les assauts de *single stick* restèrent un amusement national, surtout parmi les payans. Des prix étaient décernés aux vainqueurs de ces tournois. Dans quelques parties de

---

[1]. Le *waster* était une épée de bois en usage dans la classe commune.

l'Angleterre, ce jeu de canne était aussi admiré et aussi cultivé que la lutte.

L'art du *single-stick*, cependant, qui remplaçait le jeu de l'estramaçon, acquit bientôt un caractère tout spécial. Il finit par être aussi restreint que les combats au *schlaeger* des étudiants allemands.

On s'exerça au *single-stick* jusqu'à la fin du xviiie siècle. Quelques comtés éloignés de l'Angleterre furent fidèles à ce jeu jusqu'au premier quart du xixe siècle.

Les adversaires procédaient habituellement de la manière suivante[1] :

Armés chacun d'un bâton à corbeille d'osier, un peu plus gros et plus court que notre canne moderne, ils se faisaient face dans une mesure très serrée, se tenant à peu près comme les étudiants allemands de nos jours, leur arme dans une haute garde inclinée, la main au-dessus de la tête, la pointe à peu près au niveau des épaules. On se servait du bras gauche pour protéger le côté gauche de la tête, le coude levé aussi haut que le front et porté en avant autant qu'une courroie ou un mouchoir, passé sous la cuisse gauche et tenu de la main gauche, pouvait le permettre. Dans une telle position toute considération de mesure devait être abandonnée, et l'escrimeur n'avait à concentrer son attention que sur le temps et sur la garde[2].

Fig. 131. — Coup de temps à la tête, au moment où l'adversaire porte un coup de flanc.

Le but du jeu était de faire couler le sang sur la tête de l'adversaire, et la victoire était décidée aussitôt que le rouge liquide apparaissait sur la figure.

Cela s'appelait une tête « cassée » (*a broken head*). Ainsi les coups décisifs étaient ceux qui touchaient à la tête. Mais on frappait aussi aux bras, aux épaules, à n'importe quelle place du corps au-dessous de la ceinture, par-

---

1. Le seul livre dans lequel les règles de ce jeu de canne, à présent hors d'usage, sont démontrées d'une manière systématique, est un ouvrage intitulé : *Exercices de défense*, comprenant la lutte et la boxe, etc., avec 100 gravures. Par Donald Walker, Londres. Thomas Hurst, 1840, in-8°.

2. Voyez l'*Introduction*, page 8.

tout où le résultat d'un coup pouvait forcer un chemin temporaire vers la tête.

Ce singulier jeu demandait surtout de la force et de la souplesse au poignet. Tous les coups étaient portés avec une grande rapidité et de manière à déranger la garde le moins possible. Les escrimeurs devaient savoir prendre vivement le temps, car les coups qu'on réussissait le mieux étaient ceux qui portaient sur la feinte de l'adversaire, ou qui rencontraient son essai de faire descendre le bras protecteur, par un coup sur le flanc gauche. Il fallait enfin une grande prudence et une certaine dose de patience, afin de bien saisir le moment propice pour porter un coup à la tête de l'adversaire, sans exposer la sienne, et sans s'occuper de maint rude coup reçu sur le coude ou dans les côtés[1].

Quant aux procédés qui firent imposer tant de restrictions à ce jeu, qui dérivait évidemment de l'ancien jeu du *waster*, nous pouvons faire les suppositions suivantes :

Dans les combats au bâton, le seul coup décisif était la « tête cassée ». On n'accordait que fort peu d'attention aux horions douloureux qui atteignaient n'importe quelle autre partie du corps, et, dans une lutte pour les prix, on considérait une traînée de sang sur la tête comme un signe concluant de défaite. Nous savons que la main gauche était toujours prête, dans le jeu de la rapière et de l'épée, à détourner les attaques dirigées contre le côté gauche du corps[2], et, bien que ce procédé n'eût pu être d'aucune efficacité contre un estramaçon affilé, il n'y avait pas de raison, aux yeux de ces bâtonnistes peu scientifiques mais courageux et endurcis, pour ne pas recevoir volontiers quelques coups de *stick* sur le bras gauche ou sur les épaules, si cela pouvait leur assurer le coup victorieux et décisif à la tête de l'antagoniste.

Il est permis de supposer que, plus tard, les règles du jeu furent régularisées de manière à empêcher la possibilité de saisir le bâton de l'adversaire, et il devint d'usage, comme nous l'avons indiqué plus haut, de fixer la position de la main gauche, en étreignant une courroie ou un mouchoir passé autour de la cuisse.

1. Nos lecteurs trouveront une description curieuse de ce jeu de canne, tel qu'il était pratiqué du temps de nos grands-pères, dans le 2º chapitre de ce charmant ouvrage qui a pour titre : *Tom Brown au collège* (Tom Brown school-days).
2. Voyez pour exemples les figures 59, 94, 97, 102, 123-4-5.

CHAPITRE XIV

Le plus sérieux, le plus important des ouvrages anglais traitant de l'escrime de l'épée est, sans contredit, l'*École des armes* d'Angelo, dont six éditions ou reproductions parurent pendant la seconde moitié du xviiie siècle. On en publia une septième édition en 1817.

L'école d'armes d'Angelo, cette institution célèbre parmi les hommes à la mode de la génération passée, est encore aujourd'hui, à une époque où l'art de l'escrime est si négligé en Angleterre, une des plus intéressantes salles d'armes de l'Europe. Trois générations d'Angelo y ont maintenu les traditions de l'escrime anglaise pendant l'espace d'un siècle[1].

Le fondateur de cette famille de maîtres, Domenico Angelo Malevolti Termamondo[2], était le fils d'un riche marchand italien. Il naquit à Livourne en 1716. N'ayant pas de profession, mais recevant une belle pension de son père, il voyagea sur tout le continent, puis se fixa pendant une dizaine d'années à Paris, où il étudia l'art de l'escrime avec une assiduité fiévreuse, fréquentant divers maîtres de l'Académie, et surtout Teillagory. Ce Teillagory, qui était un des premiers tireurs de son temps, passait aussi pour le cavalier le plus accompli de l'Europe et il occupait une place aussi en vue au Manège royal qu'à l'Académie d'armes.

---

1. Un élève du dernier des Angelo, M. William Mac Turk, est à la tête de cet établissement depuis 1866.

2. Ses amis anglais le persuadèrent plus tard d'abandonner ces noms baroques et d'adopter simplement celui d'Angelo.

Sous sa tutelle, Angelo, qui était admirablement doué pour tous les exercices du corps, devint en peu de temps un des plus élégants cavaliers de « haute école ».

L'aventure suivante fut indirectement la cause de son départ de Paris pour l'Angleterre. Son fils, Henri Angelo, la raconte dans ses *Réminiscences*[1] :

« Mon père avait reçu de la nature un physique particulièrement gracieux; ce don précieux ne lui fut pas accordé en vain. Il cultiva avec assiduité tous les exercices du corps et devint, sans contredit, un des hommes les plus élégants du siècle. C'est à ces avantages qu'il dut sa fortune et sa renommée.

« Peu de temps avant qu'il ne quittât la France, un assaut d'armes public eut lieu dans un célèbre hôtel de Paris; les meilleurs professeurs et les amateurs d'escrime les plus en renom y assistèrent, et la plupart entrèrent dans la lice. Mon père, qui était honoré de l'estime particulière du duc de Nivernois, avait cédé à ses instances et promis d'essayer son talent. Il possédait, depuis longtemps, une grande réputation comme amateur d'escrime aussi bien que comme cavalier.

« Son nom ne fut pas plutôt annoncé, qu'une exquise beauté anglaise, miss Margaret Woffington, l'actrice renommée, alors de passage à Paris, et qui avait déjà rencontré mon père dans une fête, fut soudainement frappée par l'élégance de sa personne et par son adresse. Elle le suivit jusque dans la lice et lui offrit un petit bouquet de roses, en présence d'une foule de spectateurs. L'assistance, dont faisaient partie des dames et des cavaliers de haut rang, surprise de ce trait, ne le fut pas moins de la manière galante dont mon père reçut le bouquet. Il le plaça sur son sein gauche, et s'adressant aux autres chevaliers de l'épée, s'écria : « Je défendrai ceci contre tout adversaire. » Le concours commença et il tira avec les premiers maîtres. Pas un seul d'entre eux ne put déranger la plus petite feuille du bouquet. »

L'un des résultats directs de l'intimité qui s'établit entre Angelo et la belle « Peg Woffington », fut qu'il l'accompagna en Angleterre, où il trouva un champ plus vaste pour utiliser ses talents. Il fut bientôt lancé à Londres, où sa grâce étrangère, son élégance, unies à ses talents virils, lui procurèrent rapidement de nombreux amis dans toutes les classes de la société[2], dans le

---

1. *Réminiscences*, par HENRI ANGELO, avec les *Mémoires de feu mon père*, etc. Dédié à Sa Gracieuse Majesté le roi Georges IV. In-8°. Londres, 1828.
2. Les *Réminiscences* sont remplies d'anecdotes concernant quelques-uns des personnages les

monde des arts, de la politique, de la littérature et dans le monde à la mode.

Au commencement de son séjour en Angleterre, Angelo s'appliqua uniquement à l'équitation de manège, et quelques mois après son arrivée à Londres, il devenait l'écuyer de Henri Herbert, comte de Pembroke, qui était un des meilleurs cavaliers de son temps et qui possédait un vaste manège près de son hôtel, dans Whitehall.

Lord Pembroke s'attacha si bien à lui, qu'après son mariage Angelo prit, selon le désir de son protecteur, une maison dans le voisinage du château seigneurial, situé à Wilton.

Il entreprit alors de former les maîtres d'équitation des « chevau-légers de Elliot », régiment d'élite dont lord Pembroke était lieutenant-colonel. Un de ces instructeurs était le vieux Philippe Astley, qui fit parler de lui plus tard dans son propre cirque.

Outre la protection de lord Pembroke, Angelo jouissait de celle du duc de Queensberry, qu'il devait à l'affection que la duchesse éprouvait pour sa femme. Le duc lui-même était d'ailleurs un habitué de l'école d'équitation. Il n'est pas étonnant qu'avec l'aide de si puissants amis, et après les louanges que le roi lui adressa un jour publiquement, son succès ait été si prompt. Au cours d'une représentation qui eut lieu devant Georges II, Sa Majesté déclara que « M. Angelo était le plus élégant cavalier de son temps[1] ». Une année après l'établissement de son manège particulier, derrière sa maison de Carlisle Street, Soho Square, — qui était alors un quartier plus fashionable que maintenant, — il gagna plus de 2,000 livres sterling par ses leçons d'équitation.

Vers l'an 1758 il semble avoir eu quelques revers de fortune, et il dut s'appliquer surtout à gagner de l'argent; c'est alors qu'il commença à s'occuper d'escrime d'une manière professionnelle.

« La réputation de mon père comme cavalier, dit Henri Angelo, n'était

plus intéressants du dernier siècle. Il paraît que les premiers Angelo comptaient parmi leurs intimes des hommes tels que Garrick, Reynolds, Gainsborough, Fox, Horne Tooke, Wilkes, Peter Pindar, Bach et beaucoup d'autres. Henry Angelo était l'ami intime de Richard Brinsley Sheridan.

1. « C'est à la suite de cette entrevue que Sa Majesté, quand elle donna à M. West l'ordre de faire le tableau de la bataille de Boyne, lui conseilla de peindre, d'après mon père, l'étude de la figure équestre du roi Guillaume, disant : « Peu de peintres placent convenablement l'homme à cheval et Angelo est le plus beau cavalier du monde. » M. West adopta l'idée et mon père posa pour le personnage, sur son propre cheval « Monarque ». Par une circonstance fortuite, il posa également pour une statue équestre du roi Guillaume, érigée plus tard dans Merrien Square, à Dublin. » — *Réminiscences,* par HENRI ANGELO.

pas moins grande que sa renommée comme escrimeur, bien que jusqu'alors il n'eût exercé l'escrime qu'en amateur. »

« A son retour à Londres avec son protecteur et ami le comte de Pembroke, il reçut une carte d'invitation pour une épreuve publique avec le docteur Keys, qui passait pour le plus dangereux escrimeur d'Irlande. Le cartel étant accepté, la Taverne de la Chaumière (Thatck house Tavern, devenue maintenant *the Thatch ed House Club, St James Street*), fut désignée

FIG. 132. — La garde en dehors. — Boworth.

pour le rendez-vous[1], où mon père se trouva à l'heure indiquée (2 heures), bien qu'il eût monté à cheval toute la matinée, chez lord Pembroke.

« Sa Seigneurie, avec sa gracieuseté ordinaire, entra dans la salle bras dessus, bras dessous avec mon père, son ami et son protégé. Beaucoup de dames de la noblesse, ainsi que des pairs et des gentilshommes, se trouvaient dans l'assemblée. Mon père, qui ne s'attendait pas à trouver une compagnie aussi choisie, portait encore son costume et ses bottes de cheval.

« Il n'avait jamais vu son adversaire avant ce moment, et il fut un peu surpris en apercevant le docteur, qui était un homme de taille athlétique,

---

1. Il paraît, d'après divers récits contemporains, que des assauts d'armes avaient souvent lieu, pendant le siècle dernier, dans des tavernes célèbres. Quelques maîtres d'escrime donnaient souvent des divertissements de cette espèce dans des cafés.

portant une énorme perruque. Sans veste ni habit, les manches de sa chemise retroussées et laissant voir des bras robustes, assez forts pour lutter dans l'arène avec Broughton ou Slack, Keys se promenait de long en large, dans la salle.

« Les spectateurs étant tous réunis, Keys, après ses premiers saluts qui furent assez francs et aisés, but une rasade de cognac et en offrit une à mon père qui la refusa poliment, n'étant pas accoutumé à de si forts stimulants.

Fig. 133. — La garde en dedans. — Boworth.

« Le docteur s'étant ainsi donné du nerf pour l'attaque, se mit à suivre une méthode violente et déterminée, qui prouva bientôt à ceux qui connaissaient l'escrime que, selon l'expression française, il n'était qu'un « tirailleur » (en anglais un « tisonnier [1] »).

« Pendant quelque temps, mon père ne fit que se défendre contre ses attaques répétées, sans recevoir un seul coup, car à mesure que le cognac opérait, un coup de hasard en faveur du docteur l'eût par trop encouragé. Laissant son antagoniste s'épuiser, mon père, après avoir suffisamment montré son talent dans la défensive, plaça, avec toute l'élégance et la grâce qui avaient fait sa renommée, une douzaine de bottes bien palpables sur la

1. « Tirailleur » est en français dans le livre anglais, et, entre parenthèses, il y a : (en anglais un « tisonnier »).

poitrine de son antagoniste enragé, salua les dames et se retira aux applaudissements des spectateurs. »

C'est peu de temps après cette démonstration publique de la supériorité de son talent que l'aîné des Angelo, poussé par ses amis, commença l'enseignement de la science de l'escrime. En vérité, les offres splendides qui lui furent faites étaient trop tentantes pour qu'un homme, qui se trouvait dans sa modeste position de fortune, les refusât. Son noble protecteur, quoique désireux de profiter encore de ses précieux services, lui conseilla généreusement d'accepter ces offres. Ce fut le commencement de sa fortune, et il eut pour premier élève feu le duc de Devonshire.

La maison d'Angelo devint bientôt une « école de raffinement » où l'on envoyait les jeunes gens pendant un certain temps, non seulement pour acquérir la perfection dans les arts distingués de l'équitation et de l'escrime, mais aussi pour pouvoir fréquenter la société de beaux esprits, d'hommes politiques et d'artistes qui s'assemblaient presque journellement à sa table hospitalière.

Angelo, dit-on, se faisait au delà de 4,000 livres sterling par an, avec son fleuret seul, et dépensait son revenu en vrai gentilhomme.

« Vers 1758, ayant été présenté chez la princesse douairière de Galles, mère de feu notre vénérable souverain [1], il fut engagé par Son Altesse Royale pour enseigner l'usage de l'épée aux jeunes princes. Il eut ensuite l'honneur de donner des leçons au roi Georges III lui-même et au duc d'York. »

En 1763, Angelo publia, avec magnificence, son *École des armes*. Cette immense dépense fut couverte par les souscriptions de 236 pairs ou gentilshommes, ses protecteurs ou ses élèves. Le livre, de forme oblongue, contient 47 gravures dessinées par le peintre Gwynn et gravées par Ryland, Grigmon et Hall. Angelo posa pour l'un des combattants dans toute la série, avec quelques-uns de ses amis, parmi lesquels lord Pembroke et le chevalier d'Eon.|

Le texte, qui reproduit en substance tous les principes de l'escrime reconnus par l'Académie d'armes française vers le milieu du XVIIIe siècle, quand Teillagory et La Boëssière (l'aîné), O'Sullivan et Danet enseignaient à Paris, n'appelle aucun commentaire, après la notice du chapitre XI sur les deux derniers maîtres.

---

[1]. *Réminiscences*, 1827.

Bien que Danet affectât de mépriser l'*École des armes,* la seule différence perceptible entre son ouvrage et celui d'Angelo (à part la nomenclature corrigée de Danet et ses trois élévations de la main en poussant quarte) est que ce dernier est beaucoup plus artistique et obtint, dès le début, un bien plus grand succès que l'*Art des armes.*

Deux ans plus tard, parut une deuxième édition avec une double colonne de texte, anglais et français, puis une troisième semblable à la deuxième, en 1767.

En 1787, Henry Angelo, fils de Malevolti, qui était alors à la tête de l'école, — il avait étudié l'escrime à Paris, chez Motet, pendant plusieurs années, après avoir quitté Eton, — reproduisait le livre de son père, mais en un format plus petit, avec le texte anglais seulement et des gravures réduites[1].

Fig. 134. — La garde inclinée[2]. — Roworth.

Dans ses mémoires, Henri Angelo, très préoccupé d'anecdotes concernant les célébrités de son temps, semble peu disposé à nous donner beaucoup d'informations au sujet de son école. Il néglige fort, en réalité, tout sujet d'escrime et s'abstient dans la plupart des cas, avec une gracieuse aisance, de donner des dates. Il paraît que du temps d'Angelo aîné, ses salles étaient situées dans son ancienne maison de Carlisle Street; plus tard il prit une salle d'armes dans le corps de bâtiment de l'Opéra, Haymarket, appartenant à un maître d'escrime français, appelé Redas.

Ces salles furent détruites par le feu, en 1789, et l'Académie fut transférée dans Bond Street, où elle resta jusqu'en 1830.

Angelo aîné mourut en 1802, à l'âge de quatre-vingt-six ans. Quelques jours avant sa mort, il donnait encore la leçon.

---

1. Ces gravures diminuées parurent aussi dans le Supplément de l'*Encyclopédie méthodique* de Diderot et d'Alembert. Le maître d'Henri Angelo fut Motet, qui n'avait pas son pareil pour les parades.

2. Souvent appelée par les maîtres la garde « poltronne », parce qu'ils la considéraient comme une garde très sûre, et aussi très défavorable à toute action offensive.

Les salles actuelles, en haut de Saint-James Street, furent installées par les fils d'Angelo en 1830; elles faisaient auparavant partie de la célèbre école d'équitation du colonel Nedham. Elles ont conservé leur caractère jusqu'à ce jour et contiennent beaucoup de reliques de la vieille école, des tableaux, d'anciennes armes et de précieux autographes. Les ouvrages suivants, publiés pendant le dernier tiers du xviii° siècle, sont de peu d'importance :

Fig. 135. — La garde de l'Espadon [2]. — Roworth.

The fencer's Guide (le Guide du tireur)[1], constituant une série de toutes les branches nécessaires à la composition d'un système complet de défense, etc., par A. Lonnergan, professeur de sciences militaires. C'est un traité très pratique et, de tous les ouvrages du xviii° siècle, le plus franchement anglais, l'auteur attachant autant d'importance à l'estramaçon qu'à l'épée et évitant soigneusement un jargon étranger, but fort louable, mais qui a malheureusement pour effet d'embarrasser le lecteur.

Fencing familiarised (l'Art des armes simplifié), par M. Olivier, élève de l'Académie royale de Paris, en français et en anglais.

Olivier, qui dirigeait une école florissante dans Saint-Dunstan Court, Fleet Street, était peut-être, après Angelo, le professeur d'épée le plus en vogue à Londres.

Son ouvrage est très sérieux et justifie entièrement son titre français. Il contient un système simplifié, débarrassé de tout détail inutile ou suranné, et l'on a dû en tirer de nombreux exemplaires, car c'est un des livres de cette époque qu'on rencontre le plus souvent.

Fig. 136. — La garde de Saint-Georges.—Roworth.

1. Voyez *Bibliographie*, 1771-72.
2. Rarement employée, excepté avec des espadons très légers.

The Army and Navy Gentleman's Companion, par J. M. Arthur, de la marine royale. Deux éditions parurent à un intervalle de quatre années, de 1780 à 1784.

Nous terminerons notre esquisse du caractère de l'escrime anglaise par une courte notice du jeu du sabre et de l'espadon, tel que l'explique Angelo dans les gravures de Rowlandson[1], Lonnergan et Roworth[2].

Le jeu du sabre ou de l'estramaçon, pratiqué pendant la première partie du siècle, était très simple, très sûr et assez monotone, mais exigeait de l'œil pour la distance, un bon jugement de temps (à propos) et une grande force dans l'avant-bras et dans les doigts.

Comme nous l'avons vu plus haut, quelques maîtres étaient partisans d'une garde inclinée, mais les imitateurs de Fig, et plus tard ceux de Godfrey, préféraient une garde élevée, qui dérivait de la garde de l'épée, en quarte ou en tierce.

Les attaques étaient exécutées avec l'avant-bras, l'estramaçon étant une arme trop lourde pour permettre beaucoup de coups déliés vers toutes les parties du corps. Les coups en dessous des hanches étaient ordinairement évités, en glissant plutôt qu'en parant. Il y avait cinq parades : haute, en dehors et en dedans (tierce et quarte); inclinée, en dehors et en dedans (prime basse et seconde), et la parade de tête, appelée la garde de Saint-Georges[3]. Les parades élevées étaient toujours accompagnées d'un recouvrement, en retirant le pied, afin d'éviter le danger d'un coup à la jambe, si l'attaque n'était qu'une feinte.

Plus tard, la création de nombreux corps de cavalerie légère mit à la mode ce qu'on appelait le système autrichien, système dans lequel l'action de couper, de hacher, fut remplacée par celle de « trancher », particulière au brillant maniement du sabre léger et courbé, des Hongrois.

Ce jeu, qui n'était pas moins efficace que le jeu « hachant » d'autrefois, exigeait une moindre dépense d'énergie et admettait, en même temps, des parades plus faibles; son adoption introduisit beaucoup de variété dans l'ancien jeu anglais de l'estramaçon. Mais, quoique sa monotonie première

---

1. Voyez *Bibliographie*.
2. Voyez *Bibliographie*.
3. Ainsi nommée, non pas, comme on le croit généralement, parce qu'elle aurait été inventée par le célèbre chevalier de Saint-Georges, mais, dit Lonnergan, à cause de la position dans laquelle le saint champion tenait son arme quand il tua le dragon.

eût été atténuée par certaines complications, il est difficile de dire si sa valeur comme art défensif en fut augmentée[1].

Les gardes les plus ordinaires étaient : 1° la garde moyenne avec le bras étendu, en ligne droite depuis l'épaule et l'arme presque perpendiculaire, la pointe en haut; partant de là on pouvait prendre les gardes en dehors ou en dedans; 2° la garde inclinée, le bras étendu, la main en pronation aussi haut que le sommet de la tête, la pointe basse; de cette garde dérivait la garde demi-inclinée, en dedans et en dehors; 3° la garde dite de l'espadon, le bras étendu horizontalement, la main en supination, la pointe basse.

Les deux gardes suivantes, également citées par tous les auteurs que nous avons nommés, étaient simplement des parades et non des gardes d'engagement.

La garde de Saint-Georges (toujours accompagnée du relèvement) est la garde du demi-cercle; la première arrête un coup direct à la tête, la dernière les coups en dedans, juste sous le poignet.

Les coups étaient au nombre de sept. Comme exercice préparatoire, on les arrangeait en séries et on les exécutait, placé devant un diagramme ou plastron, indiquant les lignes et cloué au mur, assez semblable à ceux que Marozzo préconisait 250 ans auparavant[2]. Il n'y avait que cette simple différence toutefois, qu'on recommandait maintenant aux élèves de serrer leurs coups autant que possible, et d'employer des mouvements tranchants plutôt que « hachants ».

Certains coups de pointe en quarte, tierce et seconde, étaient aussi employés, mais ils ne furent jamais en faveur dans le jeu du sabre. Cependant avec l'espadon, épée légère à lame plate et droite, employée pour la taille et la botte, d'après la méthode de l'ancienne rapière allemande, le jeu était en somme plutôt de pointe que de taille; les coups d'attaque se poussaient en riposte, se donnaient par un mouvement délié, fouettant au-dessus de la pointe ou bien par un mouvement tranchant, en reprenant la garde.

La plupart des attaques et des parades appartenant au jeu de l'épée, pou-

---

1. Nous sommes revenus de nos jours à un système beaucoup plus simple, presque identique au jeu de l'estramaçon, avec cette différence que nous employons la pointe et que nous ne traversons plus. En France, où l'on pratique un jeu de sabre assez élégant mais un peu faible, cette arme est tellement négligée, en faveur du fleuret, qu'il est difficile de faire une comparaison quelconque entre la « contre-pointe » et notre jeu *anglais* de la canne et du sabre.
2. Voyez page 36.

vaient être employées dans l'escrime de l'espadon, à l'exception cependant des parades circulaires; les parades simples, exécutées avec une opposition convenable, étaient également efficaces contre la taille et la pointe, tandis que les parades circulaires ne pouvaient être employées que contre la pointe seule.

Les Angelo nous amènent jusqu'à notre époque, et bien des gens se souviennent encore du dernier représentant de cette remarquable famille de maîtres d'armes.

Depuis le siècle dernier, il y a eu et il y a encore, en Angleterre, beaucoup de maîtres de grande réputation, mais l'art de l'épée est aujourd'hui tellement négligé que les écoles destinées exclusivement à l'escrime sont en très petit nombre. L'escrime est considérée, presque toujours, comme un corollaire de la gymnastique et on ne lui accorde comparativement que fort peu d'importance.

Cet exercice si entraînant est, jusqu'à un certain point, un exercice anti-anglais. Sa pratique est considérée comme une perte de temps, et si elle avait, comme autrefois, une raison d'être en vue du duel, on trouverait encore que la pratique assidue d'un tel art serait en opposition avec nos idées sur l'honneur et sur la loyauté.

Il est vrai que l'usage de l'épée, de la « broche à oiseaux » et du « poignard à piquer les grenouilles » du XVIe siècle, ou de la « colichemarde » du temps de la reine Anne, fut toujours mieux enseigné par les étrangers et peut, à cause de cela même, être regardé comme étant quelque peu anti-anglais. Cependant le jeu du sabre fut toujours un passe-temps national, plus ancien même que la boxe, et il est aussi négligé que le fleuret. Parmi ceux qui le pratiquent encore, et ils sont en petit nombre, on accorde plus d'admiration à celui qui donne et reçoit gaiement de solides coups, qu'au champion correct et scientifique qui prend trop de précautions.

Quant à l'inutilité pratique qu'on attribue à l'escrime, on peut dire que la question d'utilité n'a rien de commun avec les questions de sport.

Ceux qui s'occupent de canotage, par exemple, ne retireront jamais aucune utilité pratique de leur talent de rameur, et cependant ils dépensent, pour se familiariser avec l'aviron de pointe ou de couple, plus de temps et d'énergie qu'il ne leur en faudrait pour devenir des escrimeurs de première force.

Au surplus, le fait que la connaissance de l'escrime permet de relever l'insulte et l'empêche d'ordinaire, suffirait pour réfuter ce reproche d'inutilité.

Une des causes de la décadence de ce que nous appelions autrefois « la noble science des armes » peut être attribuée à la passion de l'Anglais pour les exercices en plein air, passion nourrie par son éducation scolaire et qui lui fait détester l'idée de cet exercice en chambre close.

Sans doute, il serait absurde de forcer un homme à sacrifier la verte pelouse et la raquette ou le *cricket bal* pour le plancher de la salle d'armes et le fleuret ou la canne; mais combien de fois n'arrive-t-il pas qu'il est impossible de songer au *lawn-tennis* ou à la campagne, alors que le chemin de la salle d'armes est si facile à trouver!

Une salle d'armes animée, où de nombreuses paires d'épées brillent et font entendre leur joyeux cliquetis, n'est-elle pas bien attrayante, après tout? L'escrime récompense tous ceux qui ont la persévérance de se soumettre à la corvée de ses premiers exercices. L' « artiste », pour se servir de l'expression de sir William Hope, trouve à occuper son esprit aussi bien que son corps, dans toute lutte personnelle; la chose est vraie surtout en matière d'escrime. Le tireur, en effet, peut employer toutes ses facultés d'observation à distinguer le caractère du jeu de son adversaire, et, si la pratique a rendu son corps suffisamment agile, il trouvera un plaisir intellectuel à inventer des jeux différents pour des occasions différentes.

Les anciens maîtres consacraient ordinairement un long chapitre de leurs traités aux diverses méthodes qu'ils croyaient les meilleures contre certains tempéraments, tels que les « colériques » et les « flegmatiques », les « impétueux » et les « circonspects », les « timides » et les « courageux ». Il ne peut, naturellement, y avoir un aussi grand conflit de passions dans une lutte aux épées mouchetées que dans une rencontre où l'on se sert d'épées de combat; mais, dans un assaut assez prolongé, les vraies dispositions des tireurs tendent toujours à se montrer[1].

---

1. Un éminent écrivain français, Ernest Legouvé, qui était en même temps un homme d'esprit et un grand escrimeur, avait l'habitude de dire qu'il ne connaissait pas le caractère d'un homme avant d'avoir croisé le fer avec lui.

« Chez un bon tireur, la tête travaille autant que le corps », disent les meilleurs maîtres; pour devenir un bon tireur, une longue pratique est cependant nécessaire.

Ars longa, vita brevis, l'art de l'escrime est certes long à acquérir. Cependant, il serait difficile de trouver un tireur, de quelque talent, qui regrettât le temps qu'il y a consacré. Il est étonnant que si peu d'Anglais prennent aujourd'hui l'escrime sérieusement à cœur, et que la nation la plus athlétique de l'Europe ne soit pas représentée dans ce genre de sport comme elle l'est dans les autres.

CHAPITRE XV

Sans doute, notre courte épée moderne ne présente, à première vue, que peu de ressemblance avec l'épée d'un chevalier du bon vieux temps; mais

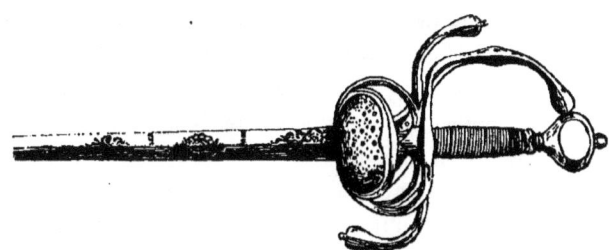

FIG 137. — Rapière allemande, fin du xvi°, commencement du xvii° siècle. La lame à deux tranchants, sans évidures, est longue d'un mètre 13 centimètres, porte l'inscription FIDE. SED. CVI. VIDE. — SOLI. DEO. GRATIA. De chaque côté de la lame est un cartouche portant une tête couronnée, et en exergue l'inscription : ADAMM. AOLLICH. — ME. FECIT. SOLINGEN. Longueur de la garde 16 centimètres. (*Collection du baron de Cosson.*)

quelque dissemblables que soient ces armes, elles ne le sont pas plus que les hommes auxquels elles ont été destinées.

Nous pouvons suivre d'une façon ininterrompue la série des changements qui se produisirent dans cette arme, non seulement depuis l'époque reculée où la première épée de fer fut forgée, mais depuis l'époque, plus reculée encore, où son ancêtre préhistorique, la massue, commença à prendre quelques-unes des caractéristiques que nous sommes accoutumés à associer à l'idée d'une épée.

Notre but, cependant, n'est pas de retracer la généalogie de l'épée en remontant aussi loin ; pareille tâche demanderait une plume plus savante que la nôtre. Sans entrer dans de grands détails, nous avons simplement l'intention de présenter un tableau de la transformation que subit la simple épée, à poignée en croix, du moyen âge, avant de devenir l'épée de combat ou le sabre militaire modernes, selon que le but visé est le duel ou la guerre.

Cette transformation eut lieu pendant les xvie, xviie et xviiie siècles. Un examen de ses diverses phases terminera notre revue rétrospective de l'art de l'escrime, pendant la même période, d'autant plus que la plupart des changements observés résultèrent du développement des théories qui touchaient la façon de diriger la pointe ou le tranchant.

Toute belle et authentique épée ancienne, et surtout une rapière du xvie siècle, offre un puissant intérêt aux yeux du connaisseur. Il y trouvera plus d'attrait encore s'il est lui-même tireur. Outre sa beauté originale, elle représente une somme de travail et de talent, que nous ne sommes plus habitués à consacrer à un pareil objet.

Nous avons émis dans notre introduction l'opinion que nos idées concernant l'usage de l'épée sont bien plus correctes, maintenant que l'escrime est devenue un passe-temps, qu'à l'époque où c'était un talent dont notre existence même pouvait souvent dépendre. Nous pouvons émettre le même jugement sur les épées elles-mêmes.

Les armuriers modernes sont évidemment de force à tremper des lames merveilleuses, et, bien qu'il soit douteux qu'il existe aucune lame moderne supérieure aux meilleures armes signées *Wolfs* ou *Andrea Ferraras*, il est certain que de nos jours on pourrait sans difficulté en fabriquer d'aussi parfaites.

L'épée est maintenant un accessoire plus ou moins utile de l'équipement militaire, et toute arme réellement solide suffit dans les rares occasions où il y a lieu de s'en servir. Peu de nos soldats, excepté ceux qui ont acquis une expérience pratique dans les combats à l'arme blanche contre des Asiatiques, prennent réellement au sérieux leur arme blanche, et il en est qui résolvent la difficulté en montant dans une moderne poignée d'ordonnance une bonne vieille lame, vieille de trois cents ans et signée *Sahagum* ou *Ferrara*. L'infériorité des lames modernes résulte simplement de notre indifférence en la matière,

Il est incontestable qu'un grand prestige s'attache à une ancienne épée. Elle a fait ses preuves et, si elle a appartenu à quelque ancêtre, n'est-on pas convaincu qu'elle n'a versé le sang que pour une bonne cause? Elle était la compagne et le soutien de son maître, une amie toujours à son côté, qu'il allât à pied ou à cheval; elle veillait à son chevet, pendant la nuit, et reposait derrière son siège, pendant ses repas. Dans sa main, elle semblait faire partie de lui-même; elle était incapable de le trahir dans les luttes les plus désespérées. Autrefois, toute épée de valeur était choisie et fabriquée avec le plus grand soin; il n'était pas étonnant, dans de telles conditions, que le fabricant employât tout son savoir et toute son habileté à façonner une garde, à équilibrer une lame, à lui donner le degré d'élasticité voulu. Ce sont toutes ces considérations de sentiment et de technique qui font qu'une ancienne rapière a tant de valeur et d'intérêt pour le connaisseur.

De nos jours, l'armurier, le *sword-cutter*, est représenté par l'arquebusier qui emploie tout son génie inventif à forer des canons de fusil d'une résistance incroyable et à simplifier des platines de sûreté; il n'a que peu ou prou l'occasion d'exercer son talent dans la fabrication des épées; des règlements inflexibles, à propos de leur forme, rendraient ses peines inutiles.

Il n'en était pas ainsi à l'époque de la rapière; chaque homme d'épée, à mesure qu'il acquérait de l'expérience dans le *steccata*[1], le champ ou l'école d'escrime, s'appropriait quelques notions favorites, concernant les détails de ce qu'il considérait comme une bonne garde. Ces détails avaient pour lui une importance capitale et il appartenait à l'armurier d'apprécier et d'exécuter les idées de son client. Ainsi l'armurier était tenu de comprendre les armes aussi bien que de savoir forger des lames, de même que l'arquebusier actuel, son successeur, doit être familier avec les théories de la balistique et de la mécanique modernes. Ce dernier devrait autant que possible être lui-même un chasseur pratique. Nous venons de donner les raisons de la variété infinie des gardes de rapière, basées, il est vrai, sur quelques principes fondamentaux qui varièrent seulement à mesure que la science de l'escrime changea les siens. Nous pouvons, jusqu'à un certain point, comparer la complication de la garde avec celle du jeu, quoique l'une ne fût pas directement le résultat de l'autre.

---

1. Le « steccata » est le lieu du combat, comme le dit Saviolo, dans son 2ᵉ livre traitant d'honneur et de querelles honorables. C'est la traduction italienne des expressions françaises : champ clos et lice.

A l'époque éloignée où, pour la première fois, nous entendons parler de l'escrime comme d'un art, le jeu qui consistait en coups furieux et beaucoup en un combat naturel devient un jeu simple. Cela nous ramène vers les premières années du xvi° siècle, et nous savons, en effet, que l'épée était comparativement simple. La garde ordinairement en usage, consistait en quillons simples avec ou sans anneaux au pas d'âne [1].

Durant le xvi° siècle, on cultiva partout, avec assiduité, la science de l'escrime. Vers la fin du siècle elle devint, rapidement, très compliquée; tous les mouvements de l'épée et du corps furent analysés, et c'est *pari passu* pendant cette période que l'ancienne et rude épée se développa et devint la rapière.

Le xvii° siècle vit aussi un changement complet dans l'art de l'escrime et dans le modèle des armes. Le jeu d'estoc se sépara du jeu de taille, et le bon escrimeur, écartant de son art tout coup de taille qu'il proclamait grossier et moins efficace que la pointe, réduisit graduellement la longue et lourde rapière aux dimensions de l'épée moderne.

Comparée à « l'estocade » du temps d'Élisabeth, l'épée de cour du temps de la reine Anne est la simplicité même; le même contraste existe entre les évolutions compliquées des élèves de Carranza et les mouvements sobres des tireurs du xviii° siècle.

Dès qu'on essaie de classer les diverses formes de l'épée, selon les dates où elles étaient le plus à la mode, on se trouve en présence de questions assez embarrassantes. Les modes ne varièrent pas en même temps dans tous les pays [2]; elles changèrent fréquemment dans la même contrée [3]; enfin, les lames seules, et non les gardes, sont généralement marquées et signées, de manière à indiquer leur date, tandis que dans beaucoup de cas, la garde et non la lame est l'indice sur lequel nous devons nous baser pour connaître le goût général. Il ne faut pas oublier, en effet, que beaucoup

---

1. Voyez page 230.

2. L'Italie et l'Espagne, la dernière surtout, conservèrent les épées de mode ancienne beaucoup plus tard que l'Angleterre et que la France. Les épées modernes de duel italiennes, sont exactement semblables à quelques types des épées dites de « transition ».

3. Comme exemples, sinon très concluants au moins très intéressants, nous pouvons signaler que beaucoup de maîtres représentent dans leurs gravures des épées d'un caractère beaucoup plus ancien que celles qu'on employait à l'époque où ils enseignaient l'escrime. Tel est le cas pour Viggiani, Meyer, Alfieri, Saviolo et Sainct-Didier. Sutor comme Agrippa et Marozzo représentent une arme plus ou moins conventionnelle ayant le caractère du moyen âge.

de bonnes vieilles lames ont souvent été adaptées à différentes gardes, selon les caprices de la mode. Ne perdons pas de vue que pour les épées anglaises et françaises surtout, les meilleures lames étaient importées d'Espagne, d'Italie et d'Allemagne, et montées selon la mode du pays de leurs propriétaires. Tout ceci rend fort difficile de décider la nationalité d'une épée et de fixer l'époque exacte à laquelle on adoptait une forme particulière, car l'arme peut avoir été portée par quelque vieux gentilhomme, à une époque où ses plus jeunes contemporains y voyaient une épée tout à fait démodée.

Si cependant nous considérons la question au point de vue de l'Angleterre et de la France seulement, ces deux pays ayant toujours suivi le même style d'escrime, il est possible de diviser l'histoire moderne de l'escrime en quatre périodes :

Faute de meilleurs termes, nous pouvons appeler la première, qui correspond à la première moitié du xvie siècle, la période de « l'épée » (*Sword*), tel étant le mot employé par G. Silver, au nom des maîtres de défense, qui enseignaient l'usage de l'épée et non le maniement de la rapière étrangère.

La période suivante sera celle de la « rapière » ou de l' « estocade »; elle occupe la deuxième moitié du xvie siècle et le premier quart du xviie.

La troisième période peut être considérée comme la période de « transition » pendant laquelle la rapière tendit à se simplifier, mais n'atteignit pas encore la forme parfaitement bien définie de l'épée moderne (*small sword*). Cette période occupe les deuxième et troisième quarts du xviie siècle.

La dernière est celle de l'épée de cour, du carrelet, de la colichemarde, commençant sous le règne de Charles II et finissant vers l'époque de la Révolution française.

Le caractère de l'épée changea très peu pendant le moyen âge; jusqu'à la fin du xve siècle, sa forme resta si simple et si connue de tout le monde, qu'il serait inutile de s'y arrêter [1].

Elle consistait en une lame droite, à double tranchant, large à la base et diminuant vers la pointe, adaptée à une poignée fort simple [2], à la garde en croix et au pommeau plus ou moins plat, en forme de disque. Elle

---

1. Voyez figures 3, 5, 6, 7, P. XIV à XVII, voyez Marozzo (chap. II), et aussi le spécimen n° 1, planche VI.

2. Au xve siècle prévalut une mode qui consistait à donner à la poignée une longueur exceptionnelle; dans ce cas, l'épée, quand on l'employait à pied, était maniée des deux mains. C'est surtout en Allemagne qu'on paraît avoir suivi cette mode. Voyez figure 3, page 14.

était essentiellement forte, raide et lourde, et, bien qu'elle fût destinée à l'estoc et à la taille, elle convenait assez peu à ces deux actions. Pour s'en servir d'une façon efficace, il fallait, avant tout, un bras vigoureux. Telle était l'épée qui allait subir de si rapides changements pendant le xvie siècle.

Mais, avant de procéder à son analyse, nous décrirons brièvement quelques autres variétés d'épées en usage au moyen âge, et qui semblent avoir disparu presque complètement après l'époque de la Renaissance. Ces variétés d'épées eurent une existence toute spéciale, fort limitée, et quoique quelques-unes de leurs caractéristiques puissent avoir été, de temps en temps, ajoutées à celles de l'épée « type » pendant ses diverses transformations, elles n'ont jamais fait partie de la chaîne que nous avons l'intention d'examiner, anneau par anneau. Les variétés de ces armes sont nombreuses, mais il suffira de définir les noms qui se rencontrent le plus ordinairement.

L' « estoc » du moyen âge[1] était, dans la plupart des cas, une épée à deux mains, employée seulement pour la pointe, — d'où le mot estoc signifiant coup de pointe, — pourvue d'une longue lame raide à trois ou quatre côtés; les chevaliers en avaient fait leur arme favorite pour combatre à pied dans la lice, à la barrière.

L' « épée à deux mains », la « longue épée [2] » (claymore, spadone, espadon,

1. Voyez page 22 et la note.
2. Voyez fig. 4 (page 15), fig. 9 (p. 18), fig. 48 (p. 76).

Le mot *Schwerdt* s'appliquait en Allemagne à une espèce d'épée plus lourde que l'ancienne épée anglaise.

Sword (ou en vieil anglais *Swerd*) et *Schwerdt* dérivent de la même source, il est inutile de le faire remarquer.

Le type teutonique du mot est *Swerda*: ce qui blesse, auquel se rapporte l'allemand *Schwer*: douloureux.

Claymore est le phonétique anglais de deux mots celtiques : *Claid-heamh-mor*, signifiant la grande épée. La vraie claymore originelle était une épée à deux mains, de la plus grande dimension. (Voyez spécimen n° 2, gravure VI.) L'épée à garde en corbeille, d'origine italienne, dont il sera parlé plus tard, qui porte ce nom maintenant, eût été appelée, à l'époque de la véritable claymore, *claybeg*, c'est-à-dire « petite épée ».

Spadone et Espadon sont les augmentatifs de *Spada* et *Espada*, les formes italienne et espagnole du latin *Spatha*, nom donné par les Romains à la longue et large épée des Gaulois. Quelques étymologistes font dériver *Spatha* du celtique *Spad* (d'où vient notre mot *Spade*, bêche). De même le nom espagnol de la courte épée est *Espadin*, diminutif de *Espada*. — *Zweyhander* est naturellement l'équivalent de « épée à deux mains ». « Flamberge » était, selon Littré, un des noms attribués à l'épée de Roland. Il paraît avoir été appliqué d'une manière relâchée à toute grande épée de fortes dimensions, quoique plus particulièrement à ce qu'on appelait, en Suisse, l'épée flamboyante ou ondulée. En France, « Flamberge » devint bientôt un terme de mépris, de même que « Rapière ».

PLANCHE I

ÉPÉES, COMMENCEMENT DU XVI° SIÈCLE (COLLECTION WAREING FAULDER)

1. *Épée des premières années du xvi° siècle, montrant des quillons droits et un pas d'âne, surmontés comme contre-gardes de demi-anneaux dont les bouts, qui dépassent, se voient du côté gauche. Lame évidée, à double tranchant avec simple* ricasso. *Ayant appartenu à la Collection Simonetti. Probablement italienne.*
2. *Épée du milieu du xvi° siècle, ciselée et incrustée d'argent. Vue extérieure, montrant les quillons légèrement contre-courbés, avec anneau de côté et pas d'âne. Lame biconvexe avec ricasso creusé, bien marqué.*
3. *Épée de la même période. Vue extérieure montrant les mêmes éléments que le n° 2 et en plus un anneau surmontant le pas d'âne, un arc de jointure et une simple contre-garde joignant le pas d'âne à cet arc de jointure. Lame cannelée à un tranchant, avec la marque «Wolf».*
4. *Épée ou Rapière du milieu du xvi° siècle. Vue extérieure montrant les mêmes éléments que le n° 1 et ayant, en plus, anneau sur quillons, arc de jointure et contre-garde de communication. Lame cannelée à double tranchant.*

ÉPÉES ALLEMANDES, MILIEU DU XVI° SIÈCLE
(COLLECTION DU BARON DE COSSON)

5 et 6. *Épées destinées à la main droite seule, quoique le pommeau allongé admette également l'emploi de la main gauche.* 7 et 8. *Épées à 2 mains de dimensions modérées.*
5. *Vue extérieure montrant les mêmes éléments que le n° 3, mais sans arc de jointure. Lame évidée à double tranchant et simple* ricasso.
6. *Vue extérieure montrant l'application d'un système de contre-gardes appartenant au type « Schiavona » ne s'étendant pas aussi loin que le pommeau allongé, de manière à permettre à l'occasion l'emploi de la main gauche. Lame en biseau, à double tranchant, avec simple* ricasso.
7. *Vue extérieure, montrant des quillons droits comme au n° précédent, mais avec anneau, pas d'âne et contre-garde s'unissant en une forme irrégulière. Lame évidée à double tranchant, avec simple* ricasso.
8. *Vue extérieure, montrant des quillons contre-courbés formant un arc de jointure imparfait, protégeant la main droite et unissant le pas d'âne à la contre-garde. Lame plate avec fort* ricasso.

   N.-B. *Dans toutes ces gardes le pas d'âne s'aperçoit plus ou moins distinctement. Dans le maniement de toutes ces « Longues Épées », on croisait plusieurs doigts de la main droite au-dessus des quillons.*

RAPIÈRES (COLLECTION DU BARON DE COSSON)

9. Rapière allemande du milieu du xvi⁰ siècle. Vue extérieure, montrant des quillons légèrement contre-courbés, mais horizontalement, avec grand anneau, pas d'âne surmonté d'un anneau, et deux contre-gardes joignant le pas d'âne aux quillons. Lame évidée à double tranchant, avec simple ricasso. Du côté gauche, il y a également un anneau de pouce que la figure ne permet pas de voir.
10. Rapière allemande du milieu du xvi⁰ siècle. Vue du faux-tranchant, montrant de profil les anneaux sur les quillons et le pas d'âne, les contre-gardes sur le côté gauche, l'anneau de pouce, et aussi l'épaisseur augmentée du ricasso.
11. Rapière espagnole, incrustée d'or et d'argent, ayant appartenu au peintre Fortuny. Vue extérieure montrant des quillons contre-courbés (formant arc de jointure), pas d'âne et contre-gardes de communication s'unissant à l'anneau de côté. Lame double tranchant, profondément évidée, avec ricasso rétréci.
12. Rapière italienne 1570, signée « Picinino ». (Celle-ci peut être regardée comme un type de rapière à barres.) Vue extérieure montrant des quillons droits et arc de jointure, grand pas d'âne surmonté d'un anneau du côté droit et contre-garde unissant les extrémités du pas d'âne avec l'arc de jointure (et non pas avec les quillons). Lame profondément creusée avec ricasso rétréci.

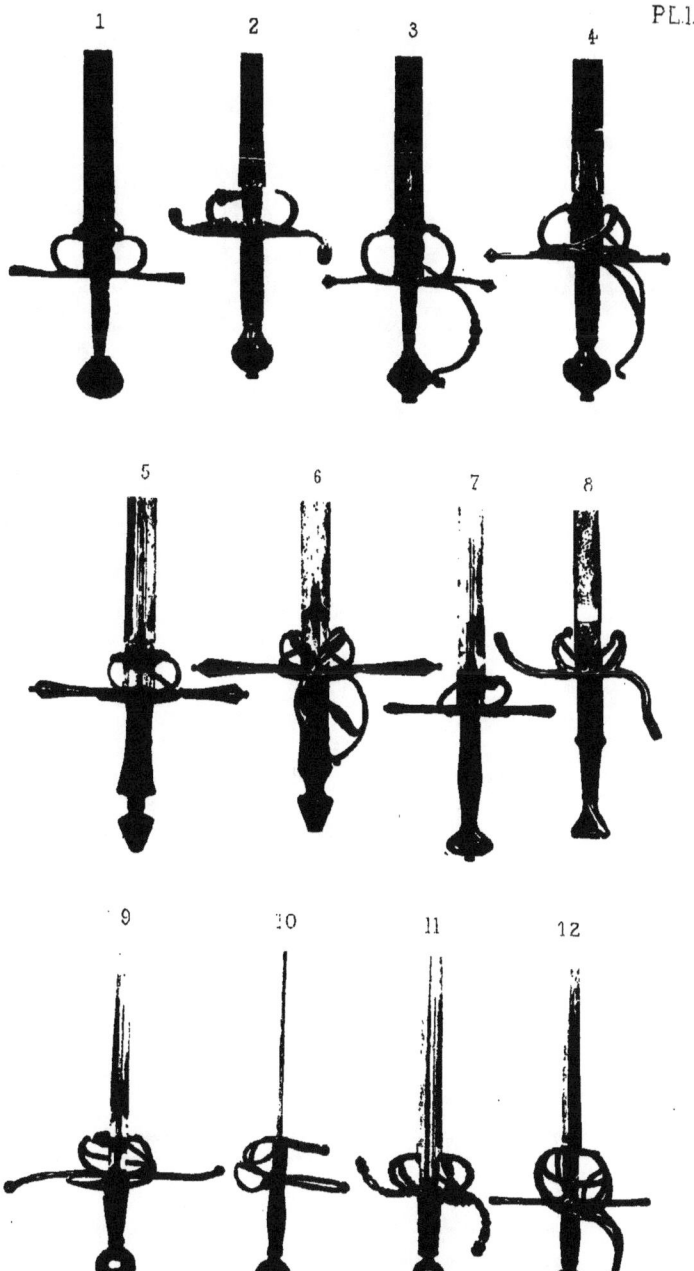

Pl.1.

zweyhänder, flamberge, etc.), était exclusivement employée à pied et pour la taille.

Il y avait deux espèces d'épées à une main : les premières étaient à lame droite et à double tranchant, plus petites que les épées ordinaires, plus grandes que les dagues; on les appelait *braquemarts, malchus, anelaces, coustils à croc, épées de passot, lansquenettes*, etc. L'autre espèce embrassait toutes les épées à lames plus ou moins courbées, d'après la manière des armes orientales, telles que les cimeterres, les coutelas, les *dusacks*[1], etc.

[1]. Le nom de « Braquemart » a été appliqué à de nombreuses formes d'épées, grandes ou petites, pourvu qu'elles eussent une lame large. Du Cange note le mot sous la rubrique *Braquemardus* et *Braga mardus*. Comme l'arme ainsi appelée était généralement courte, quelques écrivains prétendent faire dériver son étymologie du mot grec βραχύς, μάχαιρα courte épée, mais ceci est peu probable.

Le mot vient sans doute du wallon *Braquet*, signifiant une large épée. Nous pouvons faire remarquer ici que l'espèce de coutelas qui faisait partie de l'équipement du soldat français pendant les premières années de ce siècle, et qu'on appelait *Briquet*, appartient à cette catégorie d'arme qui eût été appelée « Braquemart » au moyen âge.

On appelait « Malchus » une épée courte, large et à lame droite. C'était un synonyme de Braquemart, en souvenir de Malchus dont, selon l'Écriture sainte, saint Pierre coupa l'oreille avec un instrument de cette espèce. Le spécimen nº 4 (planche VI) est un « Malchus » ou « Braquemart ».

Le nom *Anelace* s'appliquait, en Angleterre, à une espèce de dague très large, semblable au classique *Parazonium* ou *Pugio*. On ne peut guère appeler cette arme une épée, sa lame n'ayant généralement que 16 à 18 pouces de longueur. On lui donnait, sur le continent, les noms de *pistos amelacio*, « épée de passot ».

Elles se portaient derrière le dos, la poignée inclinée à droite. (Voyez fig. 25, page 54.)

L'épée généralement portée par l'infanterie mercenaire allemande, aux XVe et XVIe siècles, était appelée Lansquenette, de *Landsknecht*. Elle avait quelques particularités bien marquées : la lame était très large, en comparaison de sa longueur, et à deux tranchants. La garde consistait généralement en deux anneaux, formés par les quillons contre-courbés horizontalement, en forme de huit. La poignée était plus ou moins conique, la large base du cône formant pommeau. (Voyez fig. 53, page 78.)

Des sabres courbés, du type « cimeterre », furent beaucoup en usage pendant le moyen âge, après les croisades. Le « Falchion » ou « Fauchon » en était un type plus petit et d'un usage très commun.

Le mot vient du latin *Falx*, par l'italien *Falcione*, signifiant cimeterre, ou le français « Fauchon », Faux. Le mot coutelas est dérivé du français *Coutel* avec l'augmentatif *as* ou *ace*.

Coutelas signifie simplement un grand couteau. De même les Italiens ont *coltello, coltellaccio*. Coutelas fut rendu en anglais par *Curtleaxe*, et son étymologie est souvent attribuée à *coutel hache* ou *coutel-axe*, et enfin *cutlass*. Florio indique : « *Coltellaccio*, un cuttlaux. »

Le *Düsack* est d'origine hongroise ou bohémienne, mais il fut de bonne heure adopté en Allemagne par les classes moyennes et par les artisans pour qui c'était une arme excellente, simple et peu coûteuse. Il consistait en une simple pièce de fer dont une partie était façonnée en lame de coutelas et une autre courbée en un anneau, qui formait une poignée et un arc de jointure combinés. La double courbure qui résultait de cet arrangement était favorable à

Les complications que l'épée subit plus tard sont si grandes, qu'en l'absence de termes techniques universellement reçus il sera bon, avant d'aller plus loin, de donner quelques définitions, qui, quoiqu'elles puissent différer quelquefois de celles adoptées jusqu'ici par certains écrivains, seront sans doute utiles au lecteur.

Il semble naturel, l'épée offrant le plus d'intérêt quand elle est dans la main de celui qui la manie, de considérer la pointe comme sa partie la plus élevée et le pommeau comme la partie la plus basse. Donc, quoique l'ordre contraire soit ordinairement adopté, nous décrirons toujours l'épée comme ayant la pointe en haut.

Les parties essentielles sont : la lame, la poignée ou prise, la garde (simple ou compliquée) et le pommeau. Aucun de ces termes n'a besoin d'explication, mais il en est autrement de quelques parties de la garde et de la lame elles-mêmes, qui n'ont pas reçu de noms techniques bien définis.

La division de la lame en fort et faible, pointe, faux fil et droit fil, faux tranchant et vrai tranchant, est suffisamment explicite; mais il importe aussi d'établir, par rapport à la garde, une distinction entre la droite et la gauche de la poignée, que nous désignerons par les qualificatifs de « extérieur » et « intérieur ».

Si nous considérons l'épée tenue de la main droite, le bras étendu et le pouce en haut, ce qui est la position la plus naturelle, que les maîtres d'armes appellent « position moyenne », nous pouvons hardiment définir comme l'extérieur ou le côté droit de la garde, cette partie destinée à la protection du dos de la main, et comme l'intérieur ou le côté gauche de la garde, la partie qui protège l'intérieur de la main ou les doigts [1].

Différents auteurs emploient confusément les mots garde et contre-garde, pour distinguer la partie droite et la partie gauche ainsi définies; d'autres appellent seulement contre-garde cette partie qui protège les phalanges : l'arc de jointure.

Mais le mot contre-garde, dont la signification est si clairement définie parmi les termes techniques de fortifications, pourrait être plus justement

l'action de la taille. Dans la fig. 51 (page 77), l'épée supérieure est le véritable *Dusack;* l'autre est une imitation simplifiée.

1. Une telle distinction devient, sans doute, inutile dans le cas de gardes parfaitement symétriques, comme dans quelques rapières à coupe, flamberges et carrelets; mais elle est importante quand on considère les nombreuses formes non symétriques de l'épée.

appliqué, dans le même sens, à ces gardes superposées qui se rencontrent dans toute épée complète.

Comme la garde en croix[1], accompagnée ou non du pas d'âne et d'un arc de jointure séparé, est la base de la garde, quelque compliquée qu'elle soit, et doit toujours exister, nous lui appliquons, dans les descriptions techniques, le mot « garde », réservant le mot « contre-garde » à tout arrangement défensif qui se trouve au-dessus ou autour de cette garde en croix.

On l'a vu déjà, la garde de l'épée type, au moyen âge, consistait simplement en une paire de quillons[2] droits ou légèrement courbés. Quillons est le nom donné aux branches de la garde en croix.

Une garde pareille était évidemment imparfaite, mais suffisante aussi longtemps qu'on ne demanda à l'épée que peu ou pas d'action défensive (voyez page 13, chap. I) et que les gantelets d'acier protégèrent la main. Vers le commencement du XVIe siècle, les armuriers inventèrent une poignée un peu plus perfectionnée; nous savons que cette période vit l'aurore de l'art de l'escrime. On s'était aperçu de l'avantage qu'on pouvait tirer d'un arrangement de nature à empêcher, au moment du choc des épées, la lame de l'adversaire d'atteindre la main au-dessus de la croix de la poignée et à écarter ainsi la nécessité absolue d'un gantelet. Dans ce but, les anneaux de côté et le pas d'âne furent inventés. Les anneaux de côté sont clairement indiqués et d'une manière typique dans la fig. 8 (page 18), et la figure reproduit le pas d'âne dans toute sa simplicité (page 67). L'anneau se trouve souvent seul et, dans ce cas, toujours du côté droit de l'épée.

On donna le nom de pas d'âne, en France, vers la fin du XVIe siècle, à la paire de contre-gardes courbées, en forme d'anneau, qu'on ajouta immédiatement au-dessus de la croix de la poignée, de chaque côté de la lame. La signification du mot est obscure, et nous n'avons malheureusement pas

---

[1]. A ce fait, que la base de chaque poignée est une garde en croix, l'on peut attribuer la formalité du salut en Angleterre, quoique ce mouvement ait maintenant perdu toute signification. Il est probable que cette mode de porter la poignée aux lèvres, après avoir dégainé, prit son origine dans l'habitude de baiser la croix formée par la lame et la garde, chaque fois qu'on devait tirer l'épée.

De même, nous devons supposer que la curieuse forme du salut militaire de l'épée, qui consiste à passer la garde devant la bouche, et à étendre le bras vers le point du salut, est un reste de l'ancien cérémonial d'après lequel on envoyait un baiser de la main armée de l'épée, vers la galerie des dames, avant de prendre part au tournoi dans la lice.

[2]. Mot français, un diminutif de « quille », probablement du latin *caulis*, queue; un congénère de l'anglais *quill*. (BURTON.)

d'équivalent en anglais. Le pas d'âne, selon Littré, est un instrument qui sert à tenir ouverte la bouche du cheval quand on veut l'examiner. Un tel instrument a peut-être une ressemblance quelconque avec notre paire d'anneaux, mais il reste à savoir si on l'appelait ainsi au xv° siècle[1].

Notre opinion, que nous ne donnons évidemment que pour ce qu'elle vaut, est que ces anneaux, placés très près l'un de l'autre, furent appelés ainsi à cause de leur ressemblance avec les empreintes rapprochées des pas de l'âne. Une telle comparaison n'est pas plus forcée, après tout, que le mot « lunette » appliqué à la garde du fleuret français.

Le mot peut aussi avoir désigné le fer de l'âne, qui est plus petit que le fer à cheval. Quoi qu'il en soit, le pas d'âne, une fois adopté, resta, conjointement avec les quillons, la base sur laquelle les gardes les plus compliquées, aussi bien que les plus simples, furent construites.

L'anneau de côté était destiné à garantir le dos de la main, ce qu'il ne fait qu'imparfaitement. Nous l'appelons simplement anneau, à défaut d'un terme mieux établi. Cet anneau avait généralement le contour de ce que nous appellerons, plus tard, une garde à coquille.

Quelquefois, au lieu d'ajouter des anneaux à la poignée en croix, les quillons mêmes étaient courbés horizontalement, formant un 8, comme le montre la fig. 53 (page 78) représentant une Lansquenette. Le spécimen n° 3 (planche VI) appartient également à cette espèce.

Le pas d'âne agissait d'une manière différente de l'anneau, en arrêtant la lame de l'adversaire, à quelque distance au-dessus des quillons, mais avec le même résultat: celui de protéger la main. Il avait cependant encore un autre but, plus important que le premier.

Les auteurs primitifs[2] et les vieux tableaux[3] nous montrent que les escri-

---

1. Quoique le pas d'âne et l'anneau, comme accessoires de la poignée ne furent régulièrement à la mode que vers le xvi° siècle, il existe plusieurs exemples qui prouvent qu'on les employait déjà au xiv° siècle. Demmin cite une peinture murale datant de la fin du xiv° siècle, dans la cathédrale de Mondoneda, qui représente le massacre des Innocents par des soldats armés, à ne pas s'y méprendre, d'épées à pas d'âne. On voit également, dans les fresques datant de la fin du xv° siècle, à San Gimigniano, près de Sienne, des épées à anneaux de côté et à pas d'âne.

2. Voyez fig. 10 (page 30) et fig. de 13 à 17 (pages 38 à 43).

3 Au xiv° siècle, nous voyons déjà l'homme armé de l'épée, passer le doigt au-dessus des quillons; exemple, la peinture exécutée vers 1380 ou 1390, pour le Campo-Santo de Pise, et représentant une scène de la *Vie de saint Ephysius*. On en trouvera un autre exemple dans le combat naval peint par Spinello Aretino, pour le Palazzo Publico de Bologne.

meurs avaient la constante habitude de passer un ou deux doigts au-dessus des quillons, afin d'affirmer la prise de l'épée.

Il est fort probable qu'à l'origine le pas d'âne fut spécialement destiné à protéger ces doigts[1]. Dans le spécimen que nous reproduisons, c'était décidément le cas. Une simple ganse, comme celle que remarqueront nos lecteurs, aurait été insuffisante pour protéger la main et par conséquent n'a pas pu être construite dans ce but.

L'anneau de côté, s'il est possible d'établir une règle générale sur un tel sujet, fut plutôt une invention teutonique et le pas d'âne une invention italienne; mais, comme tous deux se combinèrent, dans toutes les épées et dans tous les pays, ils perdirent tout caractère de nationalité.

La valeur que le pas d'âne donnait à la garde, fut bientôt rehaussée par

Fig. 138. — Épée allemande du commencement du xvie siècle, avec ganse pour le doigt.

l'adjonction d'un anneau plus petit, joignant les extrémités des branches. Cette contre-garde, car tous ces accessoires se rangent sous notre définition de contre-gardes, est bien dépeinte dans l'épée que porte Girard Thiboust (p. 120), ainsi que dans les n°s 2 et 3 (Planche I).

A l'époque où l'anneau est forgé, des deux côtés de l'épée, conjointement avec les quillons, on le rencontre souvent seul, ou double, entourant la lame entre les extrémités du pas d'âne. Voyez l'épée de Zacharia, fig. 81 (p. 128).

Quant aux quillons, il est clair qu'avec très peu de changements, ils auraient pu protéger la main beaucoup plus qu'ils ne le faisaient étant droits. On imagina donc de courber une des branches vers le pommeau, de manière à protéger les jointures, et, afin de conserver la symétrie, l'autre branche fut tournée de la même manière vers la pointe[2]. Aux gardes simples il faut donc ajouter le système qui joignait plus ou moins l'arc de jointure au pommeau. Il est bon de faire remarquer que ce n'est que beaucoup plus tard que cet arc de jointure s'unit définitivement au pommeau.

1. Voyez fig. 19 (page 46), 20 (page 47), 22 (page 48).
2. Cela se voit dans les gravures de Saviolo, quoique Saviolo apprît à ses élèves le maniement d'une épée beaucoup plus compliquée.

En examinant une collection d'épées, soigneusement classée, nous constatons que la forme de la poignée a toujours dépendu, depuis le xv° siècle, de la modification de ces éléments, de leur union par des systèmes compliqués de barres et de contre-gardes, de leur consolidation partielle en coquille ou en coupe.

Autrefois, nous le répétons, la pointe n'était que rarement employée et la plupart des coups de taille se donnaient en pronation, de manière que le dos de la main se trouvant surtout exposé, la forme de garde ordinairement employée constituait une protection suffisante, surtout quand une branche des quillons forma un arc de jointure. Cette forme de garde consistait généralement en un anneau à l'extérieur (côté droit) et un pas d'âne.

Mais à mesure que l'art de l'escrime se développait, les coups de taille ascendants en supination, et les coups de pointe en supination, devinrent d'un usage ordinaire, et les armuriers durent inventer un système de protection pour l'intérieur de la main et du poignet, qui étaient très exposés. Les extrémités du pas d'âne furent alors réunies à l'intérieur, à l'extrémité de l'arc de jointure, au moyen de barres courbées, rendues plus ou moins compliquées et gracieuses, selon le goût ou la fantaisie du propriétaire. On fit ensuite la même chose à l'extérieur.

L'avantage des quillons droits allongés, contre un jeu de pointe, fut bientôt apprécié, et comme on attachait une grande importance à la branche recourbée et transformée en arc de jointure, on conserva souvent cet arc et l'on ajouta de nouveaux quillons, beaucoup plus longs. Cette étape de complication franchie, nous arrivons au type de rapière le plus connu et le plus usité à cette époque.

L'habitude de croiser les doigts autour de la base de la lame, à travers le pas d'âne et au-dessus des quillons, suggéra bientôt l'idée de garantir la main autant que possible, sous la contre-garde.

Les dimensions de la poignée d'un grand nombre de rapières, de la fin de la période d'Élisabeth principalement, sont sensiblement diminuées, la poignée n'étant plus, en somme, destinée qu'à reposer contre la paume de la main et à être tenue seulement par le troisième et le quatrième doigt. C'étaient les quillons qui assuraient l'épée fermement dans la main.

Avant d'examiner le caractère des gardes à coupe et à coquille, il sera peut-être bon de récapituler les parties qui composaient la garde « conventionnelle » de la rapière au xvi° siècle. Voici cette récapitulation :

PLANCHE II

RAPIÈRES (COLLECTION WAREING FAULDER)

1. *Rapière italienne de la fin du XVIe siècle. Vue extérieure montrant des quillons contre-courbés, arc de jointure, pas d'âne surmonté de deux anneaux consolidés en coquilles et se rattachant à l'arc de jointure par des contre-gardes. Lame à double tranchant creusée à la base et ricasso légèrement rétréci. Signée :* « Antonio Pichinio. »
2. *Rapière allemande, de la fin du XVIe siècle. Vue extérieure montrant des quillons contre-courbés, arc de jointure et poignée à coquille et à barre combinées. Lame évidée à double tranchant.*
3. *Rapière anglaise, du temps d'Élisabeth, quillons droits, même type que le n° 2. Lame évidée à tranchants émoussés et fort ricasso.*
4. *Rapière anglaise, du temps d'Élisabeth. Même type que le n° 2. Lame évidée à double tranchant. Signée :* « Andrea Ferrara. »

RAPIÈRES (COLLECTION WAREING FAULDER)

5. *Rapière anglaise, de la fin du XVIe siècle. Vue extérieure montrant des quillons droits, arc de jointure, pas d'âne surmonté de coquilles symétriques et se réunissant à l'arc de jointure par une contre-garde de communication. Lame à double tranchant avec ricasso carré.*
6. *Rapière anglaise, du temps d'Élisabeth, avec poignée en coupe, travaillée à jour, quillons droits et arc de jointure.*
7. *Rapière anglaise, du même type que le n° 6, mais avec quillons contre-courbés. Lame biconvexe évidée à la base. Inscription, en anglais, à l'intérieur :* « Résolu à mourir pour mon Christ », *et à l'extérieur :* « Qui me hait me craigne. »
8. *Rapière italienne, fin du XVIe siècle, avec profonde poignée en coupe, le bord travaillé à jour et s'unissant à l'arc de jointure, quillons droits (l'un des quillons est rompu, l'autre courbé). Lame évidée.*

SABRES DROITS OU LATTES A POIGNÉE EN CORBEILLE
(COLLECTION WAREING FAULDER)

9. *Latte vénitienne, du milieu du XVIe siècle. Vue extérieure montrant des quillons légèrement recourbés vers la lame. Pas d'âne et arc de jointure. Toutes ces parties sont jointes ensemble par des contre-gardes travaillées des deux côtés. Lame biconvexe, avec fort ricasso. Ceci est un spécimen primitif du type* « Schiavona ».

10. *Latte espagnole en corbeille, du milieu du xvi⁰ siècle. Vue extérieure montrant une autre combinaison de gardes et de contre-gardes. Pas d'âne sur le côté du vrai tranchant (droit fil) seulement, séparé de la lame et communiquant avec les contre-gardes. Lame biconvexe évidée à la base, signée :* « Sahagom » (Alonʒo de Sahagom, Tolède).
11. *Latte italienne à poignée à panier, de la fin du xvi⁰ siècle, du type communément connu de nos jours sous le nom de* « Claymore », *montrant le développement final de la poignée à panier, les quillons disparaissant et étant remplacés par une sorte de plaque, le pas d'âne diminué détourné de son but primitif et les contre-gardes entrelacées d'une manière fantasque. Lame en biseau, signée :* « Andrea Ferrara » *entre huit têtes couronnées.*
12. *Latte italienne à poignée à panier, de la fin du xvi⁰ siècle, avec contre-gardes exceptionnellement grandes pour protéger le poignet et une lame remarquablement large, évidée, à double tranchant, et marquée en lettres gothiques A I L. La lame est probablement plus ancienne que la poignée.*

N.-B. *Toutes ces épées à poignées à panier étaient essentiellement des armes de cavaliers. La grosse cavalerie anglaise en resta armée jusqu'au milieu du* xviii⁰ *siècle.*

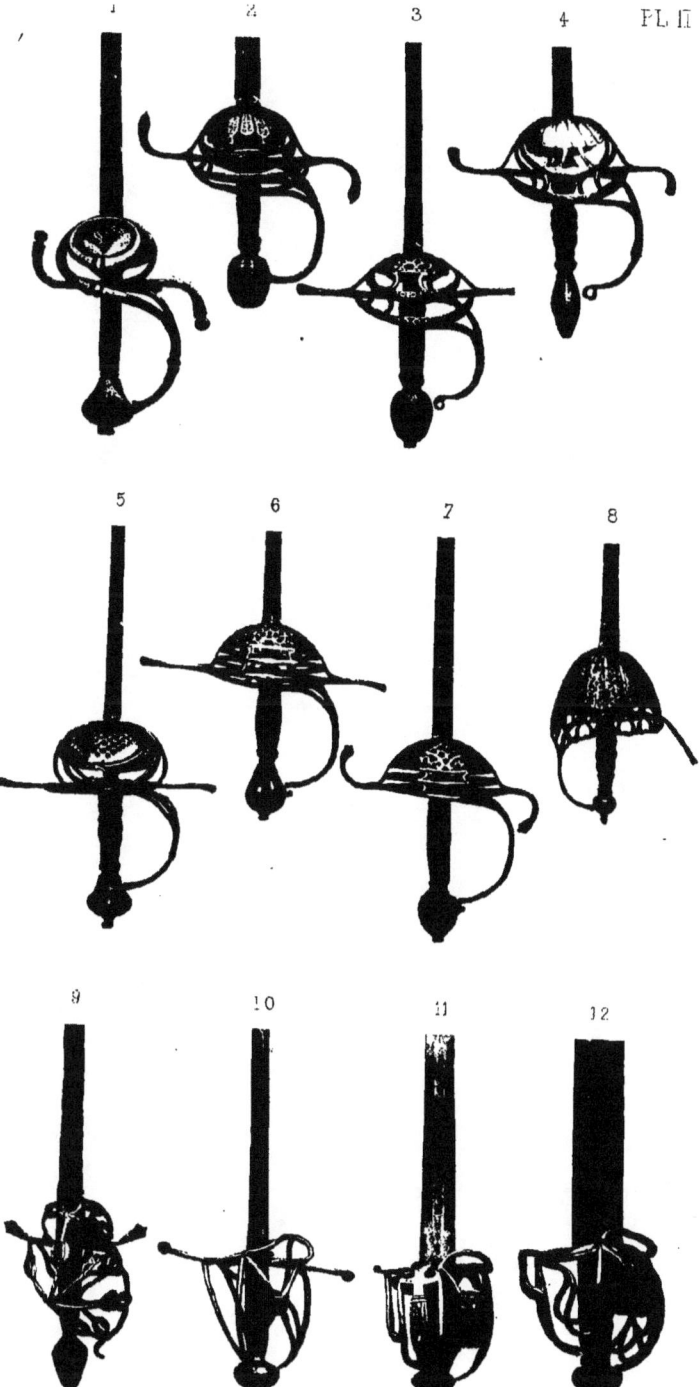

Gardes : quillons, pas d'âne, arc de jointure. Cet arc cependant n'est pas aussi commune que les deux premiers.

Contre-gardes : anneau sur les quillons, de chaque côté, ou seulement à droite, à l'extérieur de l'épée, plus petits anneaux sur le pas d'âne, d'un côté ou des deux, barres de communication joignant les différentes parties, d'un côté ou des deux.

On déployait tant de fantaisie dans l'ornementation de ce type, qu'il serait impossible d'essayer une classification complète de ses différentes variétés. Mais la base de ces gardes est généralement celle qui vient d'être esquissée.

Ce sont surtout les escrimeurs allemands qui semblent avoir eu la manie de se servir du pouce au lieu de l'index pour assurer l'épée [1], et, quoique leurs épées soient pourvues de pas d'âne, un anneau spécial pour le pouce y est très souvent ajouté sous les quillons. Il est possible cependant qu'ils se servaient à la fois de l'anneau de pouce et du pas d'âne.

D'après l'immense variété de formes et de dispositions de ces anneaux de pouce, il nous est permis de croire que, dans la plupart des cas, l'épée était faite sous la surveillance immédiate de l'acheteur.

Le changement, qui intervient dans le caractère de la lame, s'explique beaucoup plus facilement que celui de la garde. Pendant la transformation de l'ancienne épée en rapière [2], on chercha toujours les améliorations qui pouvaient faciliter les coups de temps et donner plus d'efficacité à la pointe sans cependant empêcher l'emploi de la taille. La lame fut donc graduellement amincie et, dans la suite, augmenta considérablement en longueur.

Les nᵒˢ 7 et 9 (planche VI) montrent jusqu'où cette augmentation pouvait aller, si nous comparons la longueur de la lame à celle du nᵒ 1 qui appartient au commencement du siècle, ou même à celle de l'énorme *Zweyhänder*, nᵒ 5 [3].

---

1. Voyez fig. 12 (page 30).
2. Voyez pages 19 à 22. L'étymologie du mot rapière est obscure. Quelques-uns la font dériver de l'allemand *rappen* ou *raffen :* arracher. D'autres le relient par « raspière », à l'espagnol *raspar :* gratter ou égratigner.
Mercutio, blessé par une rapière, s'écrie : « Le chat, le chien, le rat! égratigner un homme à mort!... » D'autres y verront un dérivé de ῥαπις : baguette.
3. Cette excessive longueur, que les tireurs modernes trouveraient absolument désavantageuse, n'entravait pas alors le jeu, car les mouvements de l'épée n'étaient pas du tout rapides, étant aidés par beaucoup de mouvements du corps. Le système de Fabris caractérise bien ce style d'escrime.

La rigidité fut conservée à ces lames allongées et leur poids diminué par des rainures et des cannelures. Elles étaient même souvent travaillées à jour, comme le montrent beaucoup de belles lames espagnoles anciennes. Cette cannelure ne s'étendait jamais plus haut que le tiers de la lame; celle-ci restait plate, près de la pointe, afin de conserver la force tranchante.

La partie comprise entre le pas d'âne est habituellement émoussée et souvent carrée ou rétrécie, dans le but de rendre la base de la lame plus forte et de faciliter le passage des doigts à travers les ganses ou sous la coupe de la garde.

Nous avons dû adopter le mot français pas d'âne, nous pouvons donc aussi nous servir, faute de mieux, du mot italien *ricasso*, qui désigne la partie de la lame comprise entre la coupe de la garde et les quillons des fleurets et des épées de duel employés en Italie. Ce creux et cette forme carrée de la lame à sa base, le *ricasso* enfin, est clairement indiqué dans la fig. 24 (page 53).

Le *ricasso* est un des caractères de la lame de rapière, quoique les épées à lame étroite n'aient pas eu besoin de rétrécissement, ce qui est assez naturel.

Nous avons vu que, vers la fin du xvie siècle, les meilleurs maîtres, tout en enseignant le jeu d'estoc et de taille, avaient une forte prédilection pour la pointe seule.

Quelques escrimeurs préféraient donc les lames excessivement minces, presque dépourvues de tranchants, ayant une section en forme de losange, ou de carré. La longueur de ces lames pouvait être sensiblement augmentée, sans nuire à leur rigidité ou sans trop augmenter leur poids.

Ces épées, qu'on appelait « verduns » en France, du nom de la ville qui les fabriquait en quantité, n'étaient employées que pour le duel. Elles allaient généralement par paires, accompagnées de poignards assortis, et l'on en était arrivé à les faire d'une longueur tellement incommode, que les duellistes fanfarons les faisaient porter derrière eux par leurs laquais.

Plus tard, ces dimensions ridicules furent réduites de beaucoup. Nous avons vu avec quelle défaveur ces *Tucks* étaient considérés en Angleterre[1]. Les tireurs, qui favorisaient le jeu de la rapière double, portaient généralement des épées jumelles, dans le même fourreau; chaque épée était aplatie

---

[1]. Il est fort difficile d'expliquer comment la signification des mots « estoc » ou « estocade », comme on disait du temps de Sainct-Didier, ait été si fortement altérée.

Quand on appelait une épée « estocade », on voulait dire qu'elle était spécialement destinée pour la taille et la pointe, et l'on ne désignait pas l'arme du type « Verdun ».

à l'intérieur, mais comme elles étaient tenues de la main droite et de la main gauche, elles étaient naturellement pourvues de gardes « extérieures ». L'ensemble s'appelait un étui de rapières (*case of rapiers*).

La forme prismatique de l'épée fut conservée pour beaucoup d'armes de duel jusque vers le milieu du xvii° siècle, époque à laquelle on commença à l'abandonner pour la lame triangulaire et cannelée, plus meurtrière encore que la précédente.

La lame la plus usitée resta cependant, jusqu'au milieu du xvii° siècle, celle du type à double tranchant.

Nous pouvons examiner maintenant le développement des poignées à coupe ou à coquille. Les poignées à coupe, en Italie et en Espagne surtout, étaient, sans doute, contemporaines des gardes à barres compliquées.

Vers la fin du xvi° siècle, l'adoption d'une poignée à coupe du type espagnol ou de quelque pittoresque arrangement de barres, dont on possédait un choix illimité, était une simple question de goût ou de fantaisie. Pourtant, la plus ancienne poignée à coupe est postérieure à la première épée qui fut perfectionnée par l'addition d'une contre-garde.

On peut définir, brièvement, la poignée à coupe ordinaire. Elle a les quillons, accompagnés ou non de l'arc de jointure, le pas d'âne, et sa contregarde consiste en une coupe demi-sphérique ou approchant de cette forme.

Nos lecteurs savent déjà qu'on employait ordinairement la petite targe, le *brocherio* ou *broquel*, pendant la première moitié du xvi° siècle. Qui nous dit que l'idée n'est pas venue à quelque fabricant ingénieux d'adapter, au-dessus des quillons, une coupe qui agirait comme un petit *brochiero* dans la main droite, tandis que la main gauche pourrait rester libre pour se servir de la dague. Si nous nous rappelons que la targe était toujours tenue à bras tendu, cette idée que la poignée à coupe pouvait rendre le même service devient très plausible.

Les premières rapières à poignée à coupe semblent avoir été apportées d'Espagne. C'est aussi en Espagne que l'idée d'adapter un tel arrangement pareil à la dague prit naissance; cependant le *broquel*[1] modifié, fut adapté de manière à agir comme une targe, quand il était tenu d'une manière correcte. (Voyez les poignards dans le groupe 1, planche III.)

---

[1]. Voyez spécimens, planche III et planche VI.

Il est possible aussi que l'invention de cette forme particulière de « main gauche » fut suggérée par quelqu'un qui avait essayé de tenir en même temps un poignard et une targe de la main gauche, et conçu l'idée pratique de combiner les deux. Peut-être encore est-ce une modification de l'« Adarga » mauresque (la lance et le bouclier à main réunis). Qu'on ne considère dans tous les cas ces dernières observations que comme de simples hypothèses.

La poignée à coupe et à coquille, qui constitue incontestablement une garde plus parfaite pour le jeu de pointe, peut avoir été inspirée aussi par la forme de « consolidation » des diverses parties de la contre-garde, par la substitution de pièces solides aux anneaux primitifs.

En effet, il existe de nombreux spécimens dans lesquels, par exemple, les anneaux qui dans le principe étaient ajoutés aux extrémités du pas d'âne, sont en partie ou entièrement remplacés par des coquilles. Quand ces coquilles prennent des dimensions suffisantes, de manière à constituer la partie principale de la contre-garde, l'épée peut s'appeler une rapière à coquille.

Les poignées à coupe parfaite sont assez uniformes de caractère, mais on rencontre une immense variété de poignées mixtes, formées par des combinaisons de coupe, de coquilles et de barres. Quelques spécimens, qui ont le contour d'une poignée à coupe, sont tellement perforés et tellement creusés qu'ils paraissent en réalité être formés de barres; d'autres consistent en de très grandes coquilles, rattachées par de minces contre-gardes additionnelles.

Une poignée, formée de coquilles et de barres, pouvait être beaucoup simplifiée par la substitution d'une simple coupe pour le tout. C'est peut-être là aussi l'origine de la poignée à coupe.

Une poignée à coupe est, dans l'opinion des tireurs modernes, un instrument d'escrime plus parfait que la poignée à barres la plus compliquée, qui doit, nécessairement, avoir souvent empêtré l'épée de l'adversaire d'une manière imprévue. Beaucoup de tireurs du xvie siècle les préféraient cependant, se fiant probablement, en pareil cas, à leur force pour maîtriser la lame ennemie; mais, à moins de réussir à la briser, ils devaient être, tout aussi bien que l'adversaire, privés de pouvoir offensif. C'est alors, sans doute, que le poignard entrait en jeu pour l'offensive [1].

---

[1]. Dans la pratique de notre méthode d'escrime un tel embarras arriverait constamment, mais nous savons que l'escrime à la rapière n'était rien moins que serrée. Le but de ces poignées était plutôt de protéger la main contre un coup de taille accidentel que contre la pointe.

PLANCHE III

RAPIÈRES A COQUILLE (COLLECTION DU BARON DE COSSON)

1. Rapière italienne, ayant appartenu au peintre Fortuny, signée sur le ricasso « Sandrino Schacchi », et marquée dans la cannelure de la lame : « Schacchus me fecit Solgn ». Dernière partie du xvie siècle. Vue extérieure, montrant des quillons contre-courbés et arc de jointure, pas d'âne et coquilles symétriques s'unissant à l'arc de jointure par des contre-gardes. Lame évidée à double tranchant, avec ricasso légèrement rétréci.
2. Rapière italienne, marquée dans la cannelure : « Inri Maria », fin du xvie siècle. Vue extérieure montrant une poignée à coquille du type appelé conventionnellement « garde annelée » avec le contour d'une poignée à coupe profonde, formée de nombreux anneaux concentriques, habituellement au nombre de sept; le dernier se réunit à l'arc de jointure. Lame évidée à double tranchant, avec fort ricasso.
3. Rapière française, de la fin du xvie siècle. Vue extérieure montrant des quillons contre-courbés, arc de jointure et pas d'âne surmonté par des anneaux et une coquille, s'unissant à l'arc de jointure par des contre-gardes. Lame à double tranchant, avec ricasso rétréci.
4. Rapière italienne, signée « Claudio Francini », du commencement du xviie siècle. Vue extérieure montrant des quillons contre-courbés, arc de jointure, pas d'âne et coquilles s'unissant à l'arc de jointure par de fantasques contre-gardes. Lame évidée, avec ricasso simple.
5. Rapière italienne, signée au ricasso : « FredericoPicinino ». Vue extérieure montrant des quillons contre-courbés et arc de jointure, pas d'âne et grande coquille (la coquille opposée qui n'est pas visible est beaucoup plus petite) se rattachant à l'arc de jointure par de minces contre-gardes. Lame à double tranchant.
   N.-B. Cette forme est peu habituelle; règle générale, la plus large coquille se trouve sur le côté droit ou à l'extérieur de l'épée; il est donc probable qu'elle était construite pour la main gauche.

RAPIÈRES ET ÉPÉE (COLLECTION WARRING FAULDER)

6. Rapière espagnole, de la fin du xvie siècle. Vue extérieure montrant de longs quillons droits, arc de jointure, et pas d'âne couvert par deux grandes coquilles symétriques, se rattachant à l'arc de jointure par des contre-gardes. Lame à double tranchant, de « Juan Martin », Tolède.
7. Rapière espagnole, du commencement du xviie siècle. Vue extérieure montrant les mêmes éléments que le n° 6. Lame évidée, de « Thomas Ayala », Tolède.

8. *Rapière allemande, du commencement du xviie siècle. Vue extérieure montrant de quillons contre-courbés et une large coquille recouvrant le pas d'âne (inscription sur la coquille, « Melrois »), arc de jointure. Lame flamboyante, avec cette inscription : « Clemens Kirschbaum in Sohlingen ».*
9. *Rapière espagnole, du commencement du xviie siècle. Vue extérieure montrant de quillons droits, pas d'âne et coupe simple. L'arc de jointure partant du bord de la coupe, au lieu de partir des quillons, est peu commun. Mince lame, section en diamant du type Verdun.*
10. *Épée de mousquetaire, du commencement du xviie siècle. Vue extérieure montrant des quillons contre-courbés dont une branche forme l'arc de jointure, et anneau de côté. Ce spécimen est reproduit ici pour montrer comment certaines formes très primitives étaient maintenues quand la simplicité militaire était une condition nécessaire.*

FLAMBERGES (COLLECTION WAREING FAULDER)

11. *Rapière allemande du type Flamberge, de la fin du xvie siècle, montrant des quillons recourbés en avant, pas d'âne et coquilles. Lame longue, évidée avec ricasso, signée « Clemes Meigen ».*
12. *Flamberge allemande, du commencement du xviie siècle. Longs quillons, large pas d'âne et grandes coquilles plates. Lame évidée avec ricasso, signée « Clemer Potter inh Scolingens ».*
13. *Rapière allemande, du milieu du xviie siècle. Mêmes éléments que le n° 12, mais plus petit et avec des dimensions plus élégantes. Lame évidée, signée « Pete Wundes in Solingen ».*
14. *Flamberge, du milieu du xviie siècle, montrant un pas d'âne et des coquilles, sa quillons. Lame en biseau, signée « Sahagum ».*

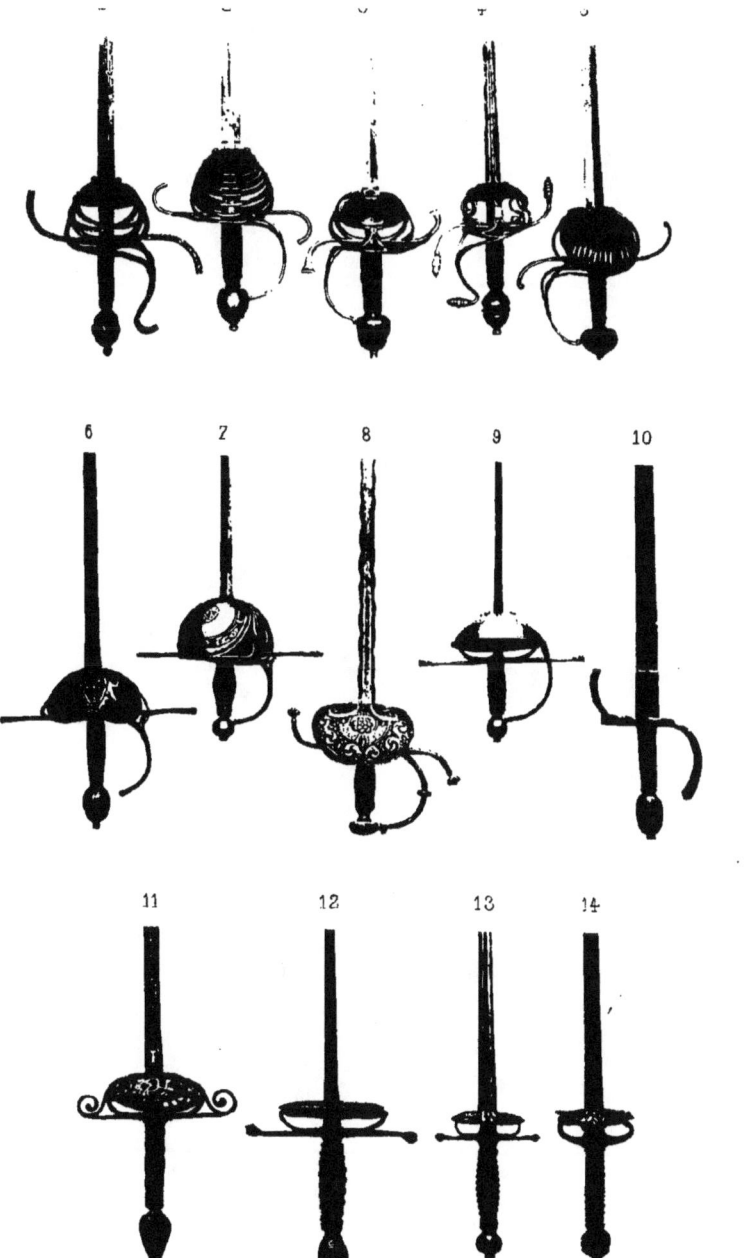

Vers cette époque, une rapière beaucoup plus simple fut mise à la mode. Dans la plupart des collections, elle est classée sous le nom de « flamberge ». Le caractère de cette « flamberge » est la simplicité comparative de la poignée, qui consiste simplement en quillons, sans arc de jointure ni pas d'âne, couverts par une coupe peu profonde, de dimensions modérées; la lame est habituellement plus mince que celle de la rapière ordinaire de la même époque. Cette arme plus légère et qui pouvait passer très facilement de la main droite dans la main gauche quand l'épée seule était employée, fut fort en faveur parmi les bons tireurs du xviie siècle. C'est sans doute avec une « flamberge » que d'Artagnan, Athos, Porthos et Aramis faisaient les prodiges d'escrime que vante Alexandre Dumas père.

La flamberge fait le premier pas dans la transition de la rapière à l'épée moderne. L'étymologie du mot est aussi obscure que celle de la rapière. Le nom de « flamberge » fut appliqué à toutes les épées de fantaisie, à lames flamboyantes. Quelques écrivains cependant ne s'en servent que pour désigner le *spadone* flamboyant, ou *Zweyhänder*.

En français, le mot « flamberge », qui était synonyme d'épée[1], devint bientôt, comme le mot « rapière », un terme plus ou moins méprisant.

Ce type d'épée, quelle que soit l'origine de son nom, est parfaitement défini (voyez planche III, groupe III).

La flamberge fut probablement employée d'abord en Allemagne, où l'art d'escrimer des deux mains, en se servant d'une seule rapière, semble avoir été cultivé plus activement qu'ailleurs. C'est en Allemagne, plutôt que dans tout autre pays, qu'on rencontre la rapière sans arc de jointure. Mais le type flamberge se répandit bientôt à l'étranger, surtout en France et en Angleterre.

Le xviie siècle, pendant la première moitié duquel s'accentua la distinction entre l'arme militaire ou le sabre et l'épée de ville, outre la rapière et le carrelet, est donc essentiellement l'époque de transition.

La simplification de l'épée consista dans l'adoption, presque universelle, de la poignée à coupe ou à coquille, dans la réduction graduelle de ses dimensions et l'élimination des contre-gardes compliquées. Il est à remar-

---

1. « Mettre flamberge au vent » était une expression ordinaire signifiant tirer l'épée.

quer que, vers le milieu du siècle, les coupes s'aplatirent et que les coquilles s'écartèrent de plus en plus. La forme la plus simple de la rapière de transition peut se résumer dans cette description sommaire : quillons, arc de jointure et pas d'âne surmonté d'une coupe peu profonde, ou de deux coquilles réunies. Elle ne diffère de la garde du carrelet ou épée de ville que par ses dimensions plus grandes. La longueur de la lame varie entre trente-deux et quarante pouces, quoique nous trouvions encore des exemples de lames excessivement longues montées dans de telles poignées. Cette simplicité atteinte, la seule différence entre la flamberge et la rapière de transition, est l'absence de l'arc de jointure à la garde de la première.

Vers l'époque de la Restauration (1660), la lame triangulaire cannelée fut mise à la mode en Angleterre; elle avait sans doute été adoptée d'abord en France, entre les années 1650 et 1660[1].

Les Français furent, nous le savons, les premiers à éliminer les coups de taille de leur escrime à la rapière, et ils adoptèrent, par conséquent, les premiers une lame très légère qui convenait le mieux au vrai jeu de pointe[2].

En somme, c'est la lame triangulaire unie à une poignée très simple, qui constitue l'épée moderne, c'est-à-dire une épée qui ne peut être employée que pour la pointe et dont la légèreté fait toute la supériorité. En Espagne, en Italie et même en Allemagne, l'ancienne poignée à coupe ou à coquille et la lame plate, à deux tranchants, furent conservées plus d'un siècle plus tard.

Le carrelet était essentiellement une arme française et, partout où on le portait, l'escrime à la pointe était enseignée par des maîtres français. Nous avons vu quelle objection ils faisaient à l'utilisation du pas d'âne, dans le but d'assurer l'épée à la manière italienne ou espagnole; mais néanmoins toutes les flamberges françaises, rapières à lame plate, rapières de transition ou carrelets à lame triangulaire, conservèrent les pas d'âne dans toute leur intégrité.

En Allemagne cependant, la vieille habitude italienne de passer l'index à travers la ganse, se maintint beaucoup plus longtemps. Il en fut de même

---

1. Les lames triangulaires étaient connues longtemps avant cette date, mais leur adoption générale ne peut guère être admise avant 1650.

2. Il est difficile de savoir si Liancour employait l'épée à lame triangulaire, ou carrelet; mais Labat, son successeur, n'en admettait pas d'autre, sans aucun doute.

en Angleterre sans doute, car nous voyons sir William Hope, qui préconisait le nouveau type, protester énergiquement contre cette pratique.

La forme conventionnelle de la poignée du carrelet resta la même depuis la Restauration jusqu'à la disparition de l'arme vers la fin du xviiie siècle. Cette forme consista toujours en quillons fort courts accompagnés de l'arc de jointure, du pas d'âne et de la double coquille, et plus rarement d'une simple plaque. Mais, pendant le cours du xviiie siècle et à mesure que l'usage de la ganse était abandonné de plus en plus, le pas d'âne s'aplatit toujours davantage, jusqu'à devenir, dans quelques exemples récents, tout à fait rudimentaire. A mesure que ce changement s'opérait, l'épée même changeait graduellement et devenait l'arme légère, représentée aujourd'hui par l'épée de cour moderne. La réduction excessive du poids de la lame triangulaire a dû se faire en deux phases. La lame du carrelet, porté pendant la dernière partie du xviie siècle, quoique beaucoup plus légère que la lame à double tranchant de la rapière, était encore, comparativement, lourde vers la pointe. Entre les années 1680 et 1690, le type de la lame, connu sous le nom de « colichemarde », fut graduellement adopté, d'abord en France, puis en Allemagne et en Angleterre. « Colichemarde » est une assez maladroite traduction phonétique de *Konigsmark*, nom du comte suédois qui passe pour l'inventeur [1].

Ce qui caractérise la lame de la colichemarde, c'est l'excessive largeur du « fort » en comparaison de celle du « faible ». Le changement se produit très brusquement; la lame, qui est raide et large dans la partie située près de la poignée, devient soudain excessivement mince vers la région du demi-faible. (Cette forme est particulièrement bien indiquée dans le spécimen 23, pl. VI.)

Une pareille différence devait faciliter considérablement les mouvements de la pointe, sans affaiblir le « fort » de l'épée, avec lequel se font toutes les parades. La forme de cette épée était incontestablement favorable à l'escrime méthodique; nous nous trouvons ici en présence d'un exemple excessivement rare, qui nous montre une arme nouvelle exerçant son influence sur tout un système d'escrime, et non simplement sur le résultat du développement d'une théorie.

---

1. Célèbre officier de fortune qui servit avec distinction en Allemagne et en France. Louis XIV le fit maréchal de France. Konigsmark vint en 1661 à la cour d'Angleterre en qualité d'ambassadeur de Suède, près de Charles II. Il mourut en 1686, au service de la République de Venise.

A peine l'usage du carrelet, ainsi modifié, s'est-il généralisé, que l'on voit apparaître le libre usage du « coupé sur pointe », les feintes multiples et les parades circulaires ou contre-dégagements dans les quatre lignes, qui constituaient l'essence de l'escrime française moderne et établissaient le plus flagrant des contrastes avec le jeu de la rapière.

Cette forme de lame perfectionnée fut à la mode de 1685 à 1720. Elle semble avoir été brusquement abandonnée après cette époque, pour être remplacée par une autre, qui s'effilait uniformément depuis la base jusqu'à la pointe.

Mais les avantages d'une pointe excessivement légère étaient trop importants pour qu'on les négligeât, et en conséquence, toute la lame fut faite très mince. Son caractère a fort peu varié depuis.

Quand les maîtres français commencèrent à abandonner l'habitude de tenir l'épée par la ganse du pas d'âne, ils s'aperçurent bientôt de l'avantage de « monter la lame en quarte [1] », et dans la plupart des livres d'escrime de cette époque, on trouve, parmi les règles pour « choisir et monter une lame », des indications au sujet de cette opération.

C'est vers cette époque que l'épée militaire prit un caractère particulier. Quoique la rapière à lame étroite fût souvent employée en guerre, elle se portait généralement comme épée de ville. Gentilshommes et soldats voyaient en elle une fidèle compagne, prête à les servir en toute circonstance critique, et ne craignant pas plus le duel que les rencontres imprévues. Comme arme militaire, on conserva l'épée à lame plate et large.

Depuis les premières années du XVIe siècle, depuis l'époque où nous avons vu l'épée du gentilhomme prendre petit à petit le caractère de la rapière, la garde de l'épée militaire fut améliorée par un système de contre-gardes dans lequel on comprit bientôt la poignée à « panier » conventionnelle. Le sabre italien prit la forme qu'il a conservée jusqu'à présent. Il faut se garder, pourtant, d'attribuer une date trop récente à beaucoup d'armes qui ressemblent fort à notre claymore militaire moderne, et dont se servaient déjà, vers le milieu du XVIe siècle, les cavaliers italiens et allemands.

---

[1]. La raison pour laquelle cette légère inclinaison de la lame à gauche est à peine perceptible dans les carrelets figurant dans des collections, provient de ce que cette inclinaison était prise, probablement, par les propriétaires de ces épées, pour un défaut accidentel, et par conséquent redressée.

PLANCHE IV

DAGUES ET POIGNARDS (COLLECTION DU BARON DE COSSON)

1, 2. *Commencement du* xvie *siècle;* 3, *fourchu;* 4, 5, 13, 15, 16, *poignées en croix,* xvie *siècle;* 9, *Anelace;* 6, 12, 7, 11, *Poignards à coquille. Vue intérieure et vue extérieure.*

LATTES, XVIIe SIÈCLE (COLLECTION WAREING FAULDER)

17. *Latte italienne, des premières années du* xviie *siècle. Vue extérieure, montrant des quillons contre-courbés, arc de jointure, large coquille sur les quillons se rattachant à l'arc de jointure. Les pas d'âne sont plus ou moins oblitérés et inutiles, à moins de constituer une espèce de contre-garde. Du côté gauche il y a un anneau pour le pouce que ne reproduit pas la figure. Lame plate évidée, à double tranchant, avec fort ricasso.*
18. *Latte espagnole, du commencement du* xviie *siècle. Vue extérieure. Quillons contre-courbés et arc de jointure, pas d'âne surmonté de coquilles inégales. — La plus grande seule est visible. — Lame en biseau, avec* ricasso.
19. *Épée de cavalerie, de l'époque de la République (Command ealth). Les épées de cette espèce sont souvent désignées sous le nom de « Mortuary », un grand nombre de ces armes ayant été forgées en mémoire de Charles Ier et portant son portrait sur la poignée. Vue extérieure montrant la forme la plus récente de la poignée à panier, dans laquelle les quillons s'étendent à une espèce de plaque, sont réunis à l'arc de jointure et rattachés des deux côtés au moyen de contre-gardes à l'arc même et au pommeau. Lame à biseau, d' « Andrea Ferrara ».*
20, 21. *Épées du même type que le n° 3, montrant les mêmes éléments mais différemment rattachés. Le n° 4 a une lame évidée à un tranchant, signée « Solinger »; la lame à double tranchant, du n° 5, est remarquable en ce sens qu'elle porte une inscription anglaise (cas très rare) : « Joannes Hoppie Fecit, Grenewich ».*
22. *Latte allemande, du milieu du* xviie *siècle. Vue extérieure montrant des quillons contre-courbés, arc de jointure, coquille extérieure sur les quillons entourés d'autres contre-gardes qui rattachent les quillons à l'arc de jointure. Anneau de pouce (non visible) à l'intérieur.*

RAPIÈRES DE TRANSITION (COLLECTION WAREING FAULDER)

23. *Rapière allemande, de la deuxième partie du* xviie *siècle. Vue extérieure montrant des quillons contre-courbés, arc de jointure, pas d'âne surmonté d'une coupe peu profonde, se rattachant par des contre-gardes à l'arc de jointure. Lame à double tranchant, avec ricasso arrondi, signée « Peter Keisser ».*

24. *Rapière italienne, du milieu du xvii° siècle. Vue extérieure montrant des quillons courbés en avant, arc de jointure supportant une coupe peu profonde s'unissant par des contre-gardes à l'arc de jointure. Lame creusée, à double tranchant, avec fort* ricasso.
25. *Rapière de transition, du milieu du* xviie *siècle. Vue extérieure montrant les quillons et l'arc de jointure réunis, large pas d'âne supportant des coquilles plates symétriques. Longue lame espagnole creusée, à tranchant émoussé, avec ricasso carré. Inscription : « Tomas Ayala, Tolède. »*
26. *Rapière française, du milieu du* xvii° *siècle. Vue extérieure montrant des quillons contre-courbés, arc de jointure, pas d'âne et coquilles peu profondes, anneau de côté, et petite contre-garde de communication. Lame évidée, avec* ricasso *rétréci. Inscription : « En Toledo. »*

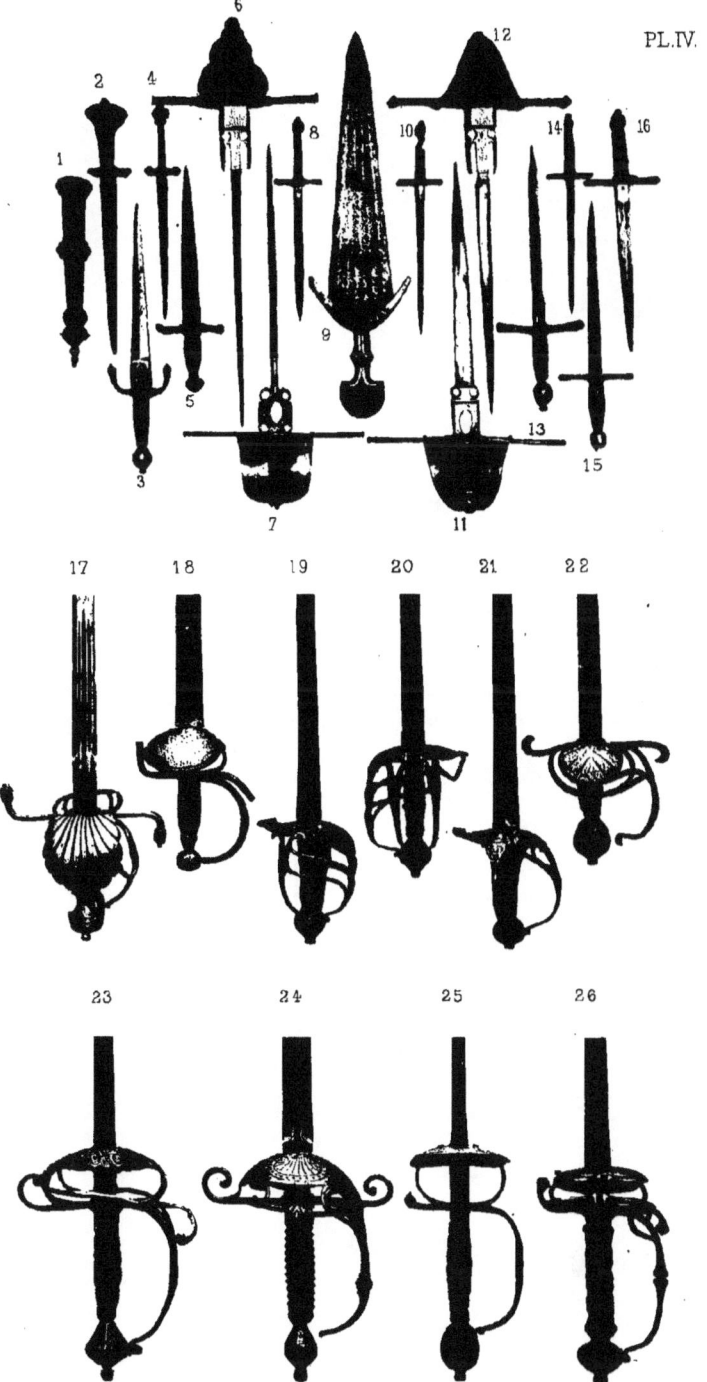

PL. IV.

Un examen attentif et minutieux des plus anciennes de ces épées, confirme cette assertion que la forme de l'épée « à panier » se développa de la même façon que la poignée compliquée de la rapière, par l'addition de contre-gardes à la garde en croix et au pas d'âne.

Il y a deux formes bien distinctes de poignées à panier : le type *schiavona* et le type *claymore*, puisque nous sommes obligés de nous servir de ce terme inexact. Dans la planche VI, les spécimens n°° 13 à 16 appartiennent à la première, et les n°° 18 et 20 à la seconde. La *schiavona* est certes plus ancienne que la claymore, bien qu'elles aient pu être employées en même temps à une certaine époque.

On s'imaginera sans peine qu'il devait être beaucoup plus simple de trouver une garde pour une arme militaire, que d'inventer la garde légère et compliquée de l'épée de ville. La première devait être solide avant tout, fût-ce au détriment de sa légèreté, car la solidité constituait son principal avantage, et ceux qui forgeaient les sabres pesants des cavaliers du xvii° siècle n'avaient pas à s'inquiéter des nombreuses préoccupations de ceux qui fabriquaient spécialement l'épée de ville, de cour ou de parade.

Les plus anciens spécimens de *schiavone* montrent, très distinctement, des quillons, un pas d'âne et des contre-gardes additionnelles (voyez le spécimen 9, planche II). Comme l'épée avait pour but principal de hacher, il n'était pas nécessaire de limiter le nombre des contre-gardes, afin de permettre le libre jeu du poignet. Dès le début, nous remarquons donc des barres de communication, joignant le pas d'âne au pommeau, non seulement le long de l'arc de jointure, mais aussi à droite et à gauche de la poignée, de façon à ne ménager qu'une ouverture assez large pour y introduire la main. Ces barres sont également rattachées l'une à l'autre de diverses manières, souvent très artistiques. Telle fut la genèse de la poignée à panier.

Les expressions : poignée à « coupe », et à « panier », sont souvent employées, par différents auteurs, comme ayant la même valeur. Il est cependant nécessaire de limiter leur signification respective; la distinction d'ailleurs est très simple. La poignée à « coupe » a son ouverture vers le pommeau, et appartient à la catégorie de la rapière; la poignée à « panier » s'ouvre sur le côté et appartient au genre du sabre.

Comme on se servait fort peu de la pointe dans le maniement de ces épées à « panier », l'utilité du quillon et du pas d'âne ne se faisait guère sentir, et ces accessoires de la garde finirent par diminuer sensiblement d'importance. L'examen d'armes de cette nature, datant de moins loin, démontre que les pas d'âne, après s'être séparés de la lame, tout en s'attachant encore à des parties de leurs contre-gardes de communication, perdirent dans la suite presque tout leur caractère originel (voyez planche II, groupe III).

Les projections en forme d'oreille, qui ont subsisté sur le côté du vrai tranchant de la claymore moderne, montrent la fin de leur existence, et, si ces projections ont été conservées, si elles font actuellement partie de la claymore réglementaire, c'est qu'on a reconnu leur utilité, qui consiste à empêcher la lame de l'adversaire de glisser jusqu'au bras. Le plupart des poignées à « panier » étaient pourvues d'un anneau de pouce qui aidait à assurer la prise. Les quillons s'élargirent ensuite pour former la plaque massive qui est la garde principale du sabre.

La *schiavona* était l'arme des *schiavoni*, les gardes du corps des Doges. D'autres troupes cependant, et notamment les *reîtres* allemands, portaient des épées de cette forme. Malgré sa forme élégante, la *schiavona* n'était pas la meilleure des armes à panier, et la poignée de la claymore fut inventée peu de temps après. Il existe beaucoup de formes intermédiaires de ces épées qui furent généralement portées par les cavaliers. Les fantassins s'en servaient aussi, mais plus rarement.

Le système de Marozzo, qui usait de la taille plutôt que de la pointe, convenait bien à cette arme[1].

Les formes les plus ordinaires appartiennent au type de la lame droite à double tranchant; on trouve cependant quelques exemples de claymores à tranchant simple et à lame légèrement courbée. Nous ne devons pas oublier qu'une bonne lame peut avoir été montée dans différentes formes de poignées. Ceci explique la date, en apparence très ancienne, de quelques épées de cette espèce dont la lame est, selon toute apparence, plus vieille que la garde.

La poignée « à panier » ne semble s'être vulgarisée en Angleterre que pendant les dernières années du XVIe siècle. Elle fut d'abord adoptée en Écosse. On y voyait une garde commode pour la large épée et elle devint bientôt

---

1. L'épée reproduite dans la *prima guardia* de Viggiani, fig. 34, se rapproche du type *schiavona*.

si populaire qu'elle fut presque généralement adaptée à toutes les armes blanches. La nouvelle claymore resta dès lors l'arme nationale des Écossais. Les charges furieuses des montagnards d'Écosse, dans les sanglantes mêlées du moyen âge, avaient appris aux Anglais à apprécier le mot « claymore ». Et lorsque la puissante claymore à deux mains fut abandonnée, pour être graduellement remplacée par l'arme à poignée en « panier », l'ancien nom, s'attachant toujours à l'épée des montagnards, resta.

Longtemps on conserva en Angleterre, pour les épées larges de toute nature, une forme de garde plus simple, composée seulement de quillons et d'anneaux; mais, vers le milieu du xviie siècle, la poignée écossaise fut insensiblement adoptée, surtout par les cavaliers. L'épée d'Olivier Cromwell appartenait à cette catégorie.

En même temps une autre forme restait en faveur : c'était celle dont les anneaux de côté et une partie de la poignée en croix avaient été changés en de solides coquilles, rattachées au pommeau par l'arc de jointure conservé et munies d'un anneau pour le pouce, sous la garde. Par cet anneau, l'épée pouvait être fermement empoignée, en l'absence de pas d'âne. Les « têtes rondes » affectionnaient particulièrement cette forme.

Deux espèces de lames étaient adaptées à ces poignées : le *shearing*, lame plus légère et plus flexible du type traditionnel à double tranchant, et l'estramaçon ou lame à un tranchant. Ce dernier type était simplement un développement du coutelas, dont on avait diminué la courbe pour obtenir un meilleur équilibre. L'estramaçon et le *shearing sword* furent, nous l'avons vu, les armes populaires contemporaines de la rapière. Souvent la garde de la rapière, qu'elle fût à barres, à coquilles ou à coupe, était adaptée à une lame assez large. Dans ce cas, le *ricasso*[1] se rétrécissait nécessairement beaucoup. Ces rapières, à large lame, furent portées presque exclusivement par les cavaliers jusqu'à l'époque des guerres de la Rébellion, où elles semblent avoir été brusquement remplacées par des épées à « panier » identiques à celle de la planche IV, et qui restèrent le type du sabre de cavalerie en Angleterre jusqu'à la fin du xviiie siècle.

L'estramaçon, dont on a tant parlé à propos des combats de gladiateurs sur le théâtre, avait une poignée à « panier » semblable à celle de la clay-

---

1. Voyez page 235.

more, mais une lame beaucoup plus mince, dépourvue de pointe, comme celle du *Schlaeger* moderne.

Une arme de taille, aux dimensions plus restreintes encore, à la garde plus simple, ressemblant à celle du carrelet, portait en Angleterre le nom de *spadroon*. C'était une épée, assez semblable à la rapière allemande moderne, qu'on appelait autrefois *spadone* ou *spadrone*, depuis que les véritables épées à deux mains étaient tombées en désuétude, de même que la claymore gardait l'ancien nom d'une arme très différente. L'espadon allemand était une rapière à double tranchant, mais on appliquait le nom à tout estramaçon de dimensions restreintes et de poids léger. Son jeu ressemblait à celui du *single stick* anglais, sauf un usage plus libre de la

FIG. 139. — Estramaçon, xvie siècle, montrant la lame à un tranchant.

pointe et l'addition d'un certain nombre de coups portés à l'aide du faux tranchant.

Pendant la seconde moitié du xviiie siècle, la lame courbée des Hongrois gagna en faveur, surtout pour l'usage des troupes de cavalerie légère. On l'adapta d'abord à l'ancienne poignée à « panier », puis à une poignée beaucoup plus simple, qu'on appela « poignée à étrier » et qui consistait simplement en une barre en croix pourvue d'un arc de jointure (Voir pour la poignée à étrier, adaptée à une lame d'espadon, les fig. 132-6.)

Le poignard[1] a été presque à toutes époques, et dans tous les pays le compagnon naturel de l'épée, pour des raisons qui sautent aux yeux un retour au combat naturel était toujours la conclusion probable d'un combat d'estoc et de taille. De nos jours, même, on s'est vu dans la nécessité de défendre tout emploi de la main gauche, les coups de pommeau et

---

1. Dague est un mot d'origine celtique, « dag ou dager ». Les mots *dag* pour dague, *daggen*, piquer, donner un coup de poignard, frapper, se rencontrent dans le vieux langage néerlandais.

PL. V.

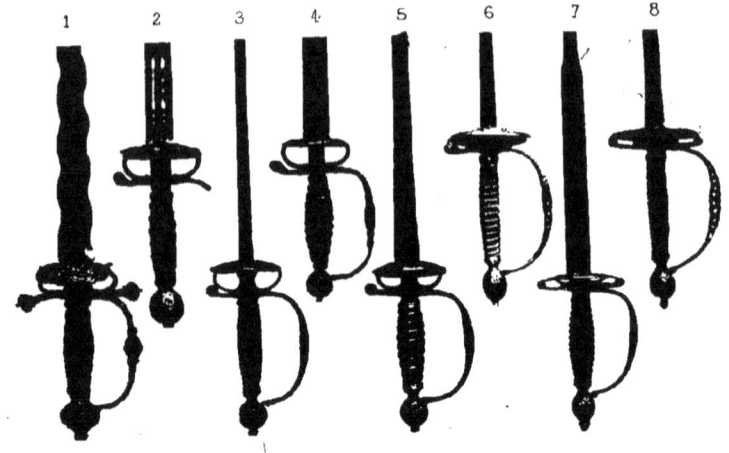

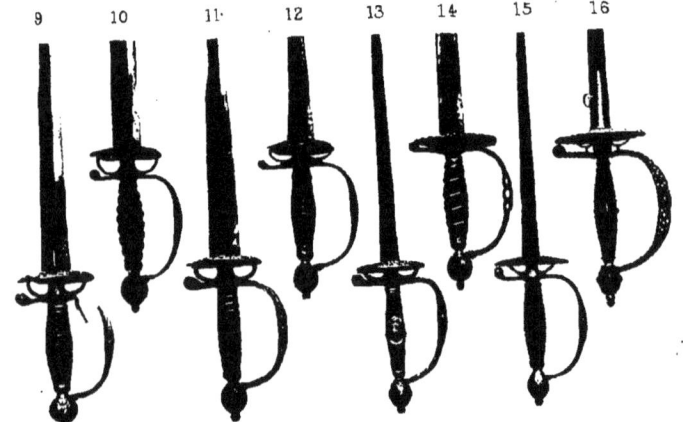

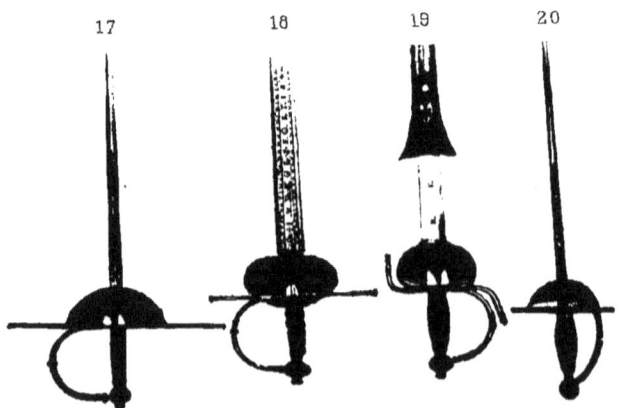

PLANCHE V

RAPIÈRES DE TRANSITION ET CARRELETS (COLLECTION WAREING FAULDER)

N.-B. *Il est à remarquer, que dans ce groupe et dans le suivant, le pas d'âne diminue graduellement de grandeur, s'aplatit et perd pour ainsi dire de vue son but originel.*

1. *Rapière anglaise, du milieu du xvii° siècle. Vue extérieure montrant des quillons droits, arc de jointure et pas d'âne surmonté de coquilles. Lame flamboyante. A part les quillons, distincts de l'arc de jointure, cette poignée a toutes les caractéristiques du carrelet.*
2. *Rapière de transition, du milieu du xvii° siècle. Lame à l'ancienne mode, plate, évidée, percée à jour, du type espagnol, raccourcie et montée dans une poignée d'épée de cour du type usuel, formée de quillons et d'un arc de jointure réunis, d'un pas d'âne et de petites coquilles, le ricasso recouvert par l'extension des quillons. L'arc de jointure de cette épée est malheureusement brisé.*
3. *Rapière de transition montée dans une poignée d'épée de cour. Longue lame quadrangulaire du type Verdun.*
4. *Colichemarde. La poignée, ciselée probablement par Liegeber, de Nurenberg, est ornée de figurines en pied. (Le ricasso de la lame reste découvert.)*
5. *Carrelet, de la fin du xvii° siècle. Lame triangulaire, très large à la base, d'un autre modèle que celui de la « Colichemarde », diminuant uniformément vers la pointe.*
6. *Carrelet du temps de la reine Anne. Lame triangulaire plus mince; poignée d'argent.*
7. *Carrelet, de la même époque. Plaque ronde au lieu de la double coquille habituelle; et lame de « Colichemarde ». Le pas d'âne atténué, les quillons séparés de l'arc de jointure, afin de supporter la plaque.*
8. *Carrelet, du même type que le n° 6, mais avec la lame plus mince dans toute sa longueur.*

CARRELETS, ÉPÉES DE COUR (COLLECTION WAREING FAULDER)

9, 10, 11. *« Colichemardes » à poignée d'argent. Époque de Guillaume III.*
12. *Carrelet à lame effilée, avec cette inscription : « Je vous le sacrifie. » Fin du règne de Louis XV.*
13. *Carrelet de l'époque de Louis XV, poignée ciselée.*
14, 15. *Carrelets, époque de Georges II.*
16. *Carrelet, époque de Georges III, à poignée d'acier taillé.*

ÉPÉES ESPAGNOLES, XVII° ET XVIII° SIÈCLES
(COLLECTION DU BARON DE COSSON)

17. *Rapière (Espada), du commencement du xvii° siècle.*
18. *Sabre droit (Bilbao Montante), du commencement du xvii° siècle.*
19. *Épée de cavalerie (Sable), de la fin du xviii° siècle.*
20. *Courte épée (Espadin), de la fin du xviii° siècle.*

corps à corps violent, preuve que ces actions sont absolument instinctives.

Pendant le moyen âge on se servait du poignard comme d'une dernière ressource, alors que dans un combat corps à corps les épées devenaient inutiles. On l'employait aussi dans les rencontres personnelles, judiciaires ou autres, pour donner le « coup de grâce » à un adversaire blessé ou pour le forcer à demander merci quand on le tenait à terre sous son genou ; de là le nom de « miséricorde » que les Français appliquaient indifféremment jadis au poignard ou à la dague.

L'emploi systématique du poignard dans l'escrime, fut le résultat de l'habitude qu'avaient les hommes d'armes du moyen âge de le tenir toujours dégainé, dans l'attente de la lutte finale.

Il est possible que lorsqu'on s'en servait pour le coup de grâce, on ait tenu la pointe vers le sol, le pouce sur le pommeau ; toujours est-il que les premiers livres qui traitent de l'épée ou de la rapière, représentent le poignard comme une arme défensive, tenue de la main gauche, à peu près de la même manière que l'épée l'était de la main droite.

Fig. 140. — La « Miséricorde ».

Il y a trois formes typiques de poignards d'escrime[1] :

La première est simple, c'est la forme conventionnelle, dont la lame à double tranchant ne dépasse pas une longueur de 8 à 10 pouces. La poignée en croix est parfois pourvue d'un anneau de côté.

La deuxième indique une grande amélioration de la forme primitive : ses quillons sont fort courbés en avant, de manière à pouvoir engager l'épée de l'adversaire et même arrêter un coup de taille. Avec une telle arme, il est aisé, après avoir rencontré l'épée de l'adversaire dans une parade, de la

---

[1]. Pendant le XVIe siècle et au commencement du XVIIe, les épées et les poignards portés par les gentilshommes étaient le plus souvent du même modèle. Comme la forme typique du poignard ne varia que fort peu, ce fait a beaucoup d'importance, car en l'absence d'aucun indice bien défini, le style de l'ornementation et le caractère général de la lame sont d'une très grande utilité pour déterminer la date d'un poignard, par la comparaison de l'arme avec l'épée à la mode à cette époque.

Les mots : poignard, *poniard*, *pugnal*, *puñal*, en français en anglais, en italien et en espagnol, sont naturellement des dérivés du latin *pugnus* : poing.

tenir prisonnière entre les quillons et la lame, assez longtemps pour permettre une riposte de l'épée.

On peut donner le nom de poignard fourchu à cette forme qui convient incontestablement le mieux à l'escrime. Parfois, l'anneau de côté est remplacé par un troisième quillon, se courbant en dedans vers la pointe, symétriquement avec les deux autres. A l'intérieur de la lame, on trouve souvent une dépression bien marquée pour loger le pouce. Les lames de ces poignards sont habituellement à double tranchant, assez épaisses et d'une longueur variant de 8 à 10 pouces.

Ces deux formes étaient d'un usage général à cause de leur utilité pratique.

La troisième forme, le poignard espagnol à coquille, « la main gauche »[1] des Français, a déjà été citée à la page 236. Ce poignard réunissait les avantages de la targe ou broquel et du poignard, et pouvait être de quelque utilité contre une rapière très lourde; mais, bien que quelques-unes de ces armes eussent leur lame façonnée de manière à pouvoir engager l'épée de l'adversaire (voyez les spécimens, planche IV), elles devaient, décidément, être inférieures aux poignards fourchus. Les poignards à coquille ont de très longs quillons droits; on s'en servait conjointement avec la longue rapière à coupe, du type espagnol. Toutes les particularités de la lame et de la poignée de l'épée étaient reproduites dans le poignard, le compagnon inséparable de l'épée.

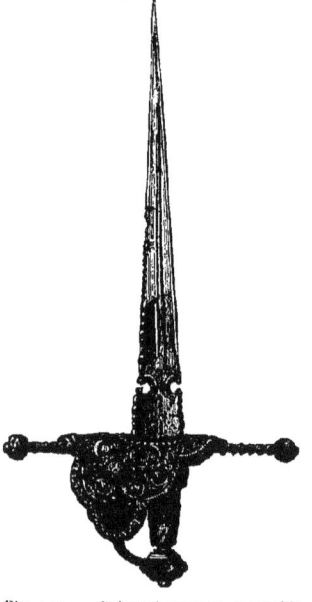

Fig. 141. — Poignard espagnol à coquille (main gauche), fin du xvie siècle. « Armes et armures » de Lacombe.

Le poignard ne fut plus guère employé pour l'escrime, même en Espagne

---

[1]. Le nom de « main gauche » est appliqué à cette arme par beaucoup d'écrivains, sans doute parce qu'elle serait de très peu d'utilité en escrime à moins de ne s'en servir que de la main gauche. Il est inutile de faire remarquer que le nom s'appliquerait également à toute espèce de poignard d'escrime.

PL. VI.

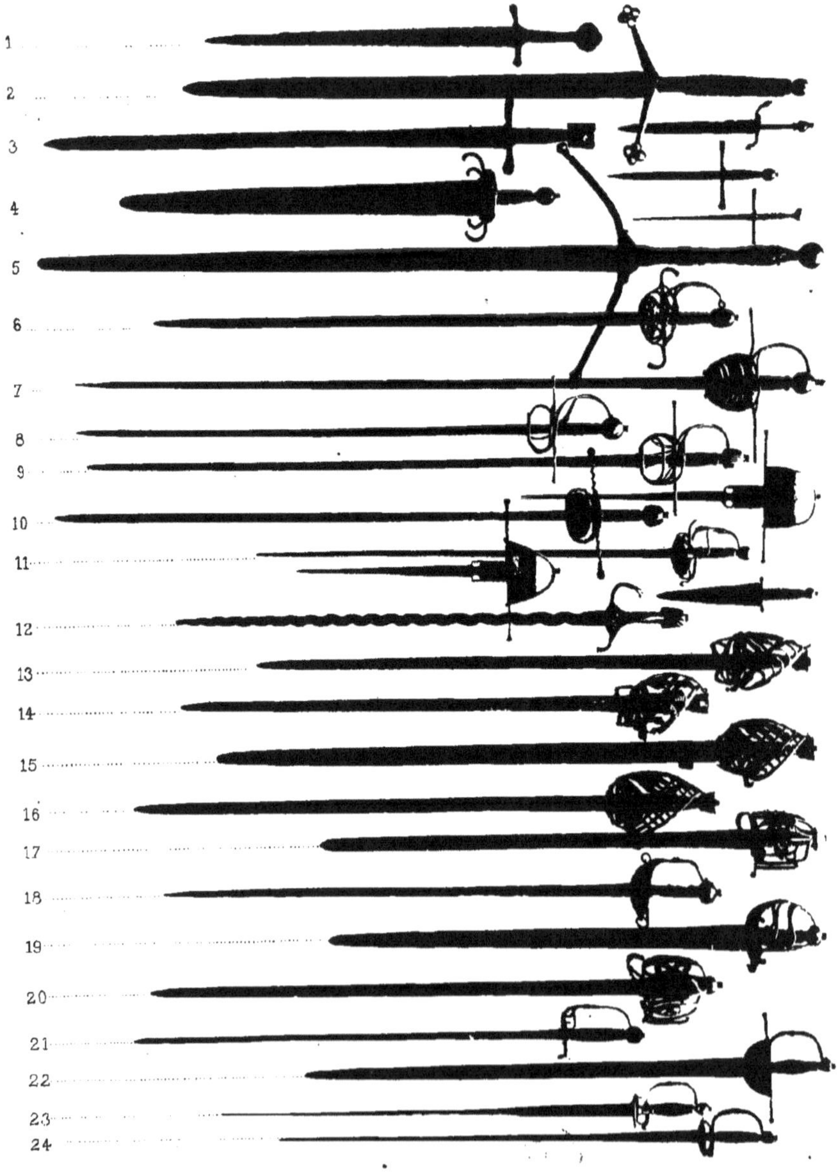

1
2
3
4
5
6
7
8
9
10
11
12
13
14
15
16
17
18
19
20
21
22
23
24

PLANCHE VI

TABLEAU SYNOPTIQUE DE QUELQUES FORMES TYPES DE L'ÉPÉE
DEPUIS LE MOYEN AGE JUSQU'AU XVIIIe SIÈCLE.

1. *Épée du commencement du xive siècle; simple poignée en croix, lame roide à double tranchant, pommeau à disque.*
2. *Ancienne épée gothique à deux mains (attribuée à Wallace).*
3. *Épée italienne, de la fin du xve siècle, pommeau vénitien carré, quillons contre-courbés horizontalement et longue lame plate.*
4. *Braquemart, milieu du xvie siècle, à lame courte et large, quillons courbés en dedans, pas d'âne imparfait et large anneau de côté.*
5. *Épée « à deux mains », du commencement du xvie siècle, à longue lame (5 pieds 1 pouce); quillons extraordinairement longs. Inscription : « Je pense plus. »*
6. *Rapière du temps d'Élisabeth, fin du xvie siècle.*
7. *Rapière italienne, de la fin du xvie siècle, garde à anneaux et lame d'une prodigieuse longueur (5 pieds 5 pouces).*
8. *Rapière du temps d'Élisabeth (lame de 4 pieds 2 pouces).*
9. *Rapière à poignée à barres (lame de 5 pieds 1 pouce).*
10. *Rapière allemande, de la fin du xvie siècle, montrant des quillons droits, avec anneau de côté, pas d'âne et coquille.*
11. *Rapière, des premières années du xviie siècle, à petite poignée, montrant une tendance vers la forme de transition.*
12. *Épée flamboyante italienne. Poignée sans pas d'âne.*
13. *Schiavona vénitienne, avec lame espagnole. Inscription : « Un Dios, una Ley y un Rey. »*
14. *Schiavona vénitienne, à lame espagnole. Inscription : « Viva el Rey d'Espana. » Date approximative : 1580.*
15. *Schiavona vénitienne, dans son fourreau original, date approximative : 1580.*
16. *Schiavona vénitienne, 1590.*
17. *Épée italienne à poignée à panier, de « Andrea Ferrara ».*
18. *Rapière de transition, du commencement du xviie siècle.*
19. *Latte du temps de Charles Ier. Lame d' « Andrea Ferrara ».*
20. *Longue épée de cavalier (Claymore), du milieu du xviie siècle.*
21. *Rapière ou Espadon sans pas d'âne, du milieu du xviie siècle. Lame signée « Sahagum ».*
22. *Latte, de la fin du xviie siècle, « Abraham Stamm », Solingen.*
23. *Colichemarde à poignée d'argent, du temps de Charles II.*
24. *Carrelet, du temps de Georges Ier.*

et en Italie, après le milieu du xvii° siècle. Aux derniers jours de son existence, ses dimensions avaient été sensiblement réduites et il tendait déjà à devenir le *stiletto;* sa garde consistait simplement en quillons droits, pourvus d'un petit anneau, et sa lame reproduisait, dans sa légèreté, le caractère de l'épée contemporaine[1].

Nous avons mentionné plusieurs fois dans le courant de ce livre diverses espèces de fleurets[2], qu'il est bon de récapituler ici :

Jusqu'au milieu du xvii° siècle, époque à laquelle les *fioreti* ou « fleurets »[3] furent inventés, on employait des épées émoussées pour l'exercice de la rapière d'estoc et de taille. L'emploi du fleuret flexible ne devint possible que lorsque le jeu fut restreint à la pointe seule.

Les épées émoussées[4] étaient habituellement de la même forme que la

---

1. Les « brise-épées » à l'air terrible et fantastique, dont beaucoup d'écrivains ont fait des armes d'escrime usuelles, de la classe « main-gauche », ne furent jamais que le résultat de la fantaisie individuelle. Comme instruments d'escrime, malgré leur apparence rébarbative, ils sont décidément inférieurs au poignard ordinaire. S'ils furent jamais employés, on les tint probablement de la main droite seulement et l'on ne s'en servit pas conjointement avec la rapière. Aucune mention n'en est faite dans les anciens livres d'escrime, et leur date doit être considérée comme antérieure au xvi° siècle.

2. Voyez *Introduction*, page 7.

3. Voyez pages 134, 139, 145.

4. Ces épées émoussées étaient de formidables instruments servant à l'exercice, et, d'après tous les récits, la science, en matière de rapière, a toujours dû être acquise au prix de beaucoup de contusions et au risque de sérieux accidents.

Saviolo nous apprend qu'on employait de son temps des gantelets de mailles pour les deux mains, et, d'après divers ouvrages de la même époque, il paraît qu'on portait des chemises de mailles ou un plastron et une espèce de pourpoint rembourré dans les exercices sérieux, mais on ne connaissait aucune protection pour les membres inférieurs. « Je me suis fait meurtrir la peau au jeu de la rapière et du poignard avec un maître d'escrime, dit maître Slender, mais tous les disciples des écoles d'escrime sont familiers avec ces légers mécomptes. »

Lord Sanquire fut pendu sous le règne de Jean Ier, pour avoir fait assassiner, par vengeance, un professeur du pays d'Alsace, appelé Turner, qui lui avait accidentellement crevé un œil. Le « pays d'Alsace » était une espèce de Cour des Miracles qui existait à Londres, au xviii° siècle.

Au xvii° siècle, les gants de mailles furent remplacés par des gantelets de buffle pour le jeu de la rapière, et pour le carrelet par de longs gants de cuir mou, semblables à ceux qu'on porte encore dans les écoles italiennes.

Les masques (voyez p. 151 et note à la page 171) ne furent généralement adoptés que vers la fin du xviii° siècle. Le lourd « masque de sabre » employé dans le jeu du sabre ou de la canne semble avoir été inventé en Allemagne, pendant le dernier siècle.

rapière qu'elles remplaçaient, mais pourvues d'une garde plus simple. Pendant le xviie siècle et au commencement du xviiie, les lames des fleurets étaient également montées dans des poignées d'épée de la forme habituelle, excepté dans le cas du fleuret français conventionnel [1]. L'école des armes d'Angelo reproduit un fleuret rivé dans une petite poignée à coupe, dépourvue de pas d'âne.

La garde française à « lunette » fut inventée dans les dernières années du xviiie siècle. Cette lunette, qui n'est que le contour d'une double coquille, fut adoptée parce qu'elle constituait la plus légère des gardes. L'exercice du coutelas, du *düsack*, du fauchon, fut continué à l'aide de lattes en bois, larges et courbées, pourvues, à un bout, d'un trou pour l'introduction de la main [2], semblables, en somme, au spécimen de *düsack* représenté page 77. En Angleterre, le *waster*, qui semble avoir été un simulacre d'épée à lame arrondie, ou bien à lame fixée transversalement, de sorte qu'on ne pouvait se servir que du plat, fut le fleuret de l'estramaçon pendant le xvie siècle. Plus tard, pendant la première partie du siècle suivant, les *wasters* ne sont plus que des cannes, fixées dans des gardes d'épée.

Quand la poignée à panier fut généralement admise dans ce pays, vers le deuxième quart du xviie siècle, on s'escrimait avec des bâtons, montés dans une garde de cette espèce ou quelquefois pourvus d'une poignée en osier, telle qu'on les fait maintenant [3]. Plus tard, la poignée à panier fut généralement adoptée.

De nos jours, l'épée est représentée en Angleterre par l'épée de cour et en France par l'épée de combat. Toutes deux ont conservé la légère lame triangulaire; mais l'épée de combat, dont la garde est le plus ordinairement à double coquille, a vu s'augmenter les dimensions de ses coquilles, depuis que les Français ont totalement abandonné le pas d'âne qui les tenait jadis légèrement en avant de la garde, et permettait par conséquent aux petites lames d'être aussi efficaces que bien des grandes.

1. Voyez page 139.
2. Un gantelet de mailles était d'une nécessité absolue dans le maniement de ce rude instrument, dépourvu de toute protection pour la main.
3. Le mot *single stick* a le même rapport avec le bâton ou la canne à deux mains, que l'estramaçon avec la longue épée ou épée à deux mains.
La canne était et est encore le fleuret de l'estramaçon, et le bâton remplace la longue épée dans les exercices d'escrime. Les Français se servent, pour l'exercice du sabre, d'un fleuret de bois ressemblant beaucoup au fleuret du *düsack* du xvie siècle.

Les Italiens ont conservé la forme de la rapière à coupe, pourvue du pas d'âne et des quillons, mais à lame quadrangulaire plus mince.

L'épée de duel n'est guère employée qu'en France et en Italie; et encore, dans ce dernier pays, l'arme favorite est-elle le sabre, comme en Allemagne.

En concluant, nous constaterons — et la partie la plus sage de la société fera probablement, avec satisfaction, la même constatation — que le duel, que les Anglais d'aujourd'hui considèrent comme une chose du passé, tend de plus en plus à disparaître sur le continent. Et le jour n'est pas loin où la « Noble Science de la défense », si assidûment qu'elle soit cultivée dans les salles d'armes, ne devra plus jamais être mise en pratique, si ce n'est pour défendre l'honneur militaire.

FIN

IMPRIMÉ

PAR

GEORGES CHAMEROT

19, RUE DES SAINTS-PÈRES, 19

PARIS

www.ingramcontent.com/pod-product-compliance
Lightning Source LLC
Chambersburg PA
CBHW050538170426
43201CB00011B/1476